中國学術思想 研究輯刊

四　編
林　慶　彰　主編

第 26 冊

眞德秀《大學衍義》之研究

康　世　統　著

花木蘭文化出版社

國家圖書館出版品預行編目資料

真德秀《大學衍義》之研究／康世統 著—初版—台北縣永

和市：花木蘭文化出版社，2009〔民98〕

序 2+ 目 4+306 面；19×26 公分

（中國學術思想研究輯刊 四編；第 26 冊）

ISBN：978-986-6449-25-3（精裝）

1.（宋）眞德秀　2. 大學（經書）　3. 學術思想　4. 研究考訂

121.2517　　　　　　　　　　　　　　　　　　98001915

ISBN - 978-986-6449-25-3

9 789866 449253

中國學術思想研究輯刊
四 編　第二六冊　　　　　　　ISBN：978-986-6449-25-3

眞德秀《大學衍義》之研究

作　　者　康世統
主　　編　林慶彰
總 編 輯　杜潔祥
出　　版　花木蘭文化出版社
發 行 所　花木蘭文化出版社
發 行 人　高小娟
聯絡地址　台北縣永和市中正路五九五號七樓之三
　　　　　電話：02-2923-1455／傳眞：02-2923-1452
網　　址　http://www.huamulan.tw 信箱 sut81518@ms59.hinet.net
印　　刷　普羅文化出版廣告事業
封面設計　劉開工作室
初　　版　2009 年 3 月
定　　價　四編 28 冊（精裝）新台幣 46,000 元

眞德秀《大學衍義》之研究

康世統　著

作者簡介

康世統，台灣省南投縣人，民國 36 年 2 月生，國立台灣師範大學文學博士，曾任台北市介壽國中、華興中學、師大附中國文教師兼導師；國立台灣師範大學助教、講師、副教授，兼台灣師大總務處秘書、營繕組主任；師大退休後，目前專職銘傳大學應用中文系副教授，著有：《中文應用文》（國立編譯館）、《廣韻韻類考證》（文史哲）、《真德秀大學衍義之研究》（花木蘭）、〈論假借字之音讀〉、〈大學衍義版本源流考〉（銘傳大學應用中文系國際學術研討會）、《心靈饗宴》（合著，教育部）、《大學國文選》（合編，華泰）、《大專國文選》（合編，幼獅）等等。

提　　要

　　理學之研究，至南宋朱子出而集其大成。然不幸遭逢黨禁，一時善士去逐殆盡。真公德秀生乎其後，講習而服行之，正學遂復明於天下，多其力也。真公之著作極夥，大學衍義乙書乃其薈萃心力所撰述者，其書嘗於理宗端平元年進講矣，自是以降，即成歷代君王治道之資，影響南宋以後之人君極大。惜未有作系統而深入之探討者，此余思研究之者一也。

　　真公立朝，不滿十年，奏疏無慮數十萬言；宦遊所至，惠政深洽，中外交頌。然有清全祖望評其晚節頗多慚德。一代賢哲，遭此批評，其然乎？其不然乎？此余思有以研究之者二也。

　　大學衍義乙書之著述時間，或云書成於寧宗嘉定十五年（西元一二二二年），或云成於理宗紹定二年（西元一二二九年），或云成於理宗端平元年（西元一二三四年），眾說紛紜，莫衷一是，此余思研究之者三也。

　　大學衍義為南宋理宗以後經筵進讀之教材，歷代奉為拱璧者，深山窮谷之中，亦往往有之，其書流行既廣，板本必富。然今日可得而見者不多，彙集而研究之，以明其流變，實有必要，此余思研究之者四也。

　　近人朱鴻林氏以為，大學衍義乙書乃針對理宗一人而言，非對南宋政局立說也；其書重點所在，則在「誠心」。大學衍義果為理宗一人而言乎？其思想之特色為何？此余思研究之者五也。

　　大學衍義書中標舉帝王為治之序，帝王為學之本。其說有無為今日執政者之所參考？有否供後人之借鑑者乎？此余思研究之者六也。

　　綜此六端，余不揣翦陋，思有以治之。是書分三部分論述，首為敘論，考述真公德秀之生平事跡，並辨其傳言之是非；探討其書著述之時間，以釐清紛紜之眾說；蒐求各種板本，以明其流傳、演變迹象。次為本論，探討大學衍義乙書之思想體系，又分兩節論述，於內聖外王之思想中，闡發大學衍義二綱之要旨、四目之要義；於真德秀之論道體、心性與工夫中，闡明其理學思想與工夫特色。末為餘論，探究大學衍義乙書對後代之影響。

　　是書之撰述，願能有助於對真公德秀其人之瞭解，與夫大學衍義乙書思想體系之建立，俾使吾人於日後研究歷程中有所遵循焉。然訛謬之處，在所難免，博雅君子，幸垂教之。

　　（按：本論文原名《真德秀大學衍義思想體系》，今逢出版，以其研究：真德秀其人一生之事跡，《大學衍義》一書之板本，及該書之思想體系、對後代之影響。應正名作：《真德秀大學衍義之研究》）

目次

自　序

　　性理之學，歷代均有論述，至宋世而大放異彩，凌駕乎前代之表，超絕乎古人之上。安定、泰山首開其端，范仲淹、歐陽修繼之於後；自濂溪、康節出，或潛心宇宙本源，以推論古今；或闡述性命之微，以爲人生準則。二程、張載，續揚其芬，而朱熹則崛起於南宋，綜集諸人之大成，窮究心性之奧旨，以爲教育之揭示。惜遭逢寧宗慶元黨禁，遂使斯學抑鬱而不伸，眞理蒙晦而難顯。眞公德秀生乎其間，毅然以發揚斯道自任，迨及黨禁既開，理學復明於天下，實眞公之力也。

　　後世之論性理者，皆稱眞公德秀之學，集濂、洛、關、閩之長；而眞公所窮心力而爲之者，莫若《大學衍義》乙書。蓋眞公承朱子之餘緒，究心體用之學，剗取聖賢性命道德之言，旁採古今治亂安危之迹，朝夕揣摩，以衍大學之義，則是書所陳，實聖賢相傳之要義也。故自理宗端平親政後，眞公獻之時君，即蒙嘉納而進讀焉。自是以降，《大學衍義》乙書成爲經筵進講之資，人主之所必讀者。數百年來，君臣之所研治砥礪，舉凡施及政事，澤被眾生者，莫不以《大學衍義》爲標的。余不敏，思有以闡明其要旨，釐清其思想體系，使後之人知古聖先王修己、治人之道，內聖、外王之學，無古今之異、中外之殊也。而明道以進德，修己以治人，經世而致用，則吾人之所應當加勉也。

　　昔聆聽高師仲華講授宋明理學，高師勉諸生，當以科學方法研治古籍，使古籍具有時代意義與新生命；黃師天成講授中國學術流變史，復勉以撰述是篇。八載於茲，承蒙黃師天成之朝夕督促，悉心指點，啓我駑鈍；李師爽秋之細心釐正，誨我諄諄。裁成之恩，永銘五內。而王主任熙元督勉有加，系內諸師長之時相激勵，同學友朋之勉我助我，謹綴數語，以誌不忘，並申謝悃。然謬誤之處，在所難免，博雅君子，幸垂教焉。

中華民國 77 年 4 月　南投康世統序於臺北

壹、緒　論

第一章　前　言

　　吾國學術，博大精深，人文精神，深厚純粹，斯者可由宋明理學之輝煌
成就中以見其一斑也。宋代理學，一則潛心明道，一則學以經世。由明體而
達用，由修己以至於治人，由成聖、成賢，以至於治國、平天下，於儒家義
蘊之闡發，可謂詳盡矣！所謂明道，不僅通曉義理而已，蓋欲直探心性之原，
究其所始；所謂經世，非唯富國裕民而已，直欲登斯民於三代之上。其氣象
之宏偉，襟度之壯闊，可謂空前矣！

　　宋世性理之學，超越往昔，蓋治之者精，而傳之者廣也。其間碩儒大師
輩出，而身居要職者亦時相唱和，故自胡瑗（安定）、孫復（泰山）以降，歷
兩百有餘載，大儒前後相望，風起雲湧，流風所及，澤被遠矣！然令人扼腕
者，寧宗慶元黨禁，株連極廣，賢哲才俊，牽連殆盡，而終能不絕如縷，再
創理學中興佳績，至明得以大放異彩者，多賴眞公德秀之力也。

　　〈重編宋元學案導言〉有云：「浦城眞西山（德秀），人望之重，直繼晦
翁，其學集關、濂、洛之長，而尤以辭命爲著。」〔註1〕陳叔亮、李心莊《重
編宋元學案》，其推崇眞公，以爲學兼張載、周敦頤、二程子之長，而《宋史》
眞公本傳亦言：「然自侂胄立僞學之名以錮善類，凡近世大儒之書，皆顯禁以
絕之。德秀晚出，獨慨然以斯文自任，講習而服行之。黨禁既開，而正學逐
明于天下後世，多其力也。」〔註2〕眞公德秀能扭轉一時代之風向，變易一時
代之學術趨向，使之蔚然成風，非學術湛深、風節特著，曷能致此？而其學

〔註 1〕 見陳叔亮、李心莊，〈重編宋元學案導言〉，《重編宋元學案》，正中，民國 59
　　　　 年 7 月臺四版，頁 17。
〔註 2〕 見（元）脫脫，《宋史》，卷四三七，〈眞德秀列傳〉，鼎文，頁 12964。

說迄未有人作具體而深入之探討，以建立其思想之體系者。茲有甲凱氏者，撰有《眞德秀》乙書，收於《中國歷代思想家》（商務）中，觀其探討眞氏之學術思想，言資治，則云：「恐怕是受朱熹的學說和司馬溫公的《資治通鑑》影響而成。」〔註3〕論心性，則謂：「似較程、朱詳細些。」「然於尊德性方面，似也甚爲注意。」〔註4〕云云，是甲氏未能肯定西山之學，遂有此模稜含糊之論斷。余思研究眞公德秀之書，釐清其思想體系者，此其一也。

西山立朝，不滿十載，奏疏無慮數十萬言，皆切當世要務，直聲震天下。宦遊所至，則惠深洽，中外交頌，思其人，想見其風采。〔註5〕然全祖望續修《宋元學案》，則以爲：眞公「晚節頗多愆德」，「端平之出，得非前此偶著風節，本無定力，老將知而耄及之邪？吾於是而致歉於保歲寒之難也。」〔註6〕吾人於此，不免於大惑不解者，一代賢哲，遭此批評，若全氏之說爲是，則正史可疑？若正史無訛，則全氏之說豈非空穴來風？是眞公之生平亟待董理。余思有以研究之者，此其二也。

眞公之著作，據《宋史》本傳所載，有：《大學衍義》、《讀書記》、《西山甲乙藁》、《對越甲乙集》、《經筵講義》、……等等，著述極多，而清代高宗皇帝跋其《大學衍義》乙書，有曰：「其平生所著書，悉心力而爲之者，莫若《大學衍義》。蓋自堯、舜、禹、湯，以至漢、唐以後之君；自皋、夔、稷、契，以至漢、唐以後之臣，表裏精粗，本末巨細，與夫忠奸賢佞，因革得失，莫不悉陳，而詳辨之，所謂集群書之大成，而標入道之程式也。」〔註7〕此一滙集儒家群書大成之書，近人朱鴻林氏則以爲：「《衍義》是眞德秀針對宋理宗個人的弱點，而非針對南宋全局而立言的。書中所提供的補救之方，是爲理宗心身，而非爲南宋國體政事而用的。」〔註8〕朱氏又以爲《大學衍義》之書最重要之理論部分在「帝王爲治之序」，而「帝王爲治之序」所詳細導論者，則爲「誠心」。〔註9〕朱氏又以爲：眞公德秀「是個很講實際的人，對現實政

〔註3〕見甲凱，《眞德秀》，收於《中國歷代思想家》中，商務，冊六，頁3511。

〔註4〕見同前註3，頁3512。

〔註5〕參見《宋史》，卷四三七，〈眞德秀列傳〉。

〔註6〕見黃宗羲著，全祖望續修，王梓材校補，《宋元學案》，河洛，卷八十一，冊二十，頁129。

〔註7〕見眞德秀，《眞文忠公全集》，文友，冊一，〈大學衍義御製跋〉，頁5～7。

〔註8〕見朱鴻林，〈理論型的經世之學——眞德秀《大學衍義》之用意及其著作背景〉，《食貨》，十五卷，三、四期，民國74年9月，頁115。

〔註9〕見同前註8，頁109。

治能了解掌握，絕不像個只談心不論事的人。」他「對心有極不平衡的強調。」〔註10〕真公之《大學衍義》僅對宋理宗一人進言乎？真公於輪對之際，可直言以諫者，今皆不言，而另費時十年八載，編纂數十萬言以進於理宗。其然乎？其不然乎？「誠心」為《大學衍義》乙書最重要之理論乎？抑或為涵養心之工夫？既言「很講實際」，又云：「對心有極不平衡的強調。」兩者有無矛盾之處？凡此種種，余不能無疑。此余思有以研究之者三也。

　　至若《大學衍義》之成書時間，《四庫提要》稱其書成於理宗紹定二年（1229），而〈西山真文忠公年譜〉、近人甲凱氏所撰之《真德秀》，則以為成於寧宗嘉定十五年（1222），〔註11〕朱鴻林氏則以為成於理宗端平元年（1234）。〔註12〕何以同一書也，而言其成書之時間則若是之紛歧也？由其成書之時間，關連及其書之性質，若其書成於寧宗嘉定十五年以前，則該書獨為理宗而撰之說，不攻自破！若成於紹定二年以後，則是否為理宗一人而撰，尚有甚多可議之處。然則，其書成於何時？不可不考辨之也。余思有以研究之者，此其四也。

　　《大學衍義》乙書，為明、清兩朝帝王經筵進講必讀之教材，而歷代奉之為拱璧者，深山窮谷之中，亦往往有之。〔註13〕其書流行既廣，板本必富，然今所可得而見者，唯商務印書館《四部叢刊》廣編、三編，暨《文淵閣四庫全書》本之《大學衍義》，文友書店影印之《真文忠公全集》本《大學衍義》，及世界書局影印發行之《四庫全書薈要》本《大學衍義》，如是而已，除《真文忠公全集》本刊有清高宗御製跋，略知其時間外，餘均未註明其板本之來源。是《大學衍義》乙書之板本，有待查考也。余思有以研究之者，此其五也。

〔註10〕　所引兩則，並見同前註8，頁111。

〔註11〕　〈西山真文忠公年譜〉所錄，見於《真文忠公全集》，文友書店印行，冊三，頁1516；甲氏之說，見於《中國歷代思想家》，商務，冊六，頁3499。

〔註12〕　見同前註8，頁112～113。朱氏據真公德秀之〈大學衍義序〉、〈表〉、〈狀〉及〈尚書省箚子〉，以定《大學衍義》乙書之寫作時間。其言曰：「及史彌遠死，理宗親政收召諸賢，真氏在被召之列，於端平元年（1234）九月入見，時去國已十年了。就是在這段悠長的強迫休退的時間內，真氏寫下了日後被名為《讀書記》的著作（見頁113）。據真公〈尚書省箚子〉、〈進大學衍義表〉，言其書纂輯十年方成。由是而推之，朱氏雖未明言《大學衍義》一書之成書時間，然真公去國十年，而其書又須十年纂輯，是即謂其書於宋理宗端平元年完成也。

〔註13〕　見（清）雷鋐，〈重刻真西山先生讀書記序〉，《真文忠公全集》，冊十五，頁8429。

　　《大學衍義》乙書首列帝王爲治之序，次列帝王爲學之本。眞公纂輯，首之以聖賢之典訓，次之以古今之事迹，諸儒釋經論史有所發明者錄之，並附以己意。〔註 14〕此明、清兩朝帝王經筵進講之教材，其內容究爲何哉？而其爲學之方法，又爲如何？有否可供今人借鑑者乎？余思有以研究之者，此其六也。

　　綜此數端，余不揣翦陋，思有以研治之，數年以來，蒐集《大學衍義》諸板本，取宋、元諸善本校理之，紬繹其義理，咀嚼其英華，演述其大義，釐定其體系。所期望者，願是篇之撰述，有助於對眞公德秀其人之瞭解，與夫《大學衍義》乙書思想體系之整理、建立與認識，俾使吾人於學習歷程中，有所遵循與取法也。

〔註14〕 參見眞德秀，〈尚書省箚子〉，《大學衍義》，商務印書館《四部叢刊》廣編本，頁 1。

第二章　眞德秀之生平事跡

第一節　生平事跡

眞公德秀（1178~1235），字景元，後更希元。〔註1〕號西山，建寧浦城人也。〔註2〕南宋孝宗淳熙五年（戊戌）九月十五日卯時，公生於浦城縣僊陽鎮。〔註3〕

宋孝宗淳熙八年（1181，公四歲），少師父嵩授之書，已能過目成誦。〔註4〕淳熙十一年（1184，公七歲），即能屬文。〔註5〕迨入小學，夜歸，嘗置書枕旁，燈膏所薰，帳皆墨色。〔註6〕

〔註1〕參見（宋）魏了翁，〈眞公神道碑〉，《鶴山先生大全文集》，（商務，《四部叢刊》正編，後所引同此版本，不另註明。）頁556。（宋）劉克莊，〈西山眞文忠公行狀〉亦作：字希元。見《後村先生大全集》。（商務，《四部叢刊》正編，後所引同此版本，不另註明。）頁1485。

〔註2〕建寧，府名，在今福建省。浦城，為縣名，屬福建省，在松溪縣北，城瀕南浦溪上源，為閩浙二省交通要地。福建、建寧府有浦城縣（見《清史》卷七十一，國防研究院印，頁962；又見清史稿，卷七十，鼎文書局，頁2250；顧祖禹、讀史方輿紀要，卷九七，新興書局，冊十五，頁4035。）按：由馮契主編之哲學大辭典，眞德秀條作：「今福建、安道人。」（上海辭書出版社，民國73年12月，頁546。）

〔註3〕見（清）眞鼎元，〈西山眞文忠公年譜〉，《眞文忠公全集》，（文友書店，冊三，後所引同此版本，不另註明。）頁1505。

〔註4〕參見（清）眞鼎元，〈西山眞文忠公年譜〉，《眞文忠公全集》，頁1507；（宋）魏了翁，〈眞公神道碑〉，《鶴山先生大全文集》卷69，頁556。

〔註5〕見（清）眞鼎元，〈西山眞文忠公年譜〉，《眞文忠公全集》，頁1507。

〔註6〕見（宋）劉克莊，〈西山眞文忠公行狀〉，《後村先生大全集》，卷168，頁1489。

淳熙十六年（1189，公十二歲），入學黨庠，群兒聚嬉，公并取其書，兼熟之矣！〔註7〕宋光宗紹熙二年（1191，公十四歲），凡六經子史，皆研窮旨趣。〔註8〕紹熙三年（1192，公十五歲），少師父嵩公卒；〔註9〕丁父艱，吳夫人力貧，躬織紝，持家，不以家事累其志，公遂得壹志於學。〔註10〕同郡楊圭見而異之，使歸，共諸子學，卒妻以女。〔註11〕

宋寧宗慶元元年（1195，公十八歲），舉于鄉。慶元五年（1199，公二十二歲），登進士第，授南劍州軍事判官。〔註12〕

寧宗開禧元年（1205，公二十八歲），公中博學宏詞科，奉旨建宏博坊于僊陽鎮安廟前；〔註13〕閩帥蕭尚書逵羅致幕下。〔註14〕踰歲，召爲太學正。開禧三年（1207，公三十歲），子志道生。〔註15〕

寧宗嘉定元年（1208，公三十一歲），遷博士，爲禮部點檢試卷官。樓鑰、倪思二公方典舉，獨異公，樓公告以文獻之傳，且許以致遠；倪公爲言立朝行

〔註7〕　參見（清）眞鼎元，〈西山眞文忠公年譜〉，《眞文忠公全集》，頁1508；（宋）魏了翁，〈眞公神道碑〉，《鶴山先生大全文集》，頁557；（宋）劉克莊，〈西山眞文忠公行狀〉，《後村先生大全集》，頁1489。

〔註8〕　見（清）眞鼎元，〈西山眞文忠公年譜〉，《眞文忠公全集》，頁1508。

〔註9〕　見（清）眞鼎元，〈西山眞文忠公年譜〉，《眞文忠公全集》，頁1508。唯眞氏年譜作「隆興三年壬子」，查壬子年乃光宗紹熙三年，西元1192年；隆興乃宋孝宗即位之初年號（1163～1164），是時眞公德秀尚未出生，非是，隆興乃紹熙之誤。

〔註10〕　參見（宋）魏了翁，〈眞公神道碑〉，《鶴山先生大全文集》，頁557；（宋）劉克莊，〈西山眞文忠公行狀〉，《後村先生大全集》，頁1485；（清）眞鼎元，〈西山眞文忠公年譜〉，西山《眞文忠公全集》，頁1508。

〔註11〕　參見（宋）魏了翁，〈眞公神道碑〉，《鶴山先生大全文集》，頁556；《宋史・儒林傳》七，（鼎文本，後同，不另註明。）頁12957。

〔註12〕　（宋）魏了翁，〈眞公神道碑〉云：「公自年十八舉于鄉，再舉登進士乙科，授南劍州軍事判官。」（見《鶴山先生大全文集》，頁557）；（宋）劉克莊，〈西山眞文忠公行狀〉云：「弱冠，再貢於鄉，擢慶元己未乙科，調南劍州判官。」（見《後村先生大全集》，頁1489）；參見《宋史・儒林傳》七，頁12957；（清）眞鼎元，〈西山眞文忠公年譜〉，《眞文忠公全集》，頁1509。

〔註13〕　見（清）眞鼎元，〈西山眞文忠公年譜〉，《眞文忠公全集》，頁1510。

〔註14〕　入閩帥幕乙事，（宋）劉克莊，〈西山眞文忠公行狀〉以爲二十八歲時事（開禧乙丑年，1205）；（清）眞鼎元，〈西山眞文忠公年譜〉則以爲二十九歲；（宋）魏了翁，〈眞公神道碑〉未言及此事；《宋史・儒林傳》七未言於何年（見頁12957）。以劉克莊與眞公同一時代，且〈西山眞文忠公行狀〉述眞公一生事迹詳明，茲從之。

〔註15〕　見（清）眞鼎元，〈西山眞文忠公年譜〉，《眞文忠公文集》，頁1511。

己之本末甚詳。〔註16〕時韓侂冑已誅，入對，首言：爲國者當示人以難犯之意，不可示人以易窺之形。蓋敵國之相與，有以折其謀，則爲和也易，有以啓其嫚，則爲和也難。況戎狄豺狼，變詐百出，非可以中國常理待之也！側聞日者小行人之遣也，虜人欲多歲幣之數，而吾亦曰可增，虜人欲得姦臣之首，而吾亦曰可與！至於往來之稱謂，犒勞之金帛，根括歸明流徙之民，承命唯謹，曾亡留難。竊謂謀國之意，不過以樂天保民爲心，幸和好之遽就耳。獨不思虜人得以闚吾之情而滋嫚我之意乎？古者敵國通和，有養其事力以待可爲之機者，越之事吳是也；有聽命於敵以圖苟安之計者，六國之事秦是也。今日尋盟於虜，臣不知姑欲養其事力而待可爲之機乎？抑將聽命於敵，而圖苟安之計乎？勾踐之行成於吳也，蓋忍恥以志仇讎之復，而非倚和以自固也。是以三十年間蚤朝晏罷，臥薪嘗膽，未嘗一日忘會稽之恥，故雖詘辱一時，迄能伸其志於異日；若夫六國則不然，其求和於秦也，蓋委國以爲仇讎之役，而非用權以蘄濟也。故臣妄論今日之事，必吾無以取輕於敵，而後和可成，必有以深服其心，而後和可固。臣恐盟好既成，志氣愈惰，宴安鴆毒之禍作，浮淫冗蠹之事興，彼方資吾歲略以厚其力，乘吾不備以長其謀，加之數年，聲勢浸盛，然後發難從之，請挑必爭之端，而吾徬徨四顧，將無以應之，此長慮遠識之士所爲寒心者也。臣願陛下以通和講好爲權宜，以修德行政爲實務，君臣之間，朝夕儆戒于敵情之難保，禍至之無日，蒐討軍實，申飭邊防，凜然若敵師之將至，如是而國勢不張，外虞不弭者，未之有也。〔註17〕

又言：伏觀慶元以來，柄臣顓制，立爲名字，以沮天下之善者有二：曰好異，曰好名。士大夫志於爵祿，靡然從之者有年矣！吁！是豈非蠹壞人心之大原乎！是豈非更新聖化之首務乎！臣嘗敬觀國史，竊見祖宗盛時，以寬閎博大養士氣，以廉恥節禮淑人心，國有大政事、大議論，天子曰：可！大臣曰：否！宰相曰：是！臺諫曰：非！而不以爲嫌。布衣陳時政，草茅議郎廟，而不以爲僭。蓋惟恐人之不盡忠，而未嘗惡其立異也。士之自修於鄉黨者，見尊於朝廷。自勵於州縣者，見褒於君上；過人之節，不以爲矯，異俗之行，不以爲狂；蓋惟恐人之不鄉善，而未嘗疑其近名也。夫是以忠讜之氣伸，而佞諛者不見容，廉節之俗成，而貪鄙者知自愧，其所以扶持國脈於久

〔註16〕見（宋）劉克莊，〈西山眞文忠公行狀〉，《後村先生大全集》，頁 1489。

〔註17〕見眞公德秀，〈對越甲稿・戊辰四月上殿奏箚一〉，《西山先生眞文忠公文集》，（商務，《四部叢刊》正編，後同，不另註明。）頁 64～66。

安長治之地者，其源蓋出諸此。中興以還，深監前轍，培養作成，風俗一變，不幸十數年間復壞於柄臣之手。蓋其竊弄威權之時，一時諸賢出力與抗，彼自知爲清議所不貸也，保固庸回，以爲心腹；擯抑賢儁，甚於仇讎。有如至誠愛國以爲忠，犯顏切諫以爲直，臣子常分也，柄臣則以好異詆之，設爲防禁，以杜天下欲言之口。於是忠良之士斥，而正論不聞矣！正心誠意以爲學，修身潔己以爲行，士大夫常事也，柄臣則以好名嫉之，立爲標榜，以遏天下趨善之門，於是僞學之論興，而正道不行矣！今日改絃更張之初，臣謂：當先破尚同之習，廣不諱之塗，朝政得失，俾臣下各盡所懷，而不以立異爲可厭，褒崇名檢，明示好尚，俾人人有士君子之行，而不以沽譽爲可疑，則士氣伸而人心正，風俗美而治道成。更化之務，疇先於此？〔註18〕是月，召試學士院，越四日，除祕書省正字，差充御試編排官，尋兼玉牒檢討。〔註19〕

　　嘉定二年（1209，公三十二歲），遷校書郎，輪對，奏言四事：一曰親正人。今陛下登崇耇哲，褒顯忠良，然正人雖進用而委任未專，小人雖退斥而僥倖未塞，名似好忠而實則喜佞，諫爭有路而其塗實狹，應知賢而任之，知邪而去也。二曰抑近倖。竊觀近者一二詔旨，或從中出，廷尉之官不得守法，環列之職，驟畀非人，更化之朝，豈所宜有？應深遏私情，大融公道也。三曰除雍蔽。陛下於萬事幾微或未盡察，群情邪正或未盡知，願察事幾於兆朕之先，燭物情於隱伏之際，使姦邪不能雍蔽。四曰去貪殘。曩者州郡監司掊克遺殃，守令貪殘迄今未歇，願推行臧否之令，申嚴賄賂之禁，庶幾民瘼可瘳也。〔註20〕尋兼沂王府教授、學士院權直。

　　嘉定三年（1210，公三十三歲），夏，遷祕書郎。〔註21〕六月，入對，乞開公道，以窒邪枉之蹊；尊信仁賢，使正人得行其志；抑止險邪，以杜小人道長之漸；遵從公議，不累於好惡之私；盡公極誠，如對上帝；則天人胥悅，

〔註18〕　見同註17，〈戊辰四月上殿奏箚二〉，《西山先生眞文忠公文集》，頁66～67。
〔註19〕　參見（宋）魏了翁，〈眞公神道碑〉，《鶴山先生大全文集》，頁557；（清）眞鼎元，〈西山眞文忠公年譜〉，《眞文忠公全集》，頁1511，而前文略詳。〈西山眞文忠公年譜〉及（宋）劉克莊，〈西山眞文忠公行狀〉並作「兼玉牒檢討官」（劉文見《後村先生大全集》，頁1485）；（宋）魏了翁，〈眞公神道碑〉則作「尋兼玉牒所檢討官。」（《鶴山先生大全文集》，頁558）。
〔註20〕　參見（宋）眞公德秀，〈對越甲稿・乙巳四月上殿奏箚一〉，《西山先生眞文忠公文集》，頁67～69。
〔註21〕　（宋）魏了翁，〈眞公神道碑〉云：「三年夏，除祕書郎。」見《鶴山先生大全文集》，頁558。

治效可期。〔註22〕

　　嘉定四年（1211，公三十四歲），春三月，遷著作佐郎。〔註23〕始公登朝，同列有相惎者，公恬然無競，其人後爲時相所戾，將除公言職，使逐去之，公力辭不就，劉尙書爚聞而歎服，曰：不過遲作從官十年爾！〔註24〕秋八月，兼禮部郎官。〔註25〕其冬上疏，言：宜勤求闕失，推行惠政。金有必亡之勢三：其一，以刑威殺戮劫制上下，民心不服，焉能久存；其二，以垂亡困沮之勢，眾叛親離之餘，此其必亡者也；其三，濫用民力，草菅人命，土崩瓦解，其形已露。我有可憂者二：其一，此虜若亡，上恬下嬉，自謂無虞，憂不在敵，而在我矣！其二，若外夷邀我夾攻，從之則有宣和結約之當戒，不從則閉境自守尤非易事也。今當修實德以格天命，敷仁政以結民心，獎忠實以作興天下之材，省科歛以培養天下之力。〔註26〕

　　嘉定五年（1212，公三十五歲），夏，遷軍器少監，陞權直學士院。〔註27〕輪對，入奏：願內揆之一身，外察諸庶政：勉進君德，毋以豢安養逸爲心；博通下情，深求致異召和之本。

　　嘉定六年（1213，公三十六歲），春二月，〔註28〕遷起居舍人。夏五月，直前奏事，略曰：言路雍塞，大抵起於人主好自用。大臣好自專。自權姦擅政，十有四年，其始也朱熹、彭龜年以抗論逐，呂祖儉、周端朝以上書斥，當時近臣猶有爭之者；其後呂祖泰之貶，非惟近臣莫敢言，而臺諫且出力以擠之，則嘉泰之疾已深於慶元矣；又其後也，盜平章軍國之名，起邊陲干戈之釁，舉朝莫敢言，布衣囁其口，是開禧之疾又深於嘉泰矣！〔註29〕風俗至

〔註22〕參見眞公德秀，〈對越甲稿・庚午六月十五日輪對奏箚一、二〉，《西山先生眞文忠公文集》，頁70～72。

〔註23〕見（宋）魏了翁，〈眞公神道碑〉，唯遷字作除，《鶴山先生大全文集》，頁558。（宋）劉克莊，〈西山眞文忠公行狀〉則作遷字，《後村先生大全集》，頁1486。

〔註24〕見（宋）劉克莊，〈西山眞文忠公行狀〉，《後村先生大全集》，頁1486。

〔註25〕見（宋）魏了翁，〈眞公神道碑〉，《鶴山先生大全文集》，頁558。

〔註26〕參見眞公德秀，《對越甲稿》，辛未十二月上殿奏箚一、二，《西山眞文忠公文集》，頁72～75。

〔註27〕（宋）魏了翁，〈眞公神道碑〉「遷」字作「除」（《鶴山先生大全文集》，頁557），（宋）劉克莊，〈西山眞文忠公行狀〉亦作除字，唯未見「夏」字（《後村先生大全集》，頁1486），《宋史》卷四百三十七〈儒林傳〉七，即作「遷」字（頁12958）。

〔註28〕見（宋）魏了翁，〈眞公神道碑〉，《鶴山先生大全文集》，頁558。

〔註29〕慶元、嘉泰、開禧：皆宋寧宗年號。慶元年號凡六年，自西元1195年至西元1200年；嘉泰年號凡四年，自西元1201年至西元1204年；開禧年號凡三年，

此，已成膏肓，厥後傅伯成以諫官論事去，蔡幼學以詞臣論事去，鄒應龍、許奕繼以封駁論事去，是數人者，非能大有所矯拂，已皆不容於朝，故人寧默默以自全，不肯譊譊以賈禍，設有大安危、大利害，群臣暗默如此，豈不殆哉！今爲陛下言者三：一曰勤訪問：訪以民生疾苦，朝政闕遺；庶幾下情可通，而上聽無壅。二曰廣謀議：國之大事，謀及庶人；以帝堯稽眾爲心，以漢廷雜議爲法，俾人得竭忠，而令無不臧。三曰明黜陟：擢用忠直，獎勵盡言，罷去循默，抑抑苟容；使人知忠鯁可尙，而諛悅足羞。〔註30〕是時楮幣之更，州縣奉行失當，人民流徙，所在相踵，告訐公行，根連株逮，莫敢以上聞，公奏：或一夫坐罪，而併籍昆弟之財；或虧陌四錢，而沒入百萬之貲；至於科富室之錢，拘鹽商之舟，悉爲朝廷之令所無；以產稅多寡，令民藏券，亦爲朝廷之令所無，而閩地有鬻田宅以收券者，雖大家亦不能免；若此之類，宜悉蠲罷，以安元元。〔註31〕公首上是奏，直聲動野，天下想見其風采，故老袁燮、柴中行及庶僚之敢言者數人稍稍和之，時相不樂，都司切齒，然籍沒之產以漸給還，士大夫停廢遷徙者，亦稍稍牽復，皆公發之也。〔註32〕秋八月，〔註33〕兼太常少卿。冬十月，直前奏言：北虜有必亡之勢，君臣上下，宜皆以祈天永命爲心，然後可以銷未形之變，迓將至之休，安元元之命，固社稷之福。敢條六事以獻：其一，宜思所以通人情，察民隱，進忠直，屛佞諛，使善政日新，至和斯應。其二，立國不以力勝仁，理財不以利傷義，御民不以權易信，用人不以才勝德；舍一時之近效，展永世之遠圖。其三，法令必本人情，政事必因風俗；細民小誤，輒罄其貲而沒之官，貪官弄法，違詔擅籍者終未薄懲；宜改廢令之不便者，懲罰吏之不良者。其四，願削非法之征徭，祈禁不時之科率，以紓民力，用阜民生。其五，事體非至重，勿輕下大理寺獄；廷尉命官，宜用寬厚儒者；酌情處斷，不得擅自斬戮；以承天心，以拯民命。其六，官吏翫法，宜詔有司博參眾議，若夫情有可矜，法所當宥，願詔廟論審裁，非獨恢洪至恩，亦以明布大信也。是月，充全國賀

自西元 1205 年至西元 1207 年。

〔註30〕 參見眞公德秀，〈對越甲稿‧癸酉五月二十二日直前奏事〉，《西山先生眞文忠公文集》，頁 76〜78。

〔註31〕 參見眞公德秀，〈對越甲稿‧癸酉五月二十二日直前奏事二〉，《西山先生眞文忠公文集》，頁 78〜79。

〔註32〕 見（宋）劉克莊，〈西山眞文忠公行狀〉，《後村先生大全集》，頁 1488。

〔註33〕 見（宋）魏了翁，〈眞公神道碑〉，《鶴山先生大全文集》，頁 557。

登位使，十一月，至盱眙，北方亂，不克成禮而返。〔註34〕公之出使也，凡兩淮山川險易，士卒勇怯，守將賢否，邊民疾苦，皆覽觀諏詢，慨然有爲國經理之志，嘗謂：苟得自見，平地可使爲至險，曠土可使爲良田，弱卒可使爲精兵。惜未之用也。〔註35〕

嘉定七年（1214，公三十七歲），二月，入對曰：臣等間自揚而之楚，自楚而之盱眙，沃壤亡際，陂湖相連，民皆堅悍彊忍，此天賜吾國以屏障大江，使強兵足食，爲進取資，而田疇不闢，溝洫不治，險要不扼，丁壯不練，豪傑勇武不知收拾，一旦有警，則以長江爲恃，豈如及今大修墾田之政，顓爲一司以領之，力本務農，數年之後，積貯充實，邊民父子爭欲自保，因其什伍，勒以軍法，不待糧餉，皆爲精兵，退足以守，進足以攻。〔註36〕而奉使之際，日聆邊報，或云：達靼之眾已陷燕山；或謂西夏之兵方窺秦隴；或稱兵陸梁，有鐵槍之號；或志復父仇，興縞素之師。雖傳聞之事有異，而危亡之形則同。竊以爲亟當爲者蓋在：外精間諜是也。使敵人深謀祕計，靡不豫知，取勝之術，大抵由此。〔註37〕

秋七月，又奏言：女眞以達靼侵陵，徙巢於汴，此吾國之至憂也。蓋達靼圖滅女眞，既能越三關之阻以攻燕，豈不能絕黃河之水以趨汴，臣恐秋風一生，梁、宋之郊已爲戰場矣！今當乘虜之將亡而亟圖自立之策也。夫用忠賢、修政事，屈群策，收眾心者，自立之本也；訓兵戎，擇將帥，繕城池，飭戍守者，自立之具也。古者一士止百萬之師，一賢制千里之難，陛下以尊君重朝爲心，宜合天下正人以自助；而今豺虎鬥於中原，狐狸嘷於境上，危機交急，不同於昔時，陛下日旰眠朝，惟大政是議，輔臣夙宵盡瘁，惟大計是圖；凡厥有位，使各盡言，然後博采眾長，按爲定論，書曰：好問則裕，自用則小，即此意也。國之元氣在於人心，人心固則外患銷，此古今不易之理也：臣願明敕有司，獎

〔註34〕見（宋）魏了翁，〈眞公神道碑〉，《鶴山先生大全文集》，頁557。《宋史・儒林傳》云：「及盱眙，聞今人內變而返。」見頁12959。（宋）劉克莊，〈眞文忠公行狀〉云：「虜移文止賀使。」見《後村先生大全集》，頁1488。眞公德秀，〈對越甲稿・使還上殿箚子〉云：「適當朔庭雲擾之秋，不克以成禮歸奏。」（見《西山先生眞文忠公文集》，頁86）今從之。

〔註35〕見（宋）劉克莊，〈西山眞文忠公行狀〉，《後村先生大全集》，頁1488。

〔註36〕詳見眞德秀，〈對越甲稿・使還上殿箚子〉，《西山先生眞文忠公文集》，頁87。參見（宋）魏了翁，〈眞公神道碑〉，《鶴山先生大全文集》，頁557；《宋史・儒林傳》七，頁12959。

〔註37〕見眞公德秀，〈對越甲稿・使還上殿箚子〉，《西山眞文忠公文集》，頁86～88。

吏之善，罰吏之惡，原情差次，稍從釋免，以收士大夫之心；選用循良，退斥貪暴，布宣德意，洗滌瘡痍，以收百姓之心；拔用荊襄兩淮之人，嘗以功績著見者，以收豪傑之心；已募復散之卒，宜擇其伉健，收實戎行，以收忠義之心；淮民流離，應多優卹，以收邊氓之心；北境秦隴，相率內附，務以恩信懷柔遠人，以收中原赤子之心；凡此，皆自立之本也。今連營列戍，虛籍不填，老弱溷殽，教閱弛廢，衣廩腐削，憔悴無聊，儻非痛掃弊端，一新戎政，將無可用之兵，必無可用之將；而欲保江南，當葺理淮襄，力本以務農，教民以習戰，愼擇良將，托以重任，建立幕府，官許辟置，朝廷不掣其肘，淮襄家計可成，凡此，皆自立之具也。又言：汴都者，我祖宗開基建國，正南面，朝群臣之地。列聖所以得之，莫不由於用君子；宣和、靖康所以失之，莫不由於用小人也。今醜虜既以移巢來告，索幣之報，必將踵來，苟能顯行止絕，以此貨幣頒犒諸軍，繕修戎備，以激士心，而褫敵氣，此上策也；若彼求我與，一切如初，非特下策，幾無策矣！未幾，對境果移文來索。〔註38〕時史彌遠方以爵祿籠天下士，至有聲望舊人折節營進，反爲所薄，公慨然謂劉爌曰：「吾徒須汲汲引去，使廟堂知世有不肯爲從官之人。」時相曰：「禁塗在通，胡爲去也。」公答曰：「老親生長田間，但知太守之樂，不知從官之榮。」〔註39〕遂力請去。冬十一月，出爲祕閣修撰、江東轉運副使。〔註40〕

　　時山東盜起，朝廷猶與金通聘，公朝辭，奏言五事：其一，宗社之恥，絕不可忘。國家之於金虜，蓋萬世必報之讎，待敵之策，其別有三：練兵選將，直擣虜巢，此上策也；按兵堅壘，內固吾圉，止使留幣，外絕虜交，此中策也；以救災卹鄰之常禮，施之於茹肝涉血之深仇，此下策也。其二，比鄰之盜，實不可輕，講求攻守之策，以杜窺覦之心，自治之方，無急於此。其三，幸安之謀，絕不可恃。其四，導諛之言，甚不可聽。其五，至公之論，不可忽視。〔註41〕寧宗曰：「卿力有餘，到江東日爲朕撙節財計，以助邊用。」

〔註38〕　參見眞公德秀，〈對越甲稿·直前奏事劄子〉，《西山先生眞文忠公文集》，頁88～94。

〔註39〕　見（宋）劉克莊，〈西山眞文忠公行狀〉，《後村先生大全集》，頁1489。

〔註40〕　（宋）魏了翁，〈眞公神道碑〉作：「冬十一月，除祕閣修撰，江南東路計度轉運副使。」（見《鶴山先生大全文集》，頁558。）（宋）劉克莊，〈西山眞文忠公行狀〉作：「除祕閣脩撰，江東轉運副使。」（見《後村先生大全集》，頁1489）《宋史·儒林傳》七則作：「出爲祕閣修撰、江東轉運副使。」（見頁12959）

〔註41〕　參見眞公德秀，〈對越甲稿·除江東漕十一月二十二日朝辭奏事劄子一〉，《西山先生眞文忠公文集》，頁96～99。

〔註42〕公數年之間，論奏懇懇，無慮數十萬言，權相爲之側目，而海內人士傳抄誦詠，於是藹然公輔之望，中外無異詞矣！〔註43〕

　　嘉定八年（1215，公三十八歲），春，時領漕事。〔註44〕江東旱蝗，九郡之中，大旱者七，飛蝗所至，蔽江盈野，其積數尺，草木蘆葦，爲之一空，秋陽方驕，風日愈烈，耳目所接，無非焦熬，人情皇皇，略無生意，而太平、廣德尤甚，公遂與守令、監司分所部九郡，大講荒政，申尚書省祈撥米糧賑濟饑民，而自領太平、廣德。親至廣德，與太守魏峴同以事宜，不俟旨命，先行開倉，使教授林庠振給，竣事而還。〔註45〕百姓數千人送公，指道旁叢塚泣謝，曰：「此皆往歲餓死者，微公，我輩相隨入此矣！」太平州私創大斛，公索而毀之。新徽州守林琰無廉聲，寧國守張忠恕規匿賑濟米，公兩劾之，而以李道傳攝徽。先是，都司胡槻、薛拯每誚公爲迂儒，試以事必敗。及至江東，政譽日聞，小人無所售其喙，遂言旱傷本輕，監司好名，賑贍太過。使峴劾庠以撼公，公上章自明，朝廷悟，授庠幹官，都司怒，無所洩，奏罷徽守以撼李道傳，而李已召還矣。〔註46〕

　　嘉定九年（1216，公三十九歲），公於江東二年，凡有所餽，以至太夫人誕日諸司所奉禮，皆專儲之，以助賑施。〔註47〕公雖在外，心憂君國，冬十二月，奏言：女眞攻陷我都城，傾覆我社稷，劫遷二聖，荼毒蒸民，自開關以來，夷狄之禍，未有若是之酷也，究政、宣致禍之由，其弊有十：其一，股肱不良，萬事隳毀，荒嬉無度，朝政大壞。其二，主兵非人，訓練盡廢，賞罰無章，軍政壞矣。其三，簡忽天變，不畏天戒。其四，文過飾非，杜塞諫路。其五，廢老成，斥鴻儒，毀忠忌賢，舉朝無君子。其六，臺省館殿之士，非歌頌詩書，即膏梁子弟，非奴事閹尹，即翼附權臣，更相迭援，在廷皆小人矣，其七，女眞入冠，大臣諱言，上下相蒙，釀成大患。其八，專務

〔註42〕見《宋史・儒林傳》七，頁 12959。

〔註43〕見（宋）魏了翁，〈眞公神道碑〉，《鶴山先生大全文集》，頁 558。

〔註44〕（宋）魏了翁，〈眞公神道碑〉作：「春，始領漕事。」（見《鶴山先生大全文集》，頁 558。）另（清）眞鼎元、眞西山年譜作：「春，領江東計度轉運副使。」（見《眞文忠公全集》，頁 1513）。

〔註45〕參見眞公德秀，〈對越甲稿・奏申〉，《西山先生眞文忠公文集》，卷六、卷七，頁 123～153。

〔註46〕參見註45，暨（宋）劉克莊，〈西山眞文忠公行狀〉，《後村先生大全集》，頁 1489；《宋史・儒林傳》七，頁 12959～12960。

〔註47〕見（宋）劉克莊，〈西山眞文忠公行狀〉，《後村先生大全集》，頁 1489～1490。

聚歛，民不聊生，諸路騷動，遂爲盜賊。其九，任使選將，所托非材，遂使北邊有南朝無人之譏，女眞有中國無人之訕。其十，女眞邀歲幣、取稅賦、索犒師、貸糧餉，一切順承，無敢或戾，承歡敵膝，處置乖宜。自今三數年來，謀國者倚賂遺以幸一日之安，忠誠憤激者少，委靡頹惰者多，厥誤有三：其一，女眞播越而南，宜俟復燕山，然後玉帛往來如故，廼使大宋臣子拜犬羊於祖宗殿廷之下。其二，歲幣弗遺是矣，然不以還燕爲詞，而諉曰：漕渠乾涸，使虜移文督責。其三，邊民皆吾赤子，窮而歸我，當示綏懷。西州戎帥殺程彥暉一家骨肉於黑谷山，秦隴之人莫不切齒，結遺黎之怨，逆上帝之心，孰甚於此？唯今之計，當懲政、宣十失，必戒今日三誤，立自彊之計，破庸人之論。至誠一心，對越上帝，廣謀兼聽，曲盡下情，以收天下之心，以合天下之助，庶天下事猶可爲也。﹝註48﹞以右文殿脩撰知泉州。﹝註49﹞

　　嘉定十年（1217，公四十歲），夏月，蒞郡，﹝註50﹞時番舶畏苛征，苦官吏，至者歲不三、四，公首寬之，並戒官吏毋得買物不酬，豫斂民賦，是年舶至者十有八，明年二十有四，又明年，三十有六，征稅之入，遂及舊額。﹝註51﹞輸租，令民自行概量。﹝註52﹞聽訟惟揭示姓名，人自詣州，無敢後者，久之，囹圄皆空。﹝註53﹞泉多大家，爲閭里患，公嚴繩其僕，而雅責其主，皆媿之而不敢怒。有訟田者，至焚其契，不敢爭。傅伯成方退居，公每詣之，必虛心問政，受其規戒，傅亦以世道期之。﹝註54﹞

　　嘉定十一年（1218，公四十一歲），春，﹝註55﹞時相生日，四方爭獻珍異，公大書：「開誠心，布公道，集眾思，廣忠益。」十二字以餉，且致書曰：丞相勤身輔政，而中外之心未孚，屈己受言，而士大夫之情猶能以自竭，願因

﹝註48﹞ 參見眞公德秀，〈對越甲稿・江東奏論邊事狀〉，《西山先生眞文忠公文集》，頁 117～122。

﹝註49﹞ （清）眞鼎元，〈西山眞文忠公年譜〉云：「冬，除右文殿脩撰，知泉州。」見《眞文忠公全集》，頁 1514。

﹝註50﹞ 見（清）眞鼎元，〈西山眞文忠公年譜〉，《眞文忠公全集》，頁 1514。

﹝註51﹞ 見（宋）劉克莊，〈西山眞文忠公行狀〉，《後村先生大全集》，頁 1490。

﹝註52﹞ 見（宋）魏了翁，〈眞公神道碑〉，《鶴山先生大全文集》，頁 558。

﹝註53﹞ 參見《宋史・儒林傳》七，頁 12960；（清）眞鼎元，〈西山眞文忠公年譜〉，《眞文忠公全集》，頁 1514。

﹝註54﹞ 見（宋）劉克莊，〈西山眞文忠公行狀〉，《後村先生大全集》，頁 1491；《宋史・儒林傳》七，頁 12960。

﹝註55﹞ （宋）魏了翁，〈眞公神道碑〉作：「春，上時相書。」（見《鶴山先生大全文集》，頁 558）。

某之言，考武侯之爲，勉其未至，則功業日盛，福祿日臻。〔註56〕時相方託生日爲歛財之資，不能用。〔註57〕夏，海賊侵劫晉江，將逼城，公調左翼軍捕逐，官軍不利，撥發官王大壽、隊將秦淮等死之，公爲文以祭，乃親授方略，討賊彌厲，五月，平之。公復徧行海濱，審視形勢，增屯要害，以備不虞；左翼軍受守臣節制，公所請也。〔註58〕尋以功轉朝散大夫，〔註59〕泉人立衛民祠以祀公。〔註60〕

嘉定十二年（1219，公四十二歲），秋，〔註61〕以集英殿修撰知隆興府，安撫江西。承寬弛之後，乃梢濟以嚴，尤留意軍政。

嘉定十三年（1220，公四十三歲），公常謂夷狄外患，盜賊內憂，皆不可忽，欲分江州軍屯興國之富池，抽鄂州軍分屯武昌，繕豫章城，及通廣鹽於贛、南安，以弭汀、贛鹽寇。〔註62〕未及行，太夫人吳氏卒，歸浦城故居。是年，營親之封於銀山之麓。〔註63〕

嘉定十四年（1221，公四十四歲），夏月，築西山精舍，日與詹體仁、黃叔通、徐鳳親長朋友輩講學而語論焉。〔註64〕已而蘄、黃失守，其後盜起南安，竭國力以討之，數載始平，人服公先見。〔註65〕公性篤孝，吳夫人嘗疾病，祈天而愈，醮謝之，有曰：願損臣算，以延母齡。及執喪，毀瘠，柴立；得妾，盡遣去給事，左右惟老兵、蒼頭；飯量舊無算，自此以後，終身飯不過濡口。〔註66〕

〔註56〕見（宋）劉克莊，〈西山眞文忠公行狀〉，《後村先生大全集》，頁1491。

〔註57〕見（宋）魏了翁，〈眞公神道碑〉，《鶴山先生大全文集》，頁558。

〔註58〕參見眞公德秀，〈對越甲稿・泉州申樞密院乞推海盜賞狀、申樞密院乞優恤王大壽、申樞密院措置沿海事宜狀、申樞密院乞節制左翼軍狀〉，《西山先生眞文忠公文集》，頁155～165；（宋）劉克莊，〈西山眞文忠公行狀〉，《後村先生大全集》，頁1490～1491；《宋史・儒林傳》七，頁12960。

〔註59〕參見（宋）魏了翁，〈眞公神道碑〉，《鶴山先生大全文集》，頁558；（清）眞鼎元，〈西山眞文忠公年譜〉，《眞文忠公全集》，頁1514～1515。

〔註60〕見（清）眞鼎元，〈西山眞文忠公年譜〉，《眞文忠公全集》，頁1515。

〔註61〕見（宋）魏了翁，〈眞公神道碑〉，《鶴山先生大全文集》，頁558。

〔註62〕參見眞公德秀，〈對越甲稿・江西奏便民五事狀〉，《西山先生眞文忠公文集》，頁170～174；（宋）劉克莊，〈西山眞文忠公行狀〉，《後村先生大全集》，頁1491。

〔註63〕見（清）眞鼎元，〈西山眞文忠公年譜〉，《眞文忠公全集》，頁1515。

〔註64〕見（清）眞鼎元，〈西山眞文忠公年譜〉，《眞文忠公全集》，頁1516。

〔註65〕見（宋）劉克莊，〈西山眞文忠公行狀〉，《後村先生大全集》，頁1491。

〔註66〕參見眞公德秀、母疾愈醮謝青詞（見《眞文忠公全集》，文友，冊八，頁4454）；

　　嘉定十五年（1222，公四十五歲），服闋。〔註67〕夏，建睦亭于縣北長樂里僊陽鎮之西山，為讀書處，門人劉克莊、湯漢、徐華老輩相與講習討論，纂《文章正宗》、《大學衍義成》。〔註68〕九月，以寶謨閣待制知潭州、湖南安撫使。〔註69〕冬，赴鎮，詔賜金帶，〔註70〕以四事勵寮屬，曰：律己以廉，撫民以仁，存心以公，涖事以勤。〔註71〕以周敦頤、胡安國、朱熹、張栻學術源流勉其士。

　　嘉定十六年（1223，公四十六歲），江華縣賊蘇師軍入境殺人，巢穴接賀州，公檄廣西共討平之。〔註72〕知壽昌軍朱槀請以飛虎軍永戍壽昌，並致其家口，公力爭止之。司馬遘守武岡，激軍變，公劾去遘，使簽判葉莫攝郡事，授以方略，誅其亂者。〔註73〕奏罷榷酤，潭人歡呼！革秋苗斛面米所謂捧撮米者；乞免降度牒和糴，以甦其民。〔註74〕

　　嘉定十七年（1224，公四十七歲），郡民艱食，公奏請罷糴，〔註75〕復極

　　　　（宋）劉克莊，〈西山眞文忠公行狀〉，《後村先生大全集》，頁 1491。

〔註67〕同見（宋）魏了翁，〈眞公神道碑〉，《鶴山先生大全文集》，頁 558：（清）眞鼎元，〈西山眞文忠公年譜〉，《眞文忠公全集》，頁 1516。

〔註68〕眞公德秀，〈睦亭記〉云：「嘉定十四年六月，西山精舍成，明年五月，作新亭於池上，而命之曰：睦亭。」（見《西山先生眞文忠公文集》，頁 379。）又參見：（清）眞鼎元，〈西山眞文忠公年譜〉，《眞文忠公全集》，頁 1516。

〔註69〕眞公德秀，〈對越甲稿·辭寶謨閣待制知潭州狀〉云：「某九月十五日准省箚九月六日三省同奉　聖旨，眞某除寶謨閣待制，知潭州、湖南安撫使。」另於再辭待制狀中亦言及此事。上兩狀文同作於嘉定十五年十月。並見於《西山先生眞文忠公文集》，頁 198。

〔註70〕眞公德秀於嘉定十五年十月上「再辭待制狀」，十月二十六日三省同奉　聖旨，依已降指揮，不允。（見《西山先生眞文忠公文集》，頁 198～199）另於嘉定十六年正月上「辭賜金帶狀」（見同前，頁 199），依此推之，眞公之赴鎮當在嘉定十五年之冬月也。

〔註71〕見眞公德秀，《心經政經合編》，廣文書局，頁 81～82。

〔註72〕眞公德秀，〈對越甲稿有「申樞密院措置收捕道州賊徒狀」，作於嘉定十六年正月十五日〉，見《西山先生眞文忠公文集》，頁 177～179。

〔註73〕眞公德秀，〈對越甲稿有「申樞密院乞免將飛虎軍永戍壽昌狀」及「申樞密院為已誅斬武岡軍叛卒狀」，見《西山先生眞文忠公文集》，頁 180～182。

〔註74〕眞公德秀，〈對越甲稿有「潭州奏復稅酒狀」〉（見《西山先生眞文忠公文集》，頁 174～177）：另於《對越乙稿》中有「回申尚書省乞裁減和糴數狀」、「申尚書省乞免降度牒狀」（見《西山先生眞文忠公文集》，頁 274～276。）：參見（宋）劉克莊，〈西山眞文忠公行狀〉。（《後村先生大全集》，頁 1491～1492。）

〔註75〕眞公德秀，〈對越乙稿有「申尚書省免和糴盡數狀」〉（見《西山先生眞文忠公文集》，頁 275～276）：另（宋）劉克莊，〈西山眞文忠公行狀〉有云：「明年，奏請罷糴。」（見《後村先生大全集》，頁 1492）。

力振贍之，並立惠民倉五萬餘石，使歲出糶；什伍其民，以相保受，因養寓教，魏了翁記焉。又易穀九萬五千石，分十二縣置社倉百所，遍及鄉落；創慈幼倉，別立義阡，惠政畢舉。教諸軍習射，日再按試；捐其回易之利及官田之租，凡營中病者、死未葬者、孕者、嫁者、娶者，贍給有差。〔註76〕湘中翕然向化，潭人爲立生祠。〔註77〕閏八月，寧宗崩殂，理宗即位，召赴行在，尋除中書舍人、兼侍讀，改禮部侍郎、兼直學士院、兼侍讀、同修國史、實錄院同修撰。〔註78〕

　　理宗寶慶元年（1225，公四十八歲），二月，返抵浦城故里。〔註79〕六月，入見，奏三箚：其一，脩子道，正家道，立君道。曰：三綱五常者，扶持宇宙之棟幹，奠安生民之柱石，人而無此，冠裳而禽犢矣，國而無此，中夏而裔夷矣！晉廢三綱，而劉、石之變興；唐廢三綱，而祿山之難作。我朝立國，根本仁義，陛下初膺大寶，不幸處天倫之變，流聞四方，所損非淺。雪川之變，非濟邸本志，前有避匿之迹，後聞討捕之謀，情狀灼然，本末可考，願詔有司討論雍熙追封秦王舍罪恤孤故事，雖濟王未有子息，然興滅繼絕，任陛下耳。上曰：朝廷待濟王可謂至矣！公奏：陛下友愛之心，可謂無所不至，若言此事處置盡善，臣未敢以爲然。觀舜所以處象，則陛下不及舜明甚。大抵人主當以二帝、三王爲師，秦漢以下，人君舉動，不皆合理，難以爲法。上曰：亦是一時倉猝耳。公奏：此以往之咎，臣所以言者，欲陛下益進德脩

〔註76〕眞公德秀，〈對越甲稿・奏置惠民倉狀〉有云：「臣在官三年，春夏之間，郡城居民率苦貴糴。」（見《西山先生眞文忠公文集》，頁185。）從嘉定十五年冬赴鎮守推之，當是在嘉定十七年也。眞公德秀另有「申朝省借撥和糴米狀」、「申尚書省乞撥和糴米及回糴馬穀狀」、「奏置十二縣社倉狀」，並見《西山先生眞文忠公文集》，頁186～191。參見（宋）魏了翁、潭州惠民倉記，（《鶴山先生大全文集》，頁364～365。）及（宋）劉克莊，〈西山眞文忠公行狀〉。（《後村先生大全集》，頁1492）。

〔註77〕見（清）眞鼎元，〈西山眞文忠公年譜〉，《眞文忠公全集》，頁1517。

〔註78〕眞公德秀，〈對越甲稿有「辭免禮部侍郎兼直院狀」、「再辭免新除狀」，並謂：除禮部侍郎、兼直學士院、兼侍讀〉。（見《西山先生眞文忠公文集》，頁199～201）於〈辭免修史狀〉中云：「眞某兼同修國史、兼實錄院同修撰。」（見同前，頁201）於〈乞給假狀〉中云：「檢會嘉定十七年九月十九日已降指揮，眞某除禮部侍郎、兼直學士院、兼侍讀，十一月十日續降指揮，兼同修國史、兼實錄院同修撰。」（見同前，頁201）是眞公德秀是時以禮部侍郎，兼直學士院，兼侍讀、同修國史、實錄院同修撰也。

〔註79〕眞公德秀，〈對越甲稿・展假狀〉云：「至今年二月初十日，始抵浦城寓里。」（見《西山先生眞文忠公文集》，頁202）。

業以掩前失也。其二，乞收人心。往者雪川之獄，未聞參聽於公朝，淮、蜀二閫之除，皆出僉論所期之外。天下之事非一家之私，何惜不與眾共之，願自今國有大事，一聽公議；簡拔才能以擔重任，亦以公論爲主，此收人心之一事也。賞罰公平，則人莫得而議，今有功罪同而賞罰異者，朝廷之於天下，當如天地之於萬物，焉可使一毫之私意介其間哉！願以至公之心，行至平之政，此收人心之二事也。當乾道、淳熙〔註 80〕間，有位於朝者以饋遺及門爲恥，受任於外者以包苴入都爲羞，今薰染成風，恬不之怪，欲息天下之謗，莫若反其物而罪其人，臣願滌除貪暴，砥厲廉隅，惠綏兵民，銷弭怨疾，此收人心之三事也。治世氣象，欲其寬裕，不欲其迫蹙，自譏呵之令行，都城之民搖手相戒，有道路以目之風，當解煩苛之綱，闢寬裕之塗，使憂虞者得以自安，忠直者得以自奮，此收人心之四事也。其三，起用老成。朝廷之上，敏銳之士多於老成，雖嘗以耆艾褒傅伯成、楊簡，以儒學褒柴中行，以恬退用趙蕃、劉宰，然前之三臣止加異數，未聞聘召，至於亮直敢言，如陳宓、徐僑皆未蒙錄用，願處伯成、簡於內祠，置中行於經幄，擢宓、僑於言地；用廉仁之守而去貪殘，任賢能之將而斥暴橫。華髮舊德之臣，不獨人主賴其益，朝列新進之士亦有所矜式，伯成、簡皆年愈八十，縱使召之不至，必能因囊封進忠言。上問廉吏，公以知袁州趙葵夫對，御筆擢葵夫直祕閣爲監司。公具手箚入謝，因言：崔與之帥蜀，楊長孺帥閩，皆有廉聲，臣一時不能悉數，乞廣加咨訪。〔註81〕

七月，上御清暑殿，公以經筵侍上，奏論初政四事：其一，高宗受命中興，再造區夏，蓽路藍縷，以啓山林，披攘荊棘，以立朝廷，其艱勤可謂至矣；孝宗嗣守丕緒，志清中原，二十八年之間，蒐攬賢材，屬精聽斷，未嘗一日少懈。今陛下所御之宮庭，即二祖儲神燕閒之地，仰瞻楹桷，俯視軒墀，當如二祖實臨其上。念昔者創守惟艱，思今日繼承匪易，則兢業祗懼，豈容少忽？其二，陛下前所居處，密邇東朝，未當人主之奉；今宮閣之需浸備，以一心而受眾攻，未有不浸淫而蠹蝕者，惟學可以養此心，惟敬可以存此心，惟親近君子，可以維持此心。篤志於學，則日與聖賢爲徒而有自得之樂；持

〔註80〕 乾道、淳熙，皆宋孝宗年號。乾道年號自西元 1165 年至 1173 年，淳熙年號自 1174 年至 1189 年。

〔註81〕 詳見眞公德秀，〈對越甲稿・召除禮侍上殿奏箚〉，《西山先生眞文忠公文集》，頁 99～108。參見（宋）劉克莊，〈西山眞文忠公行狀〉，《後村先生大全集》，頁 1492～1493；《宋史・儒林傳》七，頁 12961～12962。

身以敬，則凜如神明在上而無非僻之侵；親賢人君子之時多，則規儆日聞，諂邪不得而惑。三者交致其力，則聖心湛然，理義常為之主，而物欲不能奪矣！其三，三年之喪行於宮壼，非獨衰麻在躬而已，哀慕之心不可頃刻忘，憂感之形不可斯須已；居處之制，不可不極其樸素；太官之供，不可不極其菲儉；屏遠聲色，不可不極其嚴也。其四，陛下前侍慈明兩宮，常歡然而無間，今恭勤之禮，孝養之誠，當有加於前日，而兩宮侍御之臣，恩意當使如一，使群臣、萬民皆有所恃以為安也。又奏：先帝每旦御朝，率在卯辰之間，陛下臨朝，必以日出為節，所以法乾健而體離明，通下情而達民隱，實初政之首務也。〔註82〕

　　寧宗小祥，詔群臣服純吉，公奏言：禮經云：子為父，臣為君，皆服斬衰三年。此禮之所當然，人情之不容已者也。自漢文帝率情變古，後世始不復見三代之全。迨至孝宗，方衰服三年，朝衣朝冠皆以大布，惜未并定臣下執喪之儀，此千載無窮之恨也。孝宗之崩，從臣羅點等議，令群臣於易月之後，未釋衰服，朝會治事權用公服黑帶，每遇七日及朔望時節，朝臨奉慰，皆以衰服行事，至大祥而後除，至於燕服，去紅紫之飾。當時臺諫集議，以為點等所請，雖未純古，亦略有遺意，可以扶持衰薄，補助名教。自侂冑弄權，始以小祥從吉，實則光宗踐阼時之純吉，自緣新君之受禪，非為高廟之小祥也。且帶不以金，鞋不以紅，佩不以魚，鞍韉不以文繡，此在群臣並無所損，而於朝廷之儀亦未有妨，愛禮存羊，所繫甚重，亦庶幾稍合禮意，以貽示方來，實皇上初政之先務也。奏上，詔行在職事官以上大祥從吉，諸路依已降旨揮，時公已闔門求去，遂不復爭。〔註83〕

　　公屢進鯁言，上皆虛心開納，而史彌遠益嚴憚之，乃謀所以相撼，懾於公議未敢發。至是，給事中王塈、盛章始駁公所主濟王贈典，八月，殿中侍御史莫澤劾之，遂以煥章閣待制提舉玉隆宮。〔註84〕十一月，諫議大夫朱端

〔註82〕詳見眞公德秀，〈對越甲稿・論初政四事〉，《西山先生眞文忠公文集》，頁108～109。參見（宋）魏了翁，〈眞公神道碑〉，《鶴山先生大全文集》，頁559；（宋）劉克莊，〈西山眞文忠公行狀〉，《後村先生大全集》，頁1494；《宋史・儒林傳》七，頁12962。

〔註83〕詳見眞公德秀，〈對越甲稿・禮部申省論小祥不當從吉狀〉，《西山先生眞文忠公文集》，頁191～193。參見（宋）魏了翁，〈眞公神道碑〉，《鶴山先生大全文集》，頁559；（宋）劉克莊，〈西山眞文忠公行狀〉，《後村先生大全集》，頁1494；《宋史・儒林傳》七，頁12962。

〔註84〕參見《宋史・儒林傳》七，頁12962；（宋）魏了翁，〈眞公神道碑〉，《鶴山先

常又劾之，公落職，罷祠。御史李知孝上書，乞竄公以正典刑。梁成大又劾之，請加竄殛，史彌遠勸帝下其章，帝曰：「仲尼不爲己甚！」乃止。〔註85〕公歸浦城，以田易夢筆山地數畝，構堂於山之麓，日與門人劉克莊、湯漢、徐華老輩脩《讀書記》，語門人曰：「此人君爲治之門，如有用我者，執此以往。」魏了翁爲撰夢筆山房記。〔註86〕

　　寶慶二年（1226，公四十九歲），二月，梁成大請以罪魏了翁者罪公，賴上保全，僅詔削秩二等，乃獲里居。〔註87〕置菴於招賢里百文之源，爲讀書處，纂《四書輯編》、《唐書考疑》成。〔註88〕

　　寶慶三年（1227，公五十歲），遷居花園東粵山下，竪拱極堂，著心、政二經，易圖解，名其堂曰：「學易齋」，有聯句云：「坐觀吳粵兩山秀，默契羲文千古心。」諸儒退避三舍。〔註89〕

　　理宗紹定元年（1228，公五十一歲），以恩復寶謨閣待制。〔註90〕

　　紹定二年（1229，公五十二歲），除提舉玉隆觀萬壽宮。〔註91〕

　　紹定三年（1230，公五十三歲），秋八月，除徽猷閣待制。〔註92〕

　　紹定四年（1231，公五十四歲），春，上壽慈明宮，〔註93〕大赦天下。六

生大全文集》，頁 559；（宋）劉克莊，〈西山眞文忠公行狀〉，《後村先生大全集》，頁 1494；（清）畢沅，《續資治通鑑》，卷一百六十三，（文光出版社，後同，不另註明）頁 4442。

〔註85〕詳見（清）畢沅，《續資治通鑑》，卷一百六十三，頁 4445；參見（宋）魏了翁，〈眞公神道碑〉，《鶴山先生大全文集》；頁 559；（宋）劉克莊，〈西山眞忠公行狀〉，《後村先生大全集》，頁 1494～1495；《宋史・儒林傳》七，頁 12962～12963。

〔註86〕見（清）眞鼎元，〈西山眞文忠公年譜〉，《眞文忠公全集》，頁 1519。

〔註87〕參見（宋）魏了翁，〈眞公神道碑〉，《鶴山先生大全文集》，頁 559；（清）畢沅，《續資治通鑑》，卷一百六十三，頁 4447。

〔註88〕見（清）眞鼎元，〈西山眞文忠公年譜〉，《眞文忠公全集》，頁 1519～1520。

〔註89〕見（清）眞鼎元，〈西山眞文忠公年譜〉，《眞文忠公全集》，頁 1520。

〔註90〕見（清）眞鼎元，〈西山眞文忠公年譜〉，《眞文忠公全集》，頁 1520；無其他佐證，姑從之。

〔註91〕見（清）眞鼎元，〈西山眞文忠公年譜〉，《眞文忠公全集》，頁 1520；無其他佐證，姑從之。

〔註92〕見（清）眞鼎元，〈西山眞文忠公年譜〉，《眞文忠公全集》，頁 1521；無其他佐證，姑從之。

〔註93〕見（宋）魏了翁，〈眞公神道碑〉，《鶴山先生大全文集》，頁 559。另（清）畢沅，《續資治通鑑》云：「春，正月，戊子朔，帝詣慈明殿行慶壽禮，大赦天下。」（見卷一六五，頁 4497）蓋指其事也。（宋）劉克莊，〈西山眞文忠公行

月，公以恩復原官職宮祠。〔註 94〕

紹定五年（1232，公五十五歲），秋八月，進徽猷閣待制，知泉州。〔註 95〕迎者塞洛陽橋，深村百歲老人亦扶杖而出，城中歡聲動地。公曉士民，曰：太守去此十四、五年矣，雖泉山一草一木，亦時入思，再叨郡寄，衰病不能出，然念泉人相愛之深，黽勉此來，欲爲此邦興利除害，復還樂土之舊也。謂官僚曰：某前帥長沙，嘗以廉、仁、公、勤勉同官，今所當勉，無出於此，各屬邑以崇風教、清獄刑、平賦稅、禁苛擾四條揭之坐右。〔註 96〕諸邑二稅或預借至六、七年，永春、德化一邑，又燬於寇，公入境，首禁預借，諸邑有累月不解一錢者，郡計遂赤立不可爲。或咎寬恤太驟，公謂：民困如此，救之當如解倒懸，吾寧以一身代其苦，不以此爲悔也。僚屬又鮮能任，事無大小，必躬親之，每據按決訟，自卯至申未已，或勸嗇養精神，公謂：郡計凋弊，無力惠民，僅有政平、訟理二事當勉。建炎初置南外宗正司于泉，宗子僅三百餘人，令漕司與本州均任其責，朝廷歲助度牒，已而不復給，後屬籍日增，紹定末，宗子增至兩千三百餘人，公奏：郡不可爲，雖有材健之守，智力無所施，泉民憔悴，爲日已久，惟朝廷哀憐。詔歲給祠牒六十，已而增爲百道。〔註 97〕

紹定六年（1233，公五十六歲），冬十月，史彌遠卒，上始親政，授顯謨閣待制，知福州。〔註 98〕

狀〉云：「紹定辛卯，慶壽，恩復寶謨閣待制玉隆祠。」（見《後村先生大全集》，頁 1495）所言慶壽，即指此事。

〔註 94〕見（宋）魏了翁，〈眞公神道碑〉，《鶴山先生大全文集》，頁 559。（清）畢沅，《續資治通鑑》云：「六月，乙未，詔：魏了翁、眞德秀、尤焴、尤爚，並敘復官職祠祿。」（見卷一六五，頁 4501）。

〔註 95〕見（宋）魏了翁，〈眞公神道碑〉，《鶴山先生大全文集》，頁 559～560。（宋）劉克莊，〈西山眞文忠公行狀〉作：「明年，除徽猷閣待制，知泉州，再辭，不允。」（見《後村先生大全集》，頁 1495。）《宋史・儒林傳》七作：「五年，進徽猷閣知泉州。」（見頁 12963）。

〔註 96〕參見眞公德秀，〈知泉州軍事曉示〉，《心經政經合編》，廣文，頁 97～99；諭州縣官僚，見同前，頁 103～127；（宋）劉克莊，〈西山眞文忠公行狀〉，《後村先生大全集》，頁 1495。

〔註 97〕參見眞公德秀，〈對越乙稿・申尚書省乞撥降度牒添助宗子請給，及再申尚書省乞撥降度牒〉，《西山先生眞文忠公文集》，頁 254～259；（宋）劉克莊，〈西山眞文忠公行狀〉，《後村先生大全集》，頁 1496。

〔註 98〕（宋）劉克莊，〈西山眞文忠公行狀〉云：「會故相死，上始親政，除顯謨閣待制，知福州、福建安撫使。」（見《後村先生大全集》，頁 1496）《宋史・儒林傳》七云：「彌遠薨，上親政，以顯謨閣待制知福州。」（見頁 12963）史彌遠卒於宋理宗紹定六年冬十月乙未日，（見（清）畢沅，《續資治通鑑》，卷一

　　理宗端平元年（1234，公五十七歲），正月，赴鎮。戒所部無濫刑、橫斂，毋徇私、黷貨，毋通關節，罷市令司，革閩縣里正督賦之害。屬縣苦於貴糶，公便宜發福州常平米賑之。海寇比歲縱橫，島嶼之民凜不自保，公預於險要增兵船、給糧械，厥後點首相踵擒殄。〔註99〕二月，聞金滅，京、湖帥臣以八陵之圖來上，而江、淮有進取潼關、黃河之議，公憂之，上封事曰：自有載籍以來，與夷狄共事者，未嘗無禍。今之恃虜，將如昔之恃金，國家多事，從此始矣，無饜之求，難塞之辭，自此狃至，而朝廷群臣大抵文致雖優，往往弗嫻武略，宣威制閫，實難其人，翰取翰守，何克濟之？此所深憂者一也。宣和承平，公私熙洽，用兵之後，民不堪命，版圖未復，群盜蝟興，今則權門有丘山之積，公家無旬月之儲，在在枵虛，人人愁歎，師旅一起，科歛必繁，官吏緣此以誅求，姦雄因之而煽動，此所甚憂者二也。況移江淮之甲兵以守無用之空城，運江淮之金穀，以治不耕之廢壤，其費甚鉅，其力甚難，富庶之效未期，根本之弊立見，此又臣所甚懼也。今當厚壅深培，以固元氣，不當輕舉妄動，以搖本根，願陛下日講安危之大計，暫緩謁陵之禮，急扞塞之防，修理內之政，以為禦外之本，凡可以自強者汲汲而圖之，使吾之元氣實，根本牢，則形勢自張，氣燄自著矣！〔註100〕四月，除權戶部尚書，力辭，不允。六月，離福，三山邦人競為綵旗以送，自醴門至舟次，彌望數里不絕。公之帥閩，治以教化為先，闢貢闈，增學廩；所至必搜訪人物，天下士鮮不及門；其所薦拔，後召為公卿者不可勝數。〔註101〕

　　九月，入對，上迎謂曰：「卿去國十年，每切思賢。」時江、淮出師，王師果潰於洛陽，公奏三箚，其一言：今中原俶擾，天之簡求民主，茲惟其時，若能修德以當天心，天必以陛下為中原之主，不然則天命必轉而歸之他人。傳有之曰：敬者德之聚。儀狄之酒，南威之色，鄭聲、盤遊之娛，禽獸、狗馬之玩，皆足害敬，屏而絕之，不可以不力。凡聖心所未安者，即天理所未

　　　　六七，頁4549）是真公知福州事在史彌遠卒後，（清）真鼎元，〈西山真文忠公年譜〉作：紹定五年，「公五十五歲，知福州、福建安撫使。」（見《真文忠公全集》，頁1521。）者有疏，茲不從。
〔註99〕　參見（宋）劉克莊，〈西山真文忠公行狀〉，《後村先生大全集》，頁1496；《宋史・儒林傳》七，頁12963。
〔註100〕參見真公德秀，〈對越乙稿・甲午二月應詔上封事〉，見《西山先生真文忠公文集》，頁224～228；（宋）劉克莊，〈西山真文忠公行狀〉，《後村先生大全集》，頁1496。
〔註101〕參見（宋）劉克莊，〈西山真文忠公行狀〉，《後村先生大全集》，頁1496～1497。

安也，謹之於心術之微，發之於踐履之實，然後謂之無不敬，此祈天永命之一也。天之視聽，因民之視聽，民心之向背，即天心之向背。權臣用事以來，戕賊元元，殆非一事，今邊事既興，江淮之間科調百出，所至騷然，民不堪命，宜命近臣，條舉便民之畫，此祈天永命之二也。其二言：進取有二難，夫用兵莫急於人才，今內而金陵荆鄂，外而兩淮襄漢，帥才奇缺，寥寥無幾，僅求充數，已患乏人，此進取之一難也。一旦舉兵，必急軍食，若遠漕浙米以入江，自江入淮汴，河既久堙，又須陸運，其爲勞費，甚於登天，此進取之二難也。夫此二難，皆權臣玩愒之罪，非今日措置之失，今日適承其弊爾。三十年之弊，欲整治之，度非十年不能，縱令勤勉兼倍，亦非三數年不可，此正諸葛亮閉關息民，務農講武之時也，要當以收歛靠實爲主。又言：今日之勢，猶以和扁繼庸醫作壞之後，一藥之誤，至于害事，人將以責和扁，而不責庸醫，是代爲庸醫受責也。其兢業戒謹，尤當百倍。其三言：兵議既興，有以先發制人爲說者，有以量時度力爲言者，意見雖殊，同於爲國，願陛下戒諭群臣，各盡忠益，以成同心報國之功，勿相疑忌，以成眾賢和朝之美。〔註102〕每奏，上必稱善。

別疏進《大學衍義》，曰：聖人之道有體、有用，本之一身者體也，達之天下者用也。《大學》一書，由體而用，本末先後，既明且備，人主之學必以此爲據依，然後體用之全可以默識矣！臣用大學之條目，附之以經史，纂集成書，名之曰：《大學衍義》。首之以帝王爲治之序者，見堯、舜、禹、湯、文、武之爲治，莫不自心身始也；次之以帝王爲學之本者，見堯、舜、禹、湯、文、武之爲學，亦莫不自心身始也，此所謂綱也。以明道術、辨人才、審治體、察民情爲格物、致知之要；崇敬畏、戒逸欲爲誠意、正心之要；謹言行、正威儀爲修身之要；重妃匹、嚴內治、定國本、教妻屬爲齊家之要，此所謂目也。人君所當知之理，所當爲之事，粗見於此矣！上欣然嘉納。〔註103〕先是公自三山過，醮于仙遊山青詞家，云：既不敢矯激而近名，亦不敢低徊而徇利，惟厚集精誠，庶幾於感悟，而密陳忠益，冀見之施行。至是，奏篇既出，或疑其激烈不及前時，公笑曰：吾老矣！直須純意國事，期於有

〔註102〕參見眞公德秀，〈對越乙稿‧召除戶書內引箚子一、二、三及得聖語申省狀〉，《西山先生眞文忠公文集》，頁 228～238。
〔註103〕參見眞公德秀，〈對越乙稿‧召除戶書內引箚子四〉，《西山先生眞文忠公文集》，頁 235；〈中書門下省時政記房申狀〉，見所著《大學衍義》，商務《四部叢刊廣編》，頁 4。

濟耳。〔註104〕改翰林學士、知制誥，兼侍讀。

　　十月，進讀《大學章句》，上提起物格而后知至，知至而後意誠二句，公奏云：雖是知至而后意誠，然亦非是待知至了，方去誠其意。且如陛下日對儒臣讀明經史，此格物致知之事也；日對輔臣議論朝廷政事，人材賢否，此亦格物致知之事也。臨朝必敬，退居深宮亦必敬；聲色玩好，無所或溺，喜怒哀樂，不敢妄發，此即誠意正心之事也。一日之間，二者未嘗不可交用其功，不但一日，只此俄頃間，便都做得。但大學必以知為首者，須是見得天下之理了然、明白此為善，此為惡，此為正，此為邪，則私意邪念自不敢發，所以格物、致知最為切要也。〔註105〕上悅，是日進讀《大學衍義》。時邊臣尚欲深入，公言：是以前日之敗為未足，而又求敗也。又言：淮西退師，喪失最多，蒙蔽不言，宜早覈實填補。〔註106〕十一月，進讀格物致知章，謂人君以一身應萬事、萬物之變，若不於事物上窮究，豈惟無益而已，將必如晉之清談，梁之苦空，其禍有不可勝言者，此格物、致知之學，所以為治國、平天下之先務也。〔註107〕講《修身在正其心章》，引朱子之言：忿懥好樂，恐懼憂患，只要自無中發出，不可先有在心下。上曰：如此須如槁木死灰始得。公奏：不然，中庸謂：喜怒哀樂之未發，謂之中，發而皆中節，謂之和。四時只要發得中節，如何無得？且如大舜見象喜，亦喜，是聖人不能無喜也。文王、武王一怒而安天下之民，是聖人不能無怒也。蓋未應物之時，其心湛然，與物相接，當喜須喜，當怒須怒，唯當喜怒之時，便須自省：此盡是發於義理邪？發於私欲邪？發於義理則不妨，發於私欲則不可。人之情易發難制者，惟怒為甚，惟能遽忘其怒，而觀理之是非，則知外物之不足怒矣！若都無此四者，如槁木死灰，此心遂為無用之物，此乃釋氏之學也。又言：衛莊公不愛莊姜，而惟嬖人是愛，卒召州吁之變，唐玄宗不愛王氏，而惟惠妃是愛，旋致開元之禍。非偏乎？愛惡一偏，善惡易位，其患有不可勝言者，願陛下深以二君為鑑。上亦無忤色。〔註108〕已而，兼修國史實錄院修撰。〔註

〔註104〕見（宋）劉克莊，〈西山眞文忠公行狀〉，《後村先生大全集》，頁1498。
〔註105〕見眞公德秀，〈經筵講義、講筵進讀大學章句手記〉，《西山先生眞文忠公文集》，頁296。
〔註106〕見（宋）劉克莊，〈西山眞文忠公行狀〉，《後村先生大全集》，頁1499。
〔註107〕見眞公德秀，〈經筵講義、大學格物致知章〉，《西山先生眞文忠公文集》，頁286。
〔註108〕參見眞公德秀，〈經筵講義〉、〈修身在正其心章〉、〈齊家在修其身章〉，《西山先生眞文忠公文集》，頁289；又〈講筵進讀手記〉，見同前，頁300。

109〕公奏言：今日不幸當權臣積壞未易理之朝廷，又不幸值彊大崛起未易勝之鄰敵，又無故先挑不可開之邊隙，而欲以東南一隅之力，守江淮以北千百里之故疆，此勢之所甚難，而時之所未可者也。士大夫苟忠於國，孰不危之？然知其危而不圖所以安，是徒知訾前之失，而不思今之得也。爲今之計，功雖未可遽圖，而剛毅奮發之志，在陛下則當自勉；兵雖未可再舉，而戰功扞禦之備，在廟堂則當亟謀。言其大端有二：一曰經武。今日所至急者邊防，而決不可恃者和議。方今之勢，非可以承平無事也，其必振厲威武，如創業中興之時，願上躬履節儉，無橫恩，無濫予，舉之以修武備於國勢積弱之餘，不若是，無以奮張而興起也。二曰博謀，願集眾思，廣忠益，遴柬通明詳練者數人，以備咨訪。凡山川之險易，將帥之能否，士卒之眾寡，糧儲之虛實，分委討論，著之爲錄，事關邊鄙者，僚屬僉議之，執政審裁之，然後折衷於宰臣而奏行焉，如此則朝廷得操約御詳之體，疆場無失機誤事之悔。又明詔在廷執事，各獻治兵禦戎之策，而輪對轉對，必先當務之急，視其所論之當否，以爲升黜焉，用此廣謀從眾，庶幾有濟。〔註110〕

　　十二月，進讀畢，乞御翰曉諭邊臣，宜嚴加守備。因奏：漢光武手書賜方國，本朝神宗夜書賜邊臣，昔之英主，大抵如此。又言：向歷數郡，又漕江東，見有孝宗親筆石刻，或問麥禾次第、雨雪有無，或問街市有無棄嬰，孝宗一念，只在生靈，故勤勉訪問如此，願陛下視以爲法。上首肯。〔註111〕進讀〈大學末章〉「國不以利爲利，以義爲利也」，奏言：夫所謂居君子之位，而爲小人之行者，故相是也。位冠台司，而鬻賣公朝之官爵；貴極人臣，而攘奪平民之貲產。貪鄙之風扇於上，而汙濁之俗成於下矣！士大夫惟知財利之可貴，豈知仁義之可尊，舉世之人皆趨於利，則知有己而不知有君，知有家而不知有國，平居則欺君以自利，有難則賣國以求財，甚者不奪不饜，故大學於末章明義利之分，孟子於首篇嚴義利之辨，惟明主亟思有以返之也。〔註112〕又以聖賢論致壽之道，以頌上壽，其道有五：一曰：無逸則壽；二曰：親

〔註109〕見（宋）劉克莊，〈西山眞文忠公行狀〉，《後村先生大全集》，頁 1500。

〔註110〕見眞公德秀，〈對越乙稿‧十一月癸亥後殿奏已見箚子一、二〉，《西山先生眞文忠公文集》，頁 238～242；參見（宋）劉克莊，〈西山眞文忠公行狀〉，《後村先生大全集》，頁 1500。

〔註111〕見眞公德秀，《經筵講義‧講筵進讀手記》，《西山先生眞文忠公文集》，頁 302～303。

〔註112〕參見眞公德秀，《經筵講義‧大學末章》，《西山先生眞文忠公文集》，頁 294～295。

賢則壽；三曰：以孝奉先則壽；四曰：仁則壽；五曰：有德則壽。末言仙經萬卷，不若誦無逸之一篇，道家千言，豈如玩靜壽之兩語。〔註113〕

　　端平二年（1235，公五十八歲），正月，太史占立春風起乾位，有兵起之兆。公言：河北州郡，非北兵北將不可守，宜抽回南兵。厥后邳、徐失守，唐、鄧繼叛，諸事卒如公言。〔註114〕丙辰，進讀畢，奏言：立春風起乾位，及月犯太白事，其占皆兵象。時方用兵，可不深懼。漢王嘉有言：應天以實，不以文。陛下仰答天戒者，亦曰實而已矣！何謂實？本之於心，則爲實意；修之於身，則爲實德；推之於事，則爲實政。有是三者應天之道得矣！《大學》曰：所謂誠其意者，毋自欺也。爲善而無實，是謂自欺。夫毋不敬，思無邪，陛下嘗筆之宥坐者也，動靜起居眞若神明之在上，然後爲敬之實。聲色玩好眞若寇讎之必遠，然後爲無邪之實。用人聽言，陛下所嘗詔之百辟者也，登進賢能，不徒寵其身，必有以盡其材，然後爲用人之實。開納忠讜，不徒容其直，必有以行其策，然後爲聽言之實。若賢者固見禮，而所蘊未獲究，諫者固見客，而所陳不盡施，則雖夔龍之武相接於廷，鳳凰之鳴日間於耳，皆美觀而非實也。況名曰卹民，而凋瘵如故，未聞實惠之有加；名曰察吏，而汙濁如故，鮮以實廉而自勵；至於財匱而弗贍，幣輕而不行，師徒喪於犇潰，舟楫壞於轉輸，凡若是者，皆未聞經理之實。戎狄豺狼，日伺吾隙，設有不幸，其將何以應之？願陛下深體上天仁愛之意，凡其本之心、身，推之於事者，必使無一非實，而去其所謂文具美觀者，上帝監臨，必垂眷佑，所以延洪國命，銷弭兵菑，將有潛格於冥冥之中者矣！又言：側聞中外之論皆謂：今日賢材滿朝，而治效不立；議論盈庭，而弊事不修。竊謂：人材有小大之殊，善用者取長略短，皆足以有濟；議論有同異之別，善聽者去非從是，皆足以有補。願詔大臣，日加延訪，使之敷陳所蘊，條舉眾弊，分委經畫，課其效能，因其成敗，以獎陟，則可用之人出矣！而端平奏議，群言繁多，乞命兩制近臣，或兩省都司官二、三人，剗取要語，分類繕錄，凡關於君德帝學者，送入禁中，備陛下覽閱；關於朝政邊防者，送三省密院，備大臣采擇。繼今臣下奏章悉用此法，苟尚於理，無不施行，如此則可用之言見矣！用人聽言，各有其實，何治之不立，弊之不入邪？若夫

〔註113〕 參見眞公德秀，〈對越乙稿·十二月奏已見筍子〉，《西山先生眞文忠公文集》，頁 242～244；（宋）劉克莊，〈西山眞文忠公行狀〉，《後村先生大全集》，頁 1500～1501。

〔註114〕 見（宋）劉克莊，〈西山眞文忠公行狀〉，《後村先生大全集》，頁 1501。

悠悠泛泛，玩愒歲月，以虛譽用人，而無以覈其能否？以虛文聽言，而無以訂其是非，臣恐弊事日滋，治效愈邈，其患未知所終也。〔註115〕未幾，知禮部貢舉。公先有箚子論文弊，乞專以醇正質直取士，其涉詖怪者黜之。是歲，場屋始嚴，空疎不學者多望風而去，挾書絕少。公旦起，必焚香禱天，願得忠良平實之士，豪傑俊異之材。考校必合論策以觀器識。所取多老成實學。〔註116〕三月，拜參知政事，同提舉編修敕令、經武要略。時已感疾，辭免，不允。辛卯，除資政殿學士、提舉萬壽觀、兼侍讀，辭，不允。五月，疾亟，冠帶起坐，迄謝事，猶神爽不亂，年五十八。遺表聞，上震悼，輟視朝。〔註117〕士大夫無親疏遠近，莫不相弔，都人往往失聲痛惜，如元祐之喪涷水公也。〔註118〕贈銀青光祿大夫，謚曰：文忠。〔註119〕

公長身廣額，容貌如玉，望之者無不以公輔期之。〔註120〕氣體素強，勤勞成性，不能自逸。平日非窮理著書，即憂念世事。所覽博極群書，聲望籠罩一代。聞人之善，則忻悅獎勵，自以為不及；聞人善，則顰蹙歎息，猶冀其能改也，故君子宗之，而小人亦信服焉。常以窮理、致用四字勉學者。有新第者請益，公曰：讀好書，做好人而已。每謂其徒曰：一生短，千載長。不欠名位，只欠德業。〔註121〕其高瞻遠矚，可見一斑。立朝不滿十年，奏疏無慮數十萬言，皆切當世要務，直聲震朝廷，天下莫不以為社稷之藎臣，道德之宿老。四方人士誦其文，想見其風采。及宦遊所至，惠政深洽，不愧其言，由是中外交頌。時相益以此忌之，輒擯斥不用，而聲聞愈彰。〔註122〕觀其奏疏：勉進君德，以當天心；早朝晏罷，以收臥薪嘗膽之效。親正人，拔賢俊，褒獎忠廉；務農事，省刑賦，念念在民；訓兵戎，繕城池，志雪國恥。其忠君愛國之意，洋溢紙上；而仁肝義膽之情，隨處可見。自韓侂胄立偽學

〔註115〕參見眞公德秀，〈對越乙稿‧乙未正月丙辰經筵奏已見箚子一、二〉，《西山先生眞文忠公文集》，頁 244～246；（宋）劉克莊，〈西山眞文忠公行狀〉，《後村先生大全集》，頁 1501。

〔註116〕參見（宋）劉克莊，〈西山眞文忠公行狀〉，《後村先生大全集》，頁 1501。

〔註117〕參見（宋）劉克莊，〈西山眞文忠公行狀〉，《後村先生大全集》，頁 1501～1502；《宋史‧儒林傳》七，頁 12964。

〔註118〕見（宋）劉克莊，〈西山眞文忠公行狀〉，《後村先生大全集》，頁 1502。宋哲宗元祐元年（1086），賢相司馬光卒。

〔註119〕見《宋史‧儒林傳》七，頁 12964～12965。

〔註120〕見《宋史‧儒林傳》七，頁 12964。

〔註121〕參見（宋）劉克莊，〈西山眞文忠公行狀〉，《後村先生大全集》，頁 1502～1503。

〔註122〕見《宋史‧儒林傳》七，頁 12964。

之名以錮善類，凡近世大儒之書皆顯禁以絕之。公晚出，獨慨然以斯文自任，講習而服行之。黨禁既開，而正學遂明于天下後世，多其力也。〔註123〕

　　所著有：《大學衍義》〈四十三卷〉、《心經》〈不分卷〉、《政經》〈不分卷〉、《西山先生眞文忠公文集》〈五十五卷〉、《文章正宗》〈三十卷〉、《續文章正宗》〈十二卷〉、《西山先生眞文忠公讀書記》〈六十一卷〉、〔註124〕《四書集編》〈二十六卷〉、〔註125〕《獻忠集》、《江東救荒錄》、《清源雜志》、《星沙集志》、〔註126〕《三禮考》〔註127〕等。

第二節　黃震論眞德秀之辨疑

　　時代略晚於眞德秀之黃震（東發）於其《理度兩朝紀要》中評眞德秀曰：

然則天下素所望其爲相者眞德秀，言論丰采，文行聲績獨重。嘉定寶紹間僉謂用則即日可太平。端平親政，趣召，至朝，正當時道升降安危之機，略無一語及之，乃阿時相鄭清之，飾其輕舉敗事，謂爲和扁代庸醫受責，又以清之開邊地，建議御關，卒以府庫不足犒賞，事不可行，殿前諸軍質貸備衣裝無以償，故關，延及州郡兵皆闕，自是軍政不復立。公知貢舉事，復喧罵出院。除政府，未及拜，以疾終。〔註128〕

〔註123〕見《宋史‧儒林傳》七，頁 12964。
〔註124〕以上諸書均見於《眞文忠公全集》，文友書店印行，民國 63 年 9 月出版。《西山先生眞文忠公文集》五十五卷，内含：《對越甲稿》，卷二～卷十二，計十一卷；《對越乙稿》，卷十三～卷十七，計五卷；《經筵講義》，卷十八，止一卷；《翰林詞草》，卷十九～卷二十三，計五卷；詩及序等文章計三十二卷。此《眞文忠公文集》五十五卷本缺卷五十一，《眞文忠公全集》之目次中《備列文集》卷五十一之篇名，唯文集中並無卷五十一之諸篇文章。又《西山先生眞文忠公讀書記》文友書局本僅錄有四十卷。
〔註125〕見《四庫全書‧經部》，〈四書類〉一，《四庫全書總目提要》，藝文，頁 733。今藝文印書館所印之《百部叢書集成》——《無求備齋論語集成》——中有《論語集編》十卷。
〔註126〕見《宋史‧儒林傳》七，頁 12964。今《眞文忠公全集》中未見此四書。
〔註127〕《三禮考》〈一卷〉，藝文印書館《百部叢書集成》中「學海類編」收有此書，僅 5 頁。其頁 4 引有「嘉熙間，王次點復作周官補遺，元泰定中邱葵又參訂二家之說。」等語，嘉熙爲宋理宗年號（1237～1240），元泰定爲元泰定帝年號（1324～1327），皆爲眞公逝世後事，其爲僞書無疑也。
〔註128〕見（宋）黃震，《理度兩朝紀要》，（藝文印書館《百部叢書集成》中有《知不足齋叢書》、《古今紀要逸編》，即此書也。）所引見頁 13。

此中非議真公德秀者凡有數端：其一，理宗親政，真公德秀趣召，至朝，略無語及時道升降安危者。其二，阿諛時相鄭清之，粉飾其輕舉敗事乙事。其三，建議御關，事不可行事。其四，公知貢舉，喧罵出院事。其後，《宋史》因之，評真公曰：

> 及歸朝，適鄭清之挑敵，兵民死者數十萬，中外大耗，尤世道升降治亂之機，而德秀則既衰矣。杜範方攻清之誤國，且謂其貪黷更甚於前，而德秀乃奏言：「此皆前權臣玩愒之罪，今日措置之失，譬如和、扁繼庸醫之後，一藥之誤，代爲庸醫受責。」其議論與範不同如此。〔註129〕

清世全祖望承此，評真公曰：

> 西山之望，直繼晦翁，然晚節何其委蛇也？東發於朱學最尊信，而不滿於西山，理度兩朝政要言之詳矣！《宋史》亦有微辭。〔註130〕

凡此，皆起因於黃震《理度兩朝紀要》中對真德秀之批評也。茲考辨如后。

首言理宗親政，真公趣召，入朝爲相，略無語及時道升降安危事。真公德秀於理宗端平元年（1234）六月，離福，趣赴召命，九月，入對，即奏以人主修德，以當天心；君臣恐懼，上下修省，以祈天永命之事。其後復奏，當修武備、廣謀議。翌年（1235）元月，又奏言：應天以實不以虛，當本之於心，修之於身、推之於事，三者皆得其實，進而施之於朝廷，用人、聽言皆得其實，治民、理兵莫不得經理之實。則延洪國命，銷弭兵菑者，當有以於冥冥中見其效益矣！〔註131〕真公德秀重視人主格心之業者，蓋以輔相之職，若由格人主心意之非是，以期人君心正理明，可得長遠之效也。孟子有言：「惟大人爲能格君心之非。君仁，莫不仁；君義，莫不義；君正，莫不正。一正君而國定矣！」〔註132〕唯人主心正，推之而齊家、治國、平天下，則莫不正矣！未有人主之不正，而國可治者。真公德秀曰：

> 程頤曰：天下之治亂，繫乎人君之仁不仁耳。心之非即害於政，不待乎發之於外。昔者孟子三見齊王，而不言事，曰：我先攻其邪心。心既正，而後天下之事可得而理也。夫政事之失，用人之非，知者

〔註129〕見《宋史》卷四三七，〈儒林傳〉七，鼎文，頁 12964。
〔註130〕見（明）黃宗羲撰、（清）全祖望續修，《宋元學案》，冊二十，河洛，頁 117。
〔註131〕見真德秀，《西山先生真文忠公文集》，卷十三、卷十四，頁 228～245。
〔註132〕見《孟子・離婁》上，《四書章句集註》，鵝湖，頁 285。

能更之，直者能諫之，然非心存焉，則事事而更之，後有其事，將
不勝其更矣！人人而去之，後復有其人，將不勝其去矣！是以輔相
之職，必在乎格君心之非，然後無所不正。……而故侍講張栻亦曰：
格之爲言，感通至到也。書曰：格于上帝。蓋君心之非，不可以氣
力勝，必也感通至到，必使之自消靡焉，所謂格也。臣謂：頤、栻
之言，深得孟子本指，故略著於此云。〔註133〕

由是觀之，宰輔於人主之非，若就其事而格之，今日格一事，明日正一事，
而事不窮，將不勝其正矣！今日去一人，明日取一人，則於人又將不勝其正
矣！若能直接就君心而正之，將一勞而永逸。日後人主之拔擢賢能，必正人
是用，決斷大事，亦必唯正是從，則何患天下之不能治？何憂國之不能理耶？
故眞公德秀入朝，所奏於理宗者，諄諄於格君心之非。黃震於此，或有未察，
遂致疑於眞公也，且眞公之奏言，時思有以拯濟時道之安危，以臻於至善，
下文當再詳之。

　　次言阿諛時相鄭清之，飾其輕舉敗事乙事。宋理宗端平元年（1234）六
月，下詔出師收復三京。是時鄭清之任丞相，當國，有乘時撫定中原之意，
而趙范、趙葵兩師亦謂非扼險，無以爲國，於是守河、據關之說起矣！朝臣
多以爲未可，獨清之力主其說。參知政事兼知樞密院事，喬行簡上疏，力言
其不可，皆不聽。八月，遂以軍食告竭，士卒乏糧；蒙古兵決黃河寸金淀之
水以灌官軍，官軍多溺死，敗績南還。〔註134〕其事眞公德秀自始即持不可之
議，其後亦未贊同其說。眞公德秀於甲午（理宗端平元年）二月，應詔上封
事云：「乃今中原無主，遺黎思宋，掃清河洛，茲惟厥時，而士無智愚，僉曰：
未可者，以二十餘年之間，政出私門，謀猶回遹；隳祖宗之法度，壞朝廷之
紀綱；民力脁剝而無餘，人材衰颯而不振。雖陛下赫然振起，風采頓殊，然
非堅持一意，行之十年，未可以冀中興之效也。」又曰：

今治化修明，固非昔比，然圖恢復之功，必有恢復之人，有恢復之
人必有恢復之具。謀臣、勇將者恢復之人也，聚財積粟者恢復之具

〔註133〕見眞德秀，《大學衍義》，卷十，頁81。
〔註134〕參見（明）陳邦瞻，《宋史紀事本末》，卷九十二，三京之復；暨《宋史》卷
　　　　四一四，鄭清之列傳，又卷四一七，喬行簡、趙葵列傳；（宋）周密，《齊東
　　　　野語》，卷五，端平入洛所記述糧盡敗亡之經過最爲詳盡（見藝文，《百部叢
　　　　書》、《學津討原》本，《齊東野語》，卷五，頁3〜7。）（清）畢沅，《續資治
　　　　通鑑》，卷一六七，文光出版社，頁4560〜4567，述其事亦詳明。

也。宣和之時，群邪用事，寧有遠謀？然西兵宿將，盡萃闕下，老成持重，有如種師道，驍悍敢戰，有如楊可也，而驅之即敵，每向輒北，今群賢在列，豈曰乏材，大抵文致雖優，往往弗嫻武略，宣威制閫，實難其人，翰取翰守，孰可以繼，儲材待事，所宜蚤圖，而環帳諸將，亦未見有種、楊比者，以種與楊猶不克濟，而況弗若者乎？此臣之所甚憂者一也。

宣和承平，熙洽公私，富貴可知，用兵曾未幾時，而改鹽鈔法、科免夫錢，所至騷然，民不堪命，版圖未復，羣盜蝟興，今之事力視昔何若？權門有丘山之積，公家無旬月之儲，在在枵虛，人人愁歎，江湖閩浙寇警甫平，民未懷生，幸禍者眾，拊之以循吏，卹之以寬條，疾痛呻吟，庶幾少息，而師期一起，科斂必繁，官吏緣此以誅求，姦雄因之而煽動，豈細故哉！此臣之所甚憂者二也。

況於移江淮之甲兵以守無用之空城，運江淮之金穀以治不耕之廢壤，其費甚鉅，其力甚難，富庶之效茫未可期，根本之虛其弊立見。方女眞以燕城遺我也，其臣有漏言者，曰：此可僅保三年。蓋謂我之葺理粗成，彼之奪攘必至，及其背盟入寇，果如所云。今昔豈異，此又臣之所甚懼也。

……但能持之以堅忍，守之以兢畏。姦聲亂色，不汩清明；倖臣懿戚，不竊威福；廟堂行事，常公而無私；臺諫言事，有值而無枉；君子得行其志，而小人不敢為欺；正論益以開明，而邪說不容眩惑，則雖慶曆（宋仁宗年號）、元祐（宋哲宗年號）之治，指日可期，國家安榮，社稷長遠，為陛下計，孰便於此？若乃釋樂成之業，而冀難必之功；聽可喜之言，而忘立至之患，此又臣之所甚惜也。

臣雖懦庸，亦知英主有為之志，臣子所當奉承，顧今更張，俶爾百度闕然，譬猶宿疾方瘳，正須保養，所當厚壅深培，以固元氣，不當輕舉妄動，以搖本根。

願陛下日與輔臣籌之，委常務於有司，講安危之大計；緩謁陵之禮，而急扦塞之防；修理內之政，以為禦外之本。凡可以自強其國者，汲汲而圖之，使吾之元氣實，根本牢，則形勢自張，氣燄自著。韃雖強暴，豈能干有道之國哉？然後審度事情，為之應接，或用祖宗交遼之典故，或倣東晉絕虜之規模，因時制宜，期於適當。至於中

原舊物，豈可弭志，必量吾力之能爲，然後隨機而善應，與其藉虜
以啓後患，不若竢時姑因吾圍。〔註135〕

眞公德秀蓋言其時既無謀臣勇將，又無聚財積粟；稅重民貧，群盜蝟興，公
私枵虛，亟須寬卹；且移甲民以守空城，運金穀以治廢壞，其效難期，其弊
立見；應持以堅忍，守以兢畏，使正論開明，邪說閉沮；急扞塞之防，修理
內之政，不當輕舉妄動，以搖本根也。

　　洎乎兵敗，眞公德秀於九月奏言時弊，其言曰：

權臣用事以來，戕賊元元，殆非一事。蓋其始也易楮幣、易鹽鈔、
顓用罔利之術，而峻繩下之刑，佔沒編隸，濫及無辜而民怨。其中也
黜忠良而進貪刻，舉赤子以付豺狼，遠近敫嗷，恬不之恤，而民益怨。
其末也廉恥道絕，貨賂公行，以服食器用爲未足，而責之以寶玉珠璣，
以寶玉珠璣爲不足，而責之以田宅契券，希指求進者雖殺人于貨亦所
忍爲，而民大怨矣。江湖閩廣三衢之盜相挺而起，生靈荼毒幾千萬人，
戶口減少，殆十七八，幸而無盜者又以官吏爭自爲盜，田里荒寂，州
縣蕭條，亦無異於綠林黑山之所蹂躪也，可勝歎哉？仰賴陛下布端平
之詔，一洗而新之，然狃于舊習者鮮爲革心之圖，困于虐政者未被息
肩之惠，蓋賄道雖窒，而昔之賄進者尚存，贓吏雖懲，而贓多者或反
漏網，加以邊事既興，江淮之間科調百出，所至騷然，民不堪命，遠
而襄、蜀，抑又可知，臣恐非所以培本根、壽命脉也。

陛下至仁，寧忍聞此，臣願聖志惻然興念，申頒詔旨，凡郡邑掊刻之
政，邊閫科調之擾，悉從禁止，敢違命者必罰無赦。〔註136〕

權臣用事，戕賊生民；黜退忠良，進用貪刻；廉恥道絕，貨賂公行；邊事既興，
科調百出；遠近莫不騷然，黎民實不堪命，宜亟思有以救其弊也。眞公又曰：

……而權臣苟安，不爲遠慮，邊民凋耗，而無以生聚；邊民脆弱，
而無以教訓；農政不修，兵備不講，而於其間繕官府以文太平，受
寶玉以侈苻眂，欺愚上下，以固己權。陛下一朝聽政，環顧內外，
無一可恃者，平居支持，猶懼未足，況以之圖大事乎？

〔註135〕上所引兩則並見眞德秀，《西山先生眞文忠公文集》，卷十三，〈甲午二月應詔
　　　　上封事〉，頁225～227。
〔註136〕見眞德秀，《西山先生眞文忠公文集》，卷十三，〈召除戶書內引箚子一〉（九
　　　　月十三日選德殿），頁230。

且用兵莫急於人才，武將能否短長，臣久在遠方，未之詳也。姑以文臣知兵威望已著者言之，舉世所屬，曾不數人，以天下之大，而其才可以當制閫者寥寥如此，豈天不生才於今代耶？高才自負者類多摧殘而沮喪，中才可勉者未嘗長養以作成，是以彫零蕭索，若是極也。……夫古之用人必有副貳，而祖宗故事，儲帥材於監司，今內而金陵、荆、鄂，外而兩淮、襄、漢，僅求充實，已患乏人，況於副貳乎？以人才之乏，臣是以憂進取之難也。

夫用兵莫急於軍食。臣在嘉定中，以使事至盱眙，歸以告先帝曰：間者自揚而之楚，自楚而至盱眙，經行所及，凡數百里，平疇沃壤，極目亡際，重湖陂澤，渺漭相連，而田野之民又皆堅悍、強忍，亡吳兒驕脆之態。迨久駐邊城，訪聞益審，凡兩淮形勢之利，如在目中，然後喟然歎曰：此天賜吾國，以爲大江之屏障，使強兵足食，爲進取之資也。今事變一新政，吾更張規模之日，謂宜及今亟行經理，大修墾田之政，顓爲一司以領之，力本務農，如周秦之用西土，數年之後，積貯充實，邊民父子爭欲自保，因其什五，勒以軍法，不待糧饟，皆爲精兵，金湯之勢成，磐石之基立，則退足以守，進足以攻。先帝首肯，至于再三。使權臣有意爲國經營，選用得人，措置有方，不數年間，可以坐收成效。而所用守將，大抵非材；經理之方，未嘗介意；塞下之備，枵然亡有。一旦舉兵，方遠漕淅米以入江，自江而入淮、汴，既久堙，又須陸運，其爲勞費，甚於登天，以軍食之艱，臣是以憂進取之難也。

夫此二難，皆權臣玩愒之罪，非今日措置之失，今日適承其弊爾。承三十年之弊，欲整治之，度非十年不能，縱令勤敏兼倍，亦非三數年不可。以臣觀之，此正諸葛亮閉關息民，務農講武之時也。願陛下亟與大臣籌之，考亮行事，而參之以時勢之宜，立爲規模，確然不易。其間因敵制變，固有活法，要當以收斂靠實爲主，外則張皇聲勢，不爲敵所輕；內則嚴護本根，不爲敵所致。臣雖愚憒，然向爲先帝言，莫非恢拓之事，今豈自渝素論哉？時措之宜，聖賢所貴，惟聖明裁擇。

貼黃，臣竊惟：今日承權臣極弊之餘，猶以和扁繼庸醫作壞之後也，其證危，其力艱，若一藥之誤，至于害事，則人將以責和扁，而不

責庸醫也，是代為庸醫受責也。兢業戒謹，尤當百倍，惟陛下與大
臣垂意，與其用猛狼之藥，不若施平穩之劑，臣不勝惓惓。〔註137〕

由於權臣苟安，農政不修，兵備不講，遂致理宗聽政之際，朝廷無一可恃者，
其弊不亦甚乎？用兵莫急於人才，人才之選莫急於武將，而武將奇缺，閒居
充數已患不足，況進取乎？而將士征討，必需軍食，平素守將未嘗介意，塞
下之備榻然無有，一旦舉兵，則須遠漕浙米以入江，由江入淮、汴，復須陸
運，其為勞困，甚於登天。凡此，皆權臣玩愒之罪，其失非始於今日，唯於
今適承其弊爾。人主於此，其兢業戒謹尤當百倍也。

真公德秀言彼時之軍、政措施，其弊若是，欲整治之，「非十年不能」，
時相鄭清之挑敵，「若一藥之誤，至于害事。」真公固已言鄭清之之謬，有若
施藥之誤矣！於此若言真公阿諛時相鄭清之，飾其輕舉敗事，不亦責賢過甚
乎？而黃震於其《理度兩朝紀要》中已言及時事不可為矣！其言曰：

公（指崔與之）之不作相，天下至今高之。公豈以不作相為高者哉？
天下安危繫于邊閫，或乃視為貨賂交私之地。公帥淮、帥蜀，嘗獨
盡心焉，而不得行，天下事已可知矣！及金滅，韃興，正國家當憂
危之日，反挑強敵，以開屬階，天下事又可知矣！尚何相為？故傑
然之材，惻然之心，超然之見，近世惟公一人而已，公豈得已而辭
者哉？〔註138〕

黃震之言天下安危繫于邊閫，此與真公德秀奏於理宗：當亟謀整軍練武，君
臣相與策勵。〔註139〕其意並未相左，黃震之讚美激賞於崔與之者，以崔氏不
作相也，不作相之原因，則在不得行其道，天下事不可為可知也！然則，相
職之目標何在？佐人主以澤被群黎乎？美其名以獨善其身乎？是必為前者無
疑也。以君子擔任宰輔較有益於生民乎？抑或任用小人為宰輔有益於生民
耶？是亦必前者有益於生民也。宰輔所處之情況若皆不可為，小人任宰輔之
取禍遺毒於生民也必大於君子，孔子之所以「知其不可而為之」者，蓋孔子
仁者襟懷，時思有以造福於庶民也。於此，真公趣召入朝任宰輔乙事，其心
與聖人無殊，未可因是而致其不屑之批評也。

〔註137〕見真德秀，《西山先生真文忠公文集》，卷十三，〈召除戶書內引劄子二〉，頁
231～233。
〔註138〕見（宋）黃震，《理度兩朝紀要》，頁12～13。
〔註139〕參見真德秀，《西山先生真文忠公文集》，卷十四，〈對越乙稿‧奏劄，十一月
癸亥後殿奏已見劄子一〉，頁238～239。

其次言建議禦關事。眞公於其時積弊未易理之朝政，復遇彊權崛起以爲鄰之秋，又值無故先挑萬不可開之征伐，「欲以東南一隅之力，守江、淮以北千百里之故彊，此執之所甚難，而時之所未可者也。」〔註140〕由是奏於理宗，至急之事，莫若邊防。拔擢將才，整軍練武，君臣朝夕致力於斯，其勢非絕不可爲，其言曰：

> 前日之失，在於輕敵，今若懲之，而一於畏敵，則其失將有甚焉者。……昨者王師之出，爭議盈庭，一不暇顧，違諫寡謀，視昔何異？天祚宋室，使偏師挫銳而歸，欲聖心昭然覺寤，知敵之未易圖而謀益深，知功之未易就而用力益倍，強勉砥礪，不肯苟安，則勾踐之功猶有望於後日。若曰敵不可圖而委之不復圖，功不可就而安於無所就，頹惰廢弛，亡復自奮，臣恐其患不獨如德宗而已也。何者？韃人讎我之深，其思報也必力，舉兵愈緩，則其爲計愈工，而我方靡然創艾前事，幸其眞有愛我之情，冀和好之亟就，豈不誤哉？……爲今之計，功雖未可遽圖，而剛毅奮發之志，在陛下則當自勉，兵雖未可再舉，而戰攻扞禦之備在廟堂則當亟謀，君臣之間，相與策勵，必如勾踐之自強，毋若德宗之自沮，懲靖康畏敵之失，而法紹興制敵之謀，則國勢之振且有日矣！臣不勝惓惓。
>
> 貼黃，臣竊惟：今日所至急者邊防，而決不可恃者和議。……大抵議和一事，但當視爲泛應不急之務，而其所急者專在邊防，願詔輔臣亟加措置，毋以可惜之日月而虛度，毋以難得之貲財而虛費，天下幸甚！〔註141〕

其時情勢，雖極艱困，然若以敵不可圖，功不可就，而委之不復圖，安之無復有以自勵，君臣上下，頹惰廢弛，則天下豈可復爲哉？冀望蒙古之愛我，期能和好之相處，此大誤也。且議和只可視爲暫時緩衝之計，曷能以之爲長固久安之法耶？由是眞公亟言至急之務在於邊防也。此亦即黃震之言：「天下安危繫於邊閫」〔註142〕之意，其事雖不可行，乃軍政積弊太深，民困財竭，難有所爲。若以此而責眞公，實亦深責賢哲之甚者也。是歲（理宗端平元年）冬十二月，蒙古遣使來議歲幣，而宋則怠緩因循，不予正視，蒙古乃興兵南

〔註140〕見同前註139，頁238。
〔註141〕見同前註139，頁238～240。
〔註142〕見同前註138，頁12。

侵，江、淮自是無復寧日，一切皆如真公之所料也。

末言公知貢舉事，公知貢舉，事在理宗端平二年（1235）之初，是時，真公以醇正質直取士，爲朝廷拔取實才，網羅篤學之士，革新科舉挾書之弊，其涉詖怪者則去之。真公於《講筵進讀手記》中云：

> （理宗）又曰：大臣欲煩卿典領文闈，一新宿弊，爲朕收取實材。
>
> 奏云：臣未學，不足當此，然既蒙陛下使令，不敢不盡心爲朝廷網羅實學之士。上又言：科舉之弊極矣！如傳義挾書之類，不可不革。
>
> 又宣諭云：致君澤民，卿之素志，俟典舉畢，當大用卿。〔註143〕

由真公與理宗之應對，足見其時科舉挾書之弊頗深，故皇上特別指示，亟須革而新之。（宋）劉克莊曰：

> 未幾，知禮部貢舉。公先有箚子，論文弊，乞專以醇正質直取士，其涉詖怪者黜之。是歲場屋始嚴。空疎不學者多望風而去，挾書絕少。公旦起，必焚香禱天，願得忠良平實之士，豪傑俊異之材，考校必合論策，以觀器識。其間有風切時賢者，公批其卷云：諸賢當爲法，受責。向時知舉，皆先立己見，定高下去取，惟公使參點檢，各自伸其見，然後徐蔽以議論之。公所取多老成，徐實學。困於名場者析號同洪侍郎咨夔、王殿院遂奏事，乞於科舉之外，訪求遺逸。
>
> 〔註144〕

真公爲國舉才，拔取踐履篤實之士，嚴場屋之禁，正士學之風，去承詖怪誕之弊，擢忠良豪俊之才。由是空疎不學者望風而去，困於場屋者或有他辭，由是另求於洪咨夔，（是時真公、洪氏兩人同知貢舉。）乞能於科舉之外，訪求遺逸，則亦不得志者之常情耳，至若黃震所云「喧罵出院」事，其事未詳，姑俟諸異日。

〔註143〕見真德秀，《西山先生真文忠公文集》，卷十八，頁 304 上。又真公於《翰林詞草・科舉詔》中有云：「前者枋臣崇飾，私意淵源，醇正之學，斥之爲僞，忠亮鯁切之言，嫉之若仇，緣是士氣鬱而弗伸，文體浸以不古，肆朕更化之後，息邪說以詎詖行，闢正路而徠忠規，四海之士，聞風興起，既有日矣！今茲大比，爾多士其抒所韞，試于有司，賢書來上，朕將親策于廷，以備器使。」（見《西山先生真文忠公文集》，卷十九，頁 314～315）真公於其時文體浸以不古，恩有以息邪說，詎詖行，倡醇正之學，拔忠亮之士，於斯可見。

〔註144〕見（宋）劉克莊，〈西山真文忠公行狀〉，《後村先生大全集》，卷一六八，商務，頁 1501。

第三節　全祖望論眞德秀之辨疑

有（清）全祖望撰有《鮚埼亭集》，彼於《題眞西山集》中議論眞公德秀之處頗多。其言曰：

> 近讀臨川李侍郎穆堂類稿，譏其沈溺於二氏之學，梵語青詞，連軸連幅，垂老津津不倦。此豈有聞於聖人之道者？愚嘗詳考其本末，而嘆西山之過負重名，尚不止於此。兩宋諸儒門庭逕路半出入於佛老，然其立身行己，則固有不媿於古人者，……西山則自得罪史彌遠以出，晚節頗多愆德，其學術之醇疵，姑弗論可矣！文潔篤行醇儒，固非輕詆人者，……而論是時之有宰相器者，獨推袁蒙齋，而深惜西山之無實，則是非之公心也。其事又耳目所親接，則非傳聞失實也。《宋史》西山本傳即出文潔之手，其後元人重修，雖偉其驪軍知舉之短，而於呵護鄭清之一節，亦多微辭。然則端平之出，得非前此偶著風節，本無定力，老將知而耄及之邪？吾於是而致歎於保歲寒之難也。西山以博學宏辭起家，故詞命爲最著，然其兩制文字，凡遇嘉定以後宰執，多有伊、傅、周、召之譽，殆亦可以已而不已者歟？或又言倪文節公糾彌遠昆命元龜之制，彌遠私人所據以自辨者，亦得之西山，雖西山未必以此求用於當時，然亦要可以已者耳。慈湖初見西山，因以其命訊日者，戒其須忘富貴利達之心，由今觀之，西山未能終身踐此言也。然則，其不能攘斥佛老，固其宜耳。〔註145〕

全氏此文，不滿於眞公者，約而言之，凡有數端：其一，沈溺二氏之學，梵語青詞，連軸接幅。其二，黃震（文潔）論是時有宰相器者獨推袁甫（蒙齋），深惜眞公無實，黃氏醇儒，其言耳目親接，非傳聞失實也。呵護鄭清之之出兵、端平之出相，蓋亦前此「偶著風節」、「本無定力」，遂致「晚節頗多愆德」。其三，其兩制文字，對嘉定以後宰相，多有伊、傅、周、召之譽。其四，或又言昆命元龜制文，史彌遠用以自辯者，亦得之西山。其五，楊簡（慈湖）因眞公以命訊日者，而戒其須忘富貴利達之心，眞公未能終身踐此言也。其六，不能攘斥佛老。茲辨此數事如后。

其一，沈溺二氏之學：眞公德秀之文辭，涉及祈神、求佛者，見於《眞西山文集》五十五卷本（文友書局印）之卷四十八、四十九、五十、五十一

〔註145〕見（清）全祖望，《鮚埼亭集》外編，卷三十一，華世出版社，民國 66 年 3 月，頁 1098～1099。

等四卷，另卷二十三載有數篇青詞、祝文；卷五十二、五十三、五十四載有祝文。〔註146〕吾人今日觀覽眞公之文集，知其所以撰述青詞、祝文者，良有以也。試舉數例如后：如所撰「中元水府祈雨青詞」云：

> 亢旱是虞，誰非望雨？救民無術，惟有呼天。載念常暘爲菑，莫如茲歲之酷。自春徂夏，甘霖未決者累旬；由江暨淮，赤地始踰於千里。種植之工盡廢，螟蝗之孼將興。井無可汲之泉，粟有驟騰之價。皇矣上帝，本垂溥博之恩；今此下民，將履困窮之極。願回哀愍，沛賜滂沱，以全大造覆育之功，以拯群生朝夕之命。茲爲忱禱，尚冀矜從。〔註147〕

眞公呼天祈雨，拳拳之意，乃爲群黎也。蓋眞公既盡人事矣，然而農事無雨則所種枯槁，惟天不雨，郡守亦無如之何？由是人事既盡，依然「救民無術」，則「惟有呼天」。眞公勤政愛民之意，於焉可見。又如「遊仙山頂祈雨祝文」：

> 昔者眞人之始封也，綸告誕揚，固有愛利及物之襃矣！今境內之旱，前所未睹，風日炎煬，良苗將萎，此正眞人推行愛利之時也。夫雨暘之數雖出於天，然上穹至仁，易以感格。山川百神，儻能爲民致請，未有不能回造物之意者。況眞人列名仙籍，隸職紫清，又非山川百神之比，何惜不爲一方赤子致其更生之請乎？今旱勢極矣，民命危矣！於此時而不亟救之，後將無復可望者矣。敢以誠告，尚其念之。〔註148〕

由此文中可見眞公遊仙山，祈眞人體念蒼生；其時旱勢已極，民命危矣，亟須降雨拯救之。眞公關懷眷顧百姓之情狀，躍然紙上。又如「安奉諸佛疏」：

> 伏以服田力穡，誰無望歲之懷；閔雨爲民，尤重承流之責。既靡神而不舉，捨我佛以疇依。方伸迎奉之恭，遽沭感通之速。興慈雲於瞬息之頃，莫測我神；霈惠澤於枯槁之餘，悉靄法施。然而滲漉之恩雖廣，旱乾之患已深；更冀寬慈，亟終大賜。俾獲有秋之願，敢忘善救之仁。〔註149〕

〔註146〕《眞西山文集》五十五卷本中之卷四十八、四十九、五十、五十一四卷於五十一卷本（《西山先生眞文忠公文集》，商務）中未收錄。

〔註147〕見眞德秀，《眞西山文集》，卷四十八，《眞文忠公全集》，文友書店印，冊八，頁4453。

〔註148〕見眞德秀，《西山先生眞文忠公文集》，卷四十八，頁746。

〔註149〕見《眞西山文集》，卷五十，《眞文忠公全集》，文友，冊八，頁4609。「枯槁」形訛作「祐槁」。

眞公迎奉諸佛，乃所以祈其施法降雨，使民霑其惠也。

由是觀之，眞公所以祈神求佛者，皆念念爲民，時恩拯斯民於水火中，既盡人事矣，而民猶不得其惠，天旱、雨澤，民力無所施，而後祈天求地以冀其賜福施恩也。眞公德秀曰：

竊惟：道家之法，以清淨無爲爲本，修齋設醮，特教中之一事耳。然自漢以來，傳習至今，不可廢者，以其用意在於挾度生靈，蠲除災厄，而開人悔過自新之路故也。世之闢道教者，或謂上帝至尊，惟國家可以郊祀，而以臣庶行之，則幾於僭；或謂禍福有命，不可以求而致，不可以倖而免。今之齋醮，其名曰穰災集福，見福可求而禍可免也，則幾於妄。此皆儒者正大之論，安得而非之。然非國家不可以祀天者，禮之正也。若臣庶之微，精誠迫切，有動於中，則往往籲天地，扣神明以自救。故曰人窮則呼天。又曰惡人齋戒沐浴，則可以祀上帝，道家醮法，特以伸臣庶哀籲之誠，而非郊祀之比也。然既有禱、有穰（禳），則必須章奏而後達，必藉科儀而後行，故自漢至今，其法益詳，其禮益備。然惟臣子爲君父，官府爲民庶，士夫爲鄉黨，以公請而不以私求者，則其應如響，若僥倖以求福，矯妄以避災，出於私求，而不以公請者，則亦神明之所不聽，道家之所不許也。由是觀之，道家齋醮之法安得謂之僭且妄哉？

夫弭戎兵，遠皐疾，寧風旱，祈豐年，具載於《周禮》之書，有國遵行，未之或廢，況於盜賊甲兵之釁，驟發於鄰壤，如燎原之火，有蔓延之勢。當是時也，非籲天地、扣神明，何以弭災於未明，銷患於冥冥乎？……蓋詩有之：上帝臨女，無貳爾心。又曰：皇矣上帝，臨下有赫。又曰：神之格思，不可度思，矧可射思。《禮記》亦云：洋洋乎如在其上，如在其左右。凡此皆言上帝神明，近與人接，不可斯須之不敬，不可一念之不誠也。道家則又推言居處宮殿之名，冠冕車服，侍衛威儀之列，又謂眾眞百靈，皆有貌象，其爲宮觀，則擬而效之，至於醮事之脩，俯伏拜跪，儼然如風馬雲車之來下，雖其說似與儒者異，然其爲教，不過欲啟人肅敬之心，使見者凜然知天地神祇之臨其上，則邪意妄想，自然消弭，善端正念，自然感發，亦豈爲小補哉！〔註150〕

〔註150〕見《眞西山文集》，卷四十九，代周道珍黃籙醮普說，《眞文忠公全集》，文友，

眞公此文雖代主持醮事之方士周道珍撰寫，唯由斯文中可見其臨民、處事之際，所秉持之觀念與態度也。文中言：道家之禱禳，唯以公請而不以私求者，其應如響；若僥倖以求福，出於私求而不以公請者，則亦神明之所不聽也。而其醮事之儀式，「不過欲啓人肅敬之心，使見者凜然知天地神祇（祇）之臨其上，則邪意妄想，自然消弭，善端正念，自然感發。」其目標與儒者誠意、正心之要求，幾乎無所分別。今就眞公德秀基於勤政、愛民之一念，祈神降雨、求佛施法，以冀能聚福、消災，澤及群庶。其法雖或可議，然其意並無違於夫子「思無邪」之教，學者何可於此而厚誣之，以爲「沈溺於二氏」乎？

其二，黃震評眞公之事，已辨如前文。「呵護鄭清之」之出兵乙事，眞公既言「今日措置之失」，又言「一藥之誤」〔註151〕皆評鄭清之主其事之過失與謬誤矣！何以可謂之爲「呵護鄭清之」耶？若據此進而指其「晚節頗多慚德」，不亦厚誣前賢乎？

其三，對嘉定以後之宰執，眞公撰寫命相之制文，多有尹、傅、周、召之譽。考之《宋史》寧宗、理宗本紀：寧宗於嘉泰三年（1203）五日以陳自強爲右丞相後，至開禧三年（1207）罷陳相，以錢象祖爲右丞相。翌年（嘉定元年，1208）十月以錢象祖爲左丞相，史彌遠爲右丞相，未幾，罷錢相。史彌遠遂獨任相職，至逝世於理宗紹定六年（1234）十月止，理宗以鄭清之爲右丞相，直至眞公卒，鄭猶任相職也。〔註152〕若如所云，則嘉定（宋寧宗年號，自1208，至1224）以後，至眞公之卒（理宗端平二年，1235），前後凡二十六年另七個月，史彌遠任相即佔其二十六年，而鄭清之則只居其間之七個月而已。眞公所擬制文凡十七篇，〔註153〕其與史丞相有關者有三篇，即「史彌遠特授正奉大夫依前起復右丞相奉化郡開國公加食邑食封制」、「史彌遠特授光祿大夫右丞相兼樞密使兼太子少師加食邑食實封制」、「史丞相回授加恩進封永國公加食邑食實封制」，未有爲鄭清之丞相而撰者。在爲史彌遠撰述之三篇制文中，唯第二篇美其功爲：「陳平之智有餘，蕭相之功第一。」〔註154〕比之以漢之陳平、蕭相國而已，至若同篇制文之末言：「朕方愛日以

冊八，頁4589～4593，首段缺字、訛字，據中央圖書館啓明神宗萬曆二十六年（1598）金學曾重刊本《西山先生眞文忠公文集》訂正。

〔註151〕見同註129。

〔註152〕參見《宋史》，卷三十七～卷四十一，〈寧宗本紀及理宗本紀〉。

〔註153〕參見眞德秀，《西山先生眞文忠公文集》，卷十九，頁305～314。

〔註154〕見眞德秀，《西山先生眞文忠公文集》，卷十九，頁308。

有爲，爾尙輔予之不逮。四事未施，則周公坐而待旦；一夫弗獲，則伊尹視如內溝。勉行所知，無媿前哲。」〔註155〕此乃勉勵史彌遠效法周公、伊尹，勤於王室，勵行所知也。由是觀之，眞公於嘉定以後，寧宗、理宗兩朝，所擬有關宰執之制文，唯爲史彌遠撰寫耳，而所撰三篇之中，亦唯第二篇譽之爲陳平、蕭相國，而勉之以周公、伊尹。何以全祖望即稱之爲：「凡遇嘉定以後宰執，多有伊、傅、周、召之譽。」耶？「勉」之與「譽」，固有不同，而周公、伊尹之外，另增傅說、召公，人數倍增，何以成長若是之迅速耶？且三篇只居其一，全氏即遽爾稱之曰「多」。於此，全氏之對於前賢，已有不止於「厚責」而已者矣！

其四，昆命元龜之制文，乃翰林權直陳晦所擬。宋寧宗任命史彌遠爲相，其制文中有「昆命元龜」之語，時倪思（文節）帥福州，上奏疏，以爲此乃舜禪位於禹之語，人臣不當用此。時陳晦已除侍御史，遂具文上奏，歷舉本朝宰相制詞，如呂夷簡制曰：或營求方獲，或枚卜乃從；富弼制曰：遂膺枚卜，實契具瞻；王欽若制曰：廟堂虛位，龜筮協謀；曾公亮制曰：拂龜而見祥端；陳執中制曰：質枚卜以僉同；趙鼎制曰：龜弗克違；陳伯康制曰：蔽自朕志等等，無一非用〈大禹謨〉一段中語，而唐憲宗時裴度拜相，制曰：昆命元龜，爰立作相。古人舉事，其大者未嘗不命龜。此（宋）周密言之詳矣！〔註156〕蓋〈虞書・大禹謨〉，舜言於帝曰：「禹，官占惟先蔽志，昆命于元龜。朕志先定，詢謀僉同，鬼神其依，龜筮協從，卜不習吉。」（漢）孔安國傳：「蔽，斷也；昆，後也。官占之法，先斷人志，後命於元龜，言志定然後卜。」〔註157〕舜之授官，乃先定以己志，而後謀及卿士、庶人，遂及龜筮。宋寧宗爲國擇相能若是，其愼重也不亦宜乎？而其文乃陳晦所撰，陳晦與眞文忠公文往最厚，疑陳氏詢故典於眞公，遂因非史彌遠，而及於拜相之麻詞，因麻詞而及於撰述之陳晦，因陳晦而及於眞公。非議之處，以疑似之言：「或又言倪文節……」以入人於罪，其訛誤可毋庸贅言也。

其五：楊簡戒以須忘畜貴利達之心乙事。眞公於其「慈湖先生行述」中云：

〔註155〕見同前註154，頁309。

〔註156〕參見（宋）周密，《齊東野語》，藝文印書館《百部叢書》、《學津討原》本，卷十六，頁4〜6；亦見於（宋）葉紹翁，《四朝聞見錄》，甲集，商務《叢書集成簡編》本，冊一三二，頁29〜30。

〔註157〕見《尚書・虞書・大禹謨》，《十三經注疏》本，卷四，藝文，頁57。

一日，見，（楊簡）謂曰：「希元有志於學，顧未能忘富貴利達，何也？」某（眞公自稱）恍然，莫知所謂。先生徐曰：「子嘗以命訊日者，故知之。夫必去是心，而後可以語道。」先生之於某，可謂愛之深而教之篤矣！〔註158〕

楊簡以眞公嘗以命訊於日者，因斷之爲：未能忘富貴利達之心，夫俗以日者能知人未來之發展與成就，而人於學習歷程中，憧憬未來之生活，尋求未來生活、學習之方向，此今日教育心理學者研究人類學習行爲，共同認爲此乃身心發展之歷程中所具有之一種特性，〔註159〕職是之故，以將來之發展與成就訊於日者，乃一般人平常表現所會有之行爲，何以楊氏即據之以驟下斷語「未能忘富貴利達之心」耶？然則讀書求學，蓋不求用於世耶？讀其所欲讀之書，明其所認定之理，達其所以爲達之道，一切不爲世用，如是則與釋、道二氏何以異耶？若欲知來日之發展，學後冀能用於當世，不問可否，不論曲直，一言以蔽之，皆曰：求「富貴利達」耶？其心皆求「富貴利達之心」耶？試觀論語中所載，孔子蓋欲求爲世用也。其言曰：

　　△子謂顏淵曰：「用之則行，舍之則藏，唯我與爾有是夫！」（〈述而〉）

　　△子貢曰：「有美玉於斯，韞匵而藏諸？求善賈而沽諸？」子曰：「沽之哉！沽之哉！我待賈者也。」（〈子罕〉）

　　△子曰：「出則事公卿，入則事父兄，喪事不敢不勉，不爲酒困，何有於我哉？」（〈子罕〉）

　　△子曰：「苟有用我者，期月而已可也，三年有成。」（〈子路〉）

　　△子路從而後，遇丈人，以杖荷蓧。……子曰：「隱者也。」使子路反見之。至則行矣！子路曰：「不仕無義。長幼之節，不可廢也；君臣之義，如之何其廢之？欲潔其身，而亂大倫。君子之仕也，行其義也。道之不行，已知之矣！」（〈微子〉）

孔子所學，用時可見其效，朞月而已，三年即可有成。舍之則可卷而藏之。出則事公卿，返則事父兄，蓋欲爲天下用，非如後世之明其理，而不爲世用；懷寶遯世，「陽儒陰釋」者也。而子路所遇之荷蓧杖人，長幼之節知其不可廢，如之何君臣之義可廢之耶？美玉非以韞於匵中而貴，蓋在求善賈而沽之也。

〔註158〕見眞德秀，《西山先生眞文忠公文集》，卷三十五，〈慈湖先生行述〉，頁540。
〔註159〕見張春興、林清山合著，《教育心理學》，東華書局，民國76年11月十四版，頁48～51。

論語中又載：

　　△子路宿於石門。晨門曰：「奚自？」子路曰：「自孔氏。」曰：「是
　　　知其不可而爲之者與？」（〈憲問〉）

　　△長沮、桀溺耦而耕，孔子過之，使子路問津焉。……夫子憮然曰：
　　　「鳥獸不可與同群，吾非斯人之徒與而誰與？天下有道，丘不與
　　　易也。」（〈微子〉）

由晨門者之言，知孔子爲知其不可爲而爲之者也。而夫子之言「吾非斯人之
徒與而誰與？」尤其可見聖人不以離絕世人，逃避俗務而以之爲潔也！天下
有道，世人不以我之故而有所缺，卷之不爲世用，猶無大妨害；天下無道，
得有君子施其澤，群黎之被無道之害，不將可以減至最低乎？此孔子「天下
有道，丘不與易也」之義也。由是觀之，學以致其用，乃聖人之志業，今者
以「必去富貴利達之心」，此易流於：求爲世用，即是求富貴利達，聖人必不
爲此言也。然而，其弊將有不可測者。楊簡斯言，豈非導人入於空談心性之
路乎？此非夫子之意也。全祖望據楊簡之言，遂斷之以：「西山未能終身踐此
言也。」眞公於理宗端平執政之初，應邀以任宰執，此天下所共望者也。然
則，學爲世用，遂謂不能忘富貴利達之心，出身任宰執，即謂未能終身踐此
言，則全氏之意可知矣！聖人不如是也。

　　至若攘斥佛老之事，於宋世固無人能有效攘斥之，全祖望亦自言：「兩宋
諸儒，門庭徑路半出入於佛老。」〔註160〕然則獨以此厚責於眞公，可乎？吾
未見其可也。

　　綜上，清代全祖望致疑於眞公德秀之六事：偶有青詞、祝文，蓋念念爲
天下蒼生設想；過聽黃震之言，遽出「晚節頗多憨德」之語，尤屬虛妄；寧、
理兩朝眞公爲史彌遠所撰之制相麻詞僅有一篇譽以陳平、蕭何，勉以伊尹、
周公，何能子虛烏有，改「勉」爲「譽」，並另增傅說、召公耶？而昆命元龜
事乃陳晦所撰，不能以「或又言」之不確定辭語，以求達成肯定詆毀前人之
罪之目的；以命訊日者，不能驟然斷以是乃富貴利達之心，而端平之初，出
任宰執，學以致用，聖人不以爲非；以不能攘斥佛老獨責於眞公，吾未見其
可。足見全祖望之所疑，皆不能有以動搖其成就。眞公德秀淵博之學養、事
功之所就，依然如山嶽之聳立，河川之不息，令人有仰之彌高、鑽之彌堅之
歎，豈全氏者致疑所能損其分毫者耶？

───────────

〔註160〕見同註145，頁1098。

第三章　《大學衍義》之著述

第一節　《大學衍義》產生之時代背景

　　眞公德秀撰述《大學衍義》之時代背景，可得而言者，約有數端，茲分別敘述如后。

　　首言學術背景：中國學術至宋世而有性理學之特殊發展，《宋史》之特立〈道學傳〉，以誌其盛，可見一斑。自北宋胡瑗（安定）、孫復（泰山）首開其端；胡氏沈潛而篤實，孫氏高明而剛健。胡氏主教蘇、湖二州，前後達二十年，從者逾千數，以明體達用之學授諸生，教澤所披甚廣。〔註1〕迨周敦頤、二程子、張載出，遂蔚成大觀。周敦頤（濂溪）著《太極圖》，明天理之根源，究萬物之終始。而其《通書》則闡性命之根源，以爲人生之準則，遂爲濂派之祖。〔註2〕程顥（明道）教學者識仁，以誠敬存之，其〈定性書〉略云：所謂定者，動亦定，靜亦定。聖人之喜，以物之當喜，聖人之怒，以物之當怒；蓋聖人以其情順萬物而無情也。教人由致知、誠意至於平天下；由洒掃應對，至於窮理盡性，循循有序，以興起聖人之道爲己任。其弟程頤推尊爲：自孟子之後，一人而已。〔註3〕程頤（伊川）教人涵養須用敬，進學在致知；主「性即理也」之說，與其兄顥爲洛學之宗師。關學得名，肇始張載（橫渠），張氏教學者知禮成性，變化氣質，學必如聖人而後已。其〈西銘〉闡明理一分殊之說，程頤稱之爲：與

〔註1〕　參見《宋元學案》，（明）黃宗羲著，（清）全祖望續修，河洛圖書出版社印，冊一，〈安定學案〉、〈泰山學案〉。
〔註2〕　參見《宋史》卷四二七，周敦頤列傳；《宋元學案》，河洛，冊四，〈濂溪學案〉。
〔註3〕　參見《宋元學案》，河洛，冊五，〈明道學案〉；《宋史》卷四二七，〈程頤列傳〉。

孟子性善養氣之論同功。〔註4〕濂、洛、關學既倡，而士子風從。宋代性理之學至是可謂達於葉茂而果熟之境矣！楊時、游酢、謝良佐等人承伊、洛之端緒而光大之，中經胡安國，李同，至朱熹而集北宋理學之大成。朱子教人窮理以致其知，主敬以涵養吾心，精力所注，則爲《四書集注》，門生幾遍天下。〔註5〕與朱子並世者則有陸九淵（象山），其學以尊德性爲宗，其教在明心見性，直探大本；〔註6〕而朱子則以道問學爲主，其教在格物致知，其後兩派門生往往嚴分界限焉。眞公德秀生於其後，故得綜承遺緒也。

次言政治背景：道學諸家，仕宦於朝者爲數頗多，〔註7〕高宗紹興以後，學術上，道學本身除朱、陸及永嘉功利派之爭論外，另又與反道學對立，而政治上則道學與反道學形成兩黨相手情勢。〔註8〕紹興六年（1136）六月，右司諫陳公輔乞禁程氏學，詔從之。〔註9〕翌年，張浚薦胡安國，帝召之，安國聞陳公輔請禁程頤之學，遂上疏，願詔館閣，哀其遺書，羽翼六經，使邪說不得作而道術定。疏入，陳公輔與中丞周祕、侍御史石公揆交章論胡安國學術頗僻，安國遂辭召命。〔註10〕孝宗淳熙十年（1183）六月，監察御史陳賈請禁道學，以爲士之所以學聖人之道，未嘗不同，既同矣，而謂己之學獨異於人，是必假其名以濟其僞者也。邪正之辨，誠與僞而已，願明詔中外，擯斥僞學勿用，以示好惡之所在。帝從之。由是道學之名貽禍於世。〔註11〕寧宗慶元二年（1196）韓侂胄用事，既罷朱熹經筵。二月以端明殿學士葉翥知貢舉，翥與劉德秀奏言：乞將僞學之語錄，盡行除毀。由是《六經》、《語》、《孟》、《大學》、《中庸》之書，爲世大禁。八月，申嚴道學之禁。十二月監察御史沈繼祖論朱熹喫荣事魔之妖事，乞加少正卯之誅，以爲污行盜名者之戒。詔落熹祕閣修撰，罷宮觀。

〔註4〕　參見《宋元學案》，河洛，冊五，〈伊川學案〉：《宋史》卷四二七，〈程頤列傳〉。

〔註5〕　參見《宋元學案》，河洛，冊十二，〈晦翁學案〉，《宋史》卷四二九，〈朱熹列傳〉。

〔註6〕　參見《宋元學案》，河洛，冊十五，〈象山學案〉：《宋史》卷四三四，〈陸九淵列傳〉。

〔註7〕　參見黃俊彥，《韓侂胄與南宋中期的政局變動》，民國65年7月，師大歷史所碩士論文，第三章慶元黨禁與韓氏權力結合性質的轉變，附表一，〈道學官僚群分析表〉，頁123～128。

〔註8〕　參見前註7，第三章，頁86。

〔註9〕　見《宋史》卷二八，〈高宗本紀〉，鼎文，頁528。

〔註10〕　見（明）馮琦、沈越、陳邦瞻編，新校本《宋史紀事本末》，鼎文，卷八十，頁868。

〔註11〕　見同註10，頁869。

〔註 12〕三年（1197）九月，詔監司、帥守薦舉改官，勿用僞學之人。〔註 13〕十二月，知錦州王沇上疏，乞置僞學之籍，並令省部籍記姓名，與閒慢差遣。詔從之。於是僞學黨得罪著籍者，宰執則有趙汝愚、留正、周必大、王藺等四人，待制以上則有朱熹、徐誼、彭龜年、陳傅良……等與其他官吏、武臣、士人，共五十九人。〔註 14〕四年（1198）五月，右諫議大夫姚愈復上言：僞學之徒怙惡不悛，日懷怨望，願降明詔，使天下知邪正之實。帝從之。〔註 15〕寧宗嘉泰二年（1202）二月始弛僞學黨禁。〔註 16〕然忠直之士已去逐泰半矣！由於道學、反道學者，其執政大臣透過科舉、薦舉等方式援引同類，排除異己，於是本爲學術門戶之爭，於政治上，則表現成爲官僚羣之對立與傾軋，〔註 17〕而決定之關鍵，則在人主一身，若人主心有定主，則將不爲邪說所惑矣！

外交方面：自宋欽宗靖康二年（1127）四月，金人擄二帝及皇后、皇太子北歸後，府庫畜積爲之一空。〔註 18〕五月，高宗即位南京，改元建炎。高宗紹興十年（1140）五月金兵南侵，陷南京，將領韓世宗、岳飛力戰，然宰執秦檜力主和議。翌年（1141）三月，金人渡淮北歸。是年冬十月，金人兀朮復南侵，陷泗州、楚州。未幾，宰執下岳飛大理獄。十一月，與金和議成，立盟書，約以淮水爲界，歲奉銀二十五萬兩、絹二十五萬匹，休兵息民，各守境土。〔註 19〕理宗隆興元年（1163）四月，樞密使張浚議出師渡淮，五月李顯宗、邵宏淵帥師北伐，未幾，兩軍大潰于符離。翌年（1164）冬十月，金人分道渡淮，楚州、滁州相繼失陷，十一月和議成，約爲叔姪之國，易歲貢爲歲幣，各減十萬，割商、秦地，誓目大略與紹興同。〔註 20〕寧宗開禧二年（1206）宰相韓侂胄力主北伐，五月下詔伐金。冬十月，金人渡淮，圍楚州，十二月

〔註 12〕參見新校本《宋史紀事本末》，鼎文，卷八十，頁 874～875；《宋史》卷三七，〈寧宗本紀〉，頁 722。

〔註 13〕見《宋史》，卷三十七，〈寧宗本紀〉，頁 723。

〔註 14〕見同註 10，頁 876。

〔註 15〕見同註 14；暨《宋史》卷三七，〈寧宗本紀〉，頁 724；又見《兩朝綱目備要》，《四庫全書》珍本初集，（不著撰人），卷五，頁 15～16。

〔註 16〕見同前註 12，頁 877；《兩朝綱目備要》，卷七，頁 19。

〔註 17〕見同前註 7，頁 99。

〔註 18〕見《宋史》卷二三，〈欽宗本紀〉，鼎文，頁 436；欽宗靖康二年，亦即宋高宗建炎元年（1127）。

〔註 19〕見《宋史》卷二十九，〈高宗本紀〉；參見新校本《宋史紀事本末》卷七十二，秦檜主和。

〔註 20〕見《宋史》卷三十三，〈孝宗本紀〉。

破大散關。翌年（1207）以許奕爲金國通問使議和，寧宗嘉定元年（1208），和議成，金、宋爲伯姪之國，增歲幣爲銀三十萬兩，絹三十萬匹，犒軍錢銀三百萬兩，獻韓侂冑首級。〔註21〕而理宗端平元年（1234）六月之下詔收復三京也，兵戰未數月，即遭敗績，自是河、淮無寧日。未五十載，而宋室亡。〔註22〕南宋自高宗即位（1127）至宋理宗端平元年，凡百零七年間，困於金、蒙古，戰敗割地，賠款，財政窘乏，民生凋弊，遂不可爲。眞公德秀有見於醜虜之侵逼，而國事之轉機，則在人主，由是於寧宗嘉定元年（1208）四月奏言：願陛下以通和爲權宜，以修德、行政爲實務，蒐討軍實，飭邊防禦。則國事尚可爲也。〔註23〕眞公之忠誠報國，其情躍然紙上。

　　社會方面：由於百年間，敵國交戰者四、五，〔註24〕征戰之際，兵民勞瘁；戰後則賠款，搜刮民脂民膏，庶民難以爲生。眞公言及寧宗開禧二年（1206）五月下詔北伐事，江東州縣之窘困情形，其言曰：

> 況江東州縣，自丙寅（1206）用兵以來，民力凋殘，尤非昔比，雖號爲上戶，不足以比他處中人之產，況於末等，尤更可憐。夏田纔種，則指爲借貸之本以度冬；秋田甫插，則倚爲舉債之資以度夏。今田畝荒蕪，無可指擬，借貸之塗既絕，生生之計遂窮，經營糊口且患不給，況吏卒在門，有賄賂之費；追呼在官，有拘繫之苦，愁歎之聲，實不忍聞。〔註25〕

人民之生活，仰賴舉債度日：夏日方可以成者，指之以爲借貸之本以度今冬；秋日方始有成之苗，指之以爲借貸之資以度今夏。而戰後田園荒蕪，無以爲

〔註21〕見《宋史》卷三十九，〈寧宗本紀〉；和約內容見新校本《宋史紀事本末》，卷八十三，〈北伐更盟〉，鼎文，頁933～934。

〔註22〕見《宋史》卷四十二，〈理宗本紀〉；新校本《宋史紀事本末》卷九十二，三京之復。宋亡於恭帝德祐二年，西元1276年，見《宋史》卷四十七，瀛國公（即宋恭帝）本紀；新校本《宋史紀事本末》卷一百七，元伯顏入臨安，頁1162～1163。

〔註23〕見眞德秀，《西山先生眞文忠公文集》，卷二，戊辰（1208）四月上殿〈奏箚一〉，頁65～66。

〔註24〕自南宋高宗建炎元年（1127）四月，徽、欽二帝被俘後，金人入侵，破我都城，殺我黎民者，連續數載，未得休兵（參見《宋史》卷二十四～卷二十八），其餘前文外交方面已略及之。自西元1127年至宋理宗端平元年（1234）凡百有七年，此稱百年，取其整數耳。

〔註25〕見眞德秀，《西山先生眞文忠公文集》，卷六，〈奏乞倚閣第四第五等人戶夏稅〉（1215，7月），頁136。

借貸之資，生計遂窮，其愁苦情狀，可以略知矣。且兵燹之外，尚有天災，真公德秀曰：

> 伏見今歲江東九郡，大旱者七，加以飛蝗所過，遺孽蔽江盈野，其
> 積數尺；草木蘆葦，爲之一空；秋陽方驕，風日愈烈；耳目所接，
> 無非焦熬；窘促之狀，人情皇皇，略無生意；井泉溝澗，在在枯竭；
> 居民行旅，汲飲無所；市糴翔踊，斗幾千錢，其長未已。居民相謂，
> 以平時三數日之資，爲一日之糴，猶不能飽；至於村疃鎮戍，市無
> 粒米，道路往來，有連日不得食者。〔註26〕

江東大旱之情狀，幾遍及各地；而蝗禍所至，草木蘆葦，爲之一空；斗米千錢，民不堪命；數日之資，猶不足以充一日之飽；道路往來，有數日不得食者，其民生窘困苦楚之情狀，於焉可見；不僅人民如是，地方官吏亦有「饑寒窮迫，或任滿積年，無資可歸，或身沒官所，不能歸葬。」〔註27〕民生疾苦如此，遂有「弱者轉於溝壑，強者聚爲盜賊。」〔註28〕「外有彊敵之馮陵，內有群寇之侵迫。」〔註29〕處此情境，民命何以堪耶？且其時朝廷發行楮幣過多，物價飛騰，而以舊券易新券，又不能實惠及民，怨嗟之聲，所在多有。〔註30〕故真公德秀曰：

> 自楮幣之更，州縣奉行失當，於是估籍徙流，所在相踵，而重刑始
> 用矣！〔註31〕

而其時州縣創立之科條，往往多在朝廷約束之外，故有「一夫坐罪，而昆弟之財併遭沒入者矣，有虧陌四錢，而百萬之貲悉從沒入者矣！」〔註32〕如是，百姓於苛政之下，如何維生？而「和買」、「和糴」至於南宋晚年，則成強取，於稅賦之外，另行加征；而其稅收，至有一物課以兩稅者，真公德秀曰：

> 大抵主家以房地起家業錢，而賃戶又以店肆起營運錢，一處生業，
> 兩項輸送，安得而不重困哉？至於因家業營運而科和買綿絹，併和
> 買綿絹以當都團差役，輸索重復，差徭繁併，力不能支，逃徙相望，

〔註26〕 見同前註25，〈奏乞分州措置荒政等事〉（1215，7月），頁133。
〔註27〕 見同前註25，〈申尚書省乞將本司措置俸給頒行諸路〉（1215，4月），頁132。
〔註28〕 見同前註26。
〔註29〕 《西山先生真文忠公文集》，卷五，頁117。
〔註30〕 見《西山先生真文忠公文集》，卷二，辛未（1211）十二月上殿奏箚三，頁75。
〔註31〕 見同前註30，癸酉（1213）五月二十二日直前奏事，頁78。
〔註32〕 見同前註31。

其間未忍輕去者，日益窮匱。〔註33〕

一房地而課以家業錢，因店肆而征營運錢，復以其稅而科和買綿絹，又以和買綿絹而當都團差役，重重課稅，以至於百姓流徙相望。欲舒百姓此困，挽救斯民於窘絕之境，其關鍵則在人主一身耳，此眞公德秀所以屢上奏箚，冀人主有以體恤群庶，而澤施及民之故也。

綜此數端，於學術方面，性理之學之發展，有朱、陸殊途之研究與創發；內政方面，道學與反道學立朝主政之相互傾軋；外交方面，敵國之兵禍，中原塗炭；而連年賠款，民不聊生；社會方面，地方官吏巧取榨奪，民貧至骨，百姓流離。凡此種種，熱誠於舒解民困者，豈能坐視百姓於水火之中而不顧乎？然挽救之道，則繫乎人主一身，蓋國政之施行，皆取決於人主也。

第二節　《大學衍義》之寫作動機

眞公德秀既有見於時弊，而究其所以解弊之方，則莫過於發號施政之人主對於國事有正確之瞭解與作為；欲求人主對國是之處理有正確之瞭解與作為（國治），則須從人主之齊家始；欲使人主之齊其家，則須從人主之修身始；欲使人主之身修，則須從格物、致知，誠意、正心始。而欲人主能格物、致知，誠意、正心，修身、齊家以至於治國、平天下，則《大學》乙書實具其規模焉。故眞公德秀曰：「聖人之道，有體有用，本之一身者，體也；達之天下者，用也。堯、舜三王之為治，六經、語、孟之為教，不出乎此。而《大學》一書，由體而用，本末先後，尤明且備，故先儒謂今得見古人為學次第者，獨賴此篇之存，而論、孟次之。蓋其所謂格物、致知、誠意、正心者，體也，其所謂齊家、治國、平天下者用也。人主之學，必以此為據依，然後體用之全，可以識矣。」〔註34〕《大學》乙書既備體、用之全，人主欲求修己、治人，以臻於平天下；人臣欲求正其君，治其民，必以此書為本。眞公德秀曰：

> 為人君者，不可以不知大學；為人臣者，不可以不知大學。為人君而不知大學，無以清出治之源，為人臣而不知大學，無以盡正君之法。〔註35〕

〔註33〕見《西山先生眞文忠公文集》，卷六，〈奏乞為江寧縣城南廂居民代輸和買狀〉（1215，4月），頁124。

〔註34〕見眞德秀，《大學衍義》，〈尚書省箚子〉，頁1。

〔註35〕見〈大學衍義序〉，《大學衍義》，頁5。

為人君而不知大學，則無以臻於郅治；為人臣而不知大學，則無以盡其正君之忠。故真公以為：「《大學》一書，君天下者之律令格例也。」〔註36〕《大學》既如是之重要，而真公德秀又自寧宗嘉定元年（1208），為禮部點檢試卷官，於國是可直接入對皇上。而嘉定六年（1213），遷起居舍人，服侍皇上，奏議國是，尤為方便。深知朝臣對人主之影響，或久或暫，然莫若格君心之可得其久遠之效也，故真公曰：

> 曩叨侍從論思之列，適當姦諛蒙蔽之時，念將開廣於聰明，惟有發揮於經術，使吾君之心，炳如白日，於天下之理，洞若秋豪，雖共
> 工驩兜雜進於堯朝，豈魑魅能逃於禹鼎。不量菲薄，欲效編摩。〔註37〕

唯有人主之心，於天下事務，能洞若秋毫，炳如白日，不為憸邪所惑，雖共工、驩兜雜進，亦將無所逃於禹之刑法也。其後又逢史彌遠以爵祿籠天下士，真公遂毅然引去，出領漕事，「既投閒而置散，因極意以研精。猶畎畝不忘君，每惓惓於報上；藩牆皆置筆，幾矻矻以窮年。」〔註38〕此真公之寫作動機及其寫作之情形也。

第三節　《大學衍義》成書之時間

　　《大學衍義》成書之時間，論者甚為紛歧，或謂其書成於宋寧宗嘉定十五年（1222），〈西山真文忠公年譜〉主此說。〔註39〕或謂其書成於理宗紹定二年（1229），《四庫全書總目提要》主此說，謂：「德秀此書成於紹定二年，而進於端平元年，皆陰切時事以立言，先去其有妨於治平者，以為治平之基。」〔註40〕（清）王梓材、馮雲濠同輯之《宋元學案補遺》從之；〔註41〕今人麥仲貴撰〈宋元理學家著述生卒年表〉亦從其說。〔註42〕或謂真公此書成於理宗端平元年（1234），今人朱鴻林謂：『……及史彌遠死，理宗親政，收召諸

〔註36〕見同前註35。

〔註37〕見真德秀，〈進大學衍義表〉，《大學衍義》，頁2～3。

〔註38〕見同前註37，頁3。

〔註39〕見真鼎元，〈西山真文忠公年譜〉，文友書店全集本，頁1516。

〔註40〕見《四庫全書總目提要》，卷九十二，《子部・儒家類》二，藝文，頁1839。

〔註41〕見《宋元學案補遺》卷八十一，《西山真氏學案補遺》，頁17，世界書局，民國51年6月，《四明叢刊約園》刊本。

〔註42〕見所撰〈宋元理學家著述生卒年表〉，新亞研究所，民國57年9月初版，頁301。

賢，眞氏在被召之列，於端平元年（1234）九月入見，時去國已十年了。就是在這段悠長的強迫休退的時期內，眞氏寫下了日後被名爲《讀書記》的著作。衍義正是《讀書記》內的一部份，書序作於紹定二年（1229）可見衍義是有感而發，有爲而作的。從衍義的〈序〉和進書時所上的表、狀，以及〈尙書省箚子〉等文件看，衍義正是眞氏直上理宗的諫諍。」〔註43〕則是《大學衍義》之成書，有主西元一二二二年、一二二九年暨一二三四年諸種不同之說法者矣，茲辨析如后。

眞公德秀言及撰寫《大學衍義》之時間，其資料最早者爲〈大學衍義序〉，此序成於理宗紹定二年（1229），〔註44〕〈序〉中言：

> 臣嘗妄謂《大學》一書，君天下者之律令格例也，本之則必治，違之則必亂。近世大儒朱熹嘗爲章句、或問，以析其義。寧皇之初，入侍經帷，又嘗以此書進講，願治之君，儻取其書玩而繹之，則凡帝王爲治之序，爲學之本，洞然於胷次矣。……昔者入侍邇英，蓋嘗有志乎是，比年以來，屛居無事，迺得繙閱經傳，彙而輯之。畎畝微忠，朝思暮繹，所得惟此，祕之巾衍，以俟時而獻焉。〔註45〕

眞公以爲《大學》乙書乃人君治理天下之準則，爲人主而欲「清出治之源」，必欲熟知大學；爲人臣而欲「盡正君之法」，亦必欲熟知大學。故自宋寧宗嘉定之初，入侍邇英殿〔註46〕起，即有志於撰寫是書。其後以史彌遠用事，眞公毅然求去，於寧宗嘉定七年（1214）冬十一月出爲祕閣修撰、江東轉運副使。由於摒居在外，遂得翻閱經、傳而彙輯之，此其編纂是書之始也。

至若編纂之歲月，眞公德秀於其〈得聖語申省狀〉中云：「閑居八年，此書方能成就。」〔註47〕居外八年，自寧宗嘉定八年（1215）春赴任算起，眞公《大學衍義》之成書時間當在寧宗嘉定十五年（1222）也。

然眞公德秀於其〈尙書省箚子〉中則云：「伏望聖慈察臣一念愛君之篤，

〔註43〕 見所撰〈理論型的經世之學 —— 眞德秀《大學衍義》之用意及其著作背景〉，《食貨月刊》，十五卷三、四期，民國74年9月1日，頁21。
〔註44〕 見〈中書門下省時政記房申狀〉，《大學衍義》，頁4下。
〔註45〕 見《大學衍義》，頁5～6。
〔註46〕 自寧宗嘉定元年（1208）至寧宗嘉定七年（1214）冬十一月出爲祕閣修撰、江東轉運副使止。此間，除嘉定六年（1213）冬十月充金國賀登位使，至翌年二月還朝入對，暫時離開朝廷外，餘多在宮中。其官職之更動，參見第二章眞德秀之生平事跡。
〔註47〕 見《西山先生眞文忠公文集》，卷十三，〈得聖語申省狀〉，頁237。

矜臣拾年用功之勤。」〔註 48〕言編纂《大學衍義》費拾年之辛勞，另於〈進大學衍義表〉中亦云：「以十年纂輯之餘，欣一旦遭逢之幸。」〔註 49〕以此而推之，則其成書蓋在寧宗嘉定十七年（1224）乎。

由眞公德秀之〈得聖語申省狀〉言「閑居八年，此書方能成就。」推之，《大學衍義》乙書成於寧宗嘉定十五年（1222），此正與〈西山眞文忠公年譜〉所言之「大學衍義成」〔註 50〕全然吻合。由眞公之〈尙書省箚子〉暨〈進大學衍義表〉察之，謂「矜臣拾年用功之勤」，言編纂費拾年之辛勞；謂「以十年纂輯之餘」，言纂輯之工夫費時十年。於此，雖未明言其成書，而書之編纂費時十年，則可謂無異義也。然則，所謂十年，乃指其實際年歲乎？抑或就其成數而言耶？若就其實際年歲而言，則其書約成於寧宗嘉定十七年（1224），若就其成數而言，則成書之時間可與〈西山眞文忠公年譜〉所言「大學衍義成」之時間相近。要之，其書之成，必不晚於理宗紹定二年（1229），蓋眞公是時已「朝思暮繹，所得惟此，秘之巾衍，以俟時而獻焉」矣！若書未成，如何「秘之巾衍，以俟時而獻」耶？

〈西山眞文忠公年譜〉於理宗寶慶元年（1225）乙酉，公四十八歲下云：「公既歸浦城，以田易夢筆山地數畝，構堂于山之麓，日與門人劉克莊、湯漢、徐華老輩修《讀書記》，語門人曰：此人君爲治之門，如有用我者，執此以往可也。」〔註 51〕西山先生《讀書記》包含甲、乙、丁集，而乙集上則《大學衍義》是也。〔註 52〕由此可見西山先生《讀書記》之成書在理宗寶慶元年（1225）；換言之，是《大學衍義》之成書必不晚於西元一二二五年也。若其時未成書，則如何可云：「執『此』以往」乎？而此亦不違於〈大學衍義序〉所言之「秘之巾衍，以俟時而獻」也。

今由〈尙書省箚子〉及〈進大學衍義表〉中所言「十年」推之，其書之

〔註 48〕見《大學衍義》，頁 1 下。

〔註 49〕見《大學衍義》，頁 2 下。

〔註 50〕見〈西山眞文忠公年譜〉，嘉定十五年壬午，公四十五歲所載，《眞文忠公全集》，文友，冊三，頁 1516。

〔註 51〕見《眞文忠公全集》，文友，冊三，頁 1519。

〔註 52〕眞公德秀之門人湯漢序〈眞公之讀書記〉云：「西山先生《讀書記》惟甲、乙、丁爲成書，甲、丁二記，近年三山學官已刊行，乙記上則《大學衍義》是也。」（見宋開慶元年，1259，福州官刊元明修補本《西山先生眞文忠公讀書記》序，其書今藏於中央圖書館。）另參見《四庫全書總目提要》，卷九十二，《子部・儒家類》二，《讀書記》提要，藝文，頁 1839。

成固如上述；再以年譜所言《讀書記》之事比較之，知其成書必不晚於理宗寶慶元年（1225）。然〈尚書省箚子〉及〈進大學衍義表〉之「十年纂輯之餘」，皆未言及成書，而〈西山眞文忠公年譜〉於寧宗嘉定十五年（1222）則明言《大學衍義》之成書，今即據以定其成書之時間也。

然則《四庫全書總目提要》以爲《大學衍義》成於理宗紹定二年（1229）者，將如何解釋耶？此乃緣於眞公在〈中書門下省時政記房申狀〉中言：「臣之此序，成於紹定二年。」〔註53〕眞公已明言〈大學衍義序〉成於理宗紹定二年，而非言《大學衍義》之成書時間甚爲明顯，可毋庸贅論也。

至若言成書於理宗端平元年（1234）者，眞公德秀於理宗端平元年（1234）九月所撰之〈尚書省箚子〉中云：「陛下親政之始，而臣書適成。」〔註54〕又於理宗端平元年十月所撰之〈進大學衍義表〉中云：「茲蓋恭遇皇帝陛下，乾旋坤轉，日就月將，……適稡成編，冒塵清燕，止其所止，願益加止善之功，新以又新，更推作新民之化。」〔註55〕是皆謂宋理宗親政之始，眞公德秀《大學衍義》乙書適於其時完成也。

今查宋理宗親政之時間，乃在權相史彌遠逝世之後。史彌遠逝世於宋理宗紹定六年（1233）冬十月，〔註56〕是理宗之親政不在詔定六年十月之前，而在其逝世之後。眞公若於此時適成其書，則於「閑居八年，此書方能成就。」「矜臣拾年用功之勤」「十年纂輯」等欲作合理解釋，而與宋理宗紹定二年（1229）所撰就之序不得相抵觸，亦即須合理處理〈序〉中所言之：「寧皇之初，入侍經帷，又嘗以此書進講。……昔者入侍邇英，蓋嘗有志乎是。比年以來，屛居無事，迺得繙閱經傳，彙而輯之。畎畝微忠，朝思暮繹，所得惟此，秘之巾衍，以俟時而獻焉。」〈序〉中謂理宗紹定二年（1229）時，《大學衍義》即已成書，「祕之巾衍，以俟時而獻」。然此顯然有其抵牾之處。

今考宋理宗之親政，在史氏逝世之後，即紹定六年十月以後也。由此往前推算《大學衍義》之成書，若編纂八年，則自理宗寶慶元年（1225）十一月始；若編纂十年，則自寧宗嘉慶十六年（1223）十一月始。若自理宗寶慶元年十一月開始編纂，眞公於是年十一月爲史彌遠同黨朱端常所劾，落職，

〔註53〕見《大學衍義》，頁4下。
〔註54〕見《大學衍義》，頁1下。
〔註55〕見《大學衍義》，頁3。
〔註56〕見《宋史》，卷四十一，〈理宗本紀〉，鼎文，頁799；另參見《宋史》，卷四一四，〈史彌遠本傳〉。唯本傳於逝世之年月未若理宗本傳之詳明。

罷祠而去。尚可合於〈大學衍義序〉所言之「比年以來，屏居無事。」及〈尚書省箚子〉之「匆匆去國，志弗之遂，……居閒無事則取前所欲爲而未遂者，朝夕編摩。」然不得以之解釋〈大學衍義序〉所言：「所得惟此，秘之巾衍，以俟時而獻焉！」也；另與〈西山眞文忠公年譜〉則固已牴觸矣！若云自理宗嘉定十六年（1223）十一月開始編纂，則是時眞公早已出知在外，焉有如箚子所言「匆匆去國，志弗之遂。」〈進大學衍義表〉所言：「曩叨侍從論思之列，適當姦諛蒙蔽之時。」之事耶？而此亦不得解釋〈大學衍義序〉「所得惟此，秘之巾衍，以俟時而獻。」之說。

由是觀之，言《大學衍義》乙書適成於理宗親政之始，實有許多矛盾之處，無法解釋。然則眞公既不可能於理宗親政之初適成其書，何以又言「陛下親政之始，而臣書適成」耶？今不可得而知之，唯就其諸說中，其成書理由與生平事蹟、〈大學衍義序〉牴觸最少者以爲成書之根據耳。

至若《大學衍義》明刊黑口十行本於書前言曰：「寶慶元年（1225）六月，臣以禮部侍郎兼侍讀，是時權臣方以蒙蔽之術欺陛下。其徒相爲表裏，至有肆姦言於經幄者，臣竊憤焉，因欲爲是書以獻。未幾，御史擊臣以去。退屏田園，一意纂輯，粵九載，其書粗成，適陛下躬親大政，又以民曹召臣。臣竊自幸，曰：衍義之書，可以獻矣！迺九月己酉，賜對于緝熙殿，臣請以是書進。玉音俞之，臣退而讎訂，逾旬有半，迺畢。仰惟陛下稽古好學，夐出百王之表，臣之此書雖未足上裨聰明萬一，然聖賢理義之訓，古今成敗之迹，大略具是。」〔註57〕其說亦以《大學衍義》乙書成於理宗端平元年（1234），然此說既不合於《大學衍義》原序所云於理宗紹定二年（1229）以前成書，「秘之巾衍，以俟時而獻。」之說，而此段文字夾於〈中書門下省時政記房申狀〉與〈尚書省箚子〉之間，未有標題，與前後文不相類，此文唯另見於明崇禎五年（1632）刊本，其餘宋、元、明、清諸板本均未之見，疑爲好事者僞作，〔註58〕茲不贅述。

〔註57〕見《大學衍義》，明刊黑口十行本，此段文字刊於〈中書門下省時政房申狀〉之後，「尚書省箚子」之前。此書今存中央圖書館，微卷編號05516。
〔註58〕參見本論文第四章《大學衍義》之板本，十、明刊黑口十行本之說明。

第四章 《大學衍義》之板本

《大學衍義》之板本，今國內可得而見者，有宋刊本、元刊本、明刊本、清代刊本暨民國坊間影印本，茲錄其書影（置於全書之末，參見附錄壹。）並介紹如后。

1. 《真西山讀書記》乙集上《大學衍義》 四十三卷三十冊 宋開慶元年（理宗 1259）湯漢等福州刊本 中央圖書館藏

是書爲國內今存宋刊本中所可考知者最早之刊本。書中前有：〈尙書省箚子〉、〈進大學衍義表〉、〈中書門下省時政記房申狀〉、「《眞西山讀書記・乙集上・大學衍義序》」。

〈尙書省箚子〉言《大學》乙書之性質、眞德秀編纂《大學衍義》二綱、四目之次第、用意及其方式，成書及編纂之時間，箚子作於端平元年（理宗 1234）玖月拾伍日。〈進大學衍義表〉言編纂《大學衍義》之時間、大學設八條之教之要旨，編纂《大學衍義》之動機、目的、經過及其方式，「成書」時間及期望，此表上於端平元年十月。〈中書門下省時政記房申狀〉言眞德秀投進《大學衍義》之經過、理宗令其進讀之情形、及作序之時間，此狀寫於端平元年十月。「《眞西山讀書記・乙集上・大學衍義序》」言《大學》乙書之要旨、作用，推衍其義之作法，綱、目、細目之名稱，兼及撰寫動機、命名由來。

此書每半葉十行，每行二十字，注則雙行，左、右雙欄，白口，板心有上、下雙魚尾。目錄處有「隆慶壬申葉伯寅整藏」題字，隆慶壬申爲明穆宗隆慶六年（1572）。卷十八以前於卷內之小目如「帝王爲治之序」、「帝王爲學之本」等等多爲陰文；元代以後刊本於此等標目皆改爲陽文，與正文字體無殊；此宋刊本、元明刊本相異處之一也。有微卷。

　　宋晁公武《郡齋讀書志》卷五附志有「《大學衍義》四十三卷。」附志爲南宋趙希弁所撰，其言曰：「右眞文忠公德秀爲戶部尚書日所進也。」〔註1〕趙氏之言，謂所見者即爲眞公所進之書？抑或與眞公所進者同一刊本？或同爲抄本？眞公之書已進於經筵，趙氏得其書殊無可能；若爲刊本，則眞公《大學衍義》之刊行當甚早，惜附志未明言也。

　　（清）陸心源於其《皕宋樓藏書志》載有眞公德秀之「讀書記乙集上《大學衍義》四十三卷　宋刊本」，其言曰：「案：此南宋刊本，每葉二十行，每行二十字，明以後刊本削去『乙集上』各字，若非宋本僅存，不知即在《讀書記》之內矣！」〔註2〕陸氏所見與此本相近，唯竊有疑焉：今國內所見宋刊本、南宋後期刊元明遞修本，其書名皆作「眞西山讀書記乙集上大學衍義」，陸氏此書則作「讀書記乙集上大學衍義」，書名缺「眞西山」三字，明代以後刊本多作《大學衍義》，此宋、明刊本差異處之一，而陸氏於此書名之標題缺「眞西山」三字，未知何故？此所疑者一也。宋刊本於書前之〈表〉、〈序〉等，其先後之次序皆爲：（一）〈尚書省箚子〉、（二）〈進大學衍義表〉、（三）〈中書門下省時政記房申狀〉、（四）〈眞西山讀書記乙集上大學衍義序〉（以下即據此設定此數篇文字先後之次序）。明代以後刊本，此數篇文字或載、或不載，其刊載此數篇文字者，如明弘治十五年（1502）江西刊本、明刊黑口十行本，於此數篇之順序皆爲：（四）〈大學衍義序〉、（二）〈進大學衍義表〉、（三）〈中書門下省時政記房申狀〉、（一）〈尚書省箚子〉。（明崇禎五年（1632）長洲陳氏刊本，於此數篇文字，〈序〉及表、狀、箚子雖分別刊置於陳仁錫序及文震孟序之後，然其次第則固未嘗有異也）。而陸氏所見之宋刊本其次序則作：（四）〈大學衍義序〉（二）〈進大學衍義表〉、（一）〈尚書省箚子〉、（三）〈中書門下省時政記房申狀〉。〔註3〕此次序既與宋刊本有異，而與明刊本亦小有差別，此可疑者二也。有此二疑，故未能肯定陸氏所見即爲今所見之宋板。

〔註1〕見（宋）晁公武，《郡齋讀書志》，卷五下〈附志〉。商務印書館民國67年1月影宋淳祐袁州刊本，頁716。〈附志〉爲（南宋）趙希弁所撰述（見該書後志序，頁735）。該書袁州刊本刊於宋理宗淳祐十年（1250），趙希弁主其事（見喬衍琯，《書目續編敍錄》，廣文書局，民國57年4月初版，「郡齋讀書志序條」，頁13）。若趙氏所見爲刻本，則眞公《大學衍義》之刊行當在理宗淳祐十年以前，惜趙氏未明言其事。

〔註2〕見（清）陸心源，《皕宋樓藏書志》，卷四十，頁17，廣文，民國57年3月影十萬卷樓刊本。

〔註3〕見同前註2，頁1751～1764。

　　清丁丙於其《善本書室藏書志》載有：眞公德秀之「讀書記乙集上《大學衍義》四十三卷　宋刊本」，其言曰：「右爲南宋刊本，半葉十行，行二十字，卷首標讀書記乙集上，可知當日併刻甲集之後矣！前有德秀自序，又〈進大學衍義表〉，……又〈尙書省箚子〉，又申中書門下省時政記房狀。」〔註4〕丁氏所載，書前之四篇文字，其順序作（四）序、（二）表、（一）箚、（三）狀，與陸氏所載相同，然將〈中書門下省時政記房申狀〉之「申」字提至「中」字之前，未知是否爲行文方便而小變者耶？否則，今所見宋元明諸板本中，皆未有如是而言者，不亦極爲特殊乎？

　　近人莫伯驥於其《五十萬卷樓藏書目錄初編》中載有「讀書記乙集上《大學衍義》四十三卷　宋刊本」，其言曰：「（宋）眞德秀撰，前有眞氏自序，……次〈進大學衍義表〉，次〈尙書省箚子〉，次〈中書門下省時政記房申狀〉。此爲南宋刊本，半葉十行，行二十字，明以後刊本則削去『乙集上』三字矣！」〔註5〕莫氏所言書前之數篇文字，其順序亦同作：（四）序、（二）表、（一）箚、（三）狀，與陸氏所載相同。

　　以上，陸氏、丁氏、莫氏三人所見，就其所載而言，若無訛誤，當爲同一板本，唯今未見十行二十字本之宋刊本書前四篇文字次序若是者。

　　清瞿鏞於其「《鐵琴銅劍樓藏書目錄》」中載有：「《大學衍義》四十三卷　宋刊本」，其言曰：「（宋）眞德秀撰，前列〈自序〉、及〈進書表〉、又〈尙書省箚子〉、又〈中書門下省時政記房申狀〉，狀末題端平元年拾月　日翰林學士申奉大夫知制誥兼侍讀眞德秀狀，以下爲目錄，每半葉十一行，行二十一字，匡、惇字闕筆，桓作亘。」〔註6〕瞿氏所見之次序亦作：（四）序、（二）表、（一）箚、（三）狀，其次序同於陸氏所載者，然行數、字數不同；且其書名爲《大學衍義》，此乃元、明刊本始有此稱呼，「大」字之前已無「眞西山讀書記乙集上」諸字，疑其非宋刊本；就行數字數而言，今所見宋刊本多數爲半葉十行，行二十字，唯南宋後期刊本始見九行、行十七字本；未見十一行，行二十一字者。至元刊本中始見十一行，行二十一字本，其書名已無「眞西

〔註4〕見（清）丁丙，《善本書室藏書志》，卷十五，廣文，民國56年8月，影清光緒末年刊本，頁713。

〔註5〕見莫伯驥，《五十萬卷樓藏書目錄》初編，廣文，民國56年8月初版，影莫氏自印本，頁1090～1092。

〔註6〕見（清）瞿鏞，《鐵琴銅劍樓藏書目錄》，卷十三，廣文，民國56年8月，影原刊本，頁775。

山讀書記乙集上」諸字。疑瞿氏所見即爲元刊十一行二十一字本。

近人王文進於其《文祿堂訪書記》中載有：「《大學衍義》四十三卷」，其言曰：「（宋）眞德秀撰，宋端平刻小字本。存卷一至二十二，半葉十一行，行二十一字，注雙行，黑口，目題大字西山先生經進《大學衍義》，端平元年申狀、進書表。宋諱敬、恒、惇字皆缺筆。」〔註7〕王氏言其書題「西山先生經進大學衍義」，非「眞西山讀書記乙集上」，則其非宋刊本可知，所言與元刊明修補本，黑口，十一行二十一字者吻合；唯今所見此元刊明修補本爲殘卷，存卷一～二十，卷一目錄之前未見有任何箚子、表、狀、序也。又王氏所言「宋端平刻小字本」，未知有何依據？

（清）張鈞衡於其《適園藏書志》中載有「眞西山讀書乙集五卷　宋刻本」，其言曰：「存乙集卷八之十二，宋刻本，每半葉九行，行十六字，小字二十四，高七寸，廣五寸，白口，單邊。」〔註8〕張氏所載爲殘本，所言書名近似矣，惜與宋刊本「眞西山讀書記乙集上大學衍義」之全名相去頗遠，至若白口、九行、十六字，則與南宋後期刊元明初遞修本相近，唯南宋後期刊者爲九行十七字本，亦未相同也。

以上，瞿氏、王氏雖言所見爲宋刊本矣，然校之今日所見之宋刊本，則皆非是。依彼等所述，與今所見元刊本相近似；張氏所載雖近似宋本矣，然所言書名、字數皆未吻合，無由斷定其爲宋本也。

2. 《眞西山讀書記》乙集上《大學衍義》　存九卷三冊，卷一至卷九，三冊　宋開慶元年（理宗 1259）湯漢等福州刊元明遞修本　原藏北平圖書館，今存故宮博物院圖書館

此書僅存九卷，目錄前之（一）箚子、（二）表、（三）狀、（四）序與宋開慶元年湯漢等福州刊本全同。每半葉十行，行二十字，注則雙行，左、右雙欄，白口，板心有上、下兩魚尾。綱、目之標示爲陰文，如：「帝王爲治之序」、「格物致知之要—術明道」等等。中研院史語所傅斯年圖書館有微卷。王重民氏於其《中國善本書提要》所稱「宋刻元印本，十行二十字」〔註9〕即爲此本。

〔註7〕見王文進，《文祿堂訪書記》，廣文，民國 56 年 8 月，影民國三十一年印本，頁 232。

〔註8〕見（清）張鈞衡，《適園藏書志》，卷六，廣文，民國 57 年 3 月，影適園刊本，頁 291。

〔註9〕見今人王重民氏，〈中國善本書提要〉，《子部·儒家類》，「眞西山讀書記乙集上大學衍義」條說明，明文書局，民國 73 年 12 月，初版，頁 225。

3. 《真西山讀書記》乙集上《大學衍義》 四十三卷 南宋後期刊本 （今
商務印書館《四部叢刊》廣編暨三編所印之本）

今商務印書館《四部叢刊》廣編《大學衍義》及《四部叢刊》三編之《大學衍義》皆未註明所根據之板本。茲就下列數方面以考訂《四部叢刊》廣編所根據者爲南宋後期刊本。

其一：書名題爲「眞西山讀書記乙集上大學衍義」，此元明刊本所無者（明翻宋刊本除外）。

其二：於「西山讀書記乙集上大學衍義目錄」之前，分別依次刊印：（一）〈尚書省箚子〉、（二）〈進大學衍義表〉、（三）〈中書門下省時政記房申狀〉、（四）《眞西山讀書記・乙集上大學衍義序》此與宋理宗開慶元年（1259）湯漢等福州刊本完全相同

其三：卷十八以前於二綱、及格物、致知等之細目標示，皆用陰文，如「帝王爲治之序」、「帝王爲學之本」、「格物致知之要一術^{明道}」等等，此本與宋開慶元年湯漢等福州刊本完全相同。元代及其以後之刊本，於二綱、四目之標示文字，皆使用陽文，與正文相同，並未特別使用陰文。

其四：此本半葉十行，行二十字，字迹遠較明本古雅，與宋開慶元年刊本近似。

其五：此本「匡」字避諱作「匡」，〔註10〕「桓」字避諱作「桓」，〔註11〕有明顯避宋太祖「趙匡胤」、宋欽宗「趙桓」名諱之迹象。

然則既考訂《四部叢刊》廣編本所依據之板本爲南宋後期刊本，此與宋開慶元年湯漢等福州刊本有何差異？此本與宋開慶元年刊本並非同一板本。

其一：此本之邊口：四邊皆雙欄，板框之線條精美，宋開慶元年刊本僅有左右雙欄。

其二：此本卷十八以前多黑口，卷十九以後則多白口，呈黑口、白口參差相雜之現象；宋開慶元年刊本則爲白口。

其三：此本偶有訛誤，如：〈進大學衍義表〉「惟有發揮於經術」，「惟」誤作「之」；〈中書門下省時政記房申狀〉「蓋待陛下親政而後獻也」，「蓋」字

〔註10〕 見《大學衍義》，《四部叢刊》廣編本，頁 31 上作「匡衡」，頁 127 上作「匡章」，頁 251 上及下作「匡衡」，頁 377 上作「匡其不及」，頁 386 下作「一匡天下」等等頗多。

〔註11〕 見《大學衍義》，《四部叢刊》廣編本，頁 371 下按語兩「桓公」皆缺筆，頁 381 上按語兩處皆作「桓王」，缺筆避諱。

訛作「簠」；〈大學衍義序〉「治亂存亡」，「亡」字誤作「士」字等等。宋開慶元年刊本則不誤。

其四：宋開慶元年刊本字迹遒勁、筆畫方正而略帶媚氣，此本則方正中帶有樸拙，略有刀刻痕迹，未如開慶元年刊本之精美。就字迹言，此本亦劣於南宋後期刊元明初遞修九行十七字本。然則，置此本於南宋後期刊元明初遞修九行十七字本之前者，以此本爲十行二十字本，與宋開慶元年刊本相同；且南宋後期刊九行十七字本爲殘本，其卷十八以前之宋刊本諸種特色無由窺知之故。

（清）邵懿辰撰、孫詒讓等參校之《增訂四庫簡明目錄標注》中載有：《大學衍義》四十三卷，「內府及平津館均有元刊仿宋巾箱本」，〔註12〕邵氏於此所言「宋巾箱本」今未之見，竊疑商務印書館《四部叢刊》廣編《大學衍義》所據以影印者，乃爲「宋巾箱本」，余昔年研究《廣韻》韻類，〔註13〕亦參考商務印書館影印之宋巾箱本《廣韻》也。

4. 《西山讀書記》乙集上《大學衍義》　存十一卷五冊　南宋後期刊元明初遞修九行十七字本　存卷三十一至卷三十九、卷四十一、卷四十二，原藏北平圖書館，今藏故宮博物院圖書館

此本於各卷卷首以「西山讀書記乙集上《大學衍義》卷第幾」標目，或「眞西山讀書記乙集上大學衍義卷第幾」，如卷三十三，「眞」字不省，足見宋刊本之風貌依然存在也。九行，十七字，小字雙行，左右雙欄，白口，板心第一魚尾下有「大學衍義乙上」字樣，其下爲卷數，第二魚尾之上有頁碼。字迹方正而遒媚，絕佳，與宋開慶元年刊本近似，若非行數、字數有別，幾難分其軒輊。有微卷。今人王重民氏於其《中國善本書提要》所稱「宋刻元印本，九行十七字。」〔註14〕者即爲此本。

5. 《大學衍義》　存九卷三冊　元刊十一行二十一字本　存卷十八至卷二十六　原藏北平圖書館，今藏故宮博物院圖書館

此本於《大學衍義》之前已無「眞西山讀書記乙集上」字樣矣。邊口爲：

〔註12〕見（清）邵懿辰撰、（清）孫詒讓等參校，邵章續錄，邵友誠重編之《增訂四庫簡明目錄標注》，世界書局，民國66年8月，三版，頁395。

〔註13〕民國64年6月余撰寫碩士論文《廣韻韻類考正》，指導教授爲陳老師伯元光生。

〔註14〕見同前註9，「西山讀書記乙集上大學衍義」條下。

左右雙欄，白口。第一魚尾下有「衍幾」，「衍」爲《大學衍義》之省稱，「衍」字下爲卷數；第二魚尾下有葉碼。中研院史語所傅斯年圖書館有微卷。今人王重民氏於其《中國善本書提要》《子部・儒家類》《大學衍義》書下所稱「元刻本，十一行二十一字。」〔註15〕者，即爲此本。

6. 《大學衍義》　存二十卷十六冊　元刊明修補本　存卷一至卷二十，藏故宮博物院圖書館

　　此本卷一之前爲「西山先生經進大學衍義目錄」，目錄之前並無箚子、表、狀、序。十一行，行二十一字。邊口：上下、左右皆雙欄，黑口，雙魚尾，第二魚尾下有頁碼。〔註16〕

7. 《大學衍義》　四十三卷一十六冊　明弘治十五年（孝宗1502）刊小字本。此本今故宮博物院圖書館有乙部；中央圖書館有兩部（此兩部均爲二十四冊）

　　此本於「西山先生經進大學衍義目錄」之前，前後刊載有：「西山眞氏《大學衍義》重刻序」、〈大學衍義序〉、〈進大學衍義表〉、〈中書門下省時政記房申狀〉、〈尙書省箚子〉。

　　邵寶於重刻〈序〉中云：「寶承乏視學，謂諸生皆學爲臣者，亟以是書課之，而苦板本未廣，乃訪求舊藏，屬九江守周文濟重加校刻，傳送諸學，人給一帙，俾之誦習。」由是可知此本乃「訪求舊藏」而「重加校刻」者，邵氏所謂「舊藏」者，即爲前文介紹之元刊明修補本（存二十卷，藏故宮）也，蓋取此書與之相較，此書除於目錄之前增加重刻序、序、表、狀、箚之外，其餘皆與元刻明修補本殘存者大致相同。所謂大致相同者，指：行格同爲十一行，行二十一字，小字雙行。邊口方面，同爲黑口，上下雙魚尾，左右雙欄。字迹近似，唯元刻明修補本之字迹更爲清晰。略有小異者，元刻明修補本上下爲雙欄，而此本則無耳。此序寫於明弘治十五年（孝宗1502）五月朔。此序唯故宮博物院圖書館所藏者有之，中央圖書館所存兩部均付闕如。

　　此本邵氏重刻序之後，其序、表等之次序，取之與宋開慶元年湯漢等福州刊本相較，則呈：（四）序、（二）表、（三）狀、（一）箚之情形，今國內所見三部皆同，次第井然而不紊（參見上文介紹宋開慶元年湯漢等福州刊本處）。邊口方面，左右雙欄，黑口。十一行，行二十一字，小字雙行，板心兩

〔註15〕見同前註9。
〔註16〕此本板心小，黑口已磨損，辨認不易。

魚尾中間，上標卷數，祇有數目字，下標頁碼。

（清）陸心源於其《皕宋樓藏書志》中載有「西山先生經進大學衍義四十三卷　明弘治刊細字本」者即爲此本，陸氏排列序表等之次序則爲：〈眞德秀序〉、〈進大學衍義表〉、〈尚書省箚子〉、〈中書門下省時政記房申狀〉，並書：「邵寶序　弘治十五年」，﹝註17﹞「箚子」在「狀」之前，而呈：（四）序、（二）表、（一）箚、（三）狀。今以國內所見故宮藏明弘治十五年刊本校之，知其不然也。序、表、狀、箚之排列次序，乃《大學衍義》明刊本之特色，與宋刊本有別。

清丁丙於其《善本書室藏書志》載有「西山先生經進《大學衍義》四十三卷　明弘治刊本」，即爲此本。丁丙云：「右（宋）眞德秀《大學衍義》四十三卷，前有德秀自序，進書表、〈尚書省箚子〉、〈中書門下省時政記房申狀〉，宋槧《西山讀書記》乙集上即爲是書，此明弘治刊本，削去『讀書記乙集上』六字耳，每半葉十一行，行二十二字，凡提行款式一仍宋本之舊，惟自注加以註釋，殆後人增益者。」﹝註18﹞今取此本較之，其可議者如后：其一，丁氏所載，狀在箚子之後，序、表等之次序呈：（四）序、（二）表、（一）箚、（三）狀，與國內所見呈（四）序、（二）表、（三）狀、（一）箚者不同。其二，宋刻本絕大多數作「眞西山讀書記乙集上」，自目錄以至於卷首皆如是題識，南宋後期刊元明初遞修九行十七字本殘卷，其卷三十二末、卷三十三之首亦復如是。而此本僅於目錄處標明「西山先生經進大學衍義」，其餘各卷首則皆標爲「《大學衍義》卷第幾」，則是「西山先生經進」六字不宜列爲書名，而所削去者應爲「眞西山讀書記乙集上」九字，若「西山」兩字已有之，則當云：削去七字，另增補「先生經進」四字。始能符合其標題。其三，國內所見此本爲行二十一字，丁氏則言行二十二字。目錄前之序，或七行，行十六字，或十二行，行二十二字，不等。然則，丁氏豈以此而致誤耶？

（清）張鈞衡於其《適園藏書志》中載有「西山先生經進《大學衍義》四十三卷　明刊本」，所記即爲此本。張氏曰：「（宋）眞德秀撰，前有德秀自序，進書表，〈尚書省箚子〉，〈中書門下省時政記房申狀〉。提行款式一仍

﹝註17﹞ 見（清）陸心源《皕宋樓藏書志》，卷四十，廣文，民國57年3月，影十萬卷樓刊本，頁1764～1765。

﹝註18﹞ 見（清）丁丙，《善本書室藏書志》，卷十五，廣文，民國56年8月，影清光緒末年刊本，頁714。

宋本之舊，每半葉十行，行二十一字，……黑口單邊，口上標卷數，祇有數
目字，下標葉數，刻頗不惡。」〔註 19〕張氏所載，「劄」列「狀」前，與此
明弘治十五年刊本有殊，而半葉十一行，張氏則作十行，未知何故？此本左
右雙欄，張氏云單邊，究何所指？板心標卷數及葉碼之情形，張氏所言與此
本吻合。

　　綜上，陸氏、丁氏兩人所載「西山先生經進大學衍義」已標明爲明弘治
刊本，然所載吾人取今國內所見故宮藏明弘治刊本校之，未能吻合；張氏雖
未明言弘治刊本，然明代刊本中，唯有此本於目錄處標有「西山先生經進大
學衍義」，其餘均未之見，張氏所載爲此本無疑，然疏漏似乎不免，於是知校
讎之重要矣！

8. 《真西山讀書記》乙集上《大學衍義》　四十三卷二十冊　明翻宋刊本
　　中央圖書館藏（有兩部，另一部裝成十冊）

　　此本於「西山讀書記乙集上大學衍義目錄」之前唯有刊載「眞西山讀書
記乙集上大學衍義序」，每卷之首皆以「眞西山讀書記乙集上大學衍義」（有
時「眞字省略，如卷第十九）標題，由此可見存宋本之舊也。每半葉十行，
行二十字，小字雙行，左右單欄，白口，第一魚尾下標註：「《大學衍義》乙
上幾卷」，第二魚尾下標註頁碼。第一魚尾下之標註文字與南宋後期刊元明初
遞修九行十七字本同。唯宋本頁多標於第二魚尾之上。此本爲白魚尾。

9. 《大學衍義》　四十三卷十冊　明翻宋刊十行本　中央圖書館藏

　　此本於「《大學衍義》目錄」之前唯刊〈大學衍義序〉。每半葉十行，行
二十字，小字雙行。左右單欄，白口。上白魚尾之下有「《大學衍義》卷幾」
字樣，板心「乙上」兩字已刪除矣！無下魚尾，於該處標一橫線，其下標頁
碼。《國立中央圖書館善本書目》將此本標題「眞西山讀書記乙集上大學衍義」
〔註20〕與原書作《大學衍義》不符。

10. 《大學衍義》　四十三卷八冊　明刊黑口十行本　中央圖書館藏

　　此本於「《大學衍義》目錄」之前刊有五篇文字，依次爲：〈大學衍義序〉、
〈進大學衍義表〉、「中書門下省時政房申狀」（寶慶元年六月禮部侍郎兼侍讀
眞德秀祈上《大學衍義》劄子）、〈尚書省劄子〉。序、表之次序，與宋開慶元

〔註19〕　見（清）張鈞衡，《適園藏書志》，廣文，民國 57 年 3 月初版，影適園刊本，
　　　　　頁 291。
〔註20〕　見《國立中央圖書館善本書目》，頁 438，編號 05517。

平湯漢等福州刊本相較，則呈：（四）序、（二）表、（三）狀、（一）箚之情形，與明弘治十五年江西刊本吻合。而明崇禎五年（1632）刊本此四篇文字之次序亦作序、表、狀、箚之排列，實爲明刊本特色之一。至於「狀」後，「箚子」之前夾雜一段文字，板心標曰：「跋」，其文云：「寶慶元年六月，臣以禮部侍郎兼侍讀，是時權臣方以蒙蔽之術欺陛下，……臣竊憤焉，因欲爲是書以獻，未幾御史擊臣以去。退屛田園，一意纂輯，粵九載，其書粗成，適陛下躬親大政，又以民曹召臣。臣竊自幸，曰：衍義之書，可以獻矣！迺九月己酉，賜對于緝熙殿，臣請以是書進。玉音俞之，臣退而讎訂，逾旬有半，迺畢。……臣德秀頓首拜手謹言。」〔註21〕此段文字另見於明崇禎五年刊本中，於該本之板心處標爲「跋」。然此段「跋」未見於眞公之文集中，其他諸宋、元、明板《大學衍義》中亦未之見，竊疑其爲好事者僞作也。

此本每半葉十行，行二十二字，小字雙行，均以句號標點，實爲特色。四邊皆雙欄，黑口，第一魚尾下標註「衍義卷第幾」（或「衍義卷幾」），第二魚尾下有葉碼。

11. 《大學衍義》　四十三卷二十冊　明嘉靖六年（世宗 1537）司禮監刊本　中央圖書館藏四部，故宮博物院圖書館藏乙部

此本於「《大學衍義》目錄」之前僅刊載明世宗「御製重刊〈大學衍義序〉」，〈序〉中略述明代君王自太祖以後重視、並進講《大學衍義》之情形。序末云：「朕覽是書，見刻寫未精，特命司禮監重刊，以遺來世。書刻可觀，庶使讀之者不至於厭斁焉。……嘉靖六年六月朔旦序。」由是可知明世宗時，流行之板本刻寫未精也。此本於卷四十三之末載有楊一清「重刊《大學衍義》後序」，略敘明世宗進講是書經過、重刊緣由、明代前此君王進講情形。楊氏「後序」作於「嘉靖六年六月十五日」。

此書字亦工整秀麗，每半葉八行，行十四字，眞氏按語十六字，小字雙行，均以句號標點。上下、左右欄皆雙欄；黑口，雙黑魚尾，第一魚尾下標註「《大學衍義》卷幾」，第二魚尾下標註頁碼。

12. 《大學衍義》　四十三卷六冊　明嘉靖三十八年（世宗 1559）福建監察御史吉澄校刊本　故宮博物院圖書館藏（有兩部，另一部裝成十冊）

此書於「《大學衍義》目錄」之前，僅刊載眞公德秀〈大學衍義序〉乙文、

〔註21〕前章於「《大學衍義》成書之時間」中亦嘗引此文。

其行格爲十行、行二十字，小字雙行，四邊皆單欄，白口；單白魚尾，其下標註：「《大學衍義》卷幾」，板心下半欄有一橫線，其下標註頁碼。

此本字亦工整，橫細豎粗，與明翻宋刊十行本極爲近似，取兩書以校之，兩者之區別，唯彼本字迹更爲清晰耳，疑此本與彼本同源。

13. 《大學衍義》 四十三卷七冊 明崇禎壬申（思宗五年，1632）長洲陳氏刊本 明陳仁錫評 中央圖書館藏

此本於「《大學衍義》目錄」之前，依次刊載：〈大學衍義序〉（日講官陳仁錫書於明思宗崇禎壬申孟秋）、又〈大學衍義序〉（眞公德秀）、「嘉靖聖諭《大學衍義》二道」（分別爲嘉靖六年六月暨九年三月；六年六月之諭言載有明世宗五言古詩乙首。）、又〈大學衍義序〉（翰林院侍讀文震孟序）、〈進大學衍義表〉（眞德秀）、中書門下省時政序申狀、「跋」、〈尚書省箚子〉（皆眞德秀）、楊廉奏表（寫於嘉靖元年五月）、「進《大學衍義》節略表」（楊廉撰於嘉靖元年五月）、「《大學衍義》節略題辭」（楊廉題）、「《大學衍義》總目」等等。

《大學衍義》諸板本中，目錄前之序、表、題辭等，以此本爲最多。眞公德秀之序、表等雖分別刊載於其中，然而與宋開慶元年本相較，呈現：（四）序、（二）表、（三）狀、（一）箚子之先後次序，依然保存明板特色。較爲特殊者：其一，刊載楊廉之奏、表及題辭。此本爲眞德秀《大學衍義》四十三卷本，非楊廉之《大學衍義》節略本。其二，目錄之前有「《大學衍義》總目」，此爲《大學衍義》宋、元、明諸板本中所未曾有者。其三，於「狀」之後，「箚子」之前，刊載一段標爲「跋」（標在板心線魚尾下）之眞德秀文章，除起首言：「臣德秀前以禮部侍郎兼侍讀，是時權臣方以蒙蔽欺陛下，其徒相爲表裡，至有肆姦言於經幄者，臣竊憤焉。……」與前所言明刊黑口十行本所載略有小殊外，其餘文字，兩本所載皆相同。其四，此本於文字之精要處旁或加句號、或加頓號標示，特別醒目。於明代三本標點本（另兩本爲明刊黑口十行本、明嘉靖六年司禮監刊本）中最具特色者。

行格方面，此本每半葉十行，行二十字，小字雙行，有句號標點。板心上方刻書名《大學衍義》，線魚尾之下刻「卷之幾」，其下偏右刻小字，標明《大學衍義》之細目，如「卷之三」右下方刻「商高宗周成王三學」於板心處，下白口刻頁碼。上下、左右邊欄皆單欄。每卷之首本文之前皆標明：「宋學士眞德秀彙輯，明史官陳仁錫評閱。」此爲諸本中所獨有者，陳氏於上欄板框之外，天之空白處，偶有評閱文字。

14. 《大學衍義》 四十三卷三十六冊 清福達禮等奉敕譯 清康熙十一年（1672）刊滿文本 故宮博物院圖書館藏（兩部）

此本於《大學衍義》目錄（卷數）之前譯文刊載有：御製〈大學衍義序〉（清聖祖寫於康熙十一年，1672── 十月十六日）、〈大學衍義序〉（眞德秀）、及經筵日講官起居注熊賜履奏疏。

滿文本之邊口爲：上下、左右邊欄皆雙欄，黑口，雙魚尾。第一魚尾下標明書名，其下隔成兩格，第一格標卷數，第二格標頁碼。〔註22〕

15. 《大學衍義》 四十三卷六冊 清康熙丙子（聖祖三十五年，1696）董漢儒手鈔本，董氏手書題記 中央圖書館藏

此書於〈大學衍義目〉之前有〈大學衍義表并箚子〉及〈大學衍義序〉。而〈大學衍義表并箚子〉中則將〈進大學衍義表〉、〈中書門下省時政記房申狀〉及〈尙書省箚子〉三者之文字摘錄於其中，前此未有刪節表、狀、箚於一文中者，此爲其特色者一也。以前宋元明諸板本皆有板框欄線及邊口，此本皆無之，此其特色者二。此本每頁（半張）九行，行二十三字，每行字數之多，前未之或見，此其特色者三。此書於〈大學衍義表并箚子〉之前有董漢儒於康熙丙子年（1696）手書題記，言爲董氏七十四歲時手鈔，其字迹瘦挺而俊秀，極爲可貴。《大學衍義》最早之中文手鈔本，今國內所能見者僅此本，此其特色者四也。全書未標頁碼，唯每卷之首尾有卷數之標示，此亦其特殊處也。

今《中國子學名著集成珍本初編》儒家子部中有眞公德秀之《大學衍義》，即影印此本刊行者（頁碼另行編印）。

16. 《大學衍義》 四十三卷 清乾隆二年（1737）刊本 國立臺灣師範大學、國立臺灣大學文學院、中央研究院歷史語言研究所等之圖書館暨中央圖書館臺灣分館各存乙部，收於《西山眞文忠公全集》中。

此本於「《大學衍義》目錄」之前刊載有御製（乾隆帝）讀《大學衍義》詩，御製跋（作於乾隆二年），〈明太宗文皇帝贊〉，〈西山眞文忠公像〉，〈大學衍義表并箚子〉，〈大學衍義序〉（眞德秀），〈重刻大學衍義序〉（明魏呈潤作於崇禎乙亥年（1635）冬），〈大學衍義序〉（明丁辛作於崇禎戊寅年（1638）季夏），〈重刻大學衍義跋〉（明眞憲時撰）暨前後刊閱姓氏（自明金學曾、吉

─────────

〔註22〕滿文本承蒙故宮博物院莊吉發教授於民國77年4月1日翻譯，謹此註明，並申謝意。

澄以下凡三十九人）等等。由是觀之，此本源自明魏呈潤崇禎乙亥年（思宗、1635）之重刻，蓋亦淵源有自矣。

由此本〈大學衍義表并箚子〉摘取眞公德秀〈進大學衍義表〉、〈中書門下省時政記房申狀〉、及〈尙書省箚子〉滙於一爐中，其文字與清康熙丙子年（1696）董漢儒手鈔本全同，知此兩本並源自明代魏呈潤重刻以前之刊本。復由「前後刊閱姓氏」中有「巡按福建監察御史吉澄」姓名，知此兩本並源於明嘉靖三十八年（1559）福建監察御史吉澄校刊本也。今取此本與之相較，字迹近似，唯此本筆畫橫細豎粗情形，更爲明顯而刻板，蓋較爲晚期之作乎？

此本之特色：其一，於〈明太宗文皇帝贊〉後有「西山眞文忠公像」，此爲宋、元、明諸本《大學衍義》中所無者。其二，目錄前之諸段文字其前後之次序淆亂，且有此本有而他本無者。如眞公德秀之〈大學衍義表并箚子〉，台大文圖、中研院、中央分館三處之本子皆置於眞公〈大學衍義序〉之前，而師大所藏則置於序之後；乾隆帝之跋，師大、中研院、中央分館三處之本子皆置於乾隆帝之詩之後，而台大所藏則置於其前；〈明人宗文皇帝贊〉及西山眞文忠公像，台大、中研院、中央分館三處之本子皆有之，而師大所藏則無、明眞憲時所撰之〈重刻大學衍義跋〉，師大藏本置於「前後刊閱姓氏」之前，台大藏本則置於眞公〈大學衍義序〉之前，中研院藏本則置於卷四十三之後。中研院藏本書前有眞公圖像（未標文字，板心有「衛生」字樣）及其像贊、「五行相屬之圖」，師大、台大、中央分館之藏本則皆無之，蓋眞公「衛生歌」前之圖像及文字錯置於此者。其三，板本之年代標示不同。師大藏本標爲：清乾隆二年（1737）刊本；台大文圖藏本標爲：清道光二十一年（1841）重刊本；中研院史語所藏本標爲：清康熙間刊本；中央臺灣分館藏本則未標明時間。師大藏本依乾隆皇帝賜跋之時間，其年代當無可疑；台大文圖藏本依《西山眞文忠公全集》扉頁板框上方（天）之標示「道光辛丑年重鐫」（1841），就全集之重刊而言，亦無疑問；而中研院史語所傅斯年圖書館藏本之標示爲「清康熙間刊本」〔註23〕未知究何所據？雖則四處藏本於刊印之時間標示有所出入，然其板本則無區別：每半葉十行，行二十一字，小字雙行，四邊雙欄。白口，單魚尾一或黑魚尾、或線魚尾，不定。板心之上方魚尾下刻「《大學衍義》卷之幾」，下方刻葉碼。國內文友書店於民國六十三年九月出版之《眞

〔註23〕見《臺灣公藏》，普通本線裝書目名索引，中央圖書館，頁493，「眞西山全集七種」條。

文忠公全集》，其中之《大學衍義》即據此本影印刊行。（由全集中諸書之排列次第，及《大學衍義》諸序文之前後順序，知此書乃影印中央分館藏本也。）

17. 《大學衍義》　四十三卷二十二冊　清乾隆間寫《四庫全書薈要》本　故宮博物院圖書館藏

　　是書於「《大學衍義》目錄」之前抄錄〈大學衍義序〉、〈進大學衍義表〉暨「《大學衍義》總目」。目錄之後附有提要，提要末有校畢上奏乾隆帝時間，標明爲乾隆四十年（1775）二月，其末有《四庫全書》總纂官紀昀、陸錫熊、孫士毅，總校官陸費墀之姓名。〈尚書省箚子〉置於全書之末。

　　「《大學衍義》總目」之標示，始自明崇禎五年（1632）長洲陳氏刊本，《四庫全書》薈要本亦有之，知此本仿自該本也。而序、表、箚之前後次序，則仍存明刊本之舊。

　　此本每半葉八行，行二十一字，小字雙行。白口、單魚尾。板心魚尾之上標示「欽定四庫全書」字樣，魚尾下標「大學衍義」、「卷幾」，雙行，書名在右，板心下標頁碼。四邊雙欄。

18. 《大學衍義》　四十三卷十八冊　清乾隆間寫《文淵閣四庫全書薈要》本　故宮博物院圖書館藏

　　是書於「《大學衍義》卷一」之前抄錄「提要」、〈大學衍義序〉、〈大學衍義箚子〉，而無目錄。

　　提要之末有校畢上奏乾隆帝時間，標明爲乾隆四十六年（1781）五月；其後有《四庫全書》總纂官紀昀等姓名，同《四庫全書薈要》本。此本每半葉八行，行二十一字，小字雙行。邊口等與薈要本相同。

　　總上，《大學衍義》諸板本，今國內所得見者，計有宋刊本四（含商務印書館《四部叢刊》廣編、三編所影南宋後期刊本；中有兩本殘卷），元刊本二（皆殘卷），明刊本七，清刊本五（含滿文一，抄本三）。宋開慶元年（理宗1259）湯漢等福州刊本爲今所見最早刊本。宋刊本於《大學衍義》之上冠有「眞西山讀書記乙集上」數字（偶有未刊「眞」字者），元以後除明翻宋刊本外皆將此數字刪除，而直稱《大學衍義》。宋刊本於（一）箚子、（二）表、（三）狀、（四）序之次第，井然不紊；明刊本中，此四篇俱全者其次序則作：序、表、狀、箚子，如明弘治十五年（1502）刊本、明刊黑口十行本、明崇禎五年（1632）長洲陳氏刊本等莫不如是，與宋刊本相較，呈（四）序、（二）表、

（三）狀、（一）箚子之順序，未嘗有淆亂者；清代刊（抄）本，《四庫薈要》本、《文淵閣四庫全書》本略同於明刊本，呈（四）序、（二）表、（一）箚子排列，而康熙丙子（1696）董氏鈔本暨載有乾隆帝跋之《眞文忠公全集》本《大學衍義》則呈（二）表（刪節表、狀、箚子於一文中）、（四）序之次序，略同於宋本。清末、民初諸家對宋、元、明刊《大學衍義》之記述，如陸心源《皕宋樓藏書志》，丁丙《善本書室藏書志》，瞿鏞、《鐵琴銅劍樓藏書目錄》，王文進《文祿堂訪書記》，莫伯驥《五十萬卷樓藏書目錄初編》，張鈞衡《適園藏書志》等等，皆略有出入。（參見諸宋、元、明本下之說明）。疑明弘治十五年刊本源自元刊明修補本，明嘉靖三十八年（1559）吉澄校刊本與明翻宋刊十行本同源，蓋其字迹近似，目力不易區分也；而清康熙丙子（1696）董漢儒手鈔本與乾隆二年（1737）乾隆帝跋之《眞文忠公全集》本《大學衍義》並源自明嘉靖三十八年（1559）吉澄校刊本。標點本有明刊黑口十行本、明嘉靖六年（1527）刊本、暨明崇禎五年（1632）刊本。譯文有清康熙十一年滿文刊本。目錄前之序、表、奏、題辭等諸篇文字，最多者爲明崇禎五年（1632）長洲陳氏刊本。目錄前有「大學衍義總目」者唯明崇禎五年刊本及清《四庫全書薈要》本，疑《四庫全書薈要》本源自明崇禎五年刊本。亦有竟無目錄者，如《文淵閣四庫全書》本。此其大略也。

　　本論文以商務印書館《四部叢刊》廣編影南宋後期刊本爲主，並採宋、元諸本校之，間亦參考清康熙丙子（1696）董漢儒手鈔本（即《中國子學名著集成珍本》初編《大學衍義》所據以影印刊行者）及《眞文忠公全集》中影清代刊本之《大學衍義》。

貳、本　論

第五章 《大學衍義》之思想體系

第一節 內聖外王之思想

　　我國儒家，特重德治教化，觀大〈堯典〉之言：「克明俊德，以親九族，九族既睦，平章百姓，百姓昭明，協和萬邦，黎民於變時雍。」〔註1〕言堯為治之序，自克明俊德始，推而至於齊家——即所謂「以親九族」；治國——即所謂「平章百姓」；平天下——即所謂「協和萬邦」。而伊尹之告戒太甲：「惟我商王，布昭聖武，代虐以寬，非民允懷。今王嗣厥德，罔不在初，立愛惟親，立敬惟長，始于家邦，終于四海。」〔註2〕謂商湯以寬政得萬民信懷，今干（指太甲）繼位，亦當上承湯之美德，自愛親敬長始，由家而國，以及於天下。是皆自君王之身，推而至於天下也。孔子之答季康子之問政，曰：「政者，正也。子帥以正，孰敢不正？」〔註3〕又言：「其身正，不令而行；其身不正，雖令不從。」〔註4〕又曰：「君子之德，風；小人之德，草。草上之風，必偃。」〔註5〕孟子曰：「愛人不親，反其仁；治人不治，反其智；禮人不答，反其敬。行有不得者，皆反求諸己。其身正，而天下歸之。詩云：永言配命，自求多福。」〔註6〕又曰：「三代之得天下也以仁，其失天下也以不仁。」〔註

〔註1〕見《尚書‧虞書‧堯典》，《十三經注疏》本，卷二，藝文，頁20。
〔註2〕見《尚書‧商書‧伊訓》，《十三經注疏》本，卷八，藝文，頁114。
〔註3〕見《論語‧顏淵》，朱熹，《四書章句集註》，鵝湖出版社，頁137。
〔註4〕見《論語‧子路》，《四書章句集註》，鵝湖，頁143。
〔註5〕見《論語‧顏淵》，《四書章句集註》，鵝湖，頁138。
〔註6〕見《孟子‧離婁》上，《四書章句集註》，鵝湖，頁278。

7〕又曰：「道在爾，而求諸遠；事在易，而求諸難。人人親其親，長其長，而天下平。」〔註8〕孔、孟之言，皆謂人君有良好之仁德，則足以風化天下。由是觀之，欲求天下平並非不可能之事，「天下之本在國，國之本在家，家之本在身。」〔註9〕由人君之修身始，推而至於齊家、治國、平天下，蓋亦循序而可致也。人君之修身，期於成聖成賢，是爲內聖工夫；而推己及人，以齊家、治國、平天下，則爲外王步驟。是德化政治，唯在人君之內聖、外王也。外王之本，基於內聖；內聖之本，則在乎人君一身；由是關心家國，念念在民，有遠見之政治家，必留心於人君之修身也。

《大學》乙書，具備修己、治人之規模，爲明體達用之書，故有宋朱子之教人也，必以大學爲先。〔註10〕大學之言明德，乃體也；親民，用也。格物、致知、誠意、正心、修身者，所以明明德也，是爲修己；齊家、治國、平天下者，所以親民也，是爲治人。我國儒家內聖、外王之工夫，修己、治人之次第，已略具於斯矣。

觀夫《大學》之言：「古之欲明明德於天下者，先治其國。」又言：「自天子以至於庶人，壹是皆以修身爲本。」是《大學》必與人君有密切之關係，眞公德秀乃推衍其說，以爲：「《大學》設八條之教，爲人君立萬世之程。首之以格物、致知，示窮理乃正心之本；推之於齊家、治國，見脩己爲及物之原。曾子之傳，獨得其宗，程氏以來，大明厥旨。迨師儒之繼出，有章句之昭垂，臣少所服膺，晚而知趣，謂淵源遠矣，實東魯教人之微言；而綱目粲然，洒南面臨民之要道。」〔註11〕眞氏進而考觀往昔帝王之治，以爲：「未有不本之身而達之天下者，然後知此書所陳，實百聖傳心之要典，而非孔氏之私言也。」因是謂：「《大學》一書，君天下者之律令格例也，本之則必治，

〔註7〕 見《孟子・離婁》上，《四書章句集註》，鵝湖，頁277。
〔註8〕 見《孟子・離婁》上，《四書章句集註》，鵝湖，頁281。
〔註9〕 孟子之言也。見《孟子・離婁》上，《四書章句集註》，鵝湖，頁278。
〔註10〕 朱子曰：「學問須以大學爲先，次論語，次孟子，次中庸。」又曰：「某要人先讀大學，以定其規模：次讀論語，以立其根本；次讀孟子、以觀其發越；次讀中庸，以求古人之微妙處。大學一篇有等級次第，總作一處，易曉，宜先看。」亞夫問大學大意，朱子曰：「大學是修身治人底規模。如人起屋相似，須先打箇地盤。地盤既成，則可舉而成之矣。」上見《朱子語類》卷第十四，文津出版社印行，頁249～250。
〔註11〕 見眞德秀，〈進大學衍義表〉，《大學衍義》，商務《四部叢刊》廣編本（以下並用此本，不另註明。）頁2。

違之則必亂。」〔註 12〕職是之故，眞公德秀遂思有以羽翼其書，乃取經文二百有五字〔註 13〕以闡發之，仿朱子大學三綱領、八條目之結構，撰就二綱四目，以推衍大學之義。所謂二綱者，指帝王爲治之序，帝王爲學之本；所謂四目者，指格物致知之要，誠意正心之要，修身之要，齊家之要四者。眞氏編纂是書之旨趣，蓋在欲人君取法，以成聖明之君，以成平天下之郅治。

眞公德秀於二綱中舉堯、舜、禹、湯、文、武之治爲例，蓋欲人主取法，以成太平之治；列堯、舜、禹、湯、文、武之學，乃欲人君學之，使人主於動靜云爲之際，言談舉止之間，莫非聖明之君也。其言曰：

（《大學衍義》）首之以帝王爲治之序者，見堯、舜、禹、湯、文、
武之爲治，莫不自心身始也。次之以帝王爲學之本者，見堯、舜、
禹、湯、文、武之爲學，亦莫不自心身始也。此所謂綱也。〔註 14〕

帝王爲治之序、帝王爲學之本，皆自心身始，而心身之工夫則須自格物、致知入手，由是於格物致知，誠意正心等之闡述，尤爲詳盡。眞氏於〈序〉中言其編纂二綱之體例及四目之用意，其言曰：

……而先之以堯典、皇謨、伊訓、與思齊之詩、家人之卦者，見前
聖之規模不異乎此也。繼之以子思、孟子、荀況、董仲舒、揚雄、
周敦頤之說者，見後賢之議論不能外乎此也。（以上論帝王爲治之序）
堯、舜、禹、湯、文、武之學，純乎此者也；商高宗、周成王之學，
庶幾乎此者也；漢、唐賢君之所謂學，已不能無悖乎此矣！而漢孝
元以下數君之學，或以技藝、或以文辭，則甚繆乎此者也。（以上論
帝王爲學之本）

上下數千載間，治亂存亡，皆繇是出，臣故斷然以爲君天下之律令
格例也。雖然，人君之學，必知其要，然後有以爲用力之地。蓋明

〔註 12〕以上所引兩條，見眞德秀，〈大學衍義序〉，《大學衍義》，頁 5。
〔註 13〕指大學經文：「大學之道，在明明德，在親民，在止於至善。知止而后有定，
定而后能靜，靜而后能安，安而后能慮，慮而后能得，物有本末，事有終始，
知所先後，則近道矣。古之欲明明德於天下者，先治其國；欲治其國者，先
齊其家；欲齊其家者，先修其身；欲修其身者，先正其心；欲正其心者，先
誠其意；欲誠其意者，先致其知，致知在格物。物格而后知至，知至而后意
誠，意誠而后心正，心正而后身修，身修而后家齊，家齊而后國治，國治而
后天下平。自天子以至於庶人，壹是皆以修身爲本，其本亂而末治者否矣！
其所厚者薄，而其所薄者厚，未之有也。」凡二百有五字。
〔註 14〕見於眞德秀，〈尚書省箚子〉，《大學衍義》，頁 1。

道術、辨人才、審治體、察民情者，人君格物、致知之要也。崇敬
畏、戒逸欲者，誠意、正心之要也。謹言行、正威儀者，脩身之要
也。重妃匹、嚴內治、定國本、教戚屬者，齊家之要也。四者之道
得，則治國、平天下在其中矣。〔註15〕

眞氏於二綱中，備舉經典之訓，先賢之言，以爲人主之法，而悖乎此、繆乎
此者，則爲人主之戒。欲法聖明之君，不能無所據依；欲學賢明之主，亦須
有以知其入手之方，由是於格物致知、誠意正心、修身，齊家之要中，列舉
人君入手工夫之要項，摘述古今事迹，及諸儒有所發明之釋經論史文字，以
爲人君效法之參考。茲依其二綱、四目之次，闡述《大學衍義》之旨，如后。

一、《大學衍義》二綱之要旨

《大學衍義》之二綱即指「帝王爲治之序」、「帝王爲學之本」。茲分別整
理、介紹其內容如后：

（一）帝王爲治之序

1. 由修身而齊家、治國、平天下。

眞公德秀欲人主之法古聖先王，故言必稱堯舜。於二綱之首，即錄〈堯
典〉之言：「克明俊德，以親九族，九族既睦，平章百姓，百姓昭明，協和萬
邦，黎民於變時雍。」既美堯之功德，復言堯爲治之序。其言曰：

此章（指〈堯典〉）紀堯之功德與其爲治之次序也。自鴻荒以來，羲、
農、黃帝數聖人作，皆有功於生民，而堯之功爲尤大，……明俊德
者，脩身之事；親九族者，齊家之事，所謂身脩而家齊也；九族既
睦，平章百姓，所謂家齊而國治也；百姓昭明，協和萬邦，黎民於
變時雍，所謂國治而天下平也。〔註16〕

自開天闢地以來，古代聖王之中，禹之有功於生民，堪稱魁首，而其治國、
平天下之序，則自帝王一己之「克明俊德」始，由帝王之克明俊德，推而至
於家族，是即「以親九族」，九族既和睦矣，是爲「九族既睦」，推而至於百
姓，是即「平章百姓」，百姓之德皆昭明矣，進而「協和萬邦」，以達於「黎
民於變時雍」。〈堯典〉所載帝堯平天下之次序，由修身而齊家，推而治國、

〔註15〕見眞德秀，〈大學衍義序〉，《大學衍義》，頁5～6。
〔註16〕見眞德秀，《大學衍義》卷第一，頁11。

平天下，與《大學》之以明明德爲始，以新民爲終；由修身始，而至於平天下，其次第全相吻合，故眞公德秀推〈堯典〉爲「大學之宗祖」。〔註17〕

非僅堯治國之序如是，古代先聖明王之治國次序，亦莫不如是也。皋陶爲舜帝陳謨，謂：「都！愼厥身修，思永，惇敍九族，庶明勵翼，邇可遠在茲。」（唐）孔穎達正義曰：「自身以外，九族爲近，故愼修其身，又厚次敍九族，猶堯之爲政，先以親九族也。人君既能如此，則眾庶皆明其教，而各自勉勵，翼戴上命。昭九年左傳說晉叔向言翼戴天子，故以爲翼戴上命。言如鳥之羽翼而奉戴之，王者率己以化物，親親以及遠，故從近可推而至于遠者，在修己身、親九族之道。」〔註18〕眞公德秀云：

> 九族，吾之屛翰也，必有以篤敍之，使均被其恩；眾賢，吾之羽翼
> 也，必有以勸勵之，使樂爲吾助。身爲之本，而二者又各盡其道焉，
> 則自家可推之國，自國可推之天下，其道在此而已。〔註19〕

皋陶爲舜帝陳述立國之謨，於即位之初，須愼修其身，時思有以久遠之道，厚敍九族，眾賢勉盡心力輔佐，則可德澤廣被，恩及天下。

商湯之賢相伊尹作〈伊訓〉以勉湯之孫太甲，曰：「今王嗣厥德，罔不在初。立愛惟親，立敬惟長，始于家邦，終于四海。」（唐）孔穎達正義曰：「行之所立，自近爲始，立愛惟親，先愛其親，推之以及疏；立敬惟長，先敬其長，推之以及幼。……始則行於家國，終乃治於四海，即《孝經》所云：德教加於百姓，刑於四海是也。」〔註20〕〈伊訓〉之所言乃商朝聖君湯爲政之序也，其序亦自愛敬修身始，推而至於家邦、四海也。

他如經典中《詩經・大雅・思齊》之詩：「刑于寡妻，至于兄弟，以御于家邦。」詩意即謂：「閨門正矣，次及于兄弟，以治于家國，無不正焉。」〔註21〕而《周易・家人之卦・象辭》所謂：「父父，子子，兄兄，弟弟，夫

〔註17〕眞公德秀云：「夫五帝之治，莫盛於堯、而其本則自克明俊德始，故大學以明明德爲新民之端，然則，堯典者，其大學之宗祖歟！」（見《大學衍義》卷第一，頁11）。

〔註18〕見《尚書・虞書・皋陶謨》，《十三經注疏》本，卷四，藝文，頁59～60。所引昭九年左傳事，蓋指：「叔向謂宣子曰：文之伯也，豈能改物？翼戴天子，而加之以共。……」之事，見《春秋左氏傳》，《十三經注疏》本，卷四十五，藝文，頁779。

〔註19〕見眞德秀，《大學衍義》，卷一，頁12。

〔註20〕見《尚書》，《十三經注疏》，卷第八，〈商書・伊訓〉，藝文，頁114。

〔註21〕眞德秀語，見《大學衍義》，卷一，頁12。

夫，婦婦，而家道正，正家而天下定矣。」（唐）孔穎達正義曰：「此歎美正家之功，可以定於天下，申成道，齊邦國，既家有嚴君，即入不失父道，乃至婦不失婦道，尊卑有序，上下不失，而後爲家道之正。各正其家，无家不正，即天下之治定矣！」〔註22〕蓋父盡父之道，子盡子之道，兄、弟、夫、婦亦各盡其道，則家道正矣！全國無家不正，則國治矣，全天下無家不正，則天下平矣！是人君治國平天下之序，在於正家，正家之先，則在於反身，人君身修矣，推之而正家，家正矣，以次而國治、天下平，故易云：「正家而天下定。」

大學於帝王爲治之序，言之尤詳，其言曰：「大學之道，在明明德，在親民，在止於至善。……古之欲明明德於天下者，先治其國，欲治其國者，先齊其家，欲齊其家者，先修其身，欲修其身者，先正其心，欲正其心者，先誠其意，欲誠其意者，先致其知，致知在格物。物格而后知至，知至而后意誠，意誠而后心正，心正而后身修，身修而后家齊，家齊而后國治，國治而后天下平。自天子以至於庶人，壹是皆以修身爲本，其本亂而末治者否矣，其所厚者薄，而其所薄者厚，未之有也。」〔註23〕人君欲明明德於天下，自修身始，而後齊家、治國、平天下。修身之工夫，則在於格物、致知、誠意、正心。眞公德秀云：「堯典諸書，皆自身而推之天下，至於先之以格物、致知、誠意、正心，而後次之以修其身，則自《大學》始發前聖未言之蘊，示學者以從入之塗，厥功大矣！」〔註24〕

先聖典籍中，《中庸》之言治國之序，足以與《大學》相媲美，其言曰：

凡爲天下國家有九經，曰脩身也，尊賢也，親親也，敬大臣也，體群臣也，子庶民也，來百工也，柔遠人也，懷諸侯也。……齊明盛服，非禮不動，所以脩身也。去讒遠色，賤貨而貴德，所以勸賢也。尊其位，重其祿，同其好惡，所以勸親親也。官盛任使，所以勸大臣也。忠信重祿，所以勸士也。時使薄歛，所以勸百姓也。日省月試，既稟稱事，所以勸百工也。送往迎來，嘉善而矜不能，所以柔遠人也。繼絕世，舉廢國，治國持危，朝聘以時，厚往而薄來，所以懷諸侯也。凡爲天下國家有九經，所以行之者一也。

〔註22〕見《周易》，《十三經注疏》本，卷第四，家人卦，藝文，頁89。
〔註23〕見朱熹，〈大學章句經一章〉，《四書章句集註》，鵝湖，頁3～4。
〔註24〕見眞德秀，《大學衍義》，卷一，頁14。

宋儒呂大臨曰：「天下國家之本在身，故脩身爲九經之本。然必親師取友，然後脩身之道進，故尊賢次之。道之所進，莫先其家，故親親次之。由家以及朝廷，故敬大臣、體群臣次之。由朝廷以及其國，故子庶民、來百工次之。由其國以及天下，故柔遠人、懷諸侯次之。此九經之序也。」〔註25〕中庸之言治天下、國家有九經，其本在修身，自修身推而尊賢、親親，尊賢、親親之次序，與《大學》齊家相若。次推之至於敬大臣、體群臣、子庶民、來百工，而此步驟則與《大學》治國相仿，其後柔遠人，懷諸侯之次序則與《大學》平天下相似。觀《中庸》齊家步驟中，列尊賢於親親之前，治國步驟中列敬大臣於體群臣之前，則人主之爲國也，於此「尊賢」、「嘉善」之意，得無三致意乎？

　　孟子之言：「人人親其親，長其長，而天下平。」朱熹注云：「但人人各親其親，各長其長，則天下自平矣。」〔註26〕所言平天下之次序，亦自人主親親、長長始。

　　漢儒董仲舒言人君治國之次序，修身之要，尤爲簡明，其言曰：「故爲人君者，正心以正朝廷，正朝廷以正百官，正百官以正萬民，正萬民以正四方。四方正，遠近莫敢不壹於正，而無有邪氣奸其間者。」〔註27〕董氏之言，人君心正，而後以正朝臣，朝臣正矣，以次正百官，百官正矣，推而正萬民，末及四方，凡此，皆自人君心正始。

　　綜上所言，人君爲治之序，由修身而齊家，推之而治國、平天下，其說詳矣！而其次序，則傳之百代而不易者也。

2. 身為家、國、天下之本。

　　人君爲治之序，自修身而齊家，以至於治國、平天下，既言之詳矣，眞公德秀又反覆以闡明之：身爲家、國、天下之本。何以知其然耶？

　　《大學》有言：「古之欲明明德於天下者，先治其國，欲治其國者，先齊其家，欲齊其家者，先修其身。」是人君欲明明德於天下，其本在身也。孟子曰：「天下之本在國，國之本在家，家之本在身。」朱熹注云：「雖常言之，而未必

〔註25〕呂氏之言及中庸之文，並見《中庸》章句第二十章，《四書章句集註》，鵝湖，頁29～30。

〔註26〕見朱熹，《孟子集注・離婁》上，《四書章句集註》，鵝湖，頁281～282。

〔註27〕見《漢書・董仲舒列傳》，卷五十六，藝文，頁1165；亦見於眞德秀，《大學衍義》，卷一，頁17。

知其言之有序也。故推言之，而又以家本乎身也。……《大學》所謂：自天子至於庶人，壹是皆以修身爲本，爲是故也。」〔註28〕朱子之言家之本在身是也。（宋）周敦頤有言：「治天下有本，身之謂也。……堯所以釐降二女于嬀汭，舜可禪乎？吾茲試矣！是治天下觀于家，治家觀身而已矣！」〔註29〕周氏之言默契於孟子之意。眞公德秀曰：「皋陶爲帝陳謨，未及它事，而首以謹脩其身爲言，蓋人君一身，實天下國家之本。」〔註30〕人君一身，爲天下國家之本，蓋眞公以天下爲一家，人主爲父，大臣者乃其宗子也，士、庶民者，乃家之子弟也，其言曰：

> 夫天下之大，本同一家，人主者父也，大臣者宗子也，大夫、士者家之眾子弟也，至於庶人之賤，亦家之陪隸也，父兄有過，子弟爭之，子弟有過，陪隸言之，蓋一家之事，休戚實同，凡其第第相規政，欲其成門户之美耳，君臣之義，何以異此。〔註31〕

天下既爲一家，人君即爲一家之主。則以人君爲家、國、天下之本，復何疑哉？

（二）帝王爲學之本

人君欲齊家、治國、平天下，須自修身始。然則，如何而後可謂身修耶？修身有要乎？其要爲何？

1. 欲致身修，唯學是賴

（1）聖君之學

仰觀古聖賢王，莫不有學。舜之告禹曰：「來，禹！……克勤于邦，克儉于家，不自滿假，惟汝賢。汝惟不矜，天下莫與汝爭能；汝惟不伐，天下莫與汝爭功。予懋乃德，嘉乃丕績，天之歷數在汝躬，汝終陟元后。」〔註32〕舜之勉禹：克勤、克儉、不自滿自大，不矜不伐，天命將歸於汝。是禹之成爲聖君，亦帝舜有以教之之故。而舜亦有學：舜之賢臣皋陶曰：「都！慎厥身

〔註28〕 見朱熹，《孟子集注·離婁》上，《四書章句集註》，鵝湖，頁278。

〔註29〕 見（宋）周敦頤，《周子通書，家人睽復无妄》第三十二，中華書局《四部備要》本，頁6～7；亦見於眞德秀，《大學衍義》，卷一，頁17。

〔註30〕 見眞德秀，《大學衍義》，卷一，頁11。

〔註31〕 見眞德秀，《西山先生眞文忠公文集》，卷四，〈除江東漕十一月二十二日朝辭奏事劄子一〉，商務，《四部叢刊》正編（後同，不另註明）頁98。

〔註32〕 見《尚書》，《十三經注疏》本，卷第四，〈虞書·大禹謨〉，藝文，頁55。

修，思永。」（唐）孔穎達疏云：「史將言皋陶之能謀，……其爲帝謀曰：爲人君者，當信實蹈行古人之德，而謀廣其聰明之性，以輔諧己之政事，則善矣！」〔註33〕則舜之聖明，有賴於賢臣之教，而蹈行古人之德，以廣其聰明之性有以致之。

〈商書〉有言，仲虺勉湯以「德日新，萬邦惟懷，志自滿，九族乃離。」湯帝則言：「能自得師者王，謂人莫己若者亡，好問則裕，自用則小。」〔註34〕商湯之「求聖賢而事之」，〔註35〕勤學好問，是以能王天下也。觀《詩經》思齊之詩，其序言：「文王所以聖也。」（漢）鄭玄箋：「言非但天性，德有所由成。」（唐）孔穎達疏曰：「作思齊詩者，言文王所以得聖，由其賢母所生，文王自天性當聖，聖亦由母大賢，故歌詠其母，言文王之聖，有所以而然也。」〔註36〕是文王之聖，乃由其母大賢，賢母教化，文王學之，遂成其聖也。

〈周書〉之載，武王滅商殺紂，以箕子歸，作洪範。十有三年，武王訪于箕子，問以「我不知其彝倫攸敘」，箕子乃以天賜禹洪範九疇事作答。〔註37〕武王之好學，由彼之訪于箕子，可見一斑。

由是觀之，帝舜、大禹、商湯、文王、武王，皆古之聖君也，然彼等猶不能無學，後世人君之有賴於學也亦明矣！

（2）明主之學

〈商書〉說命有言，高宗學於傅說，傅說教以：「王人求多聞，時惟建事，學于古訓，乃有獲。事不師古，以克永世，匪說脩聞。惟學遜志，務時敏，厥脩乃來。……」〔註38〕傅說教高宗，言人君須博學多聞，時思有以立事，學於古訓，乃能有得。若事不師古，期能永世，非所聞也。惟學謙遜其志，敏行其德，其學乃能有成。《詩經‧周頌‧敬之》之詩，成王謂：「維予小子，不聰敬止，日就月將，學有緝熙于光明，佛時仔肩，示我顯德行。」周成王於群臣進戒之際，謙言彼之不聰達，「敬雖由己，隨事而生，事有不知，無所

〔註33〕見《尚書》，《十三經注疏》本，卷第四，〈虞書‧皋陶謨〉，藝文，頁59～60。
〔註34〕見《尚書》，《十三經注疏》本，卷第八，〈商書‧仲虺之誥〉，藝文，頁112。
〔註35〕見《尚書‧虞書‧皋陶謨〉，《十三經注疏》本，卷四，藝文，頁59～60。
〔註36〕見《詩經》，《十三經注疏》本，卷第十六，〈大雅‧思齊〉，藝文，頁561。
〔註37〕詳見《尚書》，《十三經注疏》本，卷第十二，〈周書‧洪範〉，藝文，頁167～168。
〔註38〕見《尚書》，《十三經注疏》本，卷第十，〈商書‧說命〉下，藝文，頁141～142。

施敬。」今將日日習之，月月而行，循序以學於賢中之賢，目前尚不堪爲政，須賢臣輔弼，以其顯明之德輔導之也。〔註 39〕商高宗之學於傅說，周成王之學於賢者，遂成一代賢君，人主仰賴學習之功，於斯可見，眞公德秀曰：「二君初非聖人之資，惟其知學之本，故能克己蹈道，卒爲商周令王，後世未有及之者，學之有功於人如此哉！」〔註 40〕人君仗賴學習之功，以修其身，其義甚明，毋庸贅言矣！

人主欲致身修，固有賴於學矣！然則，爲學之益處爲何？爲學有無目標乎？爲學之內容爲何？爲學有無可尋之方法？爲學有無警戒之事項？以下即依次申論之。

2. 爲學之益處

爲學之益處，就修己而言，則可明其德而聞見博；就治人而言，則人君知行仁政，去苛法，崇節儉，息征徭，其民則知義理而化易成也。

茲就修己而言，爲學可以明其明德，眞公德秀曰：「閑邪存誠，克己復禮，此治己之學也。學之功至，則己之善可復矣。道德齊禮，明倫正俗，此治人之教也。教之功至，則人之善可復矣！」〔註 41〕人君之爲學，不僅明一己之明德，亦且進而明全民之明德也。然而，人雖有本自光明之性，非學，無以明之，眞公之言曰：

> 蓋學則有緝熙光明之功，凡人之性，本自光明，大學所謂明德是也。惟其學力弗繼，是以本然之光明日以闇晦，今當從事於學，猶婦功之績，接續而不已，以廣吾本性之光明。〔註 42〕

眞公又曰：

> ……雖然，人之所以成其性者，學也；而學之有見乎道者，心也。
> 〔註 43〕

蓋人之明德，雖素所具有，然無後天力學之功，則無以闡發其緝熙光明之性，此眞公所以稱「成其性者，學也。」而《詩經‧周頌‧敬之》所謂：「學有緝熙于光明，佛時仔肩，示我顯德行。」者，乃周成王慮學難進，無以充其性之光

〔註39〕參見《詩經》，《十三經注疏》本，卷第十九，周頌敬之，（唐）孔穎達疏，藝文，頁 740。
〔註40〕見眞德秀，《大學衍義》，卷三，頁 26。
〔註41〕見眞德秀，《大學衍義》，卷五，頁 47。
〔註42〕見眞德秀，《大學衍義》，卷三，頁 26。
〔註43〕見眞德秀，《西山先生眞文忠公文集》，卷二十四，頁 383。

明，以進其身之德行，故而須群臣輔導之也。觀夫《漢書‧外戚列傳》所載：

> （漢文帝）竇后兄長君、弟廣國字少君，……聞皇后新立，……上
> 書自陳，皇后言帝，召見，問之，具言其故，……於是竇皇后持之
> 而泣，……迺厚賜之，家於長安。絳侯、灌將軍等曰：吾屬不死，
> 命乃且縣此兩人。此兩人所出微，不可不爲擇師傅，……於是選長
> 者之有節行者與居。竇長君、少君由此爲退讓君子，不敢以富貴驕
> 人。〔註44〕

真公德秀評其事曰：

> 竇長君、少君，故貧賤。一旦以椒房故，驟居富貴，常人之情，鮮
> 有不驕且侈者，而當時大臣，如絳、灌者，乃能爲擇師傅，使長者
> 之有節行者與居，於是二人卒爲退遜君子，豈非教之力哉！〔註45〕

人由貧賤，驟得富貴，常人之情，多驕而侈，擇有德君子與居，使成退遜君
子，此雖教之功，亦學之效也。蓋學，所以欲充其性，成其德也，故真公又
曰：「始于學，終于成德，則微者著矣！修之身，被之萬物，則近者遠矣！」
〔註46〕由是，學之可以明其德者亦可知矣！

　　爲學除可以明德而外，尚可以之通經，因是而達於見聞廣博，事能通曉，
益人神智之效用。觀夫後魏主珪問博士李先曰：天下何物可以益人之智？對
以：莫若書籍。真公德秀曰：

> 大學之道，以致知爲首，正欲開聰明而發智識也。魏珪，夷狄之君，
> 初未嘗學，而有益人神智之問，可謂切問矣。李先莫如書籍之對，
> 亦可謂善對矣！〔註47〕

讀書可以廣知識、開聰明，以益人神智也。又漢武帝即位之初，薦舉賢良文
學之士，制曰：「欲聞大道之要，至論之極。」董仲舒對以：「彊勉學問，則
聞見博而知益明，彊勉行道，則德日起而大有功。」真公德秀曰：「彊勉學
問者，致知之事也。彊勉行道者，力行之事也。」〔註48〕又曰：「夫非學，

〔註44〕見《漢書‧外戚列傳》，卷九十七上，藝文，頁 1681。
〔註45〕見真德秀，《大學衍義》，卷四十三，頁 398。
〔註46〕見真德秀，《西山先生真文忠公文集》，卷二十五，頁 398。真公曰：「即二卦而
　　　言，則蒙之養也察乎微，頤之養也先乎近。始于學，於于成德，則微者著矣！」。
〔註47〕見真德秀，《大學衍義》，卷四，頁 35。
〔註48〕漢武帝事見《漢書‧董仲舒列傳》，卷五十六，藝文，頁 1163～1164；真德秀
　　　語見《大學衍義》，卷三，頁 28。

無以通經；非師，無以明理。」〔註49〕學不僅以之通經，用明大道之要，以見至論之極，亦所以明古今治亂之迹，家國成敗之由，與夫人之所當爲，民之所當戒者，由是而居於人君之位，始克躋斯民於太平之世，化斯民於春風之中。眞公德秀曰：

> 又嘗恭聞高宗皇帝有曰：人欲明道見理，非學問不可，惟能務學，
> 則知古今治亂成敗，與夫君子小人善惡之迹，善所當爲，惡所當戒，
> 正心誠意，率由於此。夫務學然後能明道見理，明道見理然後能誠
> 意正心，與大學之言脗若合符。〔註50〕

是人君欲求明道見理，非學不可，惟能務學，而後始可以知人君之所當爲之事，可以明人君之所當戒者也。

人君之爲學，就修己言，可以明其明德，見聞廣博，以成聖成賢。就治人言，一則可以恩澤普施，惠及元元；一則化民易俗，以成太平之世。《後漢書》有言：漢章帝少寬容，好儒術，其爲太子也，受學於張酺。元和二年（85），帝東巡，酺爲東郡太守，帝幸東郡，引酺及門生並郡縣椽史會庭中。帝先備弟子之儀，使酺講《尚書》一篇，然後脩君臣之禮。〔註51〕由於章帝尊經，事師，推之於政，則尚寬厚以待人，去苛法而愛民，眞公德秀曰：

> （漢）章帝尊經、事師之意，不愧前人，又能戒顯宗之苛切，事從
> 寬厚，奉母后以孝，遇同姓以恩，惠養元元，除去苛法，後之議者，
> 以長者稱，雖其天資之美，亦知學之力也。〔註52〕

漢章帝之能待人以恩，惠養元元，以其知尊師，能好學有以致之。而唐太宗銳情經術，即王府開文學館，召名儒十八人爲學士，與議天下事。既即位，殿左置洪文館，悉引內學士番宿更休，聽朝之間，則與討古今，道前王所以成敗，或日昃夜艾，未嘗少怠。〔註53〕眞公德秀有感而言曰：

> 後世人主之好學者莫如唐太宗。當戰攻未息之餘，已留情於經術，
> 召名儒爲學士，以講摩之，此三代以下所無也。既即位，置洪文館

〔註49〕見眞德秀，《西山先生眞文忠公文集》，卷二十二，賜光祿大夫右丞相兼樞密
　　　　史……仍斷來章批答，頁353。
〔註50〕見眞德秀，《西山先生眞文忠公文集》，卷十八，《經筵講義》，大學致知誠意
　　　　二章，頁288～289。
〔註51〕參見《後漢書》，卷三〈肅宗孝章帝本紀〉，及卷四十五〈張酺列傳〉。亦見於
　　　　眞公德秀，《大學衍義》，卷四，頁31。
〔註52〕見眞德秀，《大學衍義》，卷四，頁31。
〔註53〕見眞德秀，《大學衍義》，卷四，頁31。

於殿側，引內學士番宿更休，聽朝之暇，與討古今，論成敗，或日
昃夜艾，未嘗少怠，此又三代以下所無也。故陸贄舉之，以告德宗，
謂言及稼穡艱難，則務遵節儉，言及閭閻疾苦，則議息征徭，此所
以致貞觀之治也。〔註54〕

唐太宗之能務遵節儉，議息征徭，以成貞觀之治，蓋爲彼好學堯、舜、周、
孔之道有以致之。〔註55〕以上所舉之漢章帝、唐太宗，皆以好學遂致恩及群
黎，德澤廣被也。尤有進者，由人君之崇學好術，上行下效，欲求百姓之移
風易俗也易。故眞公德秀曰：

夫心未濫，而先諭教，則化易成也；聞於道術，知義理之指，則教
之力也；若其服習積貫，則左右而已。〔註56〕

言教之功，亦即說明爲學之效，《禮記·學記》有言：「發慮憲，求善良，足
以諛聞，不足以動衆。就賢體遠，足以動衆，未足以化民，君子如欲化民成
俗，其必由學乎！」〔註57〕人君爲學以化民成俗，斯乃大學所謂「止於至善」
者歟？蓋小爲學之極功也。

人君爲學，內足以修己而成聖，外可以治人以平天下。然若不欲學，則
敗家亡國，亦何極之不可至？眞公德秀曰：

太子（晉愍懷）幼有令名，及長，不好學，惟與左右嬉戲，賈后復
使黃門輩誘之，爲奢靡威虐，由是名譽浸減，驕慢益彰。〔註58〕

晉愍懷太子之不好學，終至於亡身者，斯亦可爲人主不學之鑑戒矣！

3. 爲學之目的

言及爲學之目的，眞公德秀曰：「人君之學，不過修己、治人而已。」〔註
59〕修己，則須志其大，以求成聖、成賢。治人則在成物，以達於天下太平
之治。欲成聖成賢，一則須闡揚其天賦之明德，一則須聞見博、別是非。茲
分述如后：

〔註54〕見眞德秀，《大學衍義》，卷四，頁32。
〔註55〕太宗嘗謂侍臣曰：「梁武帝惟談苦空，元帝爲周師所圍，猶講老子，此深足爲
　　　戒。朕所好者，惟堯、舜、周、孔之道，如鳥之有翼，魚之有水，不可暫無
　　　耳。」（見眞德秀，《大學衍義》，卷四，頁32）。
〔註56〕見眞德秀，《大學衍義》，卷四十一，頁377～378。
〔註57〕見《禮記》，《十三經注疏》本，卷第三十六，藝文，頁648。
〔註58〕見眞德秀，《大學衍義》，卷四十三，頁429。
〔註59〕見眞德秀，《大學衍義》，卷四，頁34。

（1）內　聖

人君爲學，修己之極至，則在於成聖。聖人，可學而至也。觀夫《中庸》之言：「唯天下至誠，爲能盡其性；能盡其性，則能盡人之性；能盡人之性，則能盡物之性；能盡物之性，則可以贊天地之化育；可以贊天地之化育，則可以與天地參矣！」〔註60〕眞公德秀曰：「贊化育、參天地，乃至誠之極功，而其本則盡己之性而已，此聖人所以可學而至也。」〔註61〕聖人既可學而至，茲就德性、知識兩方面略言之。

人君於德性方面，唯求盡己之性，則其德可至於聖人之境，眞公曰：「（周）成王之學，惟欲充其性之光明，進其身之德行。」〔註62〕充其性之光明，須具全功，不宜有所虧缺，故眞公曰：「天之命我，萬善具全，一毫有虧，是曠天職，昔之君子凜然淵冰，沒世弗懈者，凡以全吾所受焉耳！」〔註63〕而德者，乃行爲之所本，行爲則爲德之所發。德發於外，須能有以見其氣質之閑雅，舉止之高尚，非望之不似人君者也。此宋儒張載所以言：「君子爲學大益，在自求變化氣質也。」然則，爲學須至何種程度而後始云可耶？眞公德秀曰：

> 聖明之君，立志務學，以帝王爲的，而不以漢唐自安，則於孔門克復之功，正當俛焉以用其力，必至於天理全而人欲泯，則天下歸仁有日矣。〔註64〕

又曰：

> △然未至於舜，則所以行仁義者正所當勉也。行而久，久而熟，熟而安，則與由而行者，亦豈異哉！此湯、武及之之事，有志於學聖人者，不可以不勉。

> △學者所以治性情者也，故先漢名儒匡衡有言：治性之道，必審己之所有餘，而強其所不足。故聰明疏通者，戒於太察；寡聞少見者，戒於雍蔽；勇猛剛彊者，戒於太暴；仁愛溫良者，戒於無斷；湛靜安舒者，戒於後時；廣心浩大者，戒於遺忘。〔註65〕

〔註60〕見《中庸》第二十三章，朱熹，《四書章句集註》，鵝湖，頁32。
〔註61〕見眞德秀，《大學衍義》，卷十二，頁98。
〔註62〕見眞德秀，《大學衍義》，卷三，頁26。
〔註63〕見眞德秀，《西山先生眞文忠公文集》，卷二十六，〈南雄州學四先生祠堂記〉，頁405。
〔註64〕見眞德秀，《大學衍義》，卷十一，頁90～91。
〔註65〕上引前條前眞德秀，《大學衍義》，卷十二，頁100；後條見同書，卷四，頁31。

人君立志務學，以堯、舜、禹、湯、文、武、周公爲標的，而不以漢、唐以後之帝王爲典範，凡所以克己復禮者，無不勉盡其力；所以行仁義、日新又新者，無不竟其全功；而於己之所不足者，亦能明察而思有以戒之。久而久之，必至於天理全而人欲泯，萬善具備而英華發於外也。

其次，就知識方面而言，人君之所學，貴在致知，此所致之知，不僅德性方面之修其身而已，亦所以明究人君如何而後可以致斯民於太平之世也。因之，凡大學之所言：「止於至善」諸事，「爲人君，止於仁；爲人臣，止於敬；爲人子，止於孝；爲人父，止於慈；與國人交，止於信。」等等皆所當深究者，眞公德秀於宋理宗端平元年（1234），嘗向理宗進講矣，觀眞公於講筵手記曰：

> 又讀學者於此究其精微之蘊，而又推類以進其餘。奏云：朱某此二語乃是發聖人言外之意，蓋理之淺近者易見，而精微者難知，若於義理只見得皮膚，往往便以未善爲已善，小善爲大善，惟是窮究到精微處，方知三分之善只是三分，七分之善只是七分，不至以下爲高，以淺爲深，此學者所以貴於致知也。〔註66〕

是人君之爲學也，於義理精微之處，小善、大善之間，須加講求；如何而後始爲國人之所願，如何而後始爲全民意向之所歸，人君不能不知也，故眞公德秀言：「此學者所以貴於致知也。」唯人君亦非萬事皆須知之，萬物皆須通曉，凡事關於君德者，固須知之矣，事關乎人君修身、齊家、治國、平天下者，實人君爲學之所當究也。眞公德秀曰：

> 王人所以求多聞者，是惟立事而已。學必施於事，然後爲有用之學，
> 不然則所聞雖多，果何爲哉？〔註67〕

人君所學，概以可以施於人事，行之天下者爲準，否則聞見雖多，何有益於生民耶？所讀之書，必以可以成聖成賢者而後讀之，不然所讀雖多，果何益於百姓乎？故眞公德秀曰：「古之學者，自其少時，師友之所講肄，朝夕之所服行，已莫非大人之事，迨其長也，從事於大學，則凡天地萬物之理無不察，古今興壞存亡之變無不考其所以然，人之位乎兩間當爲之職，無不究其極，

〔註66〕見眞德秀，《西山先生眞文忠公文集》，卷十八，〈講筵手記‧二十六日進讀止至善章〉，頁298。
〔註67〕見眞德秀，《大學衍義》，卷三，頁25。

故內焉足以成己，外焉足以成物，本末先後非二致也。」〔註68〕人君之所學，凡天地之間，萬事萬物，關連於修身、齊家、治國、平天下者，無不詳察，而於古今家國興衰存亡之迹，均須考究其所以然，如是而後始可於執行人君職務之際，知所取舍也。尤其於是非善惡之判斷，尤不可忽，真公之言：「辨是非於錙銖之間，決取舍於熊魚之際。」〔註69〕人君於是非之判斷，關連所及，影響全國百姓之安危，豈可疏失，而其根本，則唯務學是賴也。

（2）外　王

人君之為學，不僅欲求其修己以成聖，其終極目標則在治人以成太平之治，非徒以德性美、見聞博而已，必期其至於道如周、孔，仁似堯、舜也。真公德秀之言曰：

> 仁如堯、舜，皆可能也；道如周、孔，皆可至也，顧安有限量哉？自其執德之不弘，則志小而弗至於大，曰：吾非烏獲，不能舉百鈞也。用心之不剛，則力近而弗力於遠，曰：吾非騄驥，不可以致千里也！噫！之人也不幾於自棄乎？是故聖門之學，必以弘毅為主。顏子在陋巷，退然一臞生爾，其問仁也，得克己復禮之傳，聞視、聽、言、動之目，則奮然請事而弗辭，仰鑽瞻忽，未領其要，雖既竭吾才，曾不少懈，其立心之大，進道之勇，為何如耶？繼顏者曾若出一揆，故其言曰：士不可以不弘毅。其見諸力行，則躬三省於前，不苟怠也；悟一貫於後，不苟止也；以能問於不能，以多問於寡，有若無，實若虛，雖曰屬其友，實以之自任也。託六尺之孤，寄百里之命，臨大節而不可奪，雖泛語君子，實以之自許也。迨夫手足既啓之餘，知戰兢之可免矣，一聞隅坐執燭者之言，即不安於大夫之簀，必欲得正而後已，在人有一毫可取之善，雖童子不敢忽也。在己有一毫未至於聖人，雖垂沒弗肯已也。吁！此其所以能任重而致遠歟？此其所以獨傳洙泗之道歟！〔註70〕

行仁必如堯、舜，學道必似周、孔。用力不可不堅毅，行之不可不久遠。視、聽、言、動之間，曾不少怠；修己、治人之際，未嘗有疏。「在己有一毫未至於聖人，雖垂沒弗肯已也。」能若是焉，得無臻於堯、舜、禹、湯之聖域乎？

〔註68〕　見真德秀，《西山先生真文忠公文集》，卷二十七，〈送王察推序〉，頁426。
〔註69〕　見真德秀，《西山先生真文忠公文集》，卷二十四，〈潮州貢院記〉，頁375。
〔註70〕　見真德秀，《西山先生真文忠公文集》，卷二十五，〈弘毅堂記〉，頁392～393。

4. 為學之內容

「人君之學，不過修己、治人而已。」此眞公德秀之言也。〔註71〕修己期在成聖，治人則求外王；欲至於聖，如何而後可耶？換言之，須具備何種德性，兼具何類知識，而後始可云聖耶？人君治人，期至於王天下，欲至於王天下，除內聖所應具備者外，有無其他應該具備之條件耶？其條件爲何？茲依次敘述於後。

人類個體之行爲，可以區分爲三類，即是：運動之行爲、認識之行爲及情緒之行爲。〔註72〕自民國四十五年（1956）美國芝加哥大學布魯姆（BLOOM）教授等人將學習行爲目標分類以來，目前已成爲世界上討論人類學習行爲目標分類之圭臬，布魯姆氏等人分學習行爲爲三大領域，即技能（或稱能力）領域、智育（或稱認知）領域及德育（或稱情意）領域，此三大領域相應於前列人類個體行爲之三種類別，今即依目前教育界中所常用之三種學習領域：認知領域、德性（情意）領域、及能力（技能）領域〔註73〕以歸納眞公德秀所言及之人君爲學內容，期能透顯出人君爲學之諸項目。〔註74〕

（1）內聖方面

甲、德性（情意）領域

（甲）唯學儒家堯、舜、周、孔之道

人君欲求修己至於聖人之境，必當先確立一原則也，此原則即是：「不取老釋二氏，而惟堯、舜、周、孔之道是好。」〔註75〕「日以堯、舜、三王之道，六經孔、孟之言陳之于前，必格物以致其知，則是非邪正之辨，瞭然不

〔註71〕見眞德秀，《大學衍義》，卷四，頁34。

〔註72〕參見錢蘋先生，《教育心理學》，第一章，文風出版社，民國66年9月。

〔註73〕參見康世統，〈談國文科學習行爲目標的敘寫〉，中等教育，二十九卷二期，民國67年4月，頁30～31。又康世統，〈淺談中學國文科學習行爲目標的應用與檢討〉，中等教育，三十一卷一期，民國69年2月，頁54～55。又黃光雄先生等譯，《教育目標的分類方法》，復文圖書出版社，民國74年12月二版，第一部份序論及說明；情意領域目標分類之第二章；及技能領域目標分類之第一章。又楊龍立，《行爲目標的研究》，民國73年1月，師大教研所碩士論文，第二章及第三章，頁19～56。

〔註74〕世統謹按：眞公德秀於《大學衍義》一書之四目中所列舉之諸要項，實爲人君之所當知、當行者，爲免過分重複，該四目內容所述，各見於本文「四目之要義」中分別敘述。

〔註75〕見眞德秀，《大學衍義》，卷四，頁32。

惑！」〔註76〕眞公德秀於古者聖人修道之要，及其次第嘗言之矣，其言曰：

> 古者聖人以君師爲己任，故其修道之教，無一弗備。先之以智者，欲其講學窮理，以發良心之知也；繼之以仁者，欲其篤志力行，以充本性之德也；而又聖以極其成，義以達諸用，立心以忠，而制行以和，道之全體具在是矣！

> 後世聖人闡教洙泗，亦必以知及仁守爲先，與大司徒之治若合符節，然孔門之訓，知、仁而已。周官又益以四者，或詳、或略，豈無意耶？蓋多爲之目，所以使人各因其材而入，獨舉其要，又所以該眾善之始，終其義，則一而已爾！

> 于後，顏、曾、思、輿，更相授受，其語成德之方，必曰：博文約禮也，明善誠身也，格物而誠其意也。蓋致知以爲智，力行以爲仁，千載源流，同出一貫，有志於學者，其可不以聖賢爲師哉！〔註77〕

首之以智者，欲其講學窮理也，此即今人所言「認知領域」中之事也。繼之以仁者，欲人君於篤志力行之中，以充其本心之明德也，此即今人所謂「情意（德性）領域」之事也。而又聖以極其成者，蓋欲人君樹立本體之我，以求止於善人之至善。義以達諸用者，乃欲人君學以致用，以化成天下也。人主之心，一本忠義之原則，赤誠爲國，而行事之際，則出之以和，而無違道怪異之舉；如是則聖人之道備焉。孔門之訓，唯此知與仁而已；知，乃博文、格物也；仁，乃約禮、誠意也。儒家千載以降，不出於此二者。眞公德秀所言：「昔吾先聖之教，自春秋賢大夫如史魚之直，子產之惠，舉以告群弟子者非一，至其親切傳授，則曰：仁而已。苟仁矣，天下萬善莫不具于其中，以之事君而直，以之養民而惠。何者？非仁之功用耶？學者審能服膺洙泗之訓，而以回、雍所從事者爲指歸，則於前修之言行風蹟，雖不規規求合，吾見其無不合也。」〔註78〕言仁者，天下萬善莫不具于其中，此人君所學之要也。

（乙）宅心為先

原則既定，儒家修身，宅心爲先。蓋心爲身之主，由是萬事，萬物，推究其極，皆與心有關。觀夫舜之授禹：「人心惟危，道心惟微，惟精惟一，允執厥

〔註76〕見眞德秀，《大學衍義》，卷四，頁33。
〔註77〕見眞德秀，《西山先生眞文忠公文集》，卷二十六，〈龍山書院記〉，頁402。
〔註78〕見眞德秀，《西山先生眞文忠公文集》，卷二十六，〈宜興縣先賢祠堂記〉，頁415。

中。」（漢）孔安國注：「危則難安，微則難明，故戒以精一，信執其中。」（唐）孔穎達疏云：「……因戒以爲君之法：民心惟甚危險，道心惟甚幽微，危則難安，微則難明，汝當精心，惟當一意，信執其中正之道，乃得人安而道明耳。」〔註79〕謂人君一心當信執其中正之道，以使人心得安，諸道因之而明，人君一心，關連天下安危，其影響之大，於斯可見，安可不愼耶？眞公德秀曰：「人心惟危以下十六字，乃堯、舜、禹傳授心法，萬世聖學之淵源，人主欲學堯、舜，亦學此而已矣！」〔註80〕堯、舜、禹聖君相傳，唯在一心，而禹之戒帝，亦曰：「安汝止，惟幾，惟康。」〔註81〕安汝止者，「謂安其心之所止也」。幾者，「念慮萌動之初」。康者，「治安愉佚之際」。眞公德秀曰：「幾者念慮萌動之初，康者治安愉佚之際。幾微之不察，則喜怒哀樂有時而失節；治安之不戒，則盤樂怠傲，有時而或肆。如是而欲安所止，其可得乎？曰安止，曰幾康者，聖人養心之要法也。」〔註82〕古聖先王之相傳，唯在一心，蓋以「人主一心，與天地相爲流通，而善惡吉凶之符，甚於影響。」〔註83〕周公之告戒成王也，亦曰：「文王唯克厥宅心。」〔註84〕文王之克厥宅心，即安定其心之謂，心不安定，則是非邪正得以眩之，欲求天下之不亂也難矣！此所以古聖先王皆以心法相傳之故。心之作用大矣，眞公德秀曰：

> 蓋居中而制萬事者心也，古先聖王必於此乎用力，故一心正而萬事莫不正。憲宗知監前代成敗之迹，而不知古人大學之源，藩鎮未平、猶能勉強策勵，一旦奏功，侈然自肆，屛障雖在，志慮已移，視之爲虛器矣，由其心之不治故也。當時群臣獨一裴垍能進正心之說，而心之所以正者，亦莫之及焉，徒舉其綱而不告以用力之地，是猶教人以克己復禮，而不語以視聽言動之目，其能有益乎？故爲人臣而不知大學，未有能引其君以當道者。〔註85〕

不僅人主須有正心工夫，人臣欲佐人君，亦當熟知大學，俾能引其君於正道。眞公德秀曰：

〔註79〕 以上見《尚書》，《十三經注疏》本，卷第四，〈虞書·大禹謨〉，藝文，頁53
　　　　～54。
〔註80〕 見眞德秀，《大學衍義》，卷二，頁19。
〔註81〕 見《尚書》，《十三經注疏》本，卷第五，〈夏書·益稷〉藝文，頁67。
〔註82〕 見眞德秀，《大學衍義》，卷二，頁19。
〔註83〕 見眞德秀，《大學衍義》，卷三，頁29。
〔註84〕 見《尚書》，《十三經注疏》本，卷第十七，〈周書·立政〉，藝文，頁263。
〔註85〕 見眞德秀，《大學衍義》，卷四，頁34。

人君所爲，循理則治，悖理則亂。故曰治之在道。四海雖遠，同此
一心。人君心正則治，心不正，則亂。故曰：治之在心。一理可以
貫萬事，治大不在小乎！一心可以宰萬物，治遠不在邇乎！〔註86〕

眞公又曰：

蓋朝廷者天下之本，人君者朝廷之本，而心者又人君之本也。人君能
正，其心湛然清明、物莫能惑，則發號施令，固有不臧，而朝廷正矣。
朝廷正則賢不肖有別，君子小人不相易位，而百官正矣。〔註87〕

人君心正，則所爲循理，所爲無一非理，上行下效，則天下平；人君心不正，
則所爲悖理，所爲不合常理，上樑不正下樑何由得正？天下之亂必矣！天下
治、亂，繫乎人君之心。賢明之主，於此當知所取舍也。

（丙）持心以敬

人主一心，動關天下安危。然則，如何而後可以安其心耶？安其心亦有
法乎？曰：持心以敬可也。茲錄眞公德秀之言如后：

△聲色臭味之欲，皆發於氣，所謂人心也；仁義禮智之理，皆根於
性，所謂道心也。……惟平居「莊敬自持」，察一念之所從起，知
其爲聲色臭味而發，則用力克治，不使之滋長，知其爲仁義禮智
而發，則一意持守，不使之變遷，夫如是，則理義常存，而物欲
退聽，以之醻酢萬變，無往而非中矣！〔註88〕

△蓋事有萬端，未易裁處，惟揆之以當然之理，則舉措適當，無一
事之不中矣！心有萬慮，未易執持，惟內主於敬，而視聽言動不
敢肆焉，則周旋中禮，而無一念之不中矣！〔註89〕

△（周頌敬之）成王即政之初，群臣進戒，首以「敬之，敬之」爲
言。〔註90〕

△太宗曰：人主惟一心，而攻之者甚眾。或以勇力，或以辯白，或
以諂諛，或以姦詐，或以嗜欲，輻湊攻之，各求自售，人主少懈，
而受其一，則危亡隨之，此其所以難也。（眞公德秀曰：）近世
儒生有爲心箴者，曰：茫茫堪輿，俯仰無垠；人於其間，眇然有

〔註86〕見同註85，頁170。
〔註87〕見眞德秀，《大學衍義》，卷一，頁17。
〔註88〕見眞德秀，《大學衍義》，卷二，頁19。
〔註89〕見眞德秀，《大學衍義》，卷二，頁20。
〔註90〕見眞德秀，《大學衍義》，卷三，頁26。

身；是身之微，太倉稊米；參爲三才，曰惟心耳；往古來今，孰
無此心；心爲形役，乃獸乃禽；惟口耳目，手足動靜；投間抵隙，
爲厥心病；一心之微，眾欲攻之；其與存者，嗚呼幾希。君子存
誠，克念克敬；天君泰然，百體從令。箴雖常言，然深切於正心
之學，故錄焉。〔註91〕

△爲人君者，孰不知身之當脩，然此心一放，則能暫而不能久，必也
常思所以致其謹者，今日如是，明日亦如是，以至無往而不如是，
夫然後謂之永，不然，則朝勤而夕怠，乍作而遽息，果何益哉？……
謹則常敬而無忽，思則常存而不放，脩身之道備於此矣。〔註92〕

△敬之一字，乃聖賢宅心之至要，人主能持心以敬，則平居肅然，
常若神明在前，非僻之念無自而入，詩所謂：不顯亦臨。中庸所
謂：洋洋乎如在其上，如在其左右。皆此理也。〔註93〕

△……且如敬之一字，孰不知爲正心、脩身之本，然一有欲心，則
不能敬，一有怠心，則不能敬，二者苟有一焉，則所謂敬者，有
間斷而無接續矣，又焉能至於高明光大之域邪？惟聖人之心與天
同運，純亦不已，故詩人形容曰：穆穆文王，於緝熙敬止，纔兩
言爾，而文王盛德之氣象儼乎其在目也。〔註94〕

△君子之所不可及者，其惟人之所不見乎？詩曰：相在爾室，尚不
愧于屋漏，故君子不動而敬，不言而信，聖賢心法相傳，莫要於
此。〔註95〕

△靜者亦應物之時，動者應物之際，靜而存養，則有以全天理之本
然，動而省察，則有以防人欲於將萌，此動靜兼用其力也，然蔽
以一言，敬而已矣。〔註96〕

△臣知聖性恬淡，固非外物可移，然以一心而受眾攻，非卓然剛明

〔註91〕見眞德秀，《大學衍義》，卷四，頁32～33。
〔註92〕見眞德秀，《大學衍義》，卷一，頁11～12。
〔註93〕見眞德秀，《西山先生眞文忠公文集》，卷五，〈得聖語申後省狀〉，頁110。
〔註94〕見眞德秀，《西山先生眞文忠公文集》，卷十八，《經筵講義》，〈進讀大學詩曰
　　　穆穆文王章〉，頁285。
〔註95〕見眞德秀，《西山先生眞文忠公文集》，卷十八，《經筵講義》，〈進讀大學誠意
　　　章〉，頁288。
〔註96〕見眞德秀，《西山先生眞文忠公文集》，卷十八，《經筵講義》，〈衍義九經章〉，
　　　頁290。

弗惑，未有不浸淫而蠹蝕者，然則，將何道以處之？曰：惟學可
以養此心，惟敬可以存此心，惟親近君子可以維持此心。蓋理義
之與物欲，相爲消長者也，篤志于學，則日與聖賢爲徒，而有自
得之樂，持身以敬，則凜如神明在，上而無非僻之侵。親賢人、
君子之時多，則規儆日聞，諂邪不得而惑，三者交致其力，則聖
心湛然，如日之明，如水之清，理義常爲之主，而物欲不能奪矣！
〔註97〕

△志於道者，其將奚所用力乎？緬觀往昔，百聖相傳，敬之一言，
實其心法。蓋天下之理，惟中爲至正，惟誠爲至極，然敬所以中，
不敬則無中也，敬而後能誠，非敬則無以爲誠也。氣之決驟，軼
於奔駒，敬則其御轡也，情之橫放，甚於潰川，敬則其隄防也。
故周子主靜之言，程子主一之訓，皆其爲人最切者，而子朱子又
丁寧反復之，學者儻於是而知勉焉，思慮未萌，必戒必懼，事物
既接，必恭必欽，動靜相因，無少間斷，則天德全而人欲泯，大
本之所以立，達道之所以行，其不由此歟！〔註98〕

△《大戴禮記》武王踐阼篇：武王踐阼……師尚父西面道書之言，
曰：敬勝怠者吉，怠勝敬者滅，義勝欲者從，欲勝義者凶。眞公
德秀曰：太公望所告，不出敬與義之二言。蓋敬則萬善俱立，怠
則萬善俱廢，義則理爲之主，欲則物爲之主。吉凶存亡之所由分，
上古聖人已致謹於此矣。武王聞之，惕若戒懼，而銘之器物，……
其後孔子贊易，於坤之六二曰：敬以直內，義以方外。先儒釋之
曰：敬立而內直，義形而外方，蓋敬則此心無私邪之累，內之所
以直也；義則事事物物各當其分，外之所以方也。〔註99〕

△〈商書〉仲虺告戒湯曰：「德日新，萬邦惟懷，志自滿，九族乃離。」
〔註100〕眞公德秀曰：此仲虺勉湯之辭，欲其於身心用其功也。德

〔註97〕見眞德秀，《西山先生眞文忠公文集》，卷四，〈論初政四事〉（乙酉，1225年
7月），頁108。

〔註98〕見眞德秀，《西山先生眞文忠公文集》，卷二十六，〈南雄州學四先生祠堂記〉，
頁405。

〔註99〕〈武王踐阼篇〉，見《大戴禮記》，卷六，永康出版社，頁33。（民國58年6
月初版）見眞德秀，《大學衍義》，卷二，頁23～24。

〔註100〕見《尚書》，《十三經注疏》本，卷第八，〈商書・仲虺之誥〉，藝文，頁112。

脩於身者，日新而不已，則萬邦惟懷，所謂多助之至，天下順之
也。心之所存者，驕盈自足，則九族乃離，所謂寡助之至，親戚
畔之也。〔註101〕

△知欲之有害於敬，則窒之於幾微；知怠之有害於敬，則持之以疆
勉，使此心常接續而無間斷。故以之講學則智識日明，以之行事
則功業日廣，所謂儀刑文王者莫切於此。〔註102〕

由是觀之，人主一心雖攻之者眾，然唯持心以敬，則邪僻之念無由而入，動
時如是，靜時亦復如是，不可有怠心，不可有欲心。不敬，則無由入於中道；
非敬，亦無以為誠。唯敬，則萬善俱立；不敬，則九族乃離。「持心以敬」，
則天理全而人欲泯，大本立而達道行，欲登聖城，其在此乎！

（丁）德性節目

儒家特重德性之涵養、品德之陶冶與踐履，由是舉凡個人之言行舉止，
人與人間往來之應對、進退等有關事宜，均在講求之列。雖節目繁多，然亦
非無所要也，茲就《大學衍義》中所言及者條列如後，並引眞公德秀之言以
申明之。

1. 道、德、善

觀夫《尚書》說命篇，傳說之告商高宗曰：「惟學遜志，務時敏，厥脩乃
來；允懷于茲，道積于厥躬；惟斅學半，念終始典于學，厥德脩罔覺；監于
先王成憲，其永無愆。」眞公德秀曰：「惟信之深，念之篤，然後道積于厥躬。……
身即道，道即身，渾然無間矣！」又曰：「上言道之積，下言德之修者，以理
言之是謂道，以所得言之是謂德，非有二也。」又謂：「成湯既聖矣，德猶恐
其有愆，過必改而不吝，儻能視其成法，安得有愆。」〔註103〕古聖先王所以
成聖，乃以其能「道積于身」，使身即是道，道即是身，身道合一，道乃就理
而言，若能就人之所得而言，則謂之德。〈虞書‧大禹謨〉，舜命禹之言：「人
心惟危，道心惟微。」者，其人心乃就人言，道心亦就理而言也。道之與德，
非是兩物，乃一體之兩種稱謂耳。此商之先王湯帝、高宗所以聖聖相傳，念

〔註101〕見眞德秀，《大學衍義》，卷二，頁20。
〔註102〕見眞德秀，《西山先生眞文忠公文集》，卷十八，《經筵講義》，〈詩曰穆穆文王
　　　　章〉，頁286。
〔註103〕上引傳說之言，見《尚書》，《十三經注疏》卷第十，〈商書‧說命〉下，藝文，
　　　　頁142。眞公德秀二語，見於《大學衍義》，卷三，頁25～26。

念在此，以至於永無過尤者也。

　　德爲人之所固有，凡人所行之善皆是也，善無定主，以何爲準耶？則曰：「協于克一」也。觀於伊尹之告太甲也以「咸有一德」，（唐）孔穎達疏曰：「德者，得也。內得於心，行得其理。既得其理，執之必固，不爲邪見，更致差式，是之謂一德也。」〔註104〕伊尹又言：「德惟一，動罔不吉；德二三，動罔不凶。」又曰：「德無常師，主善爲師。善無常主，協于克一。」（漢）孔安國傳云：「德非一方，以善爲主，乃可師。」〔註105〕眞公德秀曰：「然德無定名，有凶、有吉，將何所擇而師之，要當主其善者以爲師，善者斯德，而不善者非德也。善而定體，將何所擇而主之？要當以協于一者爲主。一者斯善，而不一者非善也。天下之理，凡出於一者，無有不善。如乍見入井之孺子，而惻隱興焉。此時未有它念之雜，一而善也。纔有納交要譽之心，則不一而非善矣！……嗚呼！惟精惟一，舜將遜位而後以告禹；咸有一德，伊尹將告歸而後以告太甲。付授丁寧之意如此。爲人君者，可不味斯言乎！」〔註106〕舜之告禹，伊尹之告太甲，其諄諄所言者，唯在「德」耳，德以善爲主，善者須純一不雜，若雜他念，即非善也。

　　古聖賢哲之言德者多矣，堯典之言：「克明俊德」、〔註107〕〈商書·伊訓〉之言：「今王嗣厥德，罔不在初，立愛惟親，立敬惟長。」〔註108〕〈仲虺之誥〉有言：「德日新，萬邦惟懷。」「王懋昭大德，建中于民。」，〔註109〕是皆古聖先賢於人主授受之際，諄諄以相勸勉者也。其後，大學一文中言之尤明，其言曰：「大學之道，在明明德，在親民，在止於至善。」「古之欲明明德於天下者，先治其國。……」眞公德秀曰：「成王即政之初，群臣進戒，首以敬之敬之爲言。成王則謂：予小子不聰，而未能敬，方期日有所就，月有所進，……願示我以顯明之德行，使曉然知用力之方。……成王之學，惟欲充其性之光明，進其身之德行，豈後世務外者比哉！」〔註110〕人主所當務者無它，在明其明德，以止於至善而已。

────────────

〔註104〕見《尚書》，《十三經注疏》本，卷第八，〈尚書·咸有一德〉，藝文，頁119。
〔註105〕見《尚書》，《十三經注疏》卷第八，〈商書·咸有一德〉，藝文，頁121。
〔註106〕見眞德秀，《大學衍義》，卷二，頁21。
〔註107〕見《尚書》，《十三經注疏》卷第二，藝文，頁20。
〔註108〕見《尚書》，《十三經注疏》卷第八，藝文，頁114。
〔註109〕見《尚書》，《十三經注疏》卷第八，〈商書〉，藝文，頁112。
〔註110〕見眞德秀，《大學衍義》，卷三，頁26。

2. 仁、義、禮、智

古聖先王告授之際，皆以「德」爲言，德之言，實足以含蓋人之萬善，後世履行之際，因而衍生仁、義、禮、智諸目，眞公德秀曰：「性命之正者，指仁、義、禮、智之理而言也，……仁、義、禮、智之理，皆根於性，所謂道心也。」〔註111〕人依仁、義、禮、智之理，以行仁、義、禮、智之實，是即德性之踐履也。仁、義、禮、智之理皆根於性，原於心，人心之純善者，即爲道心，道心乃就理而言，發抒而爲諸目，乃就人生之踐履言；其目雖萬殊，然就呈現「道心」而言，則無別也。觀夫漢高祖之初定天下也，太中大夫陸賈時時前稱說詩書，帝曰：乃公居馬上得之，安事詩書？陸賈曰：馬上得之，寧可以馬上治之乎？文武並用，長久之術也。鄉使秦已并人下，修仁義，法先聖，陛下安得而有之？宋儒胡宏議此事以爲陸賈之對宜曰：陛下之得天下，非專馬上之力也。蓋陛下本以寬大長者受懷王入關之命，爲天下除殘賊，所過亡鹵掠，赦秦降王子嬰，財物無所取，婦女無所幸，約法三章，父老唯恐陛下不爲秦王，此三代得天下之仁也。項羽負約，王陛下於蜀漢，陛下忍而就國，用蕭何爲丞相，養其民以致賢人，收用巴蜀，還定三秦，項羽賊殺義帝，陛下舉軍縞素，告諸侯而伐之，此三代取天下之義也。眞公德秀曰：「胡宏之論，深中當時之失。蓋賈雖有修仁義，法先聖之言，而其所陳，不過秦漢間事，安能舉其君於帝王之隆哉！」〔註112〕由是觀之，兩漢之後，欲致人君於郅治者，則以仁、義爲言。而仁，乃孔子學說重點所在；仁、義，乃是孟子學說之重心。〔註113〕人主德性方面之特重仁、義，乃孔、孟以後之儒家學者所標舉者也。眞氏亦以道義聯言，彼於潮州貢院記曰：

> 夫所爲復選士之宮于舊觀者，非以舍庫狹而就高明故耶？學者之於學，亦若是焉而已爾！夫以三日之試，猶必惟庫狹是去，而高明是趨，則士之尚志立德，以終其身者，其可苟乎？故莫尊於道義，莫美於名節，士而志乎此，則上達之基也。莫累於勢權，莫溺於貨利，士而志呼此，則下流之委也。〔註114〕

〔註111〕見眞德秀，《大學衍義》，卷二，頁19。

〔註112〕胡宏之言見所撰《知言》，卷五，商務《四庫珍本》別輯，頁2〜3；眞德秀之言，見《大學衍義》，卷三，頁26〜27。

〔註113〕參見楊碩夫，《孔子教育思想與儒家教育》，第二章孔子的教育思想，黎明文化事業公司，民國75年8月。

〔註114〕見眞德秀，《西山先生眞文忠公文集》，卷二十四，〈潮州貢院記〉，頁374〜

唯人主之崇尚德義，踐履其實，則臣民法之，遂致成俗，士子之尊崇道義，慕尚名節，其源唯自上始也。

〈商書〉仲虺之告戒湯曰：「以義制事，以禮制心，垂裕後昆。」，〔註115〕真公德秀曰：

> 夫王者所以為法後世者，義與禮而已。道備於身而無闕，則法垂於後而有餘。……虛心好問，則天下之善皆歸於我，豈不裕乎？矜能自任，則一己之善，其與幾何？豈不小乎？成湯聖人也，而仲虺勉之以學，丁寧切至，有如此者，後之人主，可不深味其言？〔註116〕

成湯聖人也，而猶以義與禮勉之，則人主之須學此，豈不甚明。真公德秀於宋理宗寶慶元年（1225）上殿奏箚，言及三綱五常，謂曰：

> 君臣之綱正於上，而天下皆知有敬；父子之綱正於上，而天下皆知有親；夫婦之綱正於上，而天下皆知有別。三者正而昆弟朋友之倫亦莫不正，凡使生人之類各有歸宇，不相鬥暴賊殺者，此唐虞三代數聖人之功，所以與天地同其大也。
>
> 夫所謂五常者，亦豈出乎三綱之外哉！父子之恩，即所謂仁；君臣之敬，即所謂義；夫婦之別，即所謂禮；智者知此而已；信者守此而已。未有三綱正而五常或虧，亦未有三綱廢而五常獨存者。嗚呼！是理也，其扶持宇宙之棟幹，奠安生民之柱石歟！人而無此，則冠裳而禽犢矣，國而無此，則中夏而裔夷矣！臣嘗讀詩，至六月之序，曰：小雅盡廢，則四夷交侵而中國微。夫小雅之詩，財二十餘篇，而綱常之義略備，中國之所以為中國者，賴此而已，而至於盡廢焉，是自為夷也。……惟我祖宗，繼天立極，其於事親、教子之法，正家、睦族之道，尊主御臣之方，大抵根本仁義，故先朝名臣，或以為家法最善，或以為大綱甚正，或以為三代而下，皆未之有，狗歟休哉！〔註117〕

君臣之綱，主敬，所重在義；父子之綱，主恩，所重在仁；夫婦之綱，主別，所重在禮；智者，知此而已；信者，信守此而已。人主之思欲扶持宇宙，奠安生民，使中國有別於夷狄者，唯此是賴。於此，仁、義、禮、智之外，真

375。

〔註115〕見《尚書》，《十三經注疏》卷第八，〈商書‧仲虺之誥〉，藝文，頁112。

〔註116〕見真德秀，《大學衍義》，卷二，頁20。

〔註117〕見真德秀，《西山先生真文忠公文集》，卷四，〈召除禮侍上殿奏箚一〉，頁99～100。

公又兼及信字矣！

3. 親親、長長——孝、悌、忠、信

孟子有謂：「人人親其親，長其長，而天下平。」〔註118〕親親、長長，孝悌之事也。取於事父以事君，忠在其中矣！眞公德秀曰：「戰國之時，學道者不求之近而求之遠，不知堯、舜之道，不離於徐行後長之際，而仁、義之實，止在乎尊親、敬長之間。」〔註119〕是仁、義於實踐力行之際，落實於吾人言行舉止之間者，唯在親其親、長其長耳，易言之，則謂之孝、悌、忠也。至若信，則上文所言信守此也亦爲朋友相勉之道也。眞公德秀曰：

> 夫用之則國安君榮，雖既往者之任，然培其可用之本，獨不在今乎？
> 本者何？孝、悌、忠、信是也。蓋四者人之所以爲人，而士之所以爲士者也。一或失是，且有愧於人，而況士哉？故聖門之教曰：行有餘力則以學文。〔註120〕

人君用之，則可國安君榮。培養其根本以求國安，此本即謂：孝、悌、忠、信是也。孟子之言：聖人使契爲司徒，教以人倫，父子有親，君臣有義，夫婦有別，長幼有序，朋友有信。〔註121〕眞公有曰：

> 舜典：帝之咨契曰：百姓不親，五品不遜，汝作司徒，敬敷五教，在寬。春秋傳亦曰：舜舉八元，使布五教於四方，父義、母慈、兄友、弟恭、子孝。孟子所稱，即其事也。當舜之時，既命后稷，教民稼穡，五穀既熟，有以養民之生矣，養而不教，則民不知義，又何以別於禽獸哉？
>
> 人之有道，謂其各有秉彝之性也。父子之親，君臣之義，夫婦之別，長幼之序，朋友之信，皆人性所自有，舜之命官敷教，亦因其有而導之耳，非強之以所無也。〔註122〕

舜之五教：父義、母慈、兄友、弟恭、子孝，蓋即親其親、長其長之教也。事父母以孝，事長上以悌，朋友相勉以信，推而之於君上，以忠。凡此，皆人性所固有，惟人君力行之，天下自然風從。觀夫漢武帝之即位也，舉賢良文學之士，制曰：朕欲聞大道之要，至論之極。董仲舒對曰：……堯發乎諸

〔註118〕見《孟子・離婁》上，《四書章句集註》，鵝湖，頁281。
〔註119〕見眞德秀，《大學衍義》，卷一，頁16。
〔註120〕見眞德秀，《西山先生眞文忠公文集》，卷二十六，〈建安縣學田記〉，頁414。
〔註121〕見《孟子・滕文公》上，《四書章句集註》，鵝湖，頁259。
〔註122〕見眞德秀，《大學衍義》，卷六，頁49。

侯，舜興乎深山，非一日而顯也，蓋有漸以致之。言出於己，不可塞也；行發於身，不可掩也。故盡小者大，謹微者著。詩云：惟此文王，小心翼翼。故堯兢兢日行其道，而舜業業日致其孝，善積而名顯，德章而身尊。眞公德秀贊美董仲舒，曰：「西漢儒者惟一仲舒，其學純乎孔、孟，其告君亦必以堯、舜，蓋自七篇之後，未有及此者。」〔註123〕聖如堯、舜，猶兢兢業業，日行其道，時致其孝。人主於此，亦可以知所勉矣！

乙、認知（知識）領域

人非生而知之，欲其知有增益，唯學而已，即天縱之資，聖如堯、舜、禹、湯，亦不能無待於學，至聖先師孔子有云：「我非生而知之者，好古，敏以求之者也。」〔註124〕又曰：「德之不脩，學之不講，聞義不能徙，不善不能改，是吾憂也。」〔註125〕又曰：「學而時習之，不亦說乎？」〔註126〕又曰：「多聞，擇其善者而從之，多見而識之。」〔註127〕又曰：「十室之邑，必有忠信如丘者焉，不如丘之好學也。」〔註128〕生知之聖，如孔子者，其好古敏求，勤學多聞之情狀，於斯可見。蓋「學之至，則可以爲聖人；不學，則不免爲鄉人而已。」〔註129〕然所學之書籍爲何，其亦有要目乎？約而言之，凡有數端，茲分敘如後：

其一，爲經書。人主所讀之書，應以儒家經典爲主，尤其《大學》一書爲入手必讀書籍。眞公德秀曰：

……夫古今之書籍雖多，其切於君道治道者六經而已爾，論孟而已爾，六經之大義，人君皆所當聞，然一日萬機，無徧讀博通之理，苟顓精其一、二，而兼致力於論、孟、大學、中庸之書，間命儒臣敷陳歷代之得失，則其開聰明而發智識者，亦豈少哉！

又曰：

臣始讀大學之書，見其自格物、致知、誠意、正心、脩身、齊家，至於治國、平天下，其本末有序，其先後有，蓋嘗撫卷三歎，曰：爲人君者不可以不知大學，爲人臣者不可以不知大學。爲人君而不

〔註123〕董仲舒事引見眞德秀，《大學衍義》，卷三，頁28。
〔註124〕見《論語‧述而》，《四書章句集註》，鵝湖，頁98。
〔註125〕見《論語‧述而》，《四書章句集註》，鵝湖，頁93。
〔註126〕見《論語‧學而》，《四書章句集註》，鵝湖，頁47。
〔註127〕見《論語‧述而》，《四書章句集註》，鵝湖，頁99。
〔註128〕見《論語‧公冶長》，《四書章句集註》，鵝湖，頁83。
〔註129〕朱熹註論語、公冶長，十室之邑章，見同前註128。

知大學，無以淸出治之源，爲人臣而不知大學，無以盡正君之法。
〔註130〕

儒家典籍中，以六經爲主，並致力於《論語》、《孟子》、《大學》、《中庸》，以其切於君德治道也。尤其《大學》一書，人君欲求郅治，人臣欲求正君，非讀此書無以爲功。

《尙書》備人主之軌範，人主宜玩味而服膺之。眞公德秀議倪寬之爲漢武帝講《尙書》乙篇事，曰：

> 典、謨、訓、誥、誓、命之文，凡百篇，皆人主之軌範也，武帝初以爲樸學，弗好，既失之矣，及聞寬說可觀，又止從問一篇，則是其弗好如故也。然聖經之蘊無窮，無其所入，皆必有獲，百篇之書，無所不備，使帝於其一篇，果嘗深玩而服膺焉，脩己治人，亦有餘用。〔註131〕

《尙書》百篇，若能深入研討，皆必有得，其於修己治人之道，不無小補。東漢光武帝之習《尙書》也，通其大義，眞公德秀曰：「光武早爲儒生，及即位，孜孜經術又如此，宜其光復舊物，身致升平，視少康、周宣，蓋庶幾焉。」〔註132〕是深究《尙書》，通其大義，升平之世可致也。

至若《詩經》，誦詩三百，可達於政。〔註133〕觀於漢武帝之詔，求能爲韓詩者，徵蔡義以說詩，武帝甚悅之。眞公德秀曰：「夫詩三百，以關雎爲首，重風化之源也，而武帝之衛后以謳者進，李夫人以倡進，大本如此，它可知矣！故窮奢極欲，則非鴛鴦之義；重賦橫斂，則昧碩鼠之戒；以天旱爲乾封，安有雲漢之恐懼；用讒言殺太子，不監青蠅之罔極。孔子曰：誦詩三百，不達於政，雖多，亦奚以爲。」〔註134〕眞公德秀有言：鴛鴦之詩，「刺幽王也，思古明王交於萬物有道，自奉養有節焉。」「以幽王殘害萬物，奉養過度，是以思古明王，交接於天下之萬物，鳥獸蟲魚，皆有道，不暴天也。其自奉有節度，不奢侈也。」〔註135〕而碩鼠之篇，「刺重斂也。國人刺其君重斂，蠶食

〔註130〕 此處兩則，前則見眞德秀，《大學衍義》，卷四，頁 35。後則見同書，〈大學衍義序〉，頁 5。

〔註131〕 見眞德秀，《大學衍義》，卷三，頁 29。「樸」依淸董漢儒手鈔本訂正。

〔註132〕 見眞德秀，《大學衍義》，卷四，頁 30。

〔註133〕 《論語‧子路》篇，子曰：「誦詩三百，授之以政，不達；使於四方，不能專對；雖多，亦奚以爲？」見《四書章句集註》，鵝湖，頁 143。

〔註134〕 見眞德秀，《大學衍義》，卷三，頁 29。

〔註135〕 見《詩經》，《十三經注疏》，卷第十四，〈小雅‧鴛鴦〉，所引前句爲《毛詩‧

於民，不脩其政，貪而畏人，若大鼠也。」「蠶之食桑，漸漸以食，使桑盡也，
猶君重斂，漸漸以稅，使民困也。言貪而畏人，若大鼠然。」〔註136〕雲漢之
詩，「仍叔美宣王也，宣王承厲王之烈，內有撥亂之志，遇栽而懼，側身脩行，
欲銷去之，天下喜於王化復行，百姓見愛，故作是詩也。」（唐）孔穎達曰：
「雲漢詩者，周大夫仍叔所作，以美宣王也。以宣王承其父厲王衰亂之餘政，
內有治亂之志，遇此旱災，而益憂懼，側己身以脩德行，欲以善政而銷去之，
天下之民，見其如此，喜於王者之化，復得施行，百姓見王所憂矜，故仍叔
述民之情，作是雲漢之詩以美之也。」〔註137〕至若所言青蠅之詩，「大夫刺幽
王也」，以青蠅變亂黑白，不可接近，猶之乎讒人變亂善惡，無使在朝廷之上
也。〔註138〕眞公之意，蓋謂：誦小雅鴛鴦之詩，宜知自奉有節，不可奢侈也；
誦魏風碩鼠之篇，當戒民生維艱，人主不得重斂，使民愈困也；誦大雅雲漢，
則宜遇災知戒，謀求引疾自責，反身脩行，以銷天戒，以使王化復行也；誦
小雅青蠅，則思讒人之不可近，宜遠去之，以免於變亂善惡，顛倒黑白也。
而漢武帝之行，則窮奢極欲，重賦橫斂，以天旱爲乾封，信讒言殺太子。詩
人之戒，一不之顧，武帝實不善讀書者也。吾人須知誦其詩，當尋其義，時
思有以爲戒，以脩吾身，不然，雖多亦復何益耶？孔子之言：「詩，可以興，
可以觀，可以群，可以怨。」〔註139〕誦詩之益處有足多者，在人善讀之耳。

　　經書除《尚書》、《詩經》外，尚有《易經》、《禮記》、《春秋經傳》、《孝
經》、〔註140〕尤其《論語》、《孟子》、《大學》、《中庸》之書。若以人君日理萬

　　　　序》，後句爲（唐）孔穎達疏，藝文，頁481。

〔註136〕見《詩經》，《十三經注疏》，卷第五，〈魏風、碩鼠〉，所引前句爲《毛詩·序》，
　　　　後句爲（唐）孔穎達疏，藝文，頁211。

〔註137〕見《詩經》，《十三經注疏》，卷第十八，〈大雅·雲漢〉，所引前句爲《毛詩·
　　　　序》，後爲《孔疏》，藝文，頁658～659。

〔註138〕見《詩經》，《十三經注疏》，卷第十四，小雅、青蠅，所引〈毛序〉，並摘述
　　　　孔穎達之疏，藝文，頁489。

〔註139〕見《論語·陽貨》，《四書章句集註》，鵝湖，頁178。

〔註140〕《大學衍義》中，引《易經》者有多處，如：卷一，頁12，家人卦。卷五，
　　　　頁38，乾卦。卷六，頁51，蠱卦。卷九，頁71，坤、小畜、歸妹諸卦。卷
　　　　三十五，頁303，易大傳之言。引《大戴禮》者，如：卷二，頁23，踐阼篇
　　　　武王踐阼事。卷三十，頁261～262，於諸器銘文事。引《禮記》者多處，如：
　　　　卷六，頁53；頁56～57。卷七，頁59～61。卷九，頁70～71；頁77。卷二
　　　　十八，頁237。卷二十九，頁255～256。卷三十，頁262～263。卷三十五，
　　　　頁305。卷三十八，頁329。卷四十一，頁374，引《儀禮》者亦有之，如卷
　　　　九，頁77。引《春秋左氏傳》者多處，如：卷七，頁67。卷九，頁77。卷

機之故，不克一一詳讀博通，亦當擇其一、二以致力於其間，並深究《論語》、《孟子》、《大學》、《中庸》也。

其二，爲史書。觀眞公德秀於〈尙書省箚子〉中言其編纂《大學衍義》乙書之方式，曰：「首之以聖賢之典訓，次之以古今之事迹，諸儒之釋經論史，有所發明者錄之，臣愚一得之見，亦竊附焉。」〔註141〕《大學衍義》一書中，蒐集排比之史實往例，篇幅超過半數，皆由歷代諸史料中有足以爲後人取法或鑑戒者摘引而出，以供人君之閱覽，故眞氏所以盻望人君「間命儒臣敷陳歷代之得失」〔註142〕者，蓋以史書可開吾人聰明，可增吾人知識，可鑑歷代得失興亡之故，人主知學其善而戒其失，則家可保，國可固，可傳於萬世也。此所以陸賈說漢高帝以：「鄉使秦已幷天下，修仁義，法先聖，陛下安得而有之。」〔註143〕之故，而唐憲宗每覽前代興亡得失，皆三復其言，遂採《尙書》、《春秋》、《史》、《漢》諸書君臣言行可爲龜鑑者，集成十四篇；曰君臣道合，曰辨邪正，曰戒權倖，曰戒微行，曰任賢臣，曰納忠諫，曰謹征伐，曰重刑法，曰去奢泰，曰崇節儉，曰獎忠直，曰修德政，曰諫畋獵，曰錄勳賢。分爲上下卷，名曰：前代君臣事跡。〔註144〕蓋以前代興亡得失之故以爲龜鑑者也。是故，凡前代史書，有足以啓示人君瞭解家國興亡、得失、成敗、治亂之故者，皆人君之所宜觀覽，而知所取舍者也。

其三，人君立事諸項及其他。凡於帝王爲學之內容中，認知領域之不屬於前列兩項者，則納入此項中。首言〈洪範九疇〉所言及有關認知領域諸事。〈洪範九疇〉乃周武王即位之十三年，訪於箕子，箕子告之以治天下之常道。〔註145〕

十，頁81。卷十七，頁136。卷三十四，頁292；頁297。卷三十八，頁329，卷三十九，頁337；頁341。卷四十一，頁371。卷四十二，頁381；頁386。引《穀梁傳》者亦有之，如卷二十七，頁224。引《孝經》之者，如卷六，頁49。其他引《論語》、《孟子》、《大學》、《中庸》者甚多，由眞公德秀《大學衍義》之徵引諸經文字觀之，諸經之爲人主所宜讀也，可見一斑矣！

〔註141〕見眞德秀，《大學衍義》，頁1。

〔註142〕見眞德秀，《大學衍義》，卷四，頁35。

〔註143〕見《史記・陸賈列傳》，卷九七，藝文，頁1098；亦見於眞德秀，《大學衍義》，卷三，頁26。

〔註144〕見眞德秀，《大學衍義》，卷四，頁34。十四篇中「重刑法」乙項與眞公德秀之贊美漢章帝「事從寬厚」，「惠養元元，除去苛法」之觀念顯然有別、應非眞公之意，孔子之言「爲政以德」（爲政）、「子爲政，焉用殺」（顏淵），皆可知儒家之純任德政，不重刑法也。此蓋錄其全文而並列於是者也。

〔註145〕參見《尙書》，《十三經注疏》，卷第十二，〈周書・洪範〉，藝文，頁167～179。

初一日五行，指水火木金土五者。眞公德秀曰：「五行者，天之所生，以養乎人者也。其氣運乎天而不息，其材用於世而不匱，其理則賦於人而爲五常。以天道言之，莫大於此，故居九疇之首。」〔註146〕初四日協用五紀，〔註147〕五紀指：歲、月、日、星辰、曆數五者，眞公德秀曰：「民政既舉，則欽天授人，有不可後、於是繼以歲、月、日時、星辰、曆數之紀，推步占驗，必求以合乎天，故曰協用五紀。」次七日明用稽疑，謂明用卜筮，以考疑惑也，眞公德秀曰：「國有大事，必先詳慮於己，而後謀之於人，人不能決，則又諏之卜筮，以決之於天，天人相參，事無過舉，所以保其極而不失也。」次八日念用庶徵，謂人君當念念致察於雨暘燠寒風之是否以時也。次九日嚮用五福，威用六極。五福指壽、富、康寧、攸好德、考終命。六極指凶短折、疾、憂、貧、惡、弱。眞公德秀曰：「皇極建，則舉世之人皆被其澤，而五福應之，故堯、舜之民無不仁且壽者，此人君之所當嚮慕也，故曰：嚮用五福。皇極不建，則舉世之人皆蒙其禍，而六極隨之，故桀、紂之民，無不鄙且夭者，此人君之所當畏懼也，故曰：威用六極。」〔註148〕以上洪範九疇中之五行、協用五紀、明用稽疑、念用庶徵、嚮用五福與威用六極，皆與人君立事有關，屬認知範圍，眞公德秀曰：「洪範九疇，六十有五字爾，而天道人事無不該焉，原其本，皆自人君一身始，此武王之問，箕子之對，所以爲萬世蓍龜也。」〔註149〕此人君之所當知，而《大學衍義》明言其事者也，至如傅說之告高宗：「王人求多聞，時惟建事，學于古訓乃有獲。」〔註150〕眞公德秀曰：「學必施於事，然後爲有用之學，不然，則所聞雖多。果何爲哉？古訓者，古先聖王之訓，若書之典謨是也。學必求之古訓，然後有得，若讀非聖之書其何益乎？」〔註151〕人主之學，欲求多聞者，所聞必與立事有關，其無關乎脩身、齊家、治國、平天下諸事者，聞之無益，徒耗人

〔註146〕見眞德秀，《大學衍義》，卷二，頁22。「材用」兩字依清董漢儒手鈔本。《四部叢刊》廣編本原作「枏刞」。
〔註147〕〈洪範九疇〉中，以二日敬用五事，所謂五事指貌、言、視、聽、思五者，貌之恭，言之從，視之明，聽之聰，思之睿，此屬德性踐履範圍，含蓋於儒家德性之踐履中，故不詳述。次三日農用八政，偏於技能領域，於後文說明。次五日建用皇極、次六日乂用三德，亦同此情形，於後文外王方面詳述。
〔註148〕以上連引眞公德秀之言三處，並見於眞德秀，《大學衍義》，卷二，頁23。
〔註149〕見眞德秀，《大學衍義》，卷二，頁23。
〔註150〕見《尚書》，《十三經注疏》，卷第十，〈商書·說命〉下，藝文，頁142。
〔註151〕見眞德秀，《大學衍義》，卷三，頁25。

主精力。而非聖之書，讀之徒耗人主目力，了無益處，由是前所言及諸書，或為先聖經典，或有助於人主立事（史書），乃此之故也。若夫鬼神之事，如漢文帝之問賈誼，言及鬼神之本，真公德秀曰：「鬼神者何？陰陽造化之謂也。帝之問及，此其有意窮理之學乎？……然鬼神之事，至難言也，在孔門惟季路問事鬼，宰我問鬼神，其它門人高第，大抵問仁、問孝、問政而已。蓋幽、明二致，而其理一原。知仁義，則知陰陽；能盡性，則能至命。」〔註152〕鬼神之事，至難言也，不得已而言之，乃陰陽造化之謂也，而陰陽與仁義，雖幽、明有殊，實則一原，唯窮吾人之力，知仁義以盡性，其他亦皆含蓋其中矣，孔子「三十而立，四十而不惑，五十而知天命」者，〔註153〕其此之謂乎？

丙、能力（技能）領域

《大學衍義》中所呈現者，為儒家純任德政之教，故於人主之脩身，極為重視德性之涵養；而知識方面，或與德性涵養有關，或與人主立事相涉者始在求知之列，已如前述。至若能力方面，由於儒家所重視者為能知、能行，體用合一，孔子之言：「誦詩三百，授之以政，不達；使於四方，不能專對；雖多，亦奚以為？」〔註154〕可見一斑，真公德秀於漢武帝不能行董仲舒之言，曰：「武帝之於道，徒聞而不尊，徒知而不行，此其受病之本，故仲舒箴之。高明以智識言，光大以事業言。古之聖王有聞則必尊，不徒聞而已也。有所知則必行，不徒知而已也。……使帝能因其言，設誠於內，而致行之，不徒為聞道之名，要必有履道之實，則其所至，詎可涯也哉！」〔註155〕人主於所聞修己、治人之道、要必能誠敬而學，踐履其實也，不然所聞雖多，亦只徒聞而已。觀夫漢明帝之師事桓榮，學《尚書》，真公德秀曰：「學者所以治性情者也，……若顯宗者，豈無所當戒者乎？傳稱帝性褊察，好以耳目隱發為明，公卿大臣數被詆毀，近臣尚書以下，至見提曳，帝嘗受《書》於師矣，《書》之稱堯曰允恭，稱舜曰溫恭，稱文王曰徽柔懿恭，是皆以恭為貴也。曰御眾以寬，又曰寬綽厥心，是又以寬為貴也。帝於二者，兩皆失之，既無容人之度，又失遇下之禮，然則，又何貴於學乎？先儒有言：未讀是書，猶是人也；既讀是書，亦猶是人也，則為不善讀矣！」〔註156〕漢明帝從師

〔註152〕見真德秀，《大學衍義》，卷三，頁27～28。
〔註153〕見《論語・為政》，《四書章句集註》，鵝湖，頁54。
〔註154〕見《論語・子路》，《四書章句集註》，鵝湖，頁143。
〔註155〕見真德秀，《大學衍義》，卷三，頁28。
〔註156〕見真德秀，《大學衍義》，卷四，頁31。

學《尚書》，然而於書中所言之允恭、溫恭，及御眾以寬諸事，不求身體而
力行之，有若未學，蓋亦知而不能行之弊，故眞公譏之爲「何貴於學」也。
由於要能知、能行，知、行合一，故於人主內聖方面之能力事項，事實上均
已含蓋於德性領域、認知領域中，於此，實可無須特別標立「能力領域」之
目，然而，若不標明，則恐誤以爲人主無須此方面之能力，今既標示之，並
說明如上，且亦可襯顯出人主爲學內容之特色，雖云人主，實則言之爲儒家
者流，亦不爲過。

　　除上所言之外，人主於內聖方面尚有否其他之能力耶？若夫鼓琴瑟，吹洞
簫，能文賦詩，工於書法者，其不亦人主之技能乎？眞公德秀之詳漢元帝之多
材藝，善史書，鼓琴瑟，吹洞簫，自度曲，被歌聲等事，稱之爲：此皆「胥吏
之小能，工瞽之末伎，是豈人君之大道哉？」〔註157〕而魏文帝之誦詩論，博聞
彊識，於諸子百家之言，靡不畢覽，著書論詩賦六十篇，眞公德秀云：「其藻麗
華靡，則誠有之，揆諸風雅、典誥，則罪人也。夫曠大之度，公平之誠，邁志
存道，克廣德心，此皆人君所當勉者，而帝也爲嗣，則喜見顏色，居喪則燕樂
不衰，薄同氣之恩，殺無寵之配，……是於所當勉者不知勉矣！書論詩賦，文
士之末技爾，非人君所當務也。」〔註158〕若夫唐文宗之好書史，以資空談；後
漢靈帝之好文學，引召諸爲尺牘及工書鳥篆者；陳後主叔寶與狎客賦詩，被以
新聲；隋煬帝之善屬文，與臣下爭勝。凡此，皆非人君之所宜學，唯「多識前
言往行，以畜其德」，〔註159〕「游心經術，恬澹寡欲。」〔註160〕則庶幾乎可矣！
然則，人主之於詞章，皆非所當爲乎？眞公德秀曰：「虞帝勅天之歌，大禹朽索
之訓，成湯宮刑之制，雖非有意於爲文，而炳炳琅琅，垂耀千古，此人君所當
法也。若大風之安不忘危，金鏡之任賢去不肖，猶皆有爲而作，揆之帝王，抑
其次也。若夫雕鏤組織，與文士爭一日之長，固可羞也，況於淫褻猥陋，如陳
隋之君乎？」〔註161〕是人君之學爲文，亦曰：「辭達而已矣！」〔註162〕就人主
之職務言，蓋其次也；若夫與文士爭長短，則非所務也，而「淫褻猥陋，如陳
隋之君」者，不亦卑下乎！

〔註157〕眞德秀語，見所撰《大學衍義》，卷四，頁34。
〔註158〕見眞德秀，《大學衍義》，卷四，頁34～35。
〔註159〕見《周易》，《十三經注疏》，卷三，〈大畜卦象曰〉，藝文，頁68。
〔註160〕眞公德秀語，見所撰《大學衍義》，卷四，頁36。
〔註161〕見眞德秀，《大學衍義》，卷四，頁36。
〔註162〕見《論語・衛靈公》，《四書章句集註》，鵝湖，頁169。

（2）外王方面

由於儒家純任德政，〔註163〕而人君又爲全國之領導中心，〔註164〕故言其德，則曰：「欽明文思安安，允恭克讓，光被四表，格于上下。」〔註165〕曰：「今王嗣厥德，……立愛惟親，立敬惟長。」言其治，則言：「始於家邦，終於四海。」，〔註166〕言：「刑于寡妻，至于兄弟，以御于家邦。」，〔註167〕「父父，子子，兄兄，弟弟，夫夫，婦婦，而家道正，正家而天下定矣！」，〔註168〕「人人親其親，長其長，而天下平。」〔註169〕眞公德秀曰：「知天下之事，莫不由內而出，以家與國言，則國之治亂自家而出，以身與家言，則家之正否，自身而出，故治國在於正家，而正家又在於反身。吾身言行，一有不謹，則無以律其家矣！」〔註170〕由是欲平天下，必先治其國；欲治其國，必先齊其家；欲齊其家，則在修其身，故人君之身爲治國、平天下之本，因是古先聖王之訓誥誓命，率多以謹修人主之身爲戒，故外王（治人）方面之德性領域、認知領域等人君之所學，多與內聖方面者相同，於此不另贅言，茲就能力（技能）領域言之。

甲、樹立人君典範

〈洪範九疇〉，次五曰建用皇極，眞公德秀曰：「皇者君之稱，極者至之義，標準之名，位乎中而四方所取則也。故居人君之位者由一身而至萬事，莫不盡至，而後可以爲民之極。建者立之於此，而形之於彼之謂，故曰：建用皇極。」〔註171〕眞公之意蓋謂：人主立於君位上，其動念言行之際，其舉

〔註163〕觀孔子之言：「爲政以德。」又言：「道之以政，齊之以刑，民免而無恥；道之以德，齊之以禮，有恥且格。」（《論語·爲政》，《四書章句集註》，鵝湖，頁53～54）可知。

〔註164〕孔子曰：「爲政以德，譬如北辰，居其所而眾星共之。」（《論語·爲政》，《四書章句集註》，鵝湖，頁53）所言，居其所而眾星共之，朱子注：「言眾星四面旋繞而歸向之也。爲政以德，則無爲而天下歸之，其象如此。」可知乃爲人君居其所，處全國之領導中心，而天下歸向之。

〔註165〕見《尚書·堯典》，《十三經注疏》，卷第二，藝文，頁19。

〔註166〕此上兩句，並見《尚書·商書·伊訓》，《十三經注疏》，卷第八，藝文，頁114。

〔註167〕見《詩經·大雅·思齊》，《十三經注疏》，卷第十六，藝文，頁561。

〔註168〕見《周易·家人》《十三經注疏》，卷第四，藝文，頁89。

〔註169〕見《孟子·離婁》上，《四書章句集注》，鵝湖，頁281。

〔註170〕見眞德秀，《大學衍義》，卷一，頁13。

〔註171〕見眞德秀，《大學衍義》，卷二，頁23。「建用皇極」，（漢）孔安國傳：「皇，大；極，中也。凡立事，當用大中之道。」（見《尚書·周書·洪範》，《十三經注疏》卷十二，藝文，頁168）（唐）孔穎達疏曰：「凡所立事，王者所行，皆是無得過與不及，常用大中之道也。」（見同前孔傳）是眞公德秀解字雖與

手投足之間，待人處事，應對接物，由一身以至萬事，莫非黎民之典範，事皆合乎標準，由是而「居其所，眾星共之。」〔註172〕孔子有云：「其身正，不令而行；其身不正，雖令不從。」又言：「苟正其身矣，於從政乎何有？不能正其身，如正人何？」〔註173〕是皆謂領導者應居其位，其言行足爲庶民典範，其身之修，無有不善，則雖不令而可行，不言而可教。然則，人君之正，宜如何而後可也？亦曰仁義而已矣。觀陸賈之言漢高祖得天下之故，宋儒胡宏以爲，陸賈之對宜曰：

> 項王失信，弒君意，忌聽讒，行姑息，樂殺人，殖貨利，犯聖王之法，此其所以失天下也。陛下本以寬大長者受懷王入關之命，爲天下除殘賊，所過亡鹵掠，赦秦降王子嬰，財物無所取，婦女無所幸，約法三章，父老惟恐陛下不爲秦王，此三代得天下之仁也。項羽負約，王陛下於蜀漢，陛下忍而就國，用蕭何爲丞相，養其民，以致賢人，收用巴蜀，還定三秦，項羽賊殺義帝，陛下舉軍縞素，告諸侯而伐之，此三代取天下之義也。〔註174〕

眞公德秀曰：「胡宏之論，深中當時之失。」〔註175〕是人君居其位，由一身以至於萬事，莫非人極者，唯正而已。正者何耶？乃堯、舜、禹、湯、文、武、周公得天下之仁也，三代所以取天下之義也。人主能如是，則民之從之，沛然猶水之就下也，豈可得而已哉！此人君之欲外王，於能力領域方面首當樹立之典範也。

乙、知人善任

全國事務繁多，人主不能一一親自理會，由是用人乃爲人君治國成敗之重要關鍵。用人亦有要乎？其要在知人善任而已。

首言知人，胡宏之議陸賈對漢高祖得天下之事也，又曰：「（高祖）不齗齗自用，多大略，得英雄心，師張良，任陳平，將韓信，此堯、舜、禹、湯、文、武知人之明也。」〔註176〕堯、舜、禹、湯、文、武諸聖君之所以爲聖，

孔傳有殊，然其大義則未與孔疏有別也。
〔註172〕摘引孔子語「居其所而眾星共之」，見《論語・爲政》，《四書章句集註》，鵝湖，頁53。
〔註173〕上兩句並見《論語・子路》，《四書章句集註》，鵝湖，頁143～144。
〔註174〕見（宋）胡宏，《知言》，卷五，頁2。商務《四庫全書》珍本別輯。
〔註175〕見眞德秀，《大學衍義》，卷三，頁27。
〔註176〕見（宋）胡宏，《知言》，卷五，頁2～3。商務《四庫全書》珍本別輯。

能知人之賢與否實爲重要原因。然則，人主宜如何，而後可知他人之賢與非賢耶？眞公德秀曰：

> 文王之宅厥心，即大禹所謂安汝止也。……周公恐其（指成王）知文王之治法，而未知文王之心法也，故作此書以立政爲名。所陳皆命官用人之事，而必以宅心爲先，蓋用人乃立政之本，而宅心又用人之本也。夫政事之修廢，由用人之得失，爲人君者，孰不知之，而用舍之間，鮮不易者，必無定主，而是非邪工得以眩之故也。……惟至公可以見天下之私，惟至正可以見天下之邪，惟至靜可以見天下之動，文王之用人，所以皆適其當者，由其能宅心之故也。〔註177〕

人主須有如大禹之「安汝止」，文王之「宅厥心」，始克有以區別人臣之賢與非賢，蓋心有定主，則居之安，外事之是非邪正不得而眩亂之也。人主既識賢與非賢矣，次則須舉賢而用之，其不賢者疏遠之，愼勿用也。〈虞書・皋陶謨〉曰：「庶明勵翼，邇可遠在茲。」又〈商書・說命〉有云：「旁招俊乂，列于庶位。」〔註178〕眞公德秀曰：「君德既修，然後人臣可舉其職，招賢能以列庶位。」〔註179〕是皆謂人君宜廣招賢才以輔佐之，而任之以職也。周公立政之言：「文王惟克厥宅心，乃克立茲常事司牧人，以克俊有德。」（唐）孔穎達疏曰：「文王惟能其居心遠惡舉善，乃能立此常事，其主養人之官用能俊有德者，既任用俊人，每事委之，文王無所兼知，……於此，惟委任賢能而已。」〔註180〕人君用人，要在任用賢能也。〈夏書・益稷〉禹曰：「……其弼直，惟動丕應徯志。」（唐）孔穎達疏曰：「其輔弼之臣，必用正直之人，若能如此，惟帝所動，則天下大應之，以待帝志，以明受天下之布施。」〔註181〕眞公德秀言：「又必輔弼之臣，莫非正直。」〔註182〕由是觀之，人君之用人，不僅要有才能，尤其當要求人臣之心正德美者而用之，唯能如是，而後始克責其輔君以成大業也。否則，雖有才能矣，而德性或缺，則文官貪其錢財，武官懼其傷亡，則於天下百姓又有何益耶？

〔註177〕見眞德秀，《大學衍義》，卷二，頁21。

〔註178〕前則見《尚書・虞書・皋陶謨》，《十三經注疏》本，卷四，藝文，頁59～60。
後則見《尚書・商書・說命》下，《十三經注疏》本，卷十，藝文，頁142。

〔註179〕見眞德秀，《大學衍義》，卷三，頁26。

〔註180〕見《尚書・周書・立政》，《十三經注疏》，卷十七，藝文，頁263。

〔註181〕見《尚書・夏書・益稷》，《十三經注疏》，卷五，藝文，頁67。

〔註182〕見眞德秀，《大學衍義》，卷二，頁19～20。

　　次言善任。觀商湯之以伊尹爲相，並又以之相太甲也，必湯帝能知伊尹之賢，足以堪任相職，故而相之，至於累世。而高宗之以傅說爲相，亦知傅說之賢，能任其職而相之也。人主宜就人之所長而任之，若其善於文事，而任之以武職，或其善於武事，而任之以文職，所用非其所長，是亦不能善任矣，此與不知人也無以或異。觀胡宏之言陸賈答漢高祖得天下之事，以爲當日：「願陛下退叔孫通，聘魯二生，使與張良四皓及如臣者，共論所以承三代之宜，定一代大典，以幸天下，以詔子孫，以傳萬世。」〔註 183〕眞公德秀然其言，以爲胡宏之論深中武帝之失，蓋亦明知武帝所用不得其人，思欲定一代大典，以傳子孫萬世，須聘魯二生、張良、四皓及如陸賈者共商論之，非叔孫通一人所可致其效也。

　　朝廷百官各有其職，人君既擇賢能，各依所長而任之矣，次則須「允恭克讓」，皆「謙而禮交之」〔註 184〕不可以其顯貴而怠慢之、陵辱之也。〈堯典〉有言：「允恭克讓，光被四表，格于上下。」（唐）孔穎達疏曰：「其於外接物，又能信實恭勤，善能謙讓。恭則人不敢侮，讓則人莫與爭，由此爲下所服，名譽著聞，聖德美名充滿，被溢於四方之外，又至于上天下地，言其日月所照，霜露所墜，莫不聞其聲名，被其恩澤，此即稽古之事也。」〔註 185〕蓋人君恭，則人不敢侮；人君讓，則人不敢與爭。人君好禮，則民易使也。能若是也，天下臣庶，其有不爭欲爲人主效勞者乎？否則，若漢高祖之嫚罵儒生也，宜乎四皓避之，唯恐不及，而魯二生亦不忍見之也。〔註 186〕

〔註 183〕見（宋）胡宏，《知言》，卷五，頁 3，商務《四庫全書》珍本別輯。
〔註 184〕見《史記・信陵君列傳》，卷七十七，藝文，頁 957。
〔註 185〕見《尚書・虞書・堯典》，《十三經注疏》本，卷二，藝文，頁 19。
〔註 186〕《史記・留侯世家》：「留侯曰：此難以口舌爭也。顧上有不能致者，天下有四人，四人者年老矣！皆以爲上慢侮人，故逃匿山中，義不爲漢臣，然上高此四人。……（高帝）即燕，置酒，太子侍，四人從太子，年皆八十有餘，鬚眉皓白，衣冠甚偉。上怪之，問曰：彼何爲者？四人前對，各言名姓，曰：東園公、甪里先生、綺里季、夏黃公。上乃大驚曰：吾求公數歲，公辟逃我，今公何自從吾兒游乎？四人皆曰：陛下輕士、善罵，臣等義不受辱，故恐而亡匿。竊聞：太子爲人，仁孝恭敬，愛士，天下莫不延頸，欲爲太子死者，故臣等來耳。上曰：煩公幸，卒調護太子。」（見《史記》，卷五十五，藝文，頁 816～817）魯二生事：（宋）胡宏曰：胡子假漢高聽貫言徵魯二生曰：帝於是因張良以問四皓。四皓曰：吾志其道，未傳其業，盍徵魯二生，乃命魯郡守以禮徵之，二生曰：上素輕儒，好嫚罵，吾不忍見也。（見所著《知言》卷五，頁 5，商務《四庫全書》珍本別輯）。

用人就其專長而用之，毋須求其全備。由是若非弊甚，不宜因其小疵而摒棄大才，或嚴加責罵，蓋人君待人，以寬爲貴也。眞公德秀稱引《尚書》之言曰：「書之稱堯：曰御眾以寬，又曰寬綽厥心，是又以寬爲貴也。」〔註187〕蓋人君之待人，就積極方面言之，以恭、讓爲貴，好禮爲高；就消極方面言之，則以寬爲貴，不宜責求過甚，亂罰好殺，遂致激怒於群臣也。吾人觀《尚書・大禹謨》，皋陶有言：「帝德罔愆，臨下以簡，御眾以寬，罰弗及嗣，賞延于世。」（唐）孔穎達疏曰：「由帝德純善，無有過失，臨臣下以簡易，御眾庶以優寬，罰人不及後嗣，賞人延于來世。」〔註188〕是皋陶謂舜帝之德純善，無有過失，其待臣下則以簡易，御眾庶則以優寬。眞公稱引之，蓋謂人君當以寬厚待其下屬也。而無逸篇周公之戒成王，言「不寬綽厥心，亂罰無罪，殺無辜，怨有同，是叢于厥身。」（唐）孔穎達疏曰：「……（人君）不能寬緩其心，而徑即含怒於人，是亂其正法，罰無（罪），殺無辜，罰殺欲以上怨，乃令人怨益甚。天下之民有同怨，君令怨惡聚於其身，言褊急使民之怨若是，教成王勿學此也。」〔註189〕原文本謂周公戒成王，若不能寬緩其心，而徑即發怒，亂罰及人，則天下之怨將聚於王身。眞公引此，蓋亦諫人君應寬厚以待人，用是以收民心，得民擁護也。觀夫漢章帝之少寬容，好儒術，受學張酺，即位後，猶備弟子儀，使酺講《尚書》事，眞公德秀曰：「章帝……又能戒顯宗之苛切，事從寬厚，奉母后以孝，遇同姓以恩，……後之議者，以長者稱。」〔註190〕是人君待人處事，應從寬厚，章帝之得長者稱，良有以也。

若夫眞公德秀所引《中庸》爲天下國家有九經事：曰脩身也，尊賢也，親親也，敬大臣也，體群臣也，子庶民也，來百工也，柔遠人也，懷諸侯也。凡此九者，亦皆言人君之待人也，觀其對賢者言「尊」，對大臣言「敬」，對庶民言「子」，對百工言「來」，對遠人言「柔」，對諸侯言「懷」，人主於此，亦當思「允恭克讓」，「皆謙而禮交之」之道也。而九經中，尊賢置於親親之前，敬大臣置於體群臣之前，由其前後有序觀之，其有意人君重賢德而次親情，重理智而次情感，重道心而次人心乎？

〔註187〕見眞德秀，《大學衍義》，卷四，頁 31。
〔註188〕見《尚書・大禹謨》，《十三經注疏》，卷四，藝文，頁 55。
〔註189〕見《尚書・無逸》，《十三經注疏》，卷十六，藝文，頁 244。
〔註190〕見眞德秀，《大學衍義》，卷四，頁 31。

他如〈洪範九疇〉言「乂用三德」，（漢）孔安國注曰：「治民必用剛、柔、正直之三德。」（唐）孔穎達疏曰：「欲求大中，隨德是任。」〔註191〕眞公德秀曰：「至於正直、剛、柔之施，又必視時之治否，因俗之強弱。君當攬權，無使威福之移於下臣，當循法，無使顓恣而僭乎上，爲治之道，無越乎此，故曰：乂用三德。」〔註192〕蓋人君治民，對大臣、黎民萬眾之殊，彼所呈現之個性各有不同，人主處理其事務，須各隨其屬性之差異而治理，期使庶務可治，而萬事皆臻於至善也。此於人君爲政之技術中，乃屬權變之方法耳，唯亦不可不學之也。又如眞公德秀所引唐憲宗「前代君臣事跡」之事，其君臣道合、辨邪正、戒權倖、任賢臣、獎忠直、修德政、錄勳賢等事宜，〔註193〕亦皆此中之事也。蓋人君身正，其德無不仁矣，則所用亦必辨其邪正，擇其賢者而用之，君臣共修德政，獎勵忠直，錄勳賢以激勵之，戒權倖以去非法，究其要，則在知人善任也。

〔註191〕見《尚書・洪範》，《十三經注疏》，卷十二，藝文，孔安國注見頁 168，孔穎達疏見頁 169。

〔註192〕見眞德秀，《大學衍義》，卷二，頁 23。

〔註193〕眞公德秀所引唐憲宗之「前代君臣事跡」十四篇爲：君臣道合、辨邪正、戒權倖、戒微行、任賢臣、納忠諫、謹征伐、重刑法、去奢泰、崇節儉、獎忠直、修德政、諫畋獵、錄勳賢。（見《大學衍義》，卷四，頁 33～34）其中戒微行、諫畋獵屬人君爲學之戒。去奢泰、崇節儉屬人君內聖方面德性領域事。納忠諫，於政治方面敍及；謹征伐，於國防方面敍及。若夫重刑法，則與孔子「爲政以德」，「道之以德，齊之以禮，有恥且格。」（《論語・爲政》，《四書章句集註》，鵝湖，頁 53～54）又言：「子爲政，焉用殺？」（《論語・顏淵》，《四書章句集註》，鵝湖，頁 138。）其意相左，眞公德秀之議漢宣帝雜用霸王道事，其言曰：「夫正身明道之士，誠世之所鮮有，使帝（宣帝）果以誠求之，豈無一二近似者出爲帝用。夷考當時，惟一王古，粗欲建萬世之長策，而舉明主於三代之隆，帝已視爲迂闊矣，使子思、孟子生乎其時，皇皇於仁義，而不汲汲於功利，其與帝柄鑿將有甚焉者。然則正身明道之士，窺見此指，其肯輕爲帝出哉！夫以德行仁者王，以力假仁者霸，其爲道若白、黑之異色，清、濁之異流，不可雜也，雜則黑與濁者終勝矣。帝乃以霸王道雜爲漢家之制度，可乎？且帝嘗受論語矣！語曰：道之以政，齊之以刑，民免而無恥，道之以德，齊之以禮，有恥且格。又曰：子爲政，焉用殺。則夫子之意，正欲人君純任德教也。又嘗立書、春秋于學官矣，孔子定書、紀、文、武、成、康之政爲後世法，而春秋尊王道，黜霸術，是夫子之欲，正欲人君純用周政也。帝乃曰：德教不可任，用政不可用，則是論語不必受書，春秋不必立也。俗儒是古非今，固不足用，獨不當求眞儒而用之乎？以俗儒不達時宜，而并儒之通世務者弃之，是因噎而廢食也。」（見《大學衍義》，卷三，頁 29～30）是眞公德秀之不欲重刑法可知矣，以其意相左，今不取焉。

丙、治事以勤

　　人君所應治理之事，何止萬端，然而人君治理萬事之態度，亦求其勤敏耳。觀乎孔子之美大禹曰：「禹，吾無間然矣！菲飲食，而致孝乎鬼神；……卑宮室，而盡力乎溝洫。禹，吾無間然矣！」宋揚時曰：「薄於自奉，而所勤者民之事，所致飾者宗廟朝廷之禮，所謂有天下而不與也，夫何間然之有。」〔註194〕禹之治天下以勤敏，此人君之所宜法也。

　　全國事務紛紜，不可勝數，就其性質而歸類，約有三端：曰政治、曰經濟、曰社會。今將眞公所舉〈洪範九疇〉中之「八政」稍加歸類，並斟酌諸家之說，〔註195〕列成四類：政治、經濟、教育、國防以說明之，用是以見人君所當留意之各項事宜。

　　所謂「八政」，乃指：食、貨、祀、司空、司徒、司寇、賓、師等八者而言。（唐）孔穎達疏曰：「八政者，人主施政教於民，有八事也。一曰食，教民使勤農業也。二曰貨，教民使求資用也。三曰祀，教民使敬鬼神也。四曰司空之官，主空土以居民也。五曰司徒之官，教眾民以禮義也。六曰司寇之官，詰治民之姦盜也。七曰賓，教民以禮待賓客，相往來也。八曰師，立師防寇賊，以安保民也。」〔註196〕凡此八者，「意謂統治者應勤農業，求資用，敬鬼神，建房屋，明禮義，管治安，禮賓客，整軍旅。各設機構和官吏，以主其事，以教其民。反映了當時政治和經濟生活的基本內容。」〔註197〕茲分別敘述如后：

〔註194〕見《論語·泰伯》，《四書章句集註》，鵝湖，頁108。

〔註195〕參見傅啓學，〈國家將來的趨勢〉，收於「政治學論集」中，華岡出版有限公司出版，民國67年3月出版。傅文言及未來之「世界國」分政治、經濟、社會三方面討論，見頁19～24。高老師仲華所監修之《中文百科大辭典》中「政策」條言：政府的政策包含軍事、經濟、政治、外交、教育、財政、交通、福利等措施。（頁557、百科文化事業有限公司出版，民國76年四版。）由政府政策之制度，可以看出政府有何主要事務。而《環華百科全書》「國家」一辭則言：這一種社會組織的功能普通分兩大類。一是外在的，即與外團體發生關係時所採取的種種行動，主要的是外交與戰爭。二是內在的，主要的是維持公共秩序，解決分子間的糾紛，及實施與民生有關的政策，例如保護和利用自然資源、管制人口、辦理教育、公共衛生、及社會救濟等事業。（見頁138～139，張之傑主編，環華出版事業股份有限公司出版部印行，民國71年9月初版。）又及：〈洪範九疇〉中，初一曰五行、次二曰敬用五事、次四曰協用五紀，次七曰明用稽疑，次八曰念用庶徵，次九曰嚮用五福、威用六極等六項已於上文內聖之認知領域中述及，故不贅述。

〔註196〕見《尚書·周書·洪範》，《十三經注疏》本，卷十二，藝文，頁171。

〔註197〕見《哲學大辭典》〈中國哲學史〉卷，上海辭書出版社，「八政」條，頁14。

　　首言政治方面：言及人君於行政措施中所施行事宜之範圍實廣，其事亦多，然要而言之，可得兩端，曰治人之事，曰治於人之事。治於人之事，乃指管理政府之事而言，猶今之議會。人君於臣屬之進諫，宜察其雅言而納之，用免於剛愎自是，唐憲宗「前代君臣事跡」所言「納忠諫」者，即其事也。而治人之事，則極爲繁多，〈洪範九疇〉中，「農用八政」之所言：司空、司寇、賓，等皆此中之事。（唐）孔穎達疏曰：「周官篇云：司空掌邦土，居四民，時地利。……司寇掌邦禁，詰姦慝，刑暴亂。《周禮》……司寇無縱罪人。其文具矣。」又曰：「……故傳以禮賓客無不敬，教民待賓客相往來也。」〔註198〕蓋司空掌水土之事，建房屋以利人居。司寇執刑法，管治安，禁暴亂，使人民生活得以安寧。賓則教民以禮待賓客，接諸侯也。九疇中，次七曰「明用稽疑」，人主欲稽考疑問，固須有以極其知，而後始克知所抉擇，然而於詢及眾臣庶之際，人主亦當有主持研討會之能力，俾能使臣庶各遂所言，人主歸納其利弊得失，較其是非，而後以定去取。所以知其詢及眾臣庶者，《周禮》有言：「小司寇之職，掌外朝之政，以致萬民而詢焉。一曰詢國危，二曰詢國遷，三曰詢立君。其位王南鄉，三公及州長百姓北面，群臣西面，群史東面。」是人主遇大事則詢及公卿百姓也，（唐）賈公彥疏曰：「聖人無心，以百姓心爲心。今能以眾輔成己志，是尊王賢明者也。」〔註199〕然亦非凡事皆謀及百姓，（唐）孔穎達疏明用稽疑事曰：「人君先盡己心以謀慮之，次及卿主（士）、眾民人謀，猶不能定，然後問卜筮以決之，故先言乃心，後言卜筮也。鄭玄云：卿士，六卿掌事者。然則謀及卿士，以卿爲首耳，其大夫及士亦在焉。以下惟言庶人，明大夫及士寄卿文以見之矣！」〔註200〕人主於治人暨治於人之事，其事萬端，無法事必躬親，要在能分官設職，選賢任能，知人善任。而於臣庶意見相左之際，尤須有決嫌疑、辨是非之能力，察納雅言、擇善而從之胸襟。惟若是，庶幾可不負生民之所望也。

　　次言經濟方面：滿足庶民衣、食方面日常生活之所需，實爲人主治國極重要之課題。「八政」中之食、貨即屬其事。眞公所謂：「食、貨，生民之本。」〔註201〕是也。（唐）孔穎達疏其事曰：「人不食，則死。食於人最急，故教

（民國73年12月）。

〔註198〕見《尚書・周書・洪範》，《十三經注疏》本，卷十二，藝文，頁172。

〔註199〕見《周禮・秋官・司寇》，《十三經注疏》本，卷三十五，藝文，頁523。

〔註200〕見《尚書・周書・洪範》，《十三經注疏》本，卷十二，藝文，頁175〜176。

〔註201〕見眞德秀，《大學衍義》，卷二，頁23。

爲先也。有食又須衣貨爲人之用，故貨爲二也。」又曰：「貨者金玉布帛之總名，皆爲人用，故爲用物。旅獒云：不貴異物賤用物是也。食則勤農以求之，衣則蠶績以求之，但貨非獨衣，不可指言求處，故云：得而寶愛之。《孝經》云：謹身節用。詩序云：儉以足用。是寶物也。」〔註 202〕食、貨乃庶民賴以維生者，人主宜謀生產之道，以舒民困，用解民艱，否則民心向背未可知也。知乎此，人主宜知所掌握矣。然而，人既得食、貨之基本需求後，往往將進一步尋求安適，既得安適矣，又有何求？今人傅啓學氏於其〈國家將來的趨勢〉中云：

> 人類的生活，可分爲需要、安適、奢侈三級。人的慾望是不易滿足的，得了需要，希望安適；得了安適，希望奢侈。無政府主義者主張各取所需，有道德的人，不取奢侈，總希望能取安適。〔註 203〕

人類之尋求生活所需，此千古之所同也。既得之矣，復求安適，蓋亦人心之追求眞、善、美理念之實踐耳，不僅善，當求更善，以止於至善。其或有由安適以進於奢侈者，則非至善，明於理者皆知之，然人非能皆有以明其天賦之性，或須待以時日，或目前啓發不足，此所以有待於學也。

又其次言及教育方面：聖如堯、舜、禹、湯、文、武、周公、孔子，賢如商高宗、周成王、孟子，皆猶待於學以成其聖，以臻於賢。凡人之有賴於學，以發揮其潛能，以盡其才華，亦可知矣！欲學，不能無師；既有師矣，教學所依賴以致功效之教材及相關器物不能不備，由是而教育事業興焉、此八政中「司徒」官職之所由設也。（漢）孔安國注曰：「主徒眾，教以禮義。」（唐）孔穎達疏曰：「……雖有所安居，非禮義不立，司徒教以禮義。」〔註 204〕《周禮・地官司徒》有云：「惟王建國，辨方正位，體國經野，設官分職，以爲民極。乃立地官司徒，使帥其屬，而掌邦教，以佐王安擾邦國。」〔註 205〕司徒掌邦教，教禮義，以佐人主安邦定國。《尚書・舜典》有云：「契，百姓不親，五品不遜，汝作司徒，敬敷五教，在寬。」（唐）孔穎達疏曰：「帝又呼契曰：往者天下百姓，不相親睦，家內尊卑五品不能和順，汝作司徒之官，謹敬布其五常之教，務在於寬，故使五典克從，是汝之功，宜當勉之。」又

〔註 202〕見《尚書・商書・洪範》，《十三經注疏》本，卷十二，藝文，頁 171。
〔註 203〕見傅啓學，〈國家將來的趨勢〉，《政治學論集》，華岡出版有限公司，頁 21。
〔註 204〕見《尚書・周書・洪範》，《十三經注疏》本，卷十二，藝文，頁 171。
〔註 205〕見《周禮・地官司徒》，《十三經注疏》，卷九，藝文，頁 138。

曰:「品謂品秩,一家之內,尊卑之差,即父母兄弟子是也。教之義友恭孝,此事可常行,乃爲五常耳。」〔註206〕舜使契爲司徒,教民以義、慈、友、恭、孝,期使父、母、兄、弟、子能相親睦也。人主之立司徒,掌邦教,不僅使五倫相親,佐人主安邦定國,尤有進者,欲提升國民之知識水準,發揮國民之潛在能力,促進國家之富庶、進步,躋斯民於安樂、太平之域者,捨教育之途莫由也。《禮記・學記》有言:「發慮憲,求善良,足以謏聞,不足以動眾。就賢體遠,足以動眾,未足以化民,君子如欲化民成俗,其必由學乎?」又曰:「古之教者,家有塾,黨有庠,術有序,國有學,比年入學,中年考校。一年視離經辨志,三年視敬業樂群,五年視博習親師,七年視論學取友,謂之小成:九年知類通達,強立而不返,謂之大成。夫然後足以化民易俗,近者說服,而遠者懷之,此大學之道也。」〔註207〕是人主之欲化民成俗,使近者心悅誠服,遠者得以懷其恩惠而歸順之,其必由教育乙途致力焉,斯可爲也。他如八政之「祀」,眞公德秀云:「衣食既足,不可忘本,故有祀焉。」〔註208〕祭祀之目的,在使人民愼終追遠,民德歸厚。《周禮》云:「小司徒之職,掌建邦之教法,以稽國中及四郊都鄙之夫家,……凡征役之施舍,與其祭祀、飲食、喪紀之禁令。」〔註209〕謂祭祀等職爲小司徒職守之一,故歸屬於此一類中,人君亦當學之也。

　　末言國防方面:觀夫子貢之問政也,孔子答曰:「足食,足兵,民信之矣。」朱子注云:「言倉廩實而武備修,然後教化行,而民信於我,不離叛也。」朱子又曰:「愚謂以人情而言,則兵食足而後吾之信可以孚於民。以民德而言,則信本人之所固有,非兵食所得而先也。是以爲政者,當身率其民,而以死守之,不以危急而可棄也。」〔註210〕蓋有土地,有人民,有主權,而後有國家。國家者,乃土地與人民、主權所構成者也;欲使人民安居,不受外患侵襲,須有土地,有主權、武力。孔子之言足食、足兵,軍事之重要,於斯可見。而朱子之言「爲政者,當身率其民,而以死守之,不以危急而可棄」,是亦有見於宋室危弱,始而搜刮民脂民膏以輸仇敵遼、夏,繼之金滅遼侵宋,「劫

〔註206〕見《尚書・虞書・舜典》,《十三經注疏》,卷三,頁44。
〔註207〕此上兩則,並見於《禮記・學記》,《十三經注疏》本,卷三十六,藝文,頁648～649。
〔註208〕見眞德秀,《大學衍義》,卷二,頁23。
〔註209〕見《周禮・小司徒》,《十三經注疏》,卷十一,藝文,頁168。
〔註210〕見《論語・顏淵》,四書章句集注,鵝湖,頁134～135。

上、皇后、妃、太子、宗戚，前後凡得三千人。」〔註211〕虜之北去。高宗繼統，靦腆屈膝以侍仇虜，歲輸銀絹不可計數，搜刮民人脂膏，極朘削之能事，於是民不聊生矣！則朱子之言，誠有感於兵力疲弱，遂至喪師辱國、民生塗炭者矣！八政之「師」，即謂兵也，（漢）孔安國注：「簡師所任必良，士卒必練。」（唐）孔穎達疏曰：「師者，眾之通名，必當選人為之，故傳言簡師，選人為師也。所任必良，任良將也。士卒必練，練謂教習，使知義，若練金使精也。論語以不教民戰，是謂棄之，是士卒必須練也。」〔註212〕漢唐之際，對於保國衛民之師，即知所簡擇。既選人為師矣，復擇良將以任之；而教習尤不可無，使身強技熟，則於保衛家國何難之有？陸賈之說漢高祖以「文武並用，長久之術也。」〔註213〕其言洵然。然師旅乃用之以保國衛民者也，若窮兵黷武，既勞民，又傷財，此尤為人君之所當慎，唐憲宗撰前代君臣事跡有「謹征伐」之戒，蓋在此也。

綜上，人君處理全國事務方面，僅舉其犖犖大者：政治、經濟、教育、國防等數端，以見人主為政之際之所當學者，惟「遜志，務時敏。」厥修乃得有成。

丁、接物以理

衣食、百貨所以備吾人之須，以適人身之求即可矣，非必偉奇怪麗者也，若夫鼎玉珠寶之物，富麗宮殿之築，則適足以戕賤人性，毀人德業之基，此先聖往哲所以諄諄告誡，耳提面命者也。然則，宜如何而後可耶？曰接物以理，待之以道可矣。

觀夫《中庸》之言：「去讒遠色，賤貨而貴德，所以勸賢也。」〔註214〕朱子曰：「信讒邪，則任賢不專；徇貨色，則好賢不篤。賈捐之所謂後宮盛色，則賢者隱微，佞人用事，則諍臣杜口。蓋持衡之勢，此重則彼輕，理固然矣！故去讒遠色，賤貨而一於貴德，所以為勸賢之道也。」〔註215〕蓋耳目聲色之欲，寶貨奇珍之玩，人主亦唯求其發乎情，止於禮，一以合乎理為準。真公

〔註211〕參見錢穆先生，《國史大綱》下冊、第六編第三十章至三十四章，商務印書館，頁391～472，所引括弧中字頁456。（民國72年11月修訂十版）。

〔註212〕見《尚書‧周書‧洪範》，《十三經注疏》，卷十二，藝文，頁171。

〔註213〕見《史記‧陸賈列傳》，卷九十七，藝文，頁1098。

〔註214〕見《中庸》二十章，《四書章句集註》，鵝湖，頁30。

〔註215〕見朱熹，《中庸或問》，中文出版社，頁71。（收於和刻影印「近世漢籍叢刊」思想三編中）。

德秀曰：「天下之理一則純，二則雜。純則誠，雜則妄。脩身不一，善惡雜矣！尊賢不一，邪正雜矣！」〔註216〕蓋脩身能一於理，使理之於身合而爲一，身即是理，理即是身，則所爲無不中理，其於待人接物之際，豈有目眩神迷，受其蠱惑者乎？其有信讒邪、徇貨色者乎？蓋耳目與外物相接之際，言行舉止呈現之間，其必亦有旁礴之氣充乎其間，使讒邪自去，貨色自遠也。如唐玄宗於開元中，置麗正書院，聚文學之士，或修書，或侍講。中書舍人陸堅以爲無益於國，欲奏罷之，修書史張說曰：自古帝王於國家無事之時，莫不崇宮室，廣聲色，今天子獨延禮文儒，發揮典籍，所益者大，所損者微，陸子之言，何不達也？玄宗聞之，重說而薄堅。〔註217〕唐玄宗之能尊崇張說之說，而薄視陸堅之言，此乃一乎理而知所抉擇者也。然人主之於修身，或有未至，故古聖先哲，所以告誡諄諄而不已也。

觀夫太康之失邦也，厥弟五人述大禹之戒以爲歌，曰：「內作色荒，外作禽荒，甘酒嗜音，峻宇彫牆，有一于此，未或不亡。」〔註218〕人主或近女色過度，或好馳騁田獵，或溺旨酒音樂，或恣意於彫牆峻宇，未有不亡其身、敗其國者也，故眞公曰：「古今亂亡之釁，靡不由之，稟乎其不可犯也。」〔註219〕旨哉斯言，人主之接甘酒也，淺嘗即止耳，豈可沈溺乎？屋樑棟于，所以避風雨，何須恣求富麗彫飾耶？而禽獵之行，偶一爲之，可以練行伍，習軍事，然好之而不節，未有不荒廢國事者也。夫仲虺之告誡成湯也，曰：「惟王不邇聲色，不殖貨利，德懋懋官，功懋懋賞，用人惟己，改過不吝。」（漢）孔安國注曰：「不近聲樂，言清簡；不近女色，言貞固；……不生資貨財利，言不貪也。既有聖德，兼有此行。」〔註220〕謂人主既脩得聖德矣，則不近聲色貨利，唯理是行，皆自然而然之事也。眞公德秀曰：「淫聲美色者，迷心之鴆毒，故湯弗邇之；珍貨厚利者，害義之粮莠，故湯弗殖之。人欲消亡，天理昭著，是以勉於德者，必勉之以官；勉於功者，必勉之以賞。用人之善，由己之善，己有不善，則改而從善，公平正大，卓犖明白，其原皆白不邇、不殖始。然則，人主之心，其可使有一毫物欲之累哉？」眞公又曰：「義理上

〔註216〕見眞德秀，《大學衍義》，卷一，頁16。
〔註217〕見眞德秀，《大學衍義》，卷四，頁33。
〔註218〕見《尚書·夏書·五子之歌》，《十三經注疏》本，卷七，頁100。
〔註219〕見眞德秀，《大學衍義》，卷三十一，頁267。
〔註220〕見《尚書·商書·仲虺之誥》，《十三經注疏》本，卷八，頁111。

進得一分，則物欲上減得一分，眞積力，久純乎義理，則物欲自然消盡。」〔註221〕人欲消亡，天理昭著；道心顯露，則人心斂迹，此理之自然耳，故人主一唯道心之命是聽，則豈有言、行不合於理義者哉？飮於旨酒，則知所以戒之；食於美味，則思有以戒止；其他聲色之欲，高臺華棟之築，莫不若是，此傳子孫萬世之理也。眞公德秀曰：「四者（指酒、味、色、臺池）之欲，人之所同，惟聖賢則能以道勝欲，故大禹絕旨酒而不御；晉文推南威而遠之；楚莊盟強臺而不登；晉楚之君雖未可與大禹同年而語，然勇於自克，亦可尙也。齊威雖知厚味之亡國，而寵任易牙，至于終身，卒以召亂。……物欲之伐人，至爲可畏。惟人主一以大禹爲師，推惡酒之心，以御群物，而深戒齊威之不勇，其庶幾乎！」〔註222〕旨哉斯言。

夫酒、味、聲、色、臺池、美陂之誘於人者雖多，唯人主一令道心之主乎其身，令人心物欲之不得而近，推大禹惡旨酒之意，以御於群物，則外物自避，道心湛然，其於舉措之際，言行之間，則庶幾乎可矣！

綜上，人主於德性方面，闡發其天賦之明德，以誠敬持心，踐履仁、義、禮、智諸德，一以善爲主；認知方面，所學概以堯、舜、三王之道，六經、孔、孟之言爲準，兼及歷代君臣事跡中有益於人君修己、治人者，此人主內聖所學之內容也。進而能樹立人君典範，以爲群臣之極則；能知人善任，使野無遺賢，而賢能盡其用；事雖萬端，能分層負責，治之以勤；外物之誘，能一以理處之。此人君外王所爲之要也。人主兼備此內聖、外王之要矣，而後以其仁心，行仁政，使人能盡其才，事能臻於善，地能盡其利，貨能盡其用，以求躋斯民於太平之世，達成止於至善之平天下之目標。

5. 為學之方法

言及人主爲學之方法，其法與人無殊。人之爲學，有數事須留意焉，例如：目標爲何？有無學習計劃？授藝之師長其人選爲何？有否須遵守之原則？有那些方法可以運用？有否其他注意事項？凡此，皆人學習過程中所當留意者也，人君何例外之有？茲依次敘述如后：

（1）確定目標

人之爲學，目標宜遠大，有（宋）程顥有曰：「所見所期，不可不遠且大。」

〔註221〕前則見眞德秀，《大學衍義》，卷三十一，頁267；後則見眞德秀，《西山先生眞文忠公文集》，卷五，〈得聖語申後省狀〉，頁110。
〔註222〕見眞德秀，《大學衍義》，卷三十一，頁276。

又曰：「須是大其心，使開闊，譬如爲九層之臺，須大做腳始得。」〔註223〕
（宋）張載亦云：「大其心，則能體天下之物，物有未體，則心爲有外，世人
之心，止於見聞之狹。聖人盡性，不以見聞梏其心，其視天下，無一物非我。
孟子謂：盡心則知性知天以此。天大無外，故有外之心，不足以合天心。」
張氏又曰：「心大則百物皆通，心小則百物皆病。」〔註224〕唯大其心，始克通
於百物；心大無外，則始可合於天心。人之爲學，希聖希賢；人主之學，何
能例外耶？就人心而言，謂欲其遠大；就事而言，則須有高遠目標，其目標
爲何？曰儒家之內聖、外王也。修己，欲求其爲聖；治人欲至於天下平；使
此兩者並臻於至善。此大學所訂之規模，人主之所宜學者也。（宋）張載有言：
「爲天地立心，爲生民立命，爲往聖繼絕學，爲萬世開太平。」〔註225〕斯語
誠人君爲學之標的；人主有此抱負，勤勉以學之，則庶幾乎可云聖矣！眞公
德秀有言：「夫曠大之度，公平之誠，邁志存道，克廣德心，此皆人君所當勉
者。」又曰：「以人君言之，天既命我以此德，又命我以此位；有此德，方可
保此位；雖一息不可不顧諟，雖一念不可不顧諟。」，〔註226〕人主當以寬闊胸
襟，勉志存道，以公平之誠，充廣德心，以天下爲己任，有德方可保其位，
雖一息亦不能不念茲在茲，庶幾不負天下蒼生。

儒家特重德治教化。德之所施，則在仁、義、禮、智、孝、悌、忠、信
等諸目之踐履，孔子以仁爲人行諸德目之極致，孟子以義爲人當行之路，〔註
227〕而義、利之辨，尤人主之學所宜明究者也，否則，毫釐之差，遂致天下
滔滔，皆唯利是圖。若是，何克臻於郅治之域哉？觀夫孟子之告梁惠王也以
仁義，謂：「未有仁而遺其親者也，未有義而後其君者也。王亦曰仁義而已
矣，何必曰利！」〔註228〕眞公德秀曰：

　　蓋自春秋，至于戰國，先王之道不明，人心陷溺，惟知有利而已，
　　孟子將以攻其邪心，故直告之曰：王何必曰利，亦有仁義而已矣！

〔註223〕所引兩則並見於《近思錄集解》，朱熹編、（清）張伯行集解，（後同，不另註明。）
　　　　卷二，世界書局印行，前則見頁47，後則見頁48。（民國70年2月三版）。
〔註224〕所引兩則，並見《近思錄集解》，卷二，世界，前則見頁71，後則見頁84。
〔註225〕見《近思錄集解》，卷二，世界，頁82。
〔註226〕所引兩則，前則見眞德秀，《大學衍義》，卷四，頁35。後則見《西山先生眞
　　　　文忠公文集》，卷十八，《經筵講義·進讀大學卷子》，頁284。
〔註227〕孟子曰：「仁，人之安宅也；義，人之正路也。」見《孟子·離婁》上，《四
　　　　書章句集註》，鵝湖，頁281。
〔註228〕見《孟子·梁惠王》上，《四書章句集註》，鵝湖，頁201～202。

仁者本心之全德，義者當然之正理，爲國者當躬行仁義於上，而不可以利爲心，若王欲自利其國，則大夫亦欲利其家，士庶人亦欲利其身，上下爭相求利，國安得不危？

蓋以仁義爲本，是導民於理也。以利爲尚，是導民於欲也。理明則尊卑上下之分定，不然，則凡有血氣者，皆思自足其欲，非盡攘上之有不已也。於是篡弒之事興，其害有不勝記者。吁！可畏哉！

夫仁不遺親，義不後君，非強之使然也，仁主於愛，愛莫大於愛親；義者宜也，宜莫先於尊君。舉世之人皆由仁義，則無不愛其親，尊其君。三代盛時，所以長治久安，而無後患也，爲國者舍是其將焉求？故重言之，曰：王何必曰利，亦有仁義而已矣！

《大學》末章論天下之平，曰：國以義爲利，而不以利爲利。推言求利之弊，至於菑害並至，雖有善者，亦末如之何？前聖後賢，所以回利欲之瀾，而杜爭奪之隙者，如出一口，爲國者其審圖之。〔註229〕

蓋人君能躬行仁義，是導民於理也；若以利爲尚，則導民於欲。民欲至極，鮮有不盡取上之所有而代之也。唯以仁義爲天下唱，則舉世皆行仁義，斯三代之所以長治久安也，而王道於焉可見；若不由斯圖，而唯利是求，則必以力爲之，方可治於天下，此王道、霸道之所由分，眞公德秀引孟子之言，曰：

孟子曰：以力假仁者霸，霸必有大國：以德行仁者王，王不待大。湯以七十里，文王以百里。以力服人者，非心服也，力不贍也；以德服人者，中心悅而誠服也。如七十子之服孔子也。詩云：自西自東，自南自北，無思不服。此之謂也。

臣按：先儒謂：自古之論王、霸者多矣，未有如此章之深切著明也。蓋王霸之辨，曰：德與力而已。力者，國富兵彊之謂，初無心於爲仁，而借其名以集事也；德者，躬行心得之謂，其仁素具於中，而推之以及物也。霸者以力，故必大國乃能爲之，王者以德，不以力，何待於大乎？以力服人者，有意於服人，而人不敢不服；以德服人者，無意於服人，而人不能不服，此天理人欲之分，而王霸之所以異也。〔註230〕

王道、霸道之別，蓋在德之與力也。以力必有大國，唯大國之國富兵強始能

〔註229〕見眞德秀，《大學衍義》，卷二十六，頁218～219。
〔註230〕見眞德秀，《大學衍義》，卷十四，頁120。

爲之；以德者，唯人君躬行仁義，不待大也。眞氏引漢儒董仲舒之言曰：

> 董仲舒曰：夫仁人者，正其誼，不謀其利；明其道，不計其功。是
> 以仲尼之門，五尺童子羞稱五伯，爲其先詐力而後仁義也。
>
> 臣按：蓋仁人者，知正義而已，利之有無不論也。知明道而已，功
> 之成否不計也。義謂天下通行之路，其實一也。霸者則唯利是謀，
> 而於義有不暇顧，惟功是計，而於道有不暇卹，此所以見黜於孔氏
> 之門也。
>
> 至本朝程顥又謂：得天理之正，極人倫之至者，堯舜之道也。用其
> 私心，依仁義之偏者，霸者之事也。王道如砥，本乎人情，出乎禮
> 義，若履大路，而行無復回曲，霸者崎嶇反側於曲逕之中，而卒不
> 可入堯、舜之道，顥之言與孟子、仲舒實相表裏，故錄焉。〔註231〕

人君行仁，正其義，不謀其利；明其道，不計其功。若夫霸者，則唯利是圖，
唯功是計，何暇行及仁義哉！此孔氏之門所以羞談之者也。眞氏又言：

> 利則惟己是營，義則與人同利。世之君子，平居論說，孰不以平物
> 我、公好惡爲當然，而私意橫生，莫能自克者以利焉爾。利也者，
> 其本心之螟螣，正塗之榛莽歟？大學丁寧於絕簡，孟子狠激於首章，
> 聖賢深切爲人，未有先乎此者。〔註232〕

行義，則與人同利；行利，則唯己是營。利爲人心之蟊賊，正塗之榛莽。眞
氏於義、利之分，析之入微。眞公德秀又曰：

> 蓋嘗思之，三代而上，未有利目進取之塗，士之自修，果爲何事？
> 天之命我，萬善具全，一毫有虧，是曠天職。古之君子俛焉孳孳，
> 斃而後已者以是焉爾！世遠教失，士知榮身而不知修身，知求利而
> 不知求道，良心蠹蝕，皆原於此。〔註233〕

後世之民，知榮身而不知修身，知求利而不知求道者，其因皆在於義、利之
未辨也。人主誠能於爲學之初，心志遠大，而明辨義、利之別，一本儒家仁
義之道，樹立以仁治國之內聖、外王目標，「以聖賢大道爲必當繇，異端邪徑
爲不可蹈。」〔註234〕則導人君於仁政之聖域，其必可指日而待之矣！

〔註231〕見眞德秀，《大學衍義》，卷十四，頁121～122。
〔註232〕見眞德秀，《西山先生眞文忠公文集》，卷二十五，〈矩堂記〉，頁388。
〔註233〕見眞德秀，《西山先生眞文忠公文集》，卷二十六，〈龍山書院〉，頁402～403。
〔註234〕眞德秀語，見所著《西山先生眞文忠公文集》，卷二十七，〈送周天驥序〉，頁
423。

（2）擬定計畫

　　人主所宜學之書，爲儒家諸經書、《論語》、《孟子》、《大學》、《中庸》，及夫有益人君脩己、治人之歷代君、臣事跡，先聖先賢誨人之教，此認知方面之典籍也，已如前所述。而德性領域諸要目，技能領域諸能力等，皆應依序排定學程，由淺及深，自易至難，由近及遠，自格物、致知，誠意、正心，脩身，以至於齊家、治國、平天下，循序漸進，日就月將，自能見其功效。子夏不云乎：「君子之道，孰先傳焉？孰後倦焉？譬諸草木，區以別矣！君子之道，焉可誣也！有始有卒者，其惟聖人乎！」（宋）程顥曰：「君子教人有序，先傳以小者近者，而後教以大者遠者，非先傳以近小，而後不教以遠大也。」〔註235〕蓋由近及遠，自易及難，教者易爲力，而學者成功易也。〈學記〉有言：「雜施而不遜，則壞亂而不脩。」（唐）孔穎達疏曰：「雜施謂教雜亂無次，越節則大才輕其小業，小才苦其大業，並是壞亂之法，不可復脩治也。」〔註236〕教者所授雜亂而無章，則學者勢將全無倫次，不知所云矣！《大學》之言：「物有本末，事有終始，知所先後，則近道矣！」〔註237〕蓋言事物有本有木，有始有終，有先有後，能知其本末、始終、先後，則可謂近道也。而《大學》又言：「古之欲明明德於天下者，先治其國；欲治其國者，先齊其家；欲齊其家者，先脩其身；欲脩其身者，先正其心；欲正其心者，先誠其意；欲誠其意者，先致其知；致知在格物。物格而后知至，知至而后意誠，意誠而后心正，心正而后身脩，身脩而后家齊，家齊而后國治，國治而后天下平。」〔註238〕於此，人君爲學之次第，脩身之先後，治國、平天下之目次，蓋已略具於此。眞公德秀之言曰：「《大學》一書，由體而用，本末先後，尤明且備，故先儒謂：於今得見古人爲學次第者，獨賴此篇之存，而論、孟次之。蓋其所謂格物、致知、誠意、正心、脩身者體也，其所謂齊家、治國、平天下者用也。人主之學必以此爲據依，然後體用之學可以默識矣！」〔註239〕《大學》於人主由修身以至於齊家、治國、平天下之次序，均已言之詳明，則人主之師長宜將人主之所學依次排定講授次序，此書某年某月授，彼書某年某月授，又德性之涵養，能力之充實，亦均須列成

〔註235〕見《論語・子張篇》，朱熹，《四書集註》，學海出版社，頁187。（民國73年9月初版）。
〔註236〕見《禮記・學記》，《十三經注疏》本，卷三十六，藝文，頁653。
〔註237〕見《大學・經一章》，朱熹，《四書章句註》，鵝湖，頁3。
〔註238〕見《大學・經一章》，朱熹，《四書章句集註》，鵝湖，頁3～4。
〔註239〕見眞德秀，《大學衍義》，〈尚書省箚子〉，頁1。

詳明計畫表，蓋「凡事豫者立，不豫者廢。」既擬定妥善計畫矣，而後擇師依次以授，人主循序而學，則其效益也自然可以依次呈現之矣！

（3）慎擇業師

甲、人主須訪求博學通儒為師

人非生而知之者，豈能無師？眞公德秀有言：「凡民局於氣稟，蔽於私欲，故其德不能自明，必賴神聖之君明德爲天下倡，然後各有以復其初。民德之明，由君德之先明也。夫五帝之治，莫盛於堯，而其本則自克明峻德始。」〔註240〕庶民須人君之明德爲天下倡，而後始能復其明德，人君聖如堯矣，亦須自克明峻德始。得師長之教，則能事半而功倍之，此古聖先哲所以必擇博學通儒以爲師而學之也。「師者，所以傳道、授業、解惑也。」此有唐韓愈之所嘗言。所謂傳道者，謂以儒家堯、舜、禹、湯、文、武、周公、孔、孟之道相傳也；所謂授業，蓋謂以禮、樂六藝相授，使能有以服務社會也；解惑者，謂解釋學者學習中諸方面之疑惑也。人所學之內容，應包含所以成爲聖人，成爲完人之諸要項，而人師所授，亦當包含此方面之內容，至聖先師孔子之教育目的，即不離乎此也。〔註241〕此往古來今，欲己立而立人，欲修己而治人，欲成己而成物，欲內聖而外王者，所以慎於擇師也。

《禮記・學記》有言：「君子知至學之難易，而知其美惡，然後能博喻；能博喻，然後能爲師；能爲師，然後能爲長；能爲長，然後能爲君。故師也

〔註240〕見眞德秀，《大學衍義》，卷一，頁11。

〔註241〕參見康世統，〈從科際整合觀點檢討目前國中國文教材〉。本人於文中概述傳統儒家之教育目的，言：孔子的教育目的，在培養「仁」者，仁者一方面可以獨善其身，一方面可以兼善天下；換句話說，即是一方面能「內聖」，一方面要能「外王」。就「內聖」而言：個人言行，「非禮勿視，非禮勿聽，非禮勿言，非禮勿動。」；做事方面，「己所不欲，勿施於人。」要能恭、寬、信、敏、惠，要「敏於事，而慎於言。」「見義勇爲」，「見得思義」。在外王方面，要能「立人」、「達人」，要「誨人不倦」，使「老者安之，朋友信之，少者懷之。」「博施於民，而能濟眾。」大學中「明明德」是內聖工夫，在立己，在成己；「親民」是外王工夫，在立人，在成物，而這兩者同要「止於至善」。這是儒家教人的極至。爲了要立己、成己，要達成「內聖」目標，孔子用禮、樂、射、御、書、數的科目來施教：禮、樂是情意（德性）方面的教育；射、御是能力方面的教育；書、數是知識、科學方面的教育。知識、能力、情意三方面的教育，原是並重的，所謂「文武合一」、「德術兼修」，這是大家耳熟能詳的詞語。（摘述，見中華民國76年科際整合研討會「我國人文社會教育科際整合的現況與展望」會前論文集，冊二，頁558～560，民國76年8月）。

者，所以學爲君也。是故，擇師不可不愼也。記曰：三王四代唯其師，（其）此之謂乎！」（唐）孔穎達疏曰：「言三王四代雖皆聖人，而無不擇師爲愼，故云：唯其師。」〔註242〕欲成爲師，須知至學之難易，瞭解學者人才之高低。既能熟知教材，復須了解對象（受教之學生），而後運用各種方法，導引學者止於至善，斯豈容易爲也哉，此所以博學通儒之人師難求也。漢賈誼有言：

> 及秦而不然，其俗固非貴辭讓也，所上者告訐也；固非貴禮義也，所上者刑罰也。使趙高傅胡亥而教之獄，所習者非斬劓人，則夷人之三族也。故胡亥今日即位而明日射人，忠諫者謂之誹謗，深爲之計者謂之妖言，其視殺人若艾草菅，然豈胡亥之性惡哉？彼其所以習道之者非理故也。〔註243〕

又曰：

> 夫胡越之人，生而同聲，嗜欲不異，及其長而成俗也，累數譯而不能相通行，有雖死而不能相爲者，則教習然也。〔註244〕

人師教人土以斬斲殺伐，人主即位，則恣意圖戮，草菅人命。生而同聲，長而異俗，雖累數譯，不能相通行者，皆教習使之然也。觀乎此，知擇師之不可不愼也。至若所擇爲儒者之師矣，然所學不過文墨，所授不過章句，此眞公德秀之所慨歎也。眞公曰：

> 明皇初政，好學，……使當時得一眞儒在輔導弼諧之地，日以堯、舜、三王之道，六經、孔、孟之言陳之于前，必格物以致其知，則於是非邪正之辨，瞭然不惑，而張九齡、李林甫之忠邪，不至於用舍倒置矣。必誠意以正其心，則於聲色貨利之誘，確乎不移，而惠妃、太眞之蠱媚，王鉷、宇文融之聚歛，不得進矣。必脩身以正其家，則於父子、夫婦之倫，朝廷宮寢之政，各盡其道，安得有信讒廢殺三子之禍，又安得有祿山瀆亂宮闈之醜哉！奈何張說之流，不過以文墨進，無量懷素亦不過章句之儒，帝雖有志於學，而所以講明啓沃者僅如此，是以文物之盛，雖極於開元，而帝心已溺於燕安，女子小人，內外交煽，根本日蠹，欲其亡禍亂，得乎？故人君之學，

〔註242〕見《禮記·學記》，《十三經注疏》本，卷三十六，藝文，頁654。

〔註243〕見漢賈誼，《賈子新書·保傅》，卷五，廣文書局印行，（收於「子書二十八種」內，清盧文弨校本。）頁1162。

〔註244〕見漢賈誼，《賈子新書·保傅》，卷五，廣文，頁1162。

苟不知以聖王爲師，以身心爲主，未見其有益也。〔註245〕以玄宗之好學，然師之所授，不過文墨章句，遂致日後溺心燕安，女子小人內外交煽，欲其亡禍，不可得也。而漢文帝有窮理之心，賈誼則無造理之學；漢光武帝數引公卿郎將講論經理，然輔臣伏湛、侯霸輩皆章句書生，未明古人格心之業；漢明帝尊桓榮以師禮，桓榮授經專門章句，不知仲尼脩身治天下之微指；漢章帝待張酺以師禮矣，然酺之所學不過章句之業。〔註246〕若斯之流，欲導人主於堯、舜三代之治，豈非緣木而求魚耶？觀乎此，擇師豈可輕忽哉？

古者教世子以禮樂，立大傅、少傅以教之。或主知識，或重涵養，皆欲世子成其所學也。《禮記・文王世子》曰：「凡三王教世子，必以禮樂，樂所以脩內也，禮所以脩外也；禮樂交錯於中，發形於外，是故其成也懌，恭敬而溫文。立大傅、少傅以養之，欲其知父子、君臣之道也。大傅審父子、君臣之道以示之，少傅奉世子以觀大傅之德行而審喻之。大傅在前，少傅在後；入則有保，出則有師；是以教喻而德成也。師也者，教之以事而喻諸德者也；保也者，慎其身以輔翼之，而歸諸道者也。記曰：虞、夏、商、周，有師保，有疑丞。」〔註247〕眞公德秀曰：

> 三王之教世子必以禮樂者，禮所以起人之敬心，敬心生則慢心窒矣！樂所以感人之和心，和心生則戾心消矣！……然禮樂者教之之具，而師傅者教之之人，故立太傅、少傅以養之，……然其道無它，不過父子、君臣之大倫而已。太傅以審示言，謂脩於身以示之也，少傅以審諭言，謂開說其義以曉之也，太傅、少傅所以教者雖同，然太傅以身教，少傅以言教，二者蓋互相發也。以一世子之身，而太傅在前，少傅在後，入有保，出有師，四人者扶持而左右之，教安得不達，德安得不成哉！師者教世子以事而諭諸德，謂教之以事親之事，則知孝之德，教之以事長之事，則知弟之德，天下無事外之德也。保則安護世子之身，輔之翼之，使歸諸道。耳目口體不以欲而動，即所謂道，天下無身外之道也。古者所謂師保，其職蓋如此。〔註248〕

〔註245〕見眞德秀，《大學衍義》，卷四，頁33。「以身心爲主」之「主」字原作「王」，依董鈔本、《四庫全書薈要》本、《文淵閣四庫全書》本改。

〔註246〕眞公德秀，〈致慨於諸帝擇師授業諸事〉，參見眞德秀，《大學衍義》，卷三～四，頁27～33。

〔註247〕見《禮記・文王世子》，《十三經注疏》本，卷二十，頁397。

〔註248〕見眞德秀，《大學衍義》，卷四十一，頁375。

是知太傅、少傅所以教世子以父子、君臣之大倫者也。太傅重修身以示之，少傅則開說大義以曉喻之；太傅重德性涵養，人倫儀則，少傅重解說大義，傳授知識；太傅重身教，少傅重言教。雖各有所重，而其目標則無別，蓋在欲使世子成己、成聖，以奠定一代聖王之基礎也。漢賈誼言古之王者教太子之法尤詳；其言曰：

> 昔者周成王幼，在襁褓之中，召公爲太保，周公爲太傅，太公爲太師。保，保其身體；傅，傅之德義；師，道之教訓，此三公之職也。於是，爲置三少，皆上大夫也，曰少保、少傅、少師，是與太子燕者也。故孩提有識，三公、三少固明孝、仁、禮、義以道習之，遂去邪人，不使見惡行。於是皆選天下之端士，孝悌博聞，有道術者，以衛翼之，使與太子居處出入，故太子初生而見正事、聞正言、行正道，左右前後皆正人也。夫習與正人居之，不能無正也（也），猶生長於齊之不能不齊言也。……及太子少長，知好色，則入於學，……帝入太學，承師問道，退習而考於太傅，太傅罰其不則，而匡其不及，則德智長而治道得矣！……及太子既冠成人，免於保傅之嚴，則有司直之史，有虧膳之宰，……有進善之旌，有誹謗之木，有敢諫之鼓，瞽史誦詩，工誦箴諫，大夫進謀，士傳民語，習與智長，故切而不愧，化與心成，故中道若性。是殷周之所以長有道也。三代之禮，……所以明有敬也；……所以明有孝也；……所以明有度也；……所以長恩，且明有仁也。……殷周之所以長久者，其輔翼太子有此具也。〔註249〕

是三代之時，世子幼而有三公、三少以教輔之，三公、三少皆明習孝、仁、禮、義者也，蓋欲使世子優游於仁、義之中，長於孝、禮之際，使其思慮云爲無不合乎中道。及其少長，則承師問道，退習考察，使其德智日長，而理道有得。及其既冠成人，則有諸卿士以勸諫之，諸臣庶以輔佐之，使教化與心智之發展俱有成就，故能所爲合道，若性之自然。三代之輔翼太子也若是，後世人主欲建國家萬世之基業者，能不於此恩有以效法乎！

　　觀夫皋陶之爲帝陳謨，帝舜、大禹之以皋陶爲師可知也；仲虺之告成湯；伊尹之告太甲；殷高宗之訪求傅說，冀其「訓于朕志」；周武王之訪于箕子，欲其教以「彝倫攸敘」；周公之作立政以戒成王，亦即成王之學於周公也。

〔註249〕見漢賈誼，《賈子新書・保傅》，卷五，廣文，頁 1160～1162。

〔註250〕古聖先王須得碩學通儒之教導，其訪求博學通儒者爲師，於焉可見。所以言博學通儒者，以彼須導引人主致力於仁義孝禮之際，君臣人倫之間，使能臻於修己、治人，成己、成物，內聖、外王之目標也，非所謂章句之儒，導人主於詩賦文士之末技者也。由皋陶之言於大禹「愼厥身脩，思永，惇敘九族，庶明勵翼，邇可遠在茲。」仲虺之告於成湯：「德日新，萬邦爲懷；志自滿，九族乃離。王懋昭大德，建中于民，以義制事，以禮制心，垂裕後昆。」〔註251〕皆基於人君之明明德、親民以至於國治、天下平，換言之，即由成己以成物，由內聖而外王也。由是觀之，人主思欲平治天下，其必訪求博學通儒以爲師，學堯、舜、三王之道，六經、孔、孟之言也。

乙、人主務必禮敬恩師

人主之待授業師長，應禮敬有加，處以西席，《禮記》有云：「凡學之道，嚴師爲難。師嚴然後道尊，道尊然後民知敬學。是故，君之所不臣於其臣者二：當其爲尸，則弗臣也；當其爲師，則弗臣也。大學之禮，雖詔於天子無北面，所以尊師也。」（唐）孔穎達疏曰：「雖天子至尊，當告授之時，天子不使師北面，所以尊師故也。」〔註252〕師長爲人主講學，無須北面以執臣禮，所以尊師也。人主尊師，師所傳授始受尊崇，所授受尊崇而後庶民始知敬學也。學風之養成，有賴人主倡之。君子之德，風；小人之德，草；風行草偃。民心向慕，有如斯者。觀之《大戴禮・踐阼》篇有言：武王召師尚父問黃帝、顓頊之道，欲聞之，先齋三日。王端冕，師尚父亦端冕，奉書而入，負屛而立，王下堂，南面而立，師尚父曰：先王之道不北面。王行西折而南，東面而立，師尚父西面道書之言。〔註253〕（唐）孔穎達曰：「云師尚父西面道書之言者，皇氏云：王在賓位，師尚父主位，故西面，王庭之位。若尋常師徒之教，則師東面，弟

〔註250〕〈皋陶謨〉，見《尚書・虞書》，《十三經注疏》本，卷四，藝文，頁59～63。〈仲虺之誥〉，見《尚書・商書》，（同前書）卷八，頁110～112。伊尹作〈伊訓〉，見《尚書・商書》，（同前書）卷八，頁113～116。傅說事見《尚書・商書・說命》下，（同前書）卷十，頁141～142。箕子事見《尚書・周書・洪範》，（同前書）卷十二，頁167～179。〈立政〉，見於〈商書・周書〉，（同前書）卷十七，頁260～265。

〔註251〕前則見《尚書・虞書・皋陶》，《十三經注疏》本，卷四，藝文，頁59～60。後則見《尚書・商書・仲虺之誥》，《十三經注疏》本，卷八，藝文，頁112。

〔註252〕見《禮記・學記》，《十三經注疏》本，卷三十六，藝文，頁654。

〔註253〕參見《大戴禮記》，卷六，〈武王踐阼〉，永康出版社，頁33。（民國58年6月初版）。

子西面，與此異也。」〔註254〕王受學，居賓位，師尙父處主位以講授，此乃武王之尊師也。至若漢明帝師事桓榮，學《尙書》。帝嘗幸太常府，令榮坐東面，設几杖，會百官及榮門生數百人，天子親自執業；每大射養老禮畢，帝輒引榮及弟子升堂執經，自爲下說；詔賜榮爵關內侯。〔註255〕眞公德秀引胡寅之言曰：「先儒胡寅以爲顯宗事師之意，百千年鮮有其儷，可謂人主之高致。」〔註256〕而漢章帝之東巡也（元和二年，85），幸東郡，東郡太守張酺爲帝太子時之業師，至是，帝引酺及門生、椽史會庭中，先備弟子之儀，使酺講《尙書》一篇，然後脩君臣之禮。〔註257〕眞公美之，以爲「章帝尊經事師之意，不愧前人。」〔註258〕若夫蜀主劉備之訪諸葛亮也，「凡三往乃見」，蜀帝尊師之意，「眞足以光史冊，長人志氣」也。〔註259〕而唐玄宗延禮文儒，發揮典籍，以馬懷素、褚無量更日侍讀，每至閤門，則令乘肩輿以進，或在別館，道遠，則聽任宮中乘馬，帝親送迎，待以師傅之禮。〔註260〕此皆人主延聘師長，禮敬恩師之盛事。觀乎此，明主將知何以禮敬授業恩師也。所宜切忌者，不宜怠慢賢者，傲視儒師，此商山四皓所以「義不受辱」，「恐而亡匿」之故也。〔註261〕

（4）知行一致

　　人主爲學，當求知行一致，學用合一，否則所學雖多，果何益哉？傅說告之於殷高宗曰：「王人求多聞，時惟建事。」又曰：「道積于厥躬。」〔註262〕眞公德秀曰：「學必施于事，然後爲有用之學，不然，則所聞雖多，果何爲哉？」又曰：「今日造一理，明日又造一理，今日進一善，明日又進一善。持久不替，則道積于身，身即道，道即身，渾然無間矣！」〔註263〕眞公之意，蓋謂人主

〔註254〕見《禮記・學記》，《十三經注疏》本，卷三十六，藝文，頁654～655。
〔註255〕見《後漢書》，卷三十七，〈桓榮列傳〉，鼎文，頁 1252～1253；亦見於眞德秀，《大學衍義》，卷四，頁30。
〔註256〕見眞德秀，《大學衍義》，卷四，頁31。
〔註257〕見《後漢書》，卷四十五，〈張酺列傳〉，鼎文，頁1530；亦見於眞德秀，《大學衍義》，卷四，頁31。
〔註258〕見眞德秀，《大學衍義》，卷四，頁31。
〔註259〕見《三國志集解・蜀書・諸葛亮傳》，（元）胡三省注語，卷三十五，藝文，頁785。
〔註260〕見《新唐書》，卷一九九，〈馬懷素列傳〉，藝文，頁2262；亦見於眞德秀，《大學衍義》，卷四，頁33。
〔註261〕參見《史記・留侯世家》，卷五十五，藝文，頁817。
〔註262〕並見於《尙書・商書・說命》下，《十三經注疏》本，卷十，藝文，頁142。
〔註263〕並見於眞德秀，《大學衍義》，卷三，頁25。

之學，或屬修身，或屬齊家、治國、平天下，皆必能施於用，如是方為有用
之學。就修身言，所學者當能美其身軀，使其身篤恭於理，踐履於善中，持
久不替，遂使身之與道合而為一，此知行之極致，亦即體、用兼備之意也。
真公德秀有言曰：

> 克己復禮，仁之體也。愛人利物，仁之用也。為人君者，內必有以
> 去物欲之私，使視聽言動，無一不合乎禮，外必有以廣民物之愛，
> 使鰥寡孤獨，無一不遂其生，此所謂仁也。……自古帝王獨稱堯舜
> 為至仁者，以其兼體用之全，無纖微之間故也。〔註264〕

人君行仁，以之修身，是為克己復禮；以之治國、平天下，則是愛人利物。
就兩者相對而言，修身為體，治平為用。就脩身言，克己復禮之知為知之體，
以之美其身軀，是知之用，必使知與行之一致，而後體、用之全可見。以愛
人利物而言，愛人利物之知為知之體，人主將愛人利物之理念實施於現實社
會之人、物上，是為知之用。唯求即知、即行，知行之一致，然後其效可見，
亦即體用兼備也。真公有言：「大抵理之與事，元非二物，異端言理，而不及
事，其弊為無用；俗吏言事，而不及理，其弊為無本。惟聖賢之學則以理為
事之本，事為理之用，二者相須，本無二致，此所以為無弊也。」〔註265〕理
之與事，原非二物也，理為事之體，事為理之用，兩者兼顧，始為無弊，即
知、即行，知行一致，始不致產生諸多弊端也。真公德秀於知之與行，學之
於事，體之於用，言之基詳，其言曰：

> 蓋古者學與事一，故精義所以致用，而利用所以崇德，後世學與事
> 二，故求道者以形、器為粗迹，而圖事者以理義為空言，此今古之
> 學所以不同也。
> 自聖門言之，則酒掃應對即性命道德之微，致知、格物，即治國、
> 平天下之本，體與用未嘗相離也。
> 自諸子言之，則老、莊言理而不及事，是天下有無用之體也。筦、
> 商言事而不及理，是天下有無體之用也。異端之術所以得罪於聖人
> 者，其不以此歟！
> 世降益末，為士者壹以辭藝為宗，內無窮理盡性之功，升無開物成

〔註264〕見真德秀，《大學衍義》，卷六，頁48。
〔註265〕見真德秀，《西山先生真文忠公文集》，卷十八，〈講筵卷子‧大學格物‧致知
章〉，頁287。

務之益，此子朱子所為深憂而屢歎也。

今之學者，誠知學不外乎事，事必原於學，講論有察，於二者交致其力，則其業為有用之業，及其至也，其材皆有用之材，其仁足以成己，其智足以成物，然後為無負於鉅人、碩師之教，而亦賢大夫所蘄於士也。

若夫群居終日，惟琱鏤琢刻是工，於本心之理不暇求，當世之務不暇究，窮居無以獨善，得志不能澤民，平生所習，歸於無用而已，是豈朱子立言開教之指，亦豈吾侯（按：指吳興章謙）所為作成爾士之意哉！〔註266〕

真公之意，蓋謂古者學與事一，明經所以致用、即知即行，不空言理義也。探性命道德之微，行之乎洒掃應對之間，知之與行，不容有隔。其後或偏言理，或偏言事，皆非聖人之徒也。而士之壹以辭藝為宗，就修己言，無窮理盡性之功；就治人言，無開物成務之效。既無探求性理之道之知，亦無以之修身之行；不僅乏開物成務之研究，亦無立人達人之成果。知、行兩並捐棄，成己、成物皆迷其途，此朱子之所深憂也。今之士子唯知學之與事，原非兩物，即知、即行，交致其力，體、用得全，乃見其功，否則，平生所學，歸於無用，不亦困惑也哉！真公又言：

蓋昔者聖人言道必及器，言器必及道。盡性至命，而非虛也；洒掃應對，而非末也。自清淨寂滅之教行，乃始以日用為粃糠，天倫為疣贅。韓子憂之，於是原道諸篇相繼而作，其語道德也必本於仁義，而其分不離父子，君臣之間。其法不過禮樂刑政之際：飲食裘葛，即正理所存；斗斛權衡，亦至教所寓。道之大用粲然復明者，韓子之功也。

自湯誥論降衷，詩人賦物，則人知性之出於天而未知其為善也，繼善成性，見於繫易；性無不善，述於七篇。人知性之善，而未之所以善也。周子因群聖之已言，而推其所未言者，於圖發無極二五之妙，於書闡誠源誠立之指。昔也太極自為太極，今知吾身有太極矣！昔也乾元自為乾元，今知吾身即乾元矣！有一性則有五常，有五常則有百善，循源而流，不假人力，道之全體煥然益明者，周子之功也。

……知道之大用，常流行乎天下，而其全體具於吾心，則知所以用力

〔註266〕見真德秀，《西山先生真文忠公文集》，卷二十五，〈鉛山縣修學記〉，頁384。

之地矣！蓋韓子言其用，而體未嘗不存，周子言其體，而用亦不外是
也，察體用之一源，合知行於一致，學者其思所以用其力哉？〔註267〕
眞公蓋謂古昔聖人論道之與器，原不相離，言道必及器，言器必及道，言知
必有行，言行必有知，知之與行，原不相離，體之與用原本合一，其後釋道
之教行，終日研清淨、究寂滅，一切歸於無用，此韓子之所深憂也。因是闡
道立教，所以明仁義於滔滔之際，揚人倫於父子、君臣之間。道之大用復明
者，韓愈之功也。迄乎有宋，周敦頤始明理一分殊之旨，使人知致其力而可
爲百善，人性皆然，此其功也。今知道之全體皆具於吾心，即體以求其用，
即知以致其行，體、用本自一源，「合知、行於一致」，即知即行，此眞公所
以言：「致知、力行，交勉並進。」〔註268〕之意，亦爲學之原則也。

　　吾人觀董仲舒之諫漢武帝以：願陛下設誠於內，而致行之，則三王何異哉？
眞公德秀曰：「武帝之於道，徒聞而不尊，徒知而不行，此其受病之本。故仲舒
箴之……言古之聖王，有聞則必尊，不徒聞而已，有所知則必行，不徒知而已
也。」又如漢明帝之師事桓榮學《尙書》也，唯學章句，不知孔子脩身以治天
下之微旨，果何益也哉！眞公德秀曰：「若顯宗（孝明帝）者，豈無所當戒者
乎？……既無容人之度，又失遇下之禮，然則，又何貴於學乎？先儒有言：未
讀是書，猶是人也，既讀是書，亦猶是人也，則爲不善讀矣！其殆顯宗之謂
邪？」〔註269〕漢武帝之於道，徒聞而不尊，徒知而不行；漢明帝之學《尙書》，
無所益於身，既讀其書，猶是人也，則讀之何益？究其病，皆在聞而不尊，知
而不行也。換言之，即知與行不能一致，去病之法，唯求知行一致耳。眞公又
言：「古者以德行、道藝教其民，學者於日用起居、食飲之間，既無事而非學，
其於群居藏脩、游息之地，亦無學而非事。於虖！斯言至矣！」〔註270〕是古聖
先王之所教，蓋以德行、道藝也，而學者於言行、日用之間，無一事而非學；
於藏脩、游息之際，亦無一學之非事。學之於事原無二致，知之於行，本自合
一，體之於用，原不相離。知乎此，則其爲學，自必日有進益也。

〔註267〕見眞德秀，《西山先生眞文忠公文集》，卷二十五，〈昌黎濂溪二先生祠記〉，
　　　　頁386～387。
〔註268〕眞德秀語，見《西山先生眞文忠公文集》，卷二十六，〈建寧府重修府學記〉，
　　　　頁401。
〔註269〕所引兩則，前見眞德秀，《大學衍義》，卷三，頁28；後則見同書，卷四，頁
　　　　31。
〔註270〕見眞德秀，《西山先生眞文忠公文集》，卷二十五，〈鉛山縣修學記〉，頁384。

（5）善用方法

人主爲學，亦須講求方法，要而言之，可分兩方面敘述，其一爲個人之進修，其二爲團體之研討，茲分敘如后：

甲、個人進修方面

個人進修之方法，《中庸》言之詳矣，其言曰：

> 博學之，審問之，愼思之，明辨之，篤行之。有弗學，學之弗能，弗措也；有弗問，問之弗知，弗措也；有弗思，思之弗得，弗措也；有弗辨，辨之弗明，弗措也；有弗行，行之弗篤，弗措也。〔註271〕

眞公德秀曰：「學、問、思、辨，皆求以知之；篤行，則所以行之也。」〔註272〕蓋博學、審問、愼思、明辨四者乃求學之方法，而篤行則將前項方法之所學運用於實際生活中，使所學篤厚，更加邃密，而有得於心也。《大學》所言：「物格而后知至，知至而后意誠，意誠而后心正，心正而后身脩。」〔註273〕此爲學之次第也。格物、致知偏於認知方面之求知，是窮理工夫；誠意、正心偏於德性方面之涵養，是脩身工夫。〔註274〕德性之涵養，特重脩身，而心爲一身之主，因是言及養心之方法既多且詳。眞公德秀曰：「蓋居中而制萬事者也，古先聖王必於此乎用力，故一心正而萬事莫不正。」〔註275〕古先聖王必於「心」上用力，堯、舜、禹傳授之心法即在於此，其言曰：「人心惟危，道心惟微，惟精惟一，允執厥中。」〔註276〕眞公德秀引朱熹之言曰：

> 「夫心之虛靈知覺，一而已矣。而以爲有人心、道心之異者，以其或生於形氣之私，或原於性命之正，……然人莫不有是形，故雖上智不能無人心，亦莫不有是性，故雖下愚不能無道心。二者雜於方寸之間，而不知所以治之，則危者愈危，微者愈微，而天理之公卒無以勝人欲之私矣！精則察夫二者之間而不雜也。一則守其本心之正而不離也。從事於斯，無少間斷，則道心常爲一身之主，而人心每聽命焉，則危者安，微者著，而動靜云爲自無過不及之差矣！……」

人心惟危以下十六字，及堯、舜、禹傳授心法。萬世聖學之淵源。

〔註271〕見《中庸》，二十章，朱熹，《四書集註》，學海，頁39。
〔註272〕見眞德秀，《大學衍義》，卷三，頁28。
〔註273〕見《大學》經文，《四書章句集註》，鵝湖，頁4。
〔註274〕參見眞德秀，《西山先生眞文忠公文集》，卷十八，〈講筵手記〉，頁298。
〔註275〕見眞德秀，《大學衍義》，卷四，頁34。
〔註276〕見《尚書‧虞書‧大禹謨》，《十三經注疏》本，卷四，頁55。

人主欲學堯、舜，亦學此而已矣！先儒訓釋雖眾，獨朱熹之説最爲
精確。……惟平居莊敬自持，察一念之所從起，知其爲聲色臭味而
發，則用力克治，不使之滋長；知其爲仁義禮智而發，則一意持守，
不使之變遷。夫如是，則理欲常存，而物欲退聽，以之醻酢萬變，
無往而非中矣！〔註277〕

是人雖上智，不能無人心；雖下愚，不能無道心。惟平居「莊敬自持」，知其爲
仁、義、禮、智之善而發，則涵養之，使充廣；知其爲聲、色、臭味而發，則
用力克治，使不滋長。而禹之言：「安汝止，惟幾惟康。」〔註278〕者，蓋言在
念慮萌動之初、治安愉佚之際，以安其心之所止，此聖人養心之要法。〔註279〕
欲於念慮萌動之初以安其心，其法則爲莊敬自持，換言之，即「持心以敬」。蓋
「敬則萬善俱立」，「理爲之主」，〔註280〕觀夫〈曲禮〉曰：「毋不敬，儼若思，
安定辭，安民哉！」〔註281〕眞公德秀曰：「曲禮一篇，爲記禮之首，而毋不敬
一言，爲曲禮之首。蓋敬者，禮之綱領也。曰毋不敬者，謂身、心，內、外不
可使有一毫之不敬也。其容貌必端嚴而若思；其言辭必安定而不遽；以此臨民，
民其有不安者乎？」〔註282〕人主持心以敬，其身心內外無有不敬，以此臨民，
則無不安者矣！「敬」之一字，貫乎動、靜，眞公德秀論之曰：

然敬一也，而貫乎動靜，故有思、不思之異焉。七情未發，天理渾
然，此心之存，惟有持養。當是時也，無所事乎思。情之既發，淑
慝以分，幾微弗察，毫末千里，當是時也，始不容不思矣！

無思，所以立本；有思，所以致用。動靜相須，其功一也，然聖賢
所嚴，尤在於靜。深居燕處，怠肆易萌，操存之功，莫此爲要。曰：
毋不敬者，兼動靜而言也。曰：儼若思，則專以靜言矣！存靜之時，
何思何慮，而曰：若思，何也？猶鑑之明，雖未炤物，能炤之理無
時不存，心之虛靈，洞達內外，思慮未作，其理具全，正襟肅容，
儼焉弗動，而神明昭徹，若有思然，以身體之，意象自見，彼蒙莊
氏之説，則曰：形可使如搞（槁）木，心可使如死灰。夫吾之不思，

<hr>

〔註277〕見眞德秀，《大學衍義》，卷二，頁18～19。
〔註278〕見《尚書・夏書・益稷》，《十三經注疏》本，卷五，藝文，頁67。
〔註279〕參見眞德秀，《大學衍義》，卷二，頁19下半欄。
〔註280〕參見前「爲學之內容」(1)內聖方面德性領域之(3)持心以敬部分。
〔註281〕見《禮記・曲禮》上，《十三經注疏》本，卷一，藝文，頁12。
〔註282〕見眞德秀，《大學衍義》，卷二十八，頁237。

所以爲有思之地，而彼之不思，則欲委其心於無用焉，異端誤人，
每每如此。

使心而無用，則參贊化，貫通神明，何所本之，彌綸萬化，利澤千
祀，何所發之？故曰：寂然不動，感而遂通天下之故，論至聖人然
後亡弊。晉伯（按：眞德秀之友，姓曹氏。）其尚實體，于茲動靜
循環，無往非敬，則其有思者寂之感，其無思者感之寂，涵養功深，
久將自熟。〔註283〕

蓋敬兼動靜而言，動時心敬，靜時心亦敬，動、靜循環，而吾心則「無往非
敬」，若是之涵養也，久之自能「寂然不動，感而遂通天下之故。」然則，如
何而後可使敬於生活中求其實踐耶？眞公德秀曰：

予嘗聞之君子，蓋學問之道有三，曰：省察也，克治也，存養也，
是三者不容有一闕也。

夫學之治心者，猶其治疾然。省察焉者，視脈而知疾也；克治焉者，
用藥以去病也；而存養者，則又調虞愛護，以杜未形之疾者也。

今吾子於私意之萌，能察而知之，其亦可謂善學者矣，然知私意之爲
害，而未能勇以去之，是知疾之所由生，而憚於藥之治者也。昔者顏
子問仁於夫子，夫子以克己告之。克云者，戰勝攻取之謂，而非悠悠
玩愒之可言也。吾子誠欲絕其私意之萌，盍亦感勵奮發，如去蟊賊，
如殄寇讎，毋徒恃其知而已也。書曰：若藥弗瞑眩，厥疾弗瘳。夫瞑
眩所以愈疾，疾愈矣，然後和平之劑焉，此存養之功所以必繼於克治
之後也，然則亦有其要乎？曰：敬爲要。敬何所自始？曰：自戒懼謹
獨始。子歸取聖賢之書而熟復之，當有以知余言之非謬也。〔註284〕

蓋謂學治心者，平居之時，重省察、重涵養，一以敬持之，使無有不敬；若
夫察覺有一念之不善、有私意之萌動，即勇而克治之，以絕私意之萌，此顏
子「克己」之工也。尤於人所不見之獨處時爲甚，此聖人所以戒懼謹獨，而
大聖、大惡之所由分也。眞公曰：

夫堯、舜、禹、湯、文王，天下之大聖也，苗、扈、商、辛，天下
之大惡也，而其所以爲大聖、大惡之分者，敬、弗敬而已。〔註285〕

〔註283〕見眞德秀，《西山先生眞文忠公文集》，卷二十五，〈敬思齋記〉，頁385。
〔註284〕見眞德秀，《西山先生眞文忠公文集》，卷二十七，〈送朱擇善序〉，頁421。
〔註285〕見眞德秀，《大學衍義》，卷二十八，頁237～238。

又曰：

> 致中和，而天地位，萬物育。此參天地、贊化育之事也，可謂難矣。
> 然求其所以用功者，不過敬而已。蓋不睹不聞之時而戒懼者，敬也；
> 己所獨知，人所未知之時，而致謹者，亦敬也。靜時無不敬，即所
> 以致中；動時無不敬，即所以致和，爲人君者但當恪守一敬，靜時
> 以此涵養，動時以此省察，以此存天理，以此遏人欲，工夫到極處，
> 即所謂致中、致和，自然天地位，萬物育。……惟聖主深體力行之，
> 毋憚其難而不爲，則天下之幸也。〔註286〕

人主欲求參天地、贊化育，雖非易事，然亦有要，曰：敬而已矣！動時以此
省察，靜時以之涵養；以此存天理，以此遏人欲；萬眾之前若是，靜居獨處
時亦復如此。工夫做到極處，即所謂致中和，自然天地位而萬物育矣！程顥
有云：「敬是涵養一事，必有事焉，須用集義。只知用敬，不知集義，卻是都
無事也。」〔註287〕是知涵養須用敬，敬須集義，以之存天理，以之去人欲，
使心無時不敬，無時不存乎天理也。

以上就德性方面言之，人主須愼思、明辨意念始動之際，心意初萌之時。
若有不善，即克去之；若無不善，則操持之，不使有不敬。所謂誠者，眞實
無妄之謂。心不使有一毫之不敬，動、靜、云、爲之際，不使有一毫之不眞
實，又必集義以涵養之，使無時無刻不在存天理，不在去人欲，則天理全而
人欲泯，致中和而萬物育，此人主爲學、修身之極至也。次就認知方面言之。

人主不明經，則不知道；不明道，則無以正心而修身，故眞公德秀曰：「蓋
人君不明經、不知道，則無以正心而修身。」〔註288〕人主欲明堯、舜、三王
之道，欲通六經、孔、孟之言，須從博學入手。《中庸》所言之博學、審問、
愼思、明辨、篤行，皆其要法也。《易經·大畜》有言：「君子以多識前言往
行，以畜其德。」（唐）孔穎達正義曰：「……故多記識前代之言，往賢之行，
使多聞、多見，以畜積己德。」〔註289〕欲多記識古聖先賢之言行，博學乃最
佳之方法。顏淵之言「博我以文」者，足見孔子傳授之以文也；傅說之語商
高宗以「王人求多聞」者，亦謂人君博學以多聞之事也。子夏有言：「博學而

〔註286〕見眞德秀，《大學衍義》，卷十一，頁93～94。
〔註287〕見《近思錄集解》，朱熹編，（清）張伯行集解，世界，卷二，頁62。
〔註288〕見眞德秀，《大學衍義》，卷三，頁29。
〔註289〕見《周易·大畜·象辭》，《十三經注疏》本，卷三，藝文，頁68。

篤志，切問而近思，仁在其中矣！」〔註290〕（宋）程顥曰：「學不博，則不能守約。志不篤，則不能力行。切問、近思在己者，則仁在其中矣！」宋蘇軾曰：「博學而志不篤，則大而無成；泛問遠思，則勞而無功。」〔註291〕蓋謂博以學之，窮其理也；立志誠篤，專其務也；所問至切，辨其真也；就近而思，繹其要也。心常存而思不雜，功無間則理自熟，仁在其中矣！〔註292〕至若篤行，尤為重要，蓋知識之真偽，非記憶中事，唯訴諸實驗。由實際驗證中始克辨其真、偽，窺其旨要，否則記誦雖多，又何貴乎學耶？真公德秀有言：

> 夫忠信篤敬，學者立德之基；剛毅木訥，學者任重之實。而辭章華縟，特藻飾之靡爾；聖門教人，具有本末。故曰：行有餘力，則以學文。亦何異基址之固，而后棟樑可施；棟樑之安，而后丹雘可設也。蓋繕修一役耳，而為學之理具焉。
>
> 自是推之，則凡天下之事事物物，即器而道已存，由粗而精可見，知至之功不難進矣！
>
> 雖然，學豈徒知而已，蓋學聚問辨，而必以居行繼之；博學審問，而必以篤行終焉。斷斷乎不易之序也。
>
> 易、中庸之指不明，學者始以口耳為學，講論、踐履析為二致，至其甚也，以利欲之心，求理義之學；以理義之說，文利欲之私，而去道愈邈矣！〔註293〕

古聖先賢之教人，具有本末。忠信篤敬，為立德之基，藻飾辭章，蓋末事耳；雖然，亦有其法也。學聚問辨之餘，必以力行繼之，不徒聞知而已；博學審問之後，必以篤行成之；此講論、踐履一致，知之與行，原本不分，由來已久。若析而為二，則去道愈邈必矣！真公德秀〈講筵卷子〉有云：

> 程顥嘗謂：格物亦非一端，如：或讀書講明道義，或論古今人物，而別其是非，或應接事物，而處其當否，皆窮理也。而朱熹又謂：或考之事為之著，或察之念慮之微，或求之文字之中，或索之講論之際，其說尤備。蓋自吾一身之中，以至萬事萬物，莫不有理，皆所當窮，然非日積月累之功，未易各造其極也。臣願自今經筵講讀

〔註290〕見《論語・子張》，《四書章句集註》，鵝湖，頁189。

〔註291〕兩則引見《論語・子張》，朱熹，《四書集註》，學海，頁186。

〔註292〕參見《近思錄集解》，朱熹編、（清）張伯行集解，卷二，頁55。

〔註293〕見真德秀，《西山先生真文忠公文集》，卷二十六，〈建寧府重修府學記〉，頁401。

之際，有切於身心、關於政治者，時發玉音，質問所疑，俾臣等得
悉心以對，如有未諭，即乞再三詰難，必　聖心洞然無疑而後已，
退居深宮，又必優游玩索其理之所以然，俾之融會貫通，表裏澄澈，
如此則日就月將，緝熙光明，其益不少矣。〔註294〕

眞公之意，蓋謂：認知方面，宜讀書以講明道義；德性方面，取史書論古今
人物，以別其是非；能力方面，由實際應對進退中，以觀其所處是否適當。
自吾一身，至於天下萬事萬物，莫不有理，其理皆須深究，人主宜就切於身
心，關乎政治者，多加研討；若有疑問，再三詰難；退居燕遊，復須玩索其
理，以求融會貫通；務使內外朗澈，理無不明；繼之以日積月累之功，恆心、
耐心之后，以期克竟爲學之全功也。

　至若技能（能力）方面，人主思欲使其言行舉止爲人臣典範，態度儀表
皆卿士之極則；欲有知人之能，善任之實，待眾以寬，而不苛察；欲勤敏處
理政治、經濟、教育、國防等百端事務，而能得其當；欲接物以理，而不沈
溺聲色財貨，凡此等等，皆須於未即位前，告授諄諄；燕居之餘，模擬演示；
並使其至殿上聽事堂中實地觀摩；課餘反覆演練，加以檢討改進，始克「融
會貫通，表裏澄澈。」眞公德秀有言：

人君以一身應天下之務，苟不知道之大原，而欲隨事隨物以應之，
各當其理，難矣。故忠恕者，人君應萬務之本也。聖明在上，誠能
即先儒之說，深窮其指，而力行之，則一心可以宰萬物，一理可以
貫萬事，而聖門之功用在我矣。〔註295〕

人君由應萬事而皆欲求其當，委實不易；然亦有其要，蓋在忠恕也。忠者盡
己，恕者及人。盡己者，凡人君所應盡之責任，所應爲之事物，所宜知之知
識，所宜有之德性，莫不盡己之力以求之，使宜有之德性，宜知之知識，宜
熟之技術（能力）無不純熟。而後推以及人，由家而國，以化成天下。然欲
至純熟，則必「念終始，典于學。」「遜志，務時敏。」〔註296〕「學而時習之」
「溫故而知新」〔註297〕必如是，始克融會貫通之，將所學於動靜云爲之際加

〔註294〕見眞德秀，《西山先生眞文忠公文集》，卷十八，〈講筵卷子·大學格物致知章〉，
　　　　頁286～287。
〔註295〕見眞德秀，《大學衍義》，卷十一，頁91～92。
〔註296〕見《尚書·商書·說命》下，《十三經注疏》本，卷十，藝文，頁142。
〔註297〕前句見《論語·學而》，《四書章句集註》，鵝湖，頁47；後句見〈爲政〉，見
　　　　同書頁57。

以呈現，技術（能力）方面，不僅純熟，更須有創新，以至於談笑之間，舉手投足之際，即可指揮若定，處理天下大事，若無事然。其欲垂拱而治，不亦庶幾至矣乎。

乙、團體研討方面

　　人主之爲學，捨個人進修外，尚有團體研討之方法。此所謂團體研討之學習方法，乃指數人群聚一處，針對某一問題，各自發表己見，相互質疑問難，由研討中以獲得一更接近事實眞象之結果之研討方法。與個人學習，偏重由教師作單向之講授者有別。觀之於漢光武帝之受《尚書》也，通大義，每朝會，帝令桓榮敷奏經義，數稱善。每旦視朝，日昃乃罷，數引公卿郎將講論經理，夜分乃寐。太子見帝勤勞不怠，勸以優游自寧，以頤愛精神。帝曰：我自樂此，不爲疲也。〔註298〕此漢光武帝群聚公卿郎將「講論經理」，研討經義，參與人員有公卿，有武將，會聚各方面之人才於一堂，彼此各以所長交換學習心得，此與今日教育上之重大改革有關者有二；〔註299〕其一爲創造性教學，其二爲科際之整合。所謂創造性教學乃強調思想之啓發，思辨之重視，引發創造、發明之教學方式。爲達於啓發學生思考，激勵學生創造，須安排各種刺激情境，透過參與學習之各學者彼此提供並不相同，甚或截然相異之意見，相互激勵，以求得思想上之最大刺激，進而從各個不同之意見中，以尋求一更合理、更接近事實眞象之研究、學習方法。而此方法，於團體之講習討論中實施，最見效益，此漢光武帝引公卿郎將講論經理之合於今日教育上之重大改革者一也。所謂「科際整合」乃是使各個不同科別之學者會聚一堂，針對同一問題提出各自之意見，以期突破學科偏執與門戶之窠臼，避免因分工太細，所造成之狹隘、分離等各種弊端，而獲致整體性、廣角度、多元化之研討結果。自民國七十五年元月，行政院召開全國第三次科技會議，提出「繼續加強科際整合型研究」暨「推動科際整合以加強科技人才之培育」等諸項議題，並由教育部會同國科會研訂「推動科際整合教育工作計劃草案」，準備透過「設備整合」、「研究群形成」、「學系整合」、「研究所整合」、「學程設立」、及「領域交流」等六大步驟，從七十六會計年度起，分兩期共八年，

〔註298〕見眞德秀，《大學衍義》，卷四，頁30。

〔註299〕所謂重大改革，係謂近二、三十年間，中國臺灣教育界中受到升學聯招之壓力，教學上過於偏重知識之灌輸。近年來，於臺北市教育局前局長毛連塭、教育界學者陳龍安等人之大力提倡下，強調思考、創造之重要性，所引發之教學改革而言。

逐一施行。〔註 300〕而其實施方法中，透過學術研討，以促進觀念溝通，即爲重要之方式。學術研討中，會聚各領域、各學科之專家、學者於一堂，共同針對同一問題發表意見，於思想上所造成之激發，效益尤大。而漢光武帝能會聚文武百官，徵引公卿郎將，群聚一堂，以講論經理，辨析經義，此與今日教育上之重大改革相合者也。由討論講習中，以訓練學者之思辨能力、歸納能力、演繹能力，分析、綜合能力，發表能力，及參與、主持討論會議之諸項能力，以爲日後執政之基礎，此漢光武帝之大有功於後學者也。而〈仲虺之誥〉有言：「好問則裕，自用則小。」（漢）孔安國注云：「問則有得，所以足；不問專固，所以小。」〔註 301〕蓋唯多問於人，則所得乃多，此與群聚一堂以研討同功。眞公德秀之美漢光武帝曰：「光武早爲儒生，及即位，孜孜經術又如此，宜其光復舊物，身致升平，視少康、周宣蓋庶幾焉。」〔註 302〕光武帝能致升平之治，乃勤勉經術，數引公卿郎將以「講論經理」有以致之也，人主於此，在學習方法方面，宜知所取法。又如唐太宗銳情經術，即王府開文學館，召名儒十八人爲學士，與議天下事。既即位，殿左置洪文館，悉引內學士番宿更休，聽朝之間，則與討古今，道前王所以成敗，或日昃夜艾，未嘗少怠。〔註 303〕觀唐太宗於學習方面，可謂善於運用團體研討之方法矣！於殿左置洪文館，網羅天下飽學之士，安置其中，番宿更休，利用聽朝之間，與之商討古今大事，窮究前王何以興、何以成，何以衰、何以敗之因

〔註 300〕參見民國 75 年 11 月 15 日聯合報二版；暨「人文教育十二講」司琦先生之後記，教育部人文及社會學科教育指導委員會主編，三民書局印，頁 179～180。（民國 76 年 7 月）爲促進學科之整合，教育部於民國 74 年 11 月 29日召開「人文及社會學科教育指導委員會」第一次指導委員會議，並於民國 75 年 2 月正式公布設置要點並成立該會，聘請劉眞、賈馥茗……等先生擔任人文學科教育指導委員會之指導委員，聘請李鍌老師、黃錦鋐老師、張芳杰院長……等人擔任人文學科研究委員會下各學科之主持人。國立臺灣師範大學與中華民國科際整合研究會聯合主辦之「民國 76 年（1987）科際整合研討會 —— 我國人文社會教育科際整合的現況與展望」於民國 76年 8 月 20、21 兩日假師大綜合大樓國際會議廳召開，即爲響應科際整合政策之重要國內學術研討會。本人有幸，在該研討會論文組總召集人：黃錦鋐老師、王熙元老師，人文組召集人李鍌老師之指導下，自始至終，參與該研討會之籌備工作，並發表論文乙篇，該研討會有會前論文集三冊印出（民國 76 年 8 月）。

〔註 301〕見《尚書・商書・仲虺之誥》，卷八，藝文，頁 112。

〔註 302〕見眞德秀，《大學衍義》，卷四，頁 30。

〔註 303〕見眞德秀，《大學衍義》，卷四，頁 31 下。

由，以爲治國、理事之取法，斷公議、處要務之鑑戒。唐太宗能匯聚天下士數十百人智慧、經驗之結晶，終成有唐貞觀之盛世，一則以其好學，一則亦以能妥善運用團體研討之方法有以致之。眞公德秀美之，曰：「後世人主之好學者，莫如唐太宗。當戰攻未息之餘，已留情於經術，召名儒爲學士，以講摩之，此三代以下所無也。既即位，置洪文館於殿側，引內學士番宿更休，聽朝之暇，與討古今，論成敗。或日昃夜艾，未嘗少怠，此又三代以下之所無也。……此所以致貞觀之治也。」〔註304〕眞公之美唐太宗，謂其留心經術，召天下名儒以講習研討之，此三代以下所無者一也；即位後置洪文館於殿側，引天下博學碩儒於其中，聽政之暇，與之討論古今，議定成敗之故，以爲取法，勤勞不怠，此三代以下所無者二也。由是觀之，人主之欲匯聚天下博學碩儒之智識於一身，以爲修身、治國之依據，用保子孫萬世不朽之基業，實有賴於取則團體之研討法也。眞公德秀於此法之講論，可謂深切矣！觀其進講理宗之際，有〈講筵手記〉，其言曰：

> 又讀章句云：學謂講習討論之事，自修者省察克治之功，奏云：如陛下日御經筵，與儒者講論經史，此所謂講習討論也。若只說過便了，何益於事，須是退而省察：吾之言行有無未善，吾之過失，有無當改，其合克去，此即孔子所謂克己也。學與自修二事，相爲表裏，不學問，固不能自修；學問了，又不可不自修。〔註305〕

謂人主日御經筵，與博學碩儒講習討論經史，不僅此也，復須退而省察，勉求深體力行，以確實踐履；其於修身有過，則克去之；於所聞見，有疑則復講習討論之。講習討論與踐履篤行雖是二事，然兩者相爲表裏，不可只顧講習討論，而遺其踐履篤行之實也。眞公之見，尤爲精闢，有（宋）程頤有言：「博學之，審問之，愼思之，明辨之，篤行之。五者廢其一，非學也。」蓋學、問、思、辨在先，篤行在後；始者由學、問、思、辨以入，及其終也，則以行之篤爲歸宿之地。古今爲學，不能出此五者。〔註306〕眞公得其要矣！

（6）成學之要

　　人主爲學之法，已如上述。或云：若是即可成學乎？人君欲成其學，其

〔註304〕見眞德秀，《大學衍義》，卷四，頁32。
〔註305〕見眞德秀，《西山先生眞文忠公文集》，卷十八，〈講筵手記〉，二十六日進讀止至善節，頁298。
〔註306〕參見《近思錄集解》，世界，卷二，頁66～67，伊川語及（清）張伯行集解。

法固如前所述，然此爲其始基也。欲求至於聖王之境，使夫思慮云爲之際，莫非是理；言行舉止，與理爲一，斯者爲學之極至。究其法，則亦有要焉。

其一，文武兼修。人君所須學者既多，而所欲處理之事又復博雜。而欲學之智力、欲從事之體力皆植基於強健之體魄上，由是鍛鍊強健體魄，維持健康身軀，實爲首要之務。觀之於禹之治滔天洪水也，「予乘四載，隨山刊木。」「予決九川，距四海，濬畎澮，距川。」「懋遷有無化居，烝民乃粒，萬邦作乂。」（唐）孔穎達疏曰：「我乘舟、車、輴、樏等四種之載，隨其所往之山，槎木通道而治之。……我又通決九州名川，通之至於四海，深其畎澮，以至於川水漸除矣！……又勸勉天下，徙有之無，交易其所居積，於是天下眾人乃皆得米粒之食，萬國由此爲治理之政。」〔註307〕禹之能乘車、舟等交通工具，翻山越領，划木通道以治水，濬其溝渠，通其溪流，以至於四海，若此，非有強健身軀，不可爲也。而周武王之勝殷殺紂；漢高祖之誅暴秦，滅項羽；唐太宗之取孤隋，攘群盜，〔註308〕凡此皆非體弱多病之人君所能竟其功者，而我國儒家特重修身，修身務須端本，其本在心。正確、積極、樂觀之健康心理，則植基於健全之身軀，此今日多數心理學者所同意，而亙古以來不易之眞理也。由是人君思欲成學，思欲成己、成物，必植基於健全之體魄上，而欲有健全之體魄，則仰賴平素之所學，能文武兼修，德術兼備；唯有允文允武之聖主，始克竟其治國、平天下之全功也。

其二，勤勉戮力，孳孳不息。「克勤于邦」〔註309〕此禹治國之勤勉也，治國勤勉，以見邦治；則爲學之欲有成，亦必賴乎此也。「務時敏」者，此傅說之勉於殷高宗也；〔註310〕「彊勉學問」、「彊勉行道」者，此董仲舒之答於漢武帝也；〔註311〕「日昃夜艾，未嘗少怠。」此唐太宗之勤勉於學也；「人一能之，己百之；人十能之，己千之者，彊勉之謂也。」〔註312〕此眞公德秀引《中庸》語以申彊勉力學，孳孳不息，當十倍於人者也。《易經‧乾卦‧象辭》曰：「天行健，君子以自強不息。」（唐）孔穎達疏曰：「天行健者，謂天體之行，晝夜不息，周而復始，无時虧退。……言君子之人，

〔註307〕見《尚書‧夏書‧益稷》，《十三經注疏》本，卷五，藝文，頁66。
〔註308〕參見眞德秀，《大學衍義》，卷一，頁18。
〔註309〕見《尚書‧虞書‧大禹謨》，《十三經注疏》本，卷四，藝文，頁55。
〔註310〕傅說語見《尚書‧商書‧說命》下，《十三經注疏》本，卷十，頁142。
〔註311〕董仲舒語見《漢書‧董仲舒列傳》，卷五十六，藝文，頁1164。
〔註312〕見《中庸》二十章，《四書章句集註》，鵝湖，頁31。

用此卦象，自彊勉力，不有止息。」﹝註313﹞天體運行，無時虧退，人主法天，自強不已，勤勉不息，不宜有絲毫之懈怠也。人主欲求成功，唯法古聖先王之教，勤勉黽力，孳孳不息而後可也。若夫「始勤而終怠，始敬而終肆，以一出一入之心，為或作或輟之事。」﹝註314﹞則何克冀其德之日新，學業之有成耶？此古聖先賢所以以「自強」不息，以勤敏、彊勉勉於後人者也。真公德秀有云：「學者姑即盡己之義而求之，則體立用行，所謂大本達道者從可識矣！」﹝註315﹞蓋謂：學者須全盡一己之力，勤勉以求之也。真公又謂：

> 雖然，士之於學豈直處庠序為然哉？雞鳴夙興，嚮晦宴息，皆學之時；微而暗室屋漏，顯而鄉黨朝廷，皆學之地；動容周旋、洒掃應對，皆學之事。知無時之非學，則晝而有為，夜而計過者，其敢懈；知無地之非學，則警於冥冥，惕於未形者，其敢忽；知無事之非學，則矜細行、勤小物者其敢或遺。教雖非古，而吾之存心養性，以希聖賢者，未嘗不古也。若夫足踐黌舍之閾，口吟課試之文，而曰：
> 吾之學如是而止，則非愚所敢知。﹝註316﹞

人之學也，非僅於庠序中可學。黎明即起，入夜宴息，無一非學之時；顯而殿堂宮庭，微而暗室屋漏，無一非學之地；自揖讓周旋，至於洒掃烹茶，無一非學之事。知無時之非學，則時刻分秒，豈敢有懈；知無事之非學，則思慮云為，豈敢或忽；知無地之非學，則馬上車中，豈敢有遺。能若是以孳孳於學，可云勤勉也矣！

其三，成學養心之要。人君欲致成學，其於養心之要，不可不知也。所宜留意者，厥有數端，茲分敘如后。

1. 熱心：熱心乃發展一切事務之動力，完成一切活動之根基。觀周武王即位已十三年矣，猶能勤勉不息，而訪箕子以治國之大法，蓋為熱心奔走國事，為民謀福利有以致之；殷高宗之既得傅說也，命之繼成甘盤之業，以竟其學，蓋亦高宗有學之之熱心，時思有以卒其業，既得傅說，遂亟命之以續也。今俗所云「哀莫大於心死」者，蓋謂既無此熱心，則任何事物皆不克有

﹝註313﹞見《周易‧乾卦‧象辭》，《十三經注疏》本，卷一，藝文，頁11～12。
﹝註314﹞真德秀語、見《大學衍義》，卷二，頁21。
﹝註315﹞見真德秀，《西山先生真文忠公文集》，卷二十六，〈建陽縣學四君子祠記〉，頁403。
﹝註316﹞見真德秀，《西山先生真文忠公文集》，卷二十五，〈政和縣修學記〉，頁400。

成，此哀之莫大者也。《中庸》之言「至誠無息」〔註317〕者，竊以爲此誠字可解作：熱心。蓋唯極其熱心，極富有古道熱腸之同情心，最能呈現永不息止之情狀；若此熱心，不能達於極至，則亦將始勤終怠，不克「無息」而已。

2. 愛心：今之從事教育工作者，必日需具備三心。所謂三心，乃指熱心、愛心與耐心也。蓋欲從事作育英才、教導於後學者，必欲具備此三要件始克有以教誨、感化於受學之人。而人君者，由立人極以化民成俗，蓋亦推其仁者之心，以愛天下之人而已。孟子之言：「不嗜殺人者能一之」、「保民而王」〔註318〕蓋言人君能以仁心以愛天下之民，保護人民若愛其子女，則其王天下必矣！此人君欲臻聖王之境，必欲有此仁愛之心也。

3. 虛心：人主唯有虛心，始克察納雅言；欲求成學，亦唯虛心，始能學習六經、孔、孟之說，先聖先王之告命遺訓。仲虺之告戒成湯曰：「能自得師者王，謂人莫己若者亡；好問則裕，自用則小。」〔註319〕眞公德秀曰：

> 道備於身而無闕，則法垂於後而有餘。然必不恃己之善以資夫人之善，乃可以興；反是則危亡之道也。虛心好問，則天下之善皆歸於我，豈不裕乎？矜能自任，則一己之善其與幾何？豈不小乎？成湯聖人也，而仲虺勉之以學，丁寧切至，有如此者。後之人主，可不深味其言！〔註320〕

以成湯之聖，仲虺猶勉以「好問」，蓋唯「虛心」好問，諮諏善道，天下之善始克歸於我有，此淵深博厚之基也。唯有虛心，始能物無不包，事無不容，以成其遠大，眞公德秀《心經》錄程頤之視箴曰：「心兮本虛，應物無迹。」〔註321〕蓋心體本虛，一片空虛，可以應物，而無迹可尋也。此亦即前文所云程顥之「大其心使開闊」之「大其心」；張載之「大其心，則能體天下之物。」、「心大，則百物皆通。」之「大其心」、「心大」。朱熹有言：「須是心廣大似這箇，方包裹得過，運動得行。」又言：

> △「虛心順理」，學者當守此四字。

〔註317〕見《中庸》，二十六章，《四書章句集註》，鵝湖，頁34。
〔註318〕見《孟子·梁惠王》上，《四書章句集註》，卷一，頁206～207。
〔註319〕見《尚書·商書·仲虺之誥》，商書，《十三經注疏》本，卷八，藝文，頁112。
〔註320〕見眞德秀，《大學衍義》，卷二，頁20。
〔註321〕見眞德秀撰、(明)程敏政註、(日)荒木見悟解題之「《心經附註》」(後同此本，不另註明。)，卷四，中文出版社，頁224。程頤視箴另見於《近思錄集解》，世界，卷五，頁167。

△窮理以虛心靜慮爲本。

△虛心觀理。

△讀書，放寬著心，道理自會出來，若憂愁迫切，道理終無緣得出來。

△讀書須是虛心切己。虛心，方能得聖賢意；切己，則聖賢之言不爲
　虛說。

△看文字須是虛心。莫先立己意，少刻多錯了。

△聖賢言語，當虛心看，不可先自立說去撐拄，便喎斜了。

△凡看書，須虛心看，不要先立說。

△大抵義理，須是且虛心隨他本文正意看。

△讀書過難處，且須虛心搜討意思。

△放寬心，以他說看他說。以物觀物，無以己觀物。

△問讀諸經之法。曰：亦無法，只是虛心平讀去。〔註322〕

朱子所言「虛心」、「放寬著心」、「放寬心」皆是心體虛明，一片空虛，始可
以應物、而不執著；於事無不容，於物無不包，此與眞公德秀所言之「虛心」
同義，故錄之，以爲佐證。人之爲學，欲成其遠大，必奠基於此。

　　4. 定心：《大學》有言：「知止而后有定」，此所謂定心，即指此而言，其
意宜兼知止而說，蓋不知所止，則心茫然無所歸向，又何以定之耶？而所止
亦必儒家仁政郅治，孔、孟之至善也。孔子之言「思無邪」，〔註323〕即謂所思
無不正；爲學欲求定心，即當如此。眞公德秀《心經》錄大學之言曰：「身有
所忿懥，則不得其正；有所恐懼，則不得其正；有所好樂，則不得其正；有
所憂患，則不得其正。」，〔註324〕所思或忿懥、或憂患，心或存恐懼，或存好
樂，則不得其正必矣！心不得其正，何以定其心乎？此爲學之以游移其心爲
大忌也。定心亦有其要，眞公德秀《大學集編》有云：「能知所正，則方寸之
間，事事物物皆有定理矣！」又言：「定以理言，故曰有。」又曰：「定靜之
說，定是理。」〔註325〕又言：「須是灼然知得物理當止之處，心自會定。」〔註

〔註322〕以上所引諸條，見於朱熹，《朱子語類》，文津出版社，卷八，頁 143～卷十
　　　　一，頁 187。

〔註323〕見《論語・爲政》，《四書章句集註》，鵝湖，頁 53。

〔註324〕見眞德秀撰，《心經附註》，卷二，中文，頁 92。

〔註325〕所引並見眞德秀，《大學集編》，《通志堂經解》本，（清）徐乾學輯、（清）納
　　　　蘭成德校訂，（後同此本，不另註明。）漢京文化事業有限公司印，冊三七，
　　　　頁 21057 上。

〔註326〕見眞德秀，《大學集編》，通志堂本，漢京，頁 21057 下。

326〕蓋言心知至善之所止，心知事事物物之理至善之處，則心自定，是爲定心。爲學必知至善之所止；而後立其心志，以向往之，其心始克有定也。

5. 靜心：《大學》曰：「定而后能靜。」眞公德秀《大學集編》曰：「理既有定，則無以動其心，而能靜矣！」又曰：「靜，以心言，故曰能。」又曰：「定靜之說，……靜在心；既定於理，心便會靜；若不定於理，則此心只是東走西走。」「靜，是就心上說。」〔註327〕蓋言心能知至善之所當止之理，而立定其心志矣，則其心始克能靜，否則，心無所主，游移不決，如何能靜耶？程顥有言：「性靜者可以爲學。」，〔註328〕蓋以心性浮動者，難以深思遠慮，所學入乎耳，出乎口，無以著於其心，不易有成也。

6. 安心：《大學》云：「靜而后能安。」所謂安，即眞公德秀所言「無所勉強」、「出乎自然，不待用力。」〔註329〕之意，安心即謂心能自然安適，無臬兀、紛擾之情狀。眞公德秀《大學集編》曰：「安，只是無臬兀之意，才不紛擾便安。」又曰：「安，是就身上說。」「能安者，以地位言之也。在此則此安，在彼則彼安，在富貴亦安，在貧賤亦安。」「能安者，隨所處而安，無所擇地而安。」〔註330〕是謂身處宮庭亦安，身處鄉野亦安；隨其所處，無所不安；則無論清晨、黃昏，甚或黑夜，皆無不安也。

然則定靜安無以別乎？眞公《大學集編》曰：「大學定靜安頗相似。定謂所止，各有定理；靜謂遇物來能不動；安謂隨所寓而安，安蓋深於靜也。」〔註331〕蓋定乃就心之明止於至善之理而言，靜就心能遇物不游移而言，安則更深於靜，心能隨所處而無所不安也。

7. 慮心：《大學》言：「安而后能慮，慮而后能得。」所謂慮，是指心能詳審思考、精密思慮而言。眞公德秀《大學集編》曰：「慮，是思之重復詳審者。」「慮，是研幾。」「能慮，是見於應事處能慮。」又曰：「先是自家心安了，有些事來，方始思量，區處得當。如今人先是自家這裏鶻突了，到事來便都區處不下，既欲爲此，又欲若彼；既欲爲東，又欲向西，便是不能慮。」〔註332〕言人欲求詳審思考，以求將所遇之事物作妥善之處理，必得「自家心安了」，始克

〔註327〕見眞德秀，《大學集編》，通志堂本，漢京，頁21057上。
〔註328〕見《近思錄集解》，世界，卷二，頁66。
〔註329〕見眞德秀解〈堯典〉：「欽明文恩安安」句，《大學衍義》，卷一，頁11。
〔註330〕見眞德秀，《大學集編》，通志堂本，漢京，頁21057上。
〔註331〕見同前註330。
〔註332〕見同前註330。

如是。人心能慮，極爲緊要，眞公《大學集編》曰：「能慮却是緊要。……若徒知這個道理，至於事親之際，爲私欲所汨，不能盡其孝；事君之際，爲利祿所汨，不能盡其忠，這便不是能得矣！能慮是見得此事合當如此，便如此做。」〔註333〕一切事物之處理，得當與否，全在此心之詳審思考，精密思慮，而後做一最妥善之判斷，以付諸實際行動。故所有作爲之得與失，莫不與「能慮」有密切關係。朱熹所謂「讀一遍了，又思量一遍；思量一遍，又讀一遍。」〔註334〕之「思量」，即所謂能慮；朱氏又言：「讀書著意玩味，方見得義理從文字中迸出。」〔註335〕所謂著意玩味，即是用心體會、踐履。唯有從認眞思慮中，始克體認、領會、闡發出許多義理也。

人「心」之能詳審思考、精密思慮，乃宇宙進化之根源，人類進步之始基，而知識創生之本原也。近代生理學、病理學等方面對人體之研究，已經證實：人類之「大腦是人類行爲的重要樞紐」，它由「對稱的左右兩半球所構成」，〔註336〕「每個腦半球的皮質（cortex）經分化爲不同的思想處理型式。」「右腦半球司形像（Images）的思考，而左半球則司文字的思考。」「右腦半球是專司創造思想的地方。」〔註337〕「左半腦的功能偏向聚斂式思考，右半腦則偏向輻射式思考。」左半腦有歸納之思考功能，重理性；右半腦有演繹之思考功能，重感性。〔註338〕林氏於其〈大腦半球功能之研究與資優教育〉一文中謂：「根據腦波研究的結果，右半腦的功能多在鬆馳狀態（theta 與 alpha）下產生，因此如何提供學生安全而自然地自由聯想創造的機會，就成爲創造性教學中一項重要

〔註333〕見同前註330。
〔註334〕見（宋）黎靖德編，《朱子語類》，卷十，文津，頁170。
〔註335〕見同前書，《朱子語類》，頁173。
〔註336〕並見林幸台，〈大腦半球功能之研究與資優教育〉。《資優教育季刊》，民國71年6月，第六期，頁30。
〔註337〕兩則同見於莊嘉坤譯，〈訓練兒童用右腦半球思考問題〉。刊於國教天地，二十九期，民國67年10月，頁36。
〔註338〕參見林幸台，〈大腦半球功能之研究與資優教育〉。《資優教育季刊》，民國71年6月，第六期，頁31～32；吳武典、蔡崇建於第六屆世界資優教育會議（民國74年9月）聯合發表之「國中資優學生的認知方式與學習方式之探討」，刊於《特殊教育研究學刊》，師大特殊教育中心，民國75年6月，第二期，頁219～223；蔡崇建，「《大腦半球功能分化、大腦優勢、眼球輻輳行爲與高創造力資優學生的鑑定》」，《資優教育季刊》，民國72年10月，第十期，頁20～22；梁培勇譯，「大腦及左利者──行爲神經學之父蓋屈文」，《張老師月刊》，一〇五期，民國75年9月，頁51～54；蔡崇建譯、暗藏玄機的兩性大腦，《張老師月刊》，一〇五期，頁55～57。

課題。」〔註339〕學者於安全而自然之情況下，精神鬆馳之狀態中，從事自由聯想，以創造新事物。此正與我國《大學》一書所言人心思考、創獲之歷程「定而后能靜，靜而后能安，安而后能慮，慮而后能得。」完全吻合。所異者爲我國儒家稱思考之主題爲「心」，而今之學者稱「大腦」而已。大腦具有思考、創造之功能，〔註340〕今人陳龍安博士於其〈探討心靈空間的奧秘，擴展內在思考的領域〉一文中云：「創造力是人類進步發展和建立無限富足社會的原動力。英國科學家赫勒曾指出：『今日不重視創造思考能力的國家，明日即將淪爲落後國家而蒙羞。』」〔註341〕人類欲求進步，欲求發展，自當充分發揮人類天賦大腦之創造力，亦即充分發揮人心詳審、精密之思考能力。人之爲學，欲求充分成功，亦必需其心之「能慮」也，蓋唯能慮而後始克有得。

至若定、靜、安、慮數者之關係，眞公德秀之《大學集編》言之詳矣，其言曰：「能知所止，則方寸之間，事事物物皆有定理矣！理既有定，則無以動其心而能靜矣！心既能靜，則無所擇於地，而能安矣！能安則日用之間，從容閒暇，事至物來，有以揆之，而能慮矣！能慮則隨事觀理，極深研幾，無不各得其所止之地而止之矣！」〔註342〕人主欲求所學有所得，必於此乎用力也。

8. 細心：所謂細，乃指仔細、細密而言。人主於所學之內容能作精密之思考，仔細之計慮，則何者爲眞，何者爲非眞，必當有深入之創獲，良好之成果，故朱熹云：「愈細密，愈廣大；愈謹確，愈高明。」〔註343〕即有見於此。朱熹又言：「讀書，只恁逐段子細看。」「又有一等敏銳底人，多不肯子細，易得有忽略之意，不可不戒。」〔註344〕所言「子細」，即是此意。眞公德秀以爲西漢唯董仲舒之學純乎孔孟，試觀董氏之告於漢武帝曰：「詩云：惟此文王，小心翼翼。故堯兢兢，日行其道；而舜業業，日致其孝。」〔註345〕此中所謂「翼翼」、「兢兢」、「業業」，均謂致力於小心、謹愼，則所爲始克有成。人君欲求學有所成，亦必思有以細心也。

9. 專心：觀舜之告禹：「惟精惟一」，朱熹曰：「惟一者，有首有尾，專一

〔註339〕刊於《資優教育季刊》，民國71年6月，第六期，頁33。

〔註340〕參見蔡崇建，〈大腦半球功能分化、大腦優勢、眼球輻輳行爲與高創造力資優學生的鑑定〉，《資優教育季刊》，民國72年10月，第十期，頁20。

〔註341〕刊於《資優教育季刊》，民國73年5月，第十二期，頁41。

〔註342〕見眞德秀，《大學集編》，通志堂本，漢京，頁21057上。

〔註343〕見（宋）黎靖德編，《朱子語類》，卷八，文津，頁144。

〔註344〕兩則見《朱子語類》，卷十，文津，頁166，172。

〔註345〕見《漢書·董仲舒列傳》，卷五十六，藝文，頁1170。

也。」又曰：「誠篤確固，乃能純一而無間。」「惟一，是行處不雜。」〔註346〕所謂專心，即謂用心專一、不雜，誠篤確固之意。傳說之告於高宗：「念終始典于學」，眞公德秀曰：「高宗於此，尤當自力，必也一念終始，常在於學，無少間斷。」〔註347〕所謂「一念」，即指用心專一而言；所言無少間斷，則謂恆心也，眞公德秀《心經》錄朱子敬齋箴曰：「弗參以三，惟心惟一。」〔註348〕所云「惟心惟一」，即謂用心專一也，蓋用心專一，始克成其大，始能奏其全功。朱子之言：「讀書須是專一。」又言：「人心不在軀殼裏，如何讀得聖人之書。」「人做功課，若不專一，東看西看，則此心先已散漫了，如何看得道理出。」〔註349〕不能專心，如何領悟出其中眞義？朱子之言是也。

　10. 恆心：爲學須有始有終，「無少間斷」，始克有成。《大學》：湯之盤銘曰：「苟日新，日日新，又日新。」日日新新不已，君子自強不息。眞公德秀曰：「先儒謂：人之學不日進則日退，故德不可以不日新、不日新者不一害之也。……終始之間，常一不變，則德日以新矣！」〔註350〕終始之間，常一不變，是即恆心。眞公又曰：「今當從事於學，猶婦功之績，接續而不已。」〔註351〕欲所學有成，唯「接續不已」，始能竟其全功。眞公有言：「蓋日躋者，進進不已之意；緝熙者，續續無窮之功。此湯、文之所以聖益聖也。人主而欲師帝王，其可不用力於此乎？」〔註352〕商湯、文王以天縱之聖猶「進進不已」，「續續無窮」，此乃所以成其「益聖」之功故也。人君欲致堯、舜，不亦法斯而已乎！觀夫孔子之語：言忠信，行篤敬，立則見其參於前也。眞公德秀曰：

　　忠信篤敬，豈有形象可見？今人俗語云：看顧，云：照顧，所謂顧
　　諟，即此意。蓋天賦與我許多道理，豈可須臾之間不著意看管。謂
　　如天與我以此仁，一不照管，便不覺流於不仁，天與我以此義，一
　　不照管，便不覺流於不義，天之與我以此德，本如明鏡、止心，我
　　却不照管，甘心被灰塵泥滓來汙了，豈不是嫚天之所予？〔註353〕

〔註346〕並見（宋）黎靖德編，《朱子語類》，文津，卷七十八，頁 2014。
〔註347〕見眞德秀，《大學衍義》，卷三，頁 25。
〔註348〕見眞德秀撰，（明）程敏政注，《心經附註》，中文，卷四，頁 235。
〔註349〕分別見於（宋）黎靖德編，《朱子語類》，文津，卷十，頁 168；卷十一，頁 177；卷十一，頁 189。
〔註350〕見眞德秀，《大學衍義》，卷二，頁 21。
〔註351〕見眞德秀，《大學衍義》，卷三，頁 26。
〔註352〕見眞德秀，《大學衍義》，卷二十八，頁 236。
〔註353〕見眞德秀，《西山先生眞文忠公文集》，卷十八，《經筵講義·進讀大學卷子》，

所云「念念不忘」，不可「須臾之間不著意照管」，是即有恆之工夫，人主欲其「此理自然昭著於心目之間」，亦唯有若是而已。

11. 耐心：耐心乃克服困難之要法。人主爲學，欲致其內聖、外王之基，所須培養之能力，何止一端？所需擁有之知識，亦非僅一種而已；於千頭萬緒之中，於繽紛百技之際，欲極其成，欲致其功，亦唯耐心以學之耳。朱熹有言：「爲學讀書，須是耐煩細意去理會，切不可粗心。……未見道理時，恰如數重物色包裹在裏許，無緣可以便見得。須是今日去了一重，又見得一重；明日又去了一重，又見得一重。去盡皮，方見肉；去盡肉，方見骨；去盡骨，方見髓。」〔註354〕人主爲學，欲明其理，欲成其技，須有此去皮、肉，見骨、髓之耐煩精神，忍耐工夫。曾子有言：「士不可以不弘毅，任重而道遠。仁以爲己任，不亦重乎？死而後已，不亦遠乎？」〔註355〕人主欲以仁爲己任，以致聖爲目標，以登天下於郅治爲己責，不亦任重而道遠乎？欲如是，亦唯剛毅強忍，以盡耐煩之工夫耳。

12. 誠心：此所謂誠心，即大學所謂：「誠其意」「毋自欺」也，蓋就實其心、不欺詐，不矯僞而言。爲學能一本篤實之心，實事求是，一有疑惑，即致力研討，親身體驗、求證，必至實其理而後止，此亦即今日之求證精神也。眞公德秀《心經》錄孟子之言，曰：「大人者，不失其赤子之心者也。」〔註356〕赤子之心，眞誠無僞；以眞誠無僞之心以普萬物，故可智周萬物，而得其理。眞公《心經》錄朱子敬齋箴有曰：「動靜弗違，表裏交正。」〔註357〕所謂實其心，即須動如是，靜亦如是；外表、內裏莫不如是。人主之學，能至乎是，斯可謂實事求是，無矯僞矣！

總上諸項：熱心，所以推動萬事；愛心，所以施及萬物；虛心，所以兼善萬物；定、靜、安、慮，所以有得；細心、專心，所以窮究其理；恆心、耐心，所以成就其事；誠心，求其一切眞實無妄。要言之，亦即孔子贊易，於坤之六二所言：「君子敬以直內，義以方外。」〔註358〕眞公德秀謂：「先儒釋之曰：敬立而內直，義形而外方。蓋敬則此心無私邪之累，內之所以直也；

頁 284。

〔註354〕見（宋）黎靖德編，《朱子語類》，卷十，文津，頁 172。

〔註355〕見《論語‧泰伯》，《四書章句集註》，鵝湖，頁 104。

〔註356〕見眞德秀撰、（明）程敏政注，《心經附註》，中文，卷二，頁 143。

〔註357〕見同前書，《心經附註》，卷四，頁 235。

〔註358〕見《周易‧坤‧文言》，《十三經注疏》本，卷一，藝文，頁 20。

義則事事物物各當其分，外之所以方也。自黃帝而武王，自武王而孔子，其
皆一道與！」〔註359〕持心以敬，則心無私邪；義爲之主，則萬善俱立。以之
修身，則成己、成聖；以之治人，則成物、外王。自堯、舜、三王，至於周
公、孔子，皆此道也，人主欲法堯、舜，其必由斯乎！

（7）為學貴悟

　　人主之爲學，貴乎有得。若夫未讀是書，猶是人也；既讀是書矣，亦猶
若是人也，彼之不善讀也亦甚矣！〔註360〕眞公德秀有言曰：

> 天壤之間，橫陳錯布，莫非至理，雖體道者不待窺牖而粲焉畢覩。
> 然自學者言之，則見山而悟靜壽，觀水而知有本，風雨霜露，接乎
> 吾前，而天道至教，亦昭昭焉可識也。
> 蓋嘗升高而寓目焉：仰太虛之無盡；俯長川之不息。則吾之德業非
> 日新不可以言盛，非富有不足以言大，非乾乾終日不能與道爲一。
> 其登覽也，所以爲進修之地，豈獨滌煩疏壅而已邪。〔註361〕

蓋上窮碧落，下極黃泉；仰觀天文，俯察人倫，莫非至理。仁者見山，以悟
靜壽；智者觀水，得知有本。風乎偃草，天行有健；接乎吾前，無非天道。
昭昭可識，悟之在人。人主唯善體之，則仰太虛之無盡，知德業不日新不足
以言大；俯長川之不息，悟非乾乾不能與道合一。人主之爲學，宜乎若是也；
否則，雖多，亦奚以爲？

6. 為學之鑑戒

　　人主之爲學，其內容與方法，固已略如上述。茲所述者，乃人君爲學之
鑑戒，蓋取「以銅爲鏡，可以正衣冠；以史爲鑑，可以正得失。」之意也。

（1）戒於多歧

　　人主之學，以堯、舜、三王爲師，以孔、孟之言爲的則足矣，純用儒家
德教，忌雜霸術、刑名、釋道之說。以德行仁則王，以力假仁者霸。兩者若
黑白之異色，清濁之殊流，不可雜也；雜則上下交爭利，民生塗炭必矣！〔註
362〕孔子之言：「攻乎異端，斯害也已。」〔註363〕其此之謂乎！若夫漢武之

〔註359〕見眞德秀，《大學衍義》，卷二，頁24。
〔註360〕參見眞德秀，〈評漢明帝不善讀書〉，《大學衍義》，卷四，頁31。
〔註361〕見眞德秀，《西山先生眞文忠公文集》，卷二十五，〈溪山偉觀記〉，頁395。
〔註362〕參見眞德秀，《大學衍義》，卷三，頁30，〈漢元帝〉條之按語。
〔註363〕見《論語・爲政》，《四書章句集註》，鵝湖，頁57。

世，雜用游說之蒯通、朱建；明申韓之賈誼、晁錯；學刑名之張湯、杜周，此晚年巫蠱之禍，父子不能相保之故也。〔註364〕魏、晉之世，崇尚清談，祖述老莊，故桓溫有「神州陸沈，百年丘墟」之歎！〔註365〕梁武帝佞佛，卒召危亡之厄；唐代宗至於令僧群誦講佛經以禳寇；五代李煜亦祖是轍，遂至梵唄未終，而國都不保矣！〔註366〕眞公德秀議梁武帝之好佛曰：「使其以堯、舜、三王爲師，而不雜以方外之教，必本仁義，必尚禮法，必明政刑，顧安有是哉！」〔註367〕蓋亦不崇儒家德政之教，綱常不立，遂致兄弟相仇，叔姪交兵，惡極人倫之故也。人君欲求郅治，亦專主儒家而已耳，以其極人倫之至，得天理之正，事必本乎人情，行必出乎禮義，可臻於堯、舜、三王之治也。〔註368〕眞公有言：「夫學，莫惡於多歧，莫貴於主一。」〔註369〕所謂主一，即指儒家堯、舜、三王之道，周公、孔、孟之言是也。

（2）戒履道不篤

人主或聞於堯、舜之道，孔、孟之言矣，然履道不篤，雖聞知矣，而未有行之實，若漢武帝者，則學有何益？〔註370〕或學而未能至於明善誠身，以至於父子、君臣之際，不能無憾，如漢光武帝者，亦可惜哉！〔註371〕若夫不明六藝、闇於大道，如漢元帝之因噎廢食者，人主宜知所當戒也。〔註372〕

（3）戒淫逸盤遊

周公無逸之篇，雖戒成王，實亦所以訓後世之子孫也。眞公德秀云：「人無智愚，皆知憂勤者必享國，而逸欲者必戕生。惟其沈湎於酒，心志惛亂，則雖死亡在前，亦不知畏。」〔註373〕沈湎于酒、溺於逸樂者，觀乎此，亦當知有以戒之。否則，死亡在前，猶不知之，不亦悲哉！史跡所陳，陳後主之縱酒而亡

〔註364〕見眞德秀，《大學衍義》，卷十三，頁106，〈漢武帝〉條按語。
〔註365〕見《晉書》，卷九十八，〈桓溫列傳〉，藝文，頁1685；亦見於眞德秀，《大學衍義》，卷十三，頁112。
〔註366〕參見眞德秀，《大學衍義》，卷十三，頁113～115，〈梁武帝〉、〈唐代宗〉諸條。
〔註367〕見眞德秀，《大學衍義》，卷十三，頁114。
〔註368〕參見眞德秀，《大學衍義》，卷十四，頁122上。
〔註369〕見眞德秀，《西山先生眞文忠公文集》，卷二十五，〈存齋記〉，頁397。
〔註370〕參見眞德秀，《大學衍義》，卷三，頁28。
〔註371〕參見眞德秀，《大學衍義》，卷四，頁30下。
〔註372〕參見眞德秀，《大學衍義》，卷三，頁30上。
〔註373〕見眞德秀，《大學衍義》，卷三十一，頁275上。

國；隋煬帝之荒淫以亡身；唐玄宗之溺於楊氏而竄身失國；後唐莊宗之亡於倡優；斑斑往事，人主宜知所鑑戒。而漢武帝之微行，以快縱禽之樂；漢成帝之微服出行，飲醉吏民之家，亂服共坐，溷殽無別。〔註 374〕此唐憲宗「前代君臣事跡」中戒微服、戒畋獵之所深戒也。人君覩此，豈可忽之哉！

（4）戒沈溺雕蟲小道

人君之學，唯在修己、治人而已。其無與乎修身，非關乎治道者，或為聲樂之娛，或為酒色之逸，或為盤遊之樂，或為小道之好，皆聖明之君之所宜戒也。淫逸盤遊之戒，已略如上述，若夫雕蟲小道，如漢元帝之吹洞簫、好筆札，不過胥吏之小能，無與人君之大道；〔註 375〕後漢靈帝好文學、尺牘，徵引工書鳥篆之末技，遂為小人媒進之階；魏文帝辭藻華靡，長於書論詩賦，乃文士之技，非人君之務；隋煬帝之工於詞藝，君臣相勝，以爭速禍。凡若此之流，皆明主之所不取也，思欲致治之君，宜三致意焉！〔註 376〕

（三）《大學衍義》二綱之批評

1. 《大學衍義》二綱之要旨

真公德秀於《大學衍義》中首標二綱之目，其一為〈帝王為治之序〉，其二為〈帝王為學之本〉。於〈帝王為治之序〉中闡明人君之治國，自修身始，由修身而齊家，推而治國平天下。而修身則自「克明俊德」始，以人主明明德為天下倡。蓋天下之本在國，國之本在家，家之本在身，唯人主身正，謹其言行，則家無不正矣！家正，推之於天下，無不正者。

於〈帝王為學之本〉中闡明為學之重要，為學之益處、目的，及為學之內容，以冀人君達於內聖、外王之目標；為使人君達成此目標，於為學之方法及鑑戒復不能不講究，以求事半功倍，以竟其全功。

蓋真公德秀欲人君明瞭為治之序，運用為學之法，掌握為學之要，勤勉而學，以成一代聖王，以達於天下太平之致治，以臻於至善之域。

2. 《大學衍義》二綱之批評

（1）帝王為治之序之批評

言及帝王為治，謂天下之本在國，國之本在家，家之本在身，《大學》

〔註 374〕參見真德秀，《大學衍義》，卷三十四，〈武帝〉條按語，頁 294～295。
〔註 375〕參見真德秀，《大學衍義》，卷四，頁 34。
〔註 376〕參見真德秀，《大學衍義》，卷四，〈魏文帝〉條按語，頁 34～36。

曰：「古之欲明明德於天下者，先治其國；欲治其國者，先齊其家；欲齊其家者，先修其身；欲修其身者，先正其心；欲正其心者，先誠其意；欲誠其意者，先致其知；致知在格物。」謂人君欲明明德於天下，須先治其國，是即治天下之本在國也；欲治其國者，先齊其家，是即國之本在家也；欲齊其家者先修其身，是即家之本在身也。修身以下之正其心、誠其意、致其知、格物諸項，則爲欲致身修之工夫。自欲明明德於天下至先修其身，其次序井然有條，欲成其大，必先始於小；欲達於遠，必且始乎近；即所謂「登高必自卑，行遠必自邇。」者，其理顚撲不破，放諸四海而皆準，藏諸名山而不易者也。

至若人君身修而后家齊，家齊而后國治，國治而后天下平。謂人君身修之後，「推之兄弟、夫婦，莫不盡其道，上下肅然，無或少紊，如此則家道正；人君之家正，推之於天下，無不正者。」〔註377〕「人君能正，其心湛然清明，物莫能惑，則發號施令，罔有不臧，而朝廷正矣！朝廷正則賢不肖有別，君子、小人不相易位，而百官正矣！自此而下，特舉而措之耳！」〔註378〕其次第由內及外，由近及遠，井然不紊，要亦無可置疑也。《四庫提要》評其：「自古帝王正本澄源之道，實亦不外於此。」〔註379〕此云人君由修、齊而治、平之次第，要亦無可置疑，唯人君身修矣，而「后」家齊，由身修至家齊須多久之時間？人君家齊矣而「后」國治，由家齊至國治須多少歲月耶？人君國治矣而「后」天下平，由國治至天下平復須多少光景？孔子嘗云：「三軍可奪帥也，匹夫不可奪志也。」又云：「道不同，不相爲謀。」〔註380〕是人之志各不相同，而「善惡邪正之異」人君復須使之各止於「至善」，則所須之時間或遲、或速。自其速者而觀之，人君由修、齊而治、平，或可翹足以待之；唯自其遲者而觀之，由人君身修而家齊，自家齊而國治，自國治而天下平，未知何年何月可致？此就時間之觀點言之也。若就其所處理之事務而言，人君治國，「宰馭百職，綜理萬端；常變經權，因機而應；利弊情僞，隨事而求。其理雖相貫通，而爲之有節次，行之有實際，非空談心性，即可坐而致者。」

〔註377〕眞德秀語，見所著《大學衍義》，卷一，〈易・家人卦〉條按語，頁13。
〔註378〕眞德秀語，見所著《大學衍義》，卷一，〈董仲舒〉條按語，頁17。
〔註379〕見《四庫全書總目提要》，卷九十二，《子部・儒家類》二，「大學衍義」條，藝文，冊三，頁1839。
〔註380〕並見《論語》，前則見子罕篇，《四書章句集註》，鵝湖，頁115；後則見衛靈公篇，見同書頁169。

〔註381〕是國之與家，其事務之繁多，其人口之眾庶，其物產之博厚，絕不相類，雖處之在人，其理相通，然欲求其盡善，亦非一朝一夕可致；由治國而平天下，當更非一朝一夕可成也。於此，人主欲求治國、平天下，所須之能力、德性、知識，豈有止境？俗諺有云：「學無止境」，「活到老，學到老。」思欲達於平天下之人君，於此得無勉盡心力乎？

（2）帝王為學之本之批評

　　真公德秀舉堯、暨舜、禹、湯、文王、武王之學，以說明為學之必要，而商高宗、周成王以學之故，遂成聖君，尤足以明為學之重要也。若夫漢文帝時竇長君、少君以為學之故，而成退遜君子；漢章帝、唐太宗以好學而成盛世，此為學之益處，實足以為後世人君之所取法。至於為學之目的，修己以成聖，治人期於王天下，此即大學所言：「大學之道，在明明德，在親民，在止於至善。」孔子之教育目的即在於此，〔註382〕而我國儒家賢哲百千年來，致力於斯而孳孳不輟者也。

　　言及人君為學之內容：內聖方面，德性（情意）領域，唯學堯、舜、三王之道，六經、孔、孟之言，踐履儒家自堯、舜、禹、湯、文、武、周公、孔子、孟子一脈相傳之美德，以期臻於聖人之域；認知（知識）領域方面，則學儒家之六經，並及於《孝經》、《論語》、《孟子》、《大學》、《中庸》諸經典，備載歷代興亡得失之史書，及人君立事有關諸事項；能力（技能）領域則多與德性（情意）相涉，蓋要求能知、能行，知行一致，所學能踐履於生活中。此其大較也。

　　人之為學，乃在充分發揮其潛在能力，使之成為完人，成為聖人也。近世教育學家賈馥茗氏曰：「故而教育的真正目的，乃在增加國民的智慧，使其有充分發展為"人"的可能。」〔註383〕所謂充分發展為人，意即欲造就成為一個完人，一位聖人也。我國今日之教育目標，根據國民教育法之規定：國民教育在培養德、智、體、群、美五育均衡發展之健全國民。師大教育系謝文全教授曰：「我個人認為這個目標亦同樣適用於大學教育。蓋教育的終極目

〔註381〕見《四庫全書總目提要》，卷九十二，《子部・儒家類》二，「大學衍義」條，藝文，冊三，頁 1839。

〔註382〕參見楊碩夫，《孔子教育思想與儒家教育》，第二章第二節孔子的教育思想，黎明，頁 65～66，民國 75 年 8 月出版。

〔註383〕見賈馥茗，〈大學教育之重建〉，《師大教育研究所集刊》，第十一輯，民國 58年 6 月，頁 7。

標是一致的，小學教育、中學教育及大學教育的最終目標不應有所不同才對。」
〔註384〕謝氏由是歸納德、智、體、群、美五育而成爲三類，其言曰：

> 故簡而言之，大學教育的目標在使學生具有良好的品德（德）、健康
> 的身心（體）及生活的知能（智）；若較詳細言之，則大學教育的目
> 標在使學生具有公德、私德、生理健康、心理健康、職業生活知能
> 及日常生活知能。〔註385〕

而憲法第一五八條之規定：「教育文化應發展國民之民族精神、自治精神、國
民道德、健全體格、科學及生活智能。」其中，民族精神、自治精神、國民
道德等均屬「德」之範圍，健全體格屬「體」之範圍，而科學及生活智能則
屬「智」之範圍。〔註386〕此中「德」類教育目標即是學習領域中之德性（情
意）領域，「體」類教育目標即是學習領域中之技能（能力）領域，「智」類
教育目標即是學習領域中之認知（知識）領域。我國教育學者師大前校長郭
爲藩博士認爲：大學教育的目標有四：即（1）學術之研究，包括研究方法之
指導；（2）專門知識之傳授；（3）品格之敦勵與生活理想之啓迪；（4）職業
生活之準備。〔註387〕而此中學術之研究、專門知識之傳授，即是認知領域中
事，品格之敦勵與生活理想之啓迪，爲德性（情意）領域中事，職業生活之
準備，爲技能領域中事。就學習之領域以觀眞公德秀《大學衍義》中人君爲
學之要項，與今日我國追求完人之大學教育目標並無不同；唯因時代有殊，
風尚有別，內容與偏重不能無異耳。

其次試觀現今外國對追求完人之大學教育所託之目標。美國名教育家杜
威（J. Dewey）認爲：「教育即生活」。美國教育學者斯賓塞亦認爲教育之目
標在準備完美之生活。〔註388〕所謂完美之生活，實即同於我國完人、聖人
之生活也，是教育必求其知、行一致，使所學實踐於生活中。英國大學教師
協會於一九四四年發表之研究報告，認爲大學教育之任務爲：（1）知識之探

〔註384〕見謝文全，〈大學教育的目標〉，《今日教育》，四四期，頁 13，民國 73 年 4
　　　　月，師大教育協會。
〔註385〕見同註 384。
〔註386〕參見謝文全，〈大學教育的目標〉，見同註 384。
〔註387〕參見郭爲藩先生，〈法國大學教育的危機〉，《師大教育研究所集刊》，第十一
　　　　輯，民國 58 年 6 月，頁 40。
〔註388〕引見謝文全，《大學的目標及政府與大學的關係》，刊於「中國大學教育的展
　　　　望」──大學教育研討會論文集，張建邦等撰，淡江大學教育研究中心出版，
　　　　民國 74 年 6 月，頁 2。

求及傳授；（2）青年品格之養成；（3）社會問題之研究。而教育學家羅賓士（Lord Robbins）於一九六三年主持並提出之「高等教育委員會報告書」，謂英國大學教育之任務爲：（1）研究高深學術，（2）傳授專門技能，（3）陶冶青年心靈，使成爲良善公民，（4）文化之傳遞。〔註 389〕上列除「社會問題之研究」偏屬外王方面認知之領域，其餘均在內聖之認知、德性、技能（能力）領域中。

由是觀之，眞公德秀於《大學衍義》中所列舉對人君於修己方面之諸要項，就大體言，與今日中、外對求其成爲完人、成爲聖人之大學教育目標若合符節。

尤有進者，眞公德秀於《大學衍義》中對人君有外王方面之學習要求項目，如：建用皇極，樹立人君之典範；知人善任，拔擢優異人才爲民服務；勤勉處理政治、經濟、教育、國防等各方面之事務，以爲全民爭取最大之福利；接物以理，以使物能盡其用。其目的在求躋斯民於太平之世，以達於平天下之至善目標。此於我國儒家之教育目的中，即所謂：「達則兼善天下」，〔註 390〕其爲民謀福利之情操，造福全民、貢獻鄉邦之情懷，於今日世界各國之教育目標中，實不多見。

美國邁亞米大學（University of Miami）校長史丹福（Henry K. Stanford）於一九六八年六月，國際大學校長協會假漢城舉行第二屆大會時曾提出一篇書面報告：「大學的特性與功能」（The Character and Function of the University）認爲美國大學的主要功能，除了教學、研究和專業技術訓練之外，近五十年來已增加了一項：即爲社會公眾服務。〔註 391〕此「爲社會公眾服務」類似於《大學衍義》中，人君爲全民謀福利之作爲。而香港韓德遜（N. K. Henderson）在其「大學的教學」（University Teaching）中列舉追求完人之大學教育七項目標，即（1）提供純粹之文化與學術；（2）從事研究以增廣知識；（3）訓練專才；（4）培養社會領導人才；（5）協調理論與實際；（6）培養個性與抱負；及（7）維護學術自由並追求眞理。〔註 392〕此中之「培養社會領導人才」類似

〔註 389〕參見張希哲，《高等教育的理想與實際》，逢甲大學印，民國 71 年 9 月七版增訂本，頁 8。

〔註 390〕參見楊碩夫，《孔子教育思想與儒家教育》，黎明，頁 65。民國 75 年 8 月。

〔註 391〕參見張希哲，《高等教育的理想與實際》，逢甲大學印，民國 71 年 9 月七版增訂本，頁 9。

〔註 392〕引見謝文全，《大學的目標及政府與大學的關係》，刊於「中國大學教育的展望」——大學教育研討會論文集，淡江大學教育研究中心出版，民國 74 年 6 月，頁 1～2，謝氏譯文。

於《大學衍義》中對人君於外王方面能力領域之要求，我國逢甲大學張希哲先生於研究國內外大學之教育目標後，以爲培育完人之大學教育，應具六項任務：（1）研究高深學術；（2）教習專業知能；（3）陶冶健全品格；（4）培養領導幹才；（5）提供社會服務；（6）發揚國族文化。〔註393〕此中「研究高深學術」即爲認知領域行爲，「教習專業知能」屬能力領域行爲，「陶冶健全品格」屬德性領域中事，「培養領導幹才」以下即爲外王事業中事項。

至於人君領導百官，治理全民，純任德政，特重教化。此種施恩德以感化萬民之方式，於世界各國之領導方式中，尤稱獨具特色，今人羅虞村博士於研究中西之主要領導理論後，對我國德治之領導方式評云：

> 中國的領導概念實以儒家之德治領導概念爲主流，德治的概念主張以德服人或人格感召，冀從深切影響追隨者內在情感及動機著手，使領導者及追隨者雙方均能獲得提昇。而不唯訴求於追隨者表面行爲之改變，此一概念就領導之效應言，自有其高明可觀之處。西方的「大人物論」雖具有此一色彩，惟與我國德治概念中強調領導者應戮力進德修業，以收上行下效之功相較，仍相去甚遠。西方迨至近代，始有「偶像式」或「象徵性」領導（Symbolic Leadership）及「特殊領袖氣質與才能之領導」（Charismatic Leadership）等概念之出現，足證儒家的德治領導概念可供西方領導研究者作爲借鏡。〔註394〕

領導者以德服人，實行人格感化，眞公德秀於《大學衍義》中言及修、齊、治、平之人君爲治之序時，已再三言之矣！以此方法領導百官，治理萬民，不僅可收被領導者心悅誠服之效，且領導者（人君）與被領導者間之相互激勵。戮力進德修業，以共登於太平盛世之域，此領導方式尤非西方「偶像式」領導，或「特殊領袖氣質與才能之領導」所可及也。而今日最盛行之領導研究主流「權變領導理論」，即以領導者與成員之關係、任務結構、及職位權力作爲領導情境因素之三變項，使領導者依其個人特徵及情境特性，選擇最合適之領導方式，以追求最大之團體效能。其主要缺失即忽略被領導者（追隨者），〔註395〕而眞公德秀《大學衍義》中人君爲治之序，由家而國，而天

〔註393〕見張希哲，《高等教育的理想與實際》，逢甲大學印，民國71年9月七版增訂本，頁10。

〔註394〕見羅虞村，《領導理論研究》，文景出版社，民國76年7月二版，頁398～399。

〔註395〕參見羅虞村，《領導理論研究》，第八章主要領導概念、理論與探究途徑之評析，第四節權變領導理論之評析，文景出版社，民國76年7月二版，頁424

下，皆為以德感人，以收被領導者心悅誠服之效，換言之，即重視被領導者之實質感受。而言及領導，雖然情境變化萬千，然亦非無迹可尋，究其要，不外領導者、被領導者及其所處之環境三者。《大學衍義》中言及人君之為治，能重視被領導者，此正可做為今日領導研究主流「權變領導理論」之針砭，《大學衍義》言及人君為治之方式，實有今日西方人研究領導所不及者，彼之價值不容忽視，可見一斑。

《大學衍義》二綱中言及人主為學之方法：首先確定儒家堯、舜、三王之治，六經、孔、孟之言為標的，以曠大之度，「邁志存道，克廣德心。」樹立遠大目標，擬定詳審施教計畫，將諸儒家聖哲經典、歷代君臣事跡等等，依其小近、遠大、淺深之次，由格物致知、誠意正心以脩其身，進而漸及齊家、治國、平天下；慎擇業師，於知、行一致之學習中，使「道積於身」，身即是道，道即其身，此人主學習之步驟、踐履之次第也。就學習之步驟而言，與今人之教學原理，教師教學前訂定完善之教學計畫，擬妥教材內容；教學進行中，教師把握教學目標，掌握施教重點，引導學習者學習、研究教材，而學習者在知行合一，教育即生長中學習，〔註396〕以求取激發潛在能力之最大學習成果，其理完全吻合。而其學習方法，個人學習方面所運用之博學之、審問之、慎思之、明辨之、篤行之，皆今日學習者奉行之圭臬；團體研討方面，則有足為今日創造思考教學與強調科際整合教育之參考、取法者。是《大學衍義》於二綱中所言及之人主為學方法，合乎學習原理、切合今日最新之教育觀念，其價值將傳之百世而不朽也。

綜上，真公德秀於《大學衍義》二綱中所言及之人君為治之序、人君為學之本，其理歷久而彌新，其法則放諸四海而皆準，我國前教育部長李煥先生言及教育完人之大學教育時，以為大學教育須兼顧世界性與民族性，所謂世界性謂大學教育應提供吾人之智慧、才能、及研究心得、成果，以助此世界達成人類共同願望與目標——提昇生活品質、增進人類安全與福祉，使世界達成理性、自由、光明之完善新世界；所謂民族性謂傳承堯、舜、禹、湯、文、武、周公、孔子一脈相傳之道統，並予以發揚光大，以增進世界之和平與福祉。〔註

〔註396〕 參見徐南號，《教學原理》，第二章教學理論的演進、第三章教學計畫的探討，民國68年1月修訂版，出版者張風真。

〔註397〕 參見李煥先生，〈大學教育的境界〉，刊於《大學教育論文集》，何福田主編，淡江大學教育研究中心印，民國74年4月出版，頁1～3。

397）若以斯語以美眞公德秀《大學衍義》二綱之內容與價值，不亦宜乎！

二、《大學衍義》四目之要義

眞公德秀《大學衍義》之四目為：格物致知之要、誠意正心之要、修身之要、齊家之要四者。茲分別敘述四目之要義如後。

（一）格物、致知之要

1. 格物、致知說

眞公德秀解格字為至，從程子、朱子之說；解物為事物，與朱子同；知謂知識。其言曰：

> 格之一字，先儒訓釋不同，至程子乃以格訓至。如舜典：格于文祖之格，其義始明。〔註398〕

又曰：

> 物，謂事物也。自吾一身，以至於萬事萬物，皆各各有箇道理，須要逐件窮究。且如此一身是從何來？須是知天地賦我以此形，與我以此性，形既與禽獸不同，性亦與禽獸絕異。何謂性？仁、義、禮、智、信是也。惟其有此五者，所以方名為人，我便當力行此五者，……一一須要理會得分曉，此乃窮一心之理。其次則我為人之子，事親當如何？為人之弟，事兄當如何？為人之幼，事長當如何？逐件理會，……一一如此窮究，此則窮一身之理也。心之與身，乃是最切要處。其他世間事務，皆用以漸考究，令其一一分明，皆所謂格物也。格訓至，言於事物之理窮究到極至處也。窮究既到至處，則吾心之知識日明一日，既久且熟，則於天下之理無不通曉，故曰：物格而後知至也。〔註399〕

眞公之意，即謂格物為究事物之理，到極至處也；窮究既到至處，吾心於天下之理無不通曉，是為致知。物有身、心之物，其他世間事物。身、心之物有身、心之理，須窮究之；其他世間之事物則有世間事物之理，亦須漸次考究，使之一一分明而無不通曉，如此，方可云致知。眞公於其《大學集編》中曰：

〔註398〕見眞德秀，《西山先生眞文忠公文集》，卷十八，〈講筵卷子・大學格物致知章〉，頁286。

〔註399〕見眞德秀，《西山先生眞文忠公文集》，卷三十，〈問格物致知〉，頁463。

致，推極也；知，猶識也。推極吾之知識，欲其所知無不盡也。格，
至也；物，猶事也。窮至事物之理，欲其極處無不到也。

致者推致之謂，如喪致乎哀之致，言推之而至於盡也。至於天下之
物則必各有所以然之故，與其所當然之則，所謂理也。人莫不知，
而或不能使其精粗照顯，究極無餘，則理所未窮，知必有蔽，雖欲
勉強以致之，亦不可得而致矣！故致知之道在乎即事觀理以格夫
物。格者極至之謂，如格于文祖之格，言窮之而至其極也。

物，謂事物也，須窮極事物之理，到盡處便有一箇是，一箇非，是
底便行，非底便不行，凡自家身心上皆須體驗得一箇是非，若講論
文字，應接事物，各各體驗，漸漸推廣，地步自然寬闊。〔註400〕

諸條所言格物、致知之意，皆不離窮究事物之理，至於極處，使吾之所知無
不盡也。何以須至於極處耶？蓋以事物之理，或顯而易見，或闇而不明，唯
有吾人窮究之，以至於極處，始克發現其理，而平素之所聞，或為真是，或
為非是，至此始克大明也。其真是者，吾人則採而行之，其為非者，吾人得
以棄而毋行。凡此，皆自身心切近處揣摩、窮究之，推而漸及生活環境之所
須，並於生活中力求體驗、踐履，以究其旨，使吾之所知無所不盡。唯若是
而言，則格物與窮理有否區別乎？兩者殊名，大學八條目中何以取「格物」
之名，而未採「窮理」之詞？其故安在耶？真公德秀於其《大學集編》中曰：

所謂窮理者，事事物物各自有一事一物底道理，窮之須要周盡，若
見得一邊，不見一邊，便不該通，窮之未得，更須款曲推明。蓋天
理在人，終有明處。大學之道，在明明德，謂人合下便有此明德，
雖為物欲掩蔽，然這些明底道理，未嘗泯絕，須從明處漸漸推將去，
窮到是處，吾心亦自有準則。〔註401〕

由是觀之，窮理乃是將事事物物之道理窮究而貫通之，其義與格物無別。格
物既與窮理無別，何以大學八條目言格物而不言窮理耶？真公德秀曰：

朱熹嘗言：格物者，窮理之謂也。然不曰窮理，而曰格物者，蓋理
無形而物有迹，若止言窮理，恐人索之於空虛高遠之中，而不切於
己，其弊流於佛老，故以物言之，欲人就事物上窮究義理，則是於

〔註400〕上引三則並見真德秀，《大學集編》，《通志堂經解》本，漢京文化事業有限公
　　　　司印，冊三十七（後同，不另註明），見頁21057下半欄～21058上半欄。
〔註401〕見真德秀，《大學集編》，頁21058上。

－165－

實處用其功，窮究得多，則吾心之知識自然日開月益。〔註402〕

又曰：

> 器者有形之物，道者無形之理也。明道先生曰：道即器，器即道，兩者未嘗相離。蓋凡天下之物，有形有象者皆器也，其理便在其中。大而天地，亦形而下者，乾坤乃形而上者。日、月、星、辰，風、雨、霜、露，亦形而下者，其理即形而上者。以身言之，身之形體皆形而下者；曰性、曰心之理，乃形而上者，至於一物一器，莫不皆然。……天下未嘗有無理之器，無器之理，即器以求之，則理在其中。如即天地，則有健順之理，即形體，則有性情之理，精粗本末，初不相離，若舍器而求理，未有不蹈於空虛之見，非吾儒之實學也。所以大學教人以格物、致知，蓋即物而理在焉，庶幾學者有著實用功之地，不至馳心於虛無之境也。〔註403〕

眞公德秀於其《大學集編》中亦云：

> 格物不說窮理，却言格物，蓋言理則無可捉摸，理與物有時而離，言物則理自在，自是離不得。

> 人多把這道理作一箇懸空底物，大學不說窮理，只說箇格物，是要人就事物上理會，如此方見得實體，所謂實體，非就事物上見不得。

〔註404〕

眞公之意，蓋謂若言窮理，理無形迹，恐人將索之於高遠之中，空思冥想，入於玄虛，甚至流於佛、老而不自知，其弊極多；若言格物，使人就事物上窮究、理會，如此方可就其實物，如天、地、風、霜、雨、露之屬，以探其實理；且有實物，必有其理，言物而理必寓焉，此所以大學言格物之故也。至若言「理與物有時而離」，則以物有形象，顯而易見；乃若其理，則微而不彰。且理含有德性領域之理，認知及能力領域之理；物有德性領域之事物、認知及能力領域之事物。屬德性領域之理，吾人就自我之反省體察中，可以探明其理；就生活之踐履中，可以體認其理。唯認知領域、能力領域之理多賴學而後明，此眞公德秀所以強調為學之重要之故。眞公德秀於《大學集編》

〔註402〕見眞德秀，《西山先生眞文忠公文集》，卷十八，〈講筵卷子·大學格物致知章〉，頁286。

〔註403〕見眞德秀，《西山先生眞文忠公文集》，卷三十，〈問大學只說格物不說窮理〉條，頁467。

〔註404〕兩則並見所撰《大學集編》，頁21058上。

有云：

> 若不格物，何緣得知？
>
> 知在我，理在物。〔註405〕

人身以外之物，大而天、地，小而燈燭，皆有其理，其理在物，唯人窮格之，始克心明其理也：非閉目兀坐，即可曉然。故言：不格物，則無以致知；在物之理，須人窮究之，方可使之曉然明瞭於吾人心中也。眞公《大學集編》有云：

> 物格者，事物之理各有以詣其極而無餘之謂也，理之在物者既詣其
>
> 極而無餘，則知之在我者亦隨所詣而無不盡矣！〔註406〕

言「事物之理」，含蓋物、我而言，其理皆得以窮究至其極而無餘，而吾之知亦隨所至而無不盡，是謂物格，是爲知至。所言「理之在物者」，是就人身以外之事物之理而言，包含認知與能力領域之理，其理能窮究至彼時代所能窮盡之極，則可謂無餘矣！窮究之目的，蓋欲明瞭其理，以爲人之所用也。於此，已可見眞公將認知領域與德性領域曉然分別矣！《大學集編》又云：

> 致知、誠意，乃學者兩箇關。致知乃夢與覺之關；誠意乃惡與善之
>
> 關。透得致知之關，則覺；不然則夢。透得誠意之關，則善；不然
>
> 則惡。〔註407〕

於此則尤可見認知、德性兩領域之區別，眞公德秀編集是書時已知其有殊，故採而錄之。蓋致知乃格物之目的，窮究事物之理，期其於事物之理可通透瞭解，使知無不盡；知既盡矣，於事物之理自當朗然胸中，無有疑惑；若有不盡之處，則疑幻或所不免，由是名之曰：夢與覺關。蓋知之盡，則胸無疑惑，故曰：覺；知有未盡，則疑幻難免，故曰夢，此認知領域之事也。若夫德性領域，重在誠意，意得其誠，眞實無妄，是爲善也；不然，私意一萌，好惡因是而生，何克得善？眞公德秀曰：

> 言格物、致知，必窮得盡，知得至，則如夢之覺，若窮理未盡，見
>
> 善未明，則如夢之未覺，故曰夢覺關。好善必實然好之，如飢之必
>
> 食，如渴之必飲，惡惡必實然惡之，如水之不可入，火之不可蹈，
>
> 如此方能盡人之道，充人之形。若名爲好善，而好之不出於實，名
>
> 爲惡惡，而惡之不出於實，則是爲欺而已。欺心一萌，無往而非惡

〔註405〕並見所撰《大學集編》，頁 21059 上。

〔註406〕見所撰《大學集編》，頁 21059 上。

〔註407〕見眞公《大學集編》，頁 21059 下。

矣！亦何以異於禽獸哉！故曰善惡關。大學雖有八條，緊要全在此
兩節。若知已至，意已誠，則大本已立，其它以序而進，有用力之
地矣！若知不至，意不誠，既無其本，無往而可矣！故朱文公以二
關喻之，言如行軍然，必須過此二重關隘，方可進兵故也。〔註408〕

眞公之意，言窮究事物，至於盡處，其知始至，如夢之覺也，若未至盡處，
知不得而至，則如夢之未覺。好善必實然好之，惡惡必實然惡之，關鍵所在，
則唯心也，而意者心之動，意之所向，或有不實，欺心一萌，則無往而非惡
矣！故云善惡關。認知領域以夢覺關譬喻，德性領域以善惡關譬喻，足見兩
者之有殊。大學雖有八條之教，緊要處全在此兩節，學者「若知已至，意已
誠，則大本已立。」吾國儒家之學問即值基於此。

認知、德性兩領域之殊異，由眞公德秀之另一段言語亦可以窺見一斑，
其言曰：

窮理既到至處，則吾心之知識日明一日，既久且熟，則於天下之理
無不通曉，故曰：物格而後知至也。此一段聖人教人最緊要處，蓋
緣天下之理，能知得方能行得，若知得一分，只是行得一分，知得
十分，方能行得十分，所以用逐事窮竟也。今學者窮理之要，全在
讀書，如讀此一書，須窮此一書道理，一字一句都用考究，如未曉
了，即須咨問師友，求其指歸。且如讀大學，自頭至尾，都窮究過，
既曉得此一書了，又讀《論語》、《孟子》，亦自頭至尾窮究過，理會
既多，自然通悟，若泛泛讀過，便以爲了，何緣知得義理透徹，義
理既不透徹，胸中見識亦無由能進，雖窮理不止於讀書，而其大要，
却以讀書爲本，不可不知也。〔註409〕

眞公之意，蓋言天下之理唯有吾人窮究之，以至於無不通曉；若僅知得一分，
只能行得一分，分由是須逐事以窮究之，而其要，則在讀書也。書中所載之
知識，吾人若不讀之，何由知之？此認知領域之必有賴於讀書也。而德性領
域則重涵養、重踐履，涵養之要則在心之發動處下功夫，眞公德秀強調持心
以敬者在此也。

由於認知領域與德性領域之有殊，其所用之工夫自亦不能全同。由其工

〔註408〕見眞德秀，《西山先生眞文忠公文集》，卷三十，〈問致知一段是夢覺關，誠意
一段是善惡關〉條，頁468。
〔註409〕見眞德秀，《西山先生眞文忠公文集》，卷三十，〈問格物致知〉，頁463～464。

夫之殊異，亦可見兩者之有別，眞公德秀曰：

> 存心、窮理，二者當表裏用功。蓋知窮理而不知存心，則思慮紛擾，
> 物欲交攻，此心既昏且亂，如何窮得義理；但知存心，而不務窮理，
> 雖能執持靜定，亦不過如禪家之空寂而已，故必二者交進，則心無
> 不正，而理無不通。學之大端，惟此而已。〔註410〕

眞氏之意，蓋言學習之方法中，有此殊途之兩者存在，即存心、窮理是也。
存心所以涵養德性，使心能正，而不昏且亂，可免於物欲之交攻；窮理所以
探求新知，使吾人之知無不盡，而可以應物皆得其宜。此兩法，德性涵養偏
於內，認知之窮究偏於外，故云「二者當表裏用功」也，由此二法之有殊，
亦可知德性領域、認知領域之有別，眞公已知之矣！眞公又曰：

> 程子曰：涵養須用敬，進學則在致知。蓋窮理以此心爲主，必須以
> 敬自持，使心有主宰，無私意邪念之紛擾，然後有以爲窮理之基，
> 本心既有所主宰矣，又須事事物物各窮其理，然後能致盡心之功。
> 欲窮理而不知持敬以養心，則思慮紛紅，精神昏亂，於義理必無所
> 得。知養心矣，而不知窮理，則此心雖清明虛靜，又只是箇空蕩蕩
> 底物事，而無許多義理，以爲之主，其於應事接物，必不能皆當，
> 釋氏禪學正是如此。故必以敬涵養，而又講學、審問、謹思、明辨，
> 以致其和，則於清明虛靜之中，而眾理悉備，其靜則湛然寂然，而
> 有未發之中，其動則泛應曲當，而爲中節之和，天下義理，學者工
> 夫，無以加於此者。〔註411〕

眞公於此，蓋言涵養、進學兩法之有別。涵養重在一心，持心以敬，使心有
主宰，得其正而無私意邪念之紛擾，此進德之要也；進學期於致知，須於事
事物物各窮其理，使吾人於事物之理無所不明，此格物、致知之旨也。涵養
在求心正，格物期於致知；心正則德業可修，致知則知無不盡；唯兩者交致
其力，始能於心之清明虛靜，中正合宜之中，而眾理兼備。方其未發也，則
湛然寂然，適得其中；及其既發，則泛應曲當，而爲中節之和。學者工夫，
學此兩者，蓋亦期於德性領域、認知領域之並臻於至善也。而格物之重在窮

〔註410〕見眞德秀，《西山先生眞文忠公文集》，卷三十，〈問人之所以爲學〉，〈心與理
　　　　而已〉條，頁466。
〔註411〕見眞德秀，《西山先生眞文忠公文集》，卷三十，〈問學問思辨及窮理工夫〉，
　　　　頁466。

理以致其知，亦於斯可見也。

尤有進者，眞公德秀於德性領域、認知領域兩者之工夫精微處之區分已判然若黑白，不可相混矣！吾人於今見眞公德秀之回答南雍李教授問《中庸》之言，可以得知。其言曰：

> 來諭謂思是已發，則致知、格物亦是已發。此則未然。蓋格物、致知自屬窮理工夫。大凡講論義理，最忌交雜。今方論喜、怒、哀、樂之發、未發，而以致知、格物雜之，則愈混雜而不明矣！〔註412〕

眞公之意，蓋以格物、致知乃屬認知領域之窮理工夫，而喜、怒、哀、樂之發與未發，乃就德性領域之中樞所在——心之動念處而言，持心以敬，則未發時是中，發而中節，是謂之和。今若以認知領域之窮理工夫格物、致知混入德性領域之養心工夫中，等量齊觀，視爲同物，宜其愈混雜而愈不明矣！眞公德秀所以評之爲：「最忌交雜」者，蓋以是之故也。

至於格物與致知之關係：欲使吾心於天下之理無不通曉，是必窮究事物之理，到極至處也。亦即唯有窮究事物之理，到極至處，吾心始能於天下之理無不通曉，此大學所以言「致知在格物」，「物格而後知至」也。大學於此雖設兩目，其實則爲一事也。格物，乃就物而言；致知，乃就人而言。格物是物物上窮究其至理；致知是吾心於事物之理無所不知。格物是零細說，而致知則是就全體說。〔註413〕格物是就工夫之入手處言，致知是就工夫之結果處言。此其大較也。

綜上，眞公德秀解格字爲至，物謂事物。格物謂窮究事物之理，到極至處也。致知謂吾心於事物之理無不通曉。格物、致知爲窮理之工夫，其要在讀書；而此亦即爲人類學習行爲中認知領域學習行爲之求知工夫；此與德性領域之工夫誠意、正心，兩者有別，不可視以爲一也。

2. 格物、致知之內容

眞公德秀於《大學衍義》格物、致知之要中分別依明道術、辨人才、審治體、察民情等四項提出人主於認知領域中應熟悉者。茲分別言其大要如后：

（1）明道術

明道術列於格物致知之要之首，其下分別列舉儒家經典、古聖先賢之言及

〔註412〕見眞德秀，《西山先生眞文忠公文集》，卷三十一，〈問太極中庸之義〉，頁492。
〔註413〕參見眞德秀，《大學集編》，頁21059上。

歷代史實有助於人主究明學術源流之正者，以爲人主之研讀，期在使人主熟知儒家思想博大淵深，純任德治教化即足以臻於郅治之域，勿流於異端學術之中，衍生諸種弊端也。於明道術項目下分別闡明：天性人心之善、天理人倫之正、五倫之宜、儒道源流、異端學術、王霸之異等等，以爲人主之取則。

甲、天性人心之善

天之生民，莫不賦之以至善之性，〈商書・湯誥〉有云：「惟皇上帝，降衷于下民。」眞公德秀曰：

> 衷即中也。天之生民，莫不各賦之以仁、義、禮、智之德，渾然於中，無所偏倚，是所謂衷也。自天所降而言，則謂之衷，自人所受而言，則謂之性，非有二也。〔註414〕

蓋謂天之賦予人者，莫不有仁、義、禮、智之德，凡人皆同，不因智愚之別而有殊。人主惟順其至善之性以啓迪之，則可謂知君師之職矣。何以知人性之本善耶？眞公曰：

> 仁、義、忠、孝，所謂美德也，人無賢愚，莫不好之。不仁不義，不忠不孝，所謂惡德也，人無賢愚，莫不惡之。觀乎此，則知性之善矣！〔註415〕

由人之不分賢愚，皆好仁義忠孝之美德，皆惡不仁不義、不忠不孝之惡德，可知人性之本善矣！且「天生蒸民，有物有則。」〔註416〕所謂則，準則之謂也。物有是則者，天實爲之，人但循其則爾！在天則有元、亨、利、貞，在人則爲仁、義、禮、智。眞公德秀曰：

> 蓋在天則爲元、亨、利、貞，而在人則爲仁、義、禮、智。元、亨、利、貞，理也；生長、收藏，氣也，有是理則有是氣。仁、義、禮、智，性也；惻隱、羞惡、辭遜、是非，情也，有是性則有是情，天人之道脗合如此，又曷嘗有二邪？〔註417〕

天有元、亨、利、貞之理，人秉賦之，有仁、義、禮、智之性。理無不善，性豈有不善乎？《中庸》有言：「天命之謂性。」朱熹曰：「性即理也。」性秉於天，天之理無不善，人秉之自無不善，故朱子有是言也。然人性既無不

〔註414〕見眞德秀，《大學衍義》，卷五，〈湯誥〉條按語，頁37。
〔註415〕見眞德秀，《大學衍義》，卷五，〈詩烝民〉條按語，頁38。
〔註416〕見《毛詩・大雅・烝民》，《十三經注疏》本，卷十八，藝文，頁674。
〔註417〕見眞德秀，《大學衍義》，卷五，〈乾文言〉條按語，頁38～39。

善，何以有不善之行？眞公德秀曰：

> 人惟其有欲也，故惻隱之發，而殘忍奪之；辭遜之發，而貪冒雜之；
> 羞惡之發，而苟且間之；是非之發，而昏妄賊之；於是乎與天不相
> 似矣！學者當知天有此德，吾亦有此德，屏除私欲，保養正性，則
> 吾之一身通體皆仁，隨觸而應，無非惻怛。〔註418〕

人之秉於天，無有不善，然以私欲之故，遂至與天不相似矣，唯人屏除私欲，
保養正性，「則吾之一身通體皆仁」，與堯、舜何以異？孟子之言：「人皆有不忍
人之心。……無惻隱之心，非人也；無羞惡之心，非人也；無辭讓之心，非人
也；無是非之心，非人也。」〔註419〕即謂人性本善，人若無惻隱、羞惡、辭讓、
是非之心，皆非人也。朱熹有言：「性者人所稟於天以生之理也，渾然至善，未
嘗有惡。人與堯、舜初無少異，但眾人汩於私欲而失之，堯、舜則無私欲之蔽，
而能充其性爾！」〔註420〕朱子之意，即謂性本至善，未嘗有惡，唯人汩於私欲，
遂失其至善之性也；若堯、舜則無私欲之蔽，而能充其性，以至於通體皆仁也。
人唯去其私欲，保養其性，則堯、舜可學而至也。眞公德秀曰：

> 人皆可以爲堯、舜，或古語，或孟子所嘗言。……夫聖人之所以聖
> 者，豈形體之謂哉？人皆有是性，故皆可以爲堯、舜，獨患其不爲
> 耳。且以負重譬之，能勝烏獲之任，是亦烏獲也，苟能爲堯、舜之
> 事，豈非堯、舜乎？力之強、弱有限，故有不勝之患，若性之善，
> 則未嘗有限，豈以不勝爲患乎？〔註421〕

堯、舜有是性，吾亦有是性；堯、舜，人也，吾亦人也。吾之與堯、舜，實
無不同，「有爲者，亦若是！」聖人可學而至之也。

人性之本善，已知之矣！然則眞公德秀何以於明道術之首即詳於闡明性
善之理耶？蓋性善最是人君之所當知，眞公德秀曰：

> 人君之於道，所當知者非一，而性善尤其最焉！蓋不知己性之善，
> 則無以知己之可爲堯、舜，不知人性之善，則無以知人之可爲堯、
> 舜，故孟子於滕世子之見曹交之問，皆以是告焉，庶幾其道得行，
> 使君爲堯、舜之君，民爲堯、舜之民也。〔註422〕

〔註418〕見眞德秀，《大學衍義》，卷五，〈乾文言〉條按語，頁39。
〔註419〕見《孟子・公孫丑》上，《四書章句集註》，鵝湖，頁237。
〔註420〕見眞德秀，《大學衍義》，卷五，〈滕文公爲世子〉條引，頁41。
〔註421〕見眞德秀，《大學衍義》，卷五，〈曹交問〉條按語，頁46。
〔註422〕見眞德秀，《大學衍義》，卷五，頁47。

人君唯知人性之善，而後始知力行其善，可爲堯、舜；亦唯知人性之善，而後方知其民可教之使成堯、舜也。故明人性之善爲人主首要之務。

人性既本爲善，然而求之天下，則爲不善者有之矣，以其縱欲故也，此即張載所謂氣質之性也，若善反之，則天地之性存焉，然則，如何反之耶？眞公德秀曰：

> 由治己而言，則有學。由治人而言，則有教。閑邪存誠、克己復禮，此治己之學也，學之功至，則己之善可復矣！道德齊禮，明倫正俗，此治人之教也，教之功至，則人之善可復矣！若夫以己之性爲不善，而不以聖人之道治其身，是自暴者也；以人之性爲不善，而不以聖人之道治其民，是暴天下者也。〔註423〕

就修己而言，則有學；就治人而言，則有教。眞公蓋欲人主法之，以成堯、舜之君，以致堯、舜之郅治也。

乙、天理人倫之正

大學之道，在止於至善。「爲人君，止於仁；爲人臣，止於敬；爲人子，止於孝；爲人父，止於慈；與國人交，止於信。」此大學之教也，蓋人各有其所當止者。人主止於仁，何謂仁？「克己復禮，仁之體也；愛人利物，仁之用也。爲人君者，內必有以去物欲之私，使視聽言動無一不合乎禮；外必有以廣民物之愛，使鰥寡孤獨無一不遂其生，此所謂仁也。」〔註424〕蓋人主之學其要在修己、治人也。修己重在克己復禮，以成其聖；人君身正矣，以之治人，則表率人倫：君正而臣亦正焉，父正而子亦正焉，夫正而妻亦在焉。人倫既正矣，推之以治天下，萬事莫不正焉。眞公德秀曰：

> 蓋天下之事眾矣，聖人所以治之者，厥有要焉，惟先正其本而已。本者何？人倫是已。……即三綱而言之，君爲臣綱，君正則臣亦正矣；父爲子綱，父正則子亦正矣；夫爲妻綱，夫正則妻亦正矣！故爲人君者，必正身以統其臣；爲人父者，必正身以律其子；爲人夫者，必正身以率其妻，如此則三綱正矣！繇古洎今，未有三綱正於上，而天下不安者；亦未有三綱紊於上，而天下不危者，善計天下者，亦察乎此而已矣！〔註425〕

〔註423〕見眞德秀，《大學衍義》，卷五，頁47。
〔註424〕見眞德秀，《大學衍義》，卷五，〈大學〉條按語，頁48。
〔註425〕見眞德秀，《大學衍義》，卷五，〈漢白虎通義〉條按語，頁49。

言天下之事雖眾，人主治之有要，在正其人倫耳；人倫之正，則自人君一身始。三綱正於上，天下未有不安者也，此舜之使契爲司徒，教以人倫：「父子有親、君臣有義、夫婦有別、長幼有序、朋友有信。」〔註426〕之要義也。而父子之親、君臣之義、夫婦之別、長幼之序、朋友之信，皆人性所自有，舜之命官敷教，亦因其有而導之，非強之以所無也。人主欲法聖君，則亦自明識人倫之正始。

人主既知治人之要，在正其人倫矣，而人倫之宜，其類有五，曰：父子、長幼、夫婦、君臣、朋友也。父子有親，長幼有序，夫婦有別，君臣有義，朋友有信，此舜命官施教之要，而人君所應深究者。

首言父子之親：人子之存，不出愛、敬二者。〔註427〕人主唯推愛親之心以愛人，而不敢惡於人，則人亦愛之，故可得天下人之歡心；唯推敬親之心以敬人，而不敢慢於人，則人亦敬之，故可得萬民之歡心。其始也推愛、敬之心以及人，其終也享愛、敬人之福，蓋仁、孝同源，〔註428〕以聖人之德，處人主之位，躬行仁、孝於上，而德教則自形於下也。舜之積誠以感父，文王、武王一日數朝於其父，此萬世人主事親之典範也；若夫漢高祖之歸尊於父，唐太宗雪父之恥，於生日念父母之劬勞，至於泣下者，亦人主所宜取則。至若唐肅宗之貴爲天子，不能庇其父，其罪通天，蓋亦人主於誠信之德有疏，遂受李輔國疑猜之所蔽也。

次言長幼之序：昆弟至情，出於天性；戚戚兄弟，豈可疏遠。人主以善養人，推恩則百姓興於仁，足以保天下；若不推恩，疏其所親，則寡助之至，親戚畔之，此人主之所宜戒也。舜之處象，不以公義廢私恩，而予之以富貴，不以私恩廢公義，而使不得有以暴其民；周公閔管、蔡之失道，常棣之詩言：「兄弟鬩于墻，外禦其務。」〔註429〕其愴然之情，溫厚之恩，溢於言外；唐明皇之友愛兄弟，讒間之言不得而入，凡此皆友于兄弟中，人主所宜取法者也。若夫鄭莊公之處心積慮以成其弟之反，因而翦之，此以惡養天倫，使陷於罪。人主以私欲滅天理，豈可長保天下乎？此人主所宜深戒也。

其次言夫婦之別：夫人主處至尊之位，理天下之事，以剛健爲貴，而有

〔註426〕見《孟子‧滕文公》上，《四書章句集註》，鵝湖，頁259。
〔註427〕見眞德秀，《大學衍義》，卷六，《孝經》條按語，頁50。
〔註428〕見眞德秀，《大學衍義》，卷六，〈孟子曰事孰爲大〉條按語，頁57。
〔註429〕見《毛詩‧小雅‧常棣》，《十三經注疏》本，卷九，藝文，頁321。

帥人之智，故領導百官，統御天下，以克盡其責。至於婦者以柔順爲貴，以佐人主理其家，雖有善美，亦溫婉而隱晦之，其可以擅家之柄乎？孟子之言：「以順爲正者，妾婦之道也。……得志與民由之，不得志獨行其道。富貴不能淫，貧賤不能移，威武不能屈。此之謂大丈夫。」〔註430〕雖言妾婦與大丈夫之異，實則亦夫、婦之別也。

又其次言君臣之分：君之與臣，君尊而臣卑，君上而臣下，其分如天冠地屨，不可易也。唯人主宜知爲君之難，蓋能知其艱難，則存敬畏之心；若以爲易，則啓驕逸。敬畏不存，怠荒之所自起；驕逸疏察，禍亂之所由生。天命靡常，宜無時而不存敬畏也，如是則君強臣弱，君倡臣和，此人安之基也；若君弱臣強，此僭逆之所由生，上下之分既失，變亂因之而起，此人主宜以乾健自勵，而戒於柔懦也。君、臣之分既定，然則人主何以待臣耶？君以敬待其臣，是之謂禮也；臣以誠事其君，是之謂忠。君使臣以禮，則臣事君以忠，蓋職分之所當然，情義之所必至也。古之人主，進用人以禮，斥退人亦必以禮。而式黃髮，人君所以敬老也；下卿位，人君所以尊賢也。聖明之君，待臣不可不以禮也。至若人臣之事君也，進則思盡己之忠，退則思補君之過；人君有善，則承順之，使益進於善；人君有惡，則正救之，以潛銷其惡。孟子有言：「責難於君，謂之恭；陳善閉邪，謂之敬。」又曰：「惟大人爲能格君心之非。」〔註431〕蓋人臣之義，以忠直爲本，極言直諫者，所以愛君也，人主不惟容之，又當明察而重用之也；從諛承意者，所以欺君也，人君當明辨詳察，若爲諛佞，即當遠之，此人主所宜明知。

末言朋友之交：人主之於臣也，宜以臣爲賓，以臣爲友、以臣爲師也。以臣爲賓，敬之至也；以臣爲友，愛之至也；以臣爲師，敬愛益至焉。蓋上至天子，下至庶人，未有不須友朋以成其事者；伐木微事，且猶相應，鳴鳥微類，且猶相求，人其可無友乎？此《小雅·伐木》之篇所以有：「友賢不棄，不遺故舊，則民德歸厚」之教也。人主之友賢，乃事之始也，須進而用賢。蓋分官任職，人主所以治天下也：官位所以處賢者也，職務所以命賢者也，俸祿所以養賢者也。此皆仰賴賢者之治其民也。堯之於舜，可謂盡人主友賢之道矣！至若湯之於伊尹，文王、武王之於太公望，成王之於周公，皆以之

〔註430〕見《孟子·滕文公》下，《四書章句集註》，鵝湖，頁 265～266。
〔註431〕並見《孟子·離婁》上，前則見《四書章句集註》，鵝湖，頁 276～277；後則見頁 285。

爲師者也，此人主宜取法焉。

　　丙、吾道源流之正

　　堯、舜、禹、湯數聖相傳者，唯一「中」道耳。中者何？其命出於天，而民受之以生者也，其理散於萬事萬物，而萬事萬物莫不有一當然之則，不可過，不可不及，故名曰中。或有大中、時中之名，蓋大中者，就其體言，極天理之正；時中者，就其用言，酌時措之宜。

　　《周書‧洪範》有「皇極」之目，朱熹以爲：皇者君之稱，極者至極之義，標準之名。〔註432〕蓋人君以一身履至尊之位，必有天下之至德，而後可以立至極之標準，以爲萬民之典範，而爲萬民之所欽仰；亦唯如是，而後始可作億兆之父母，而爲天下之王也。不然，徒有其位，而無其德，則何足以履天下至尊之位哉？此至極之標準，即天理之純一中正者，亦即大中之道，乃人君修身立道之極則也。人主思欲王天下者，自修身而立政，必有以至乎其極，然後始有以稱乎至尊、至極之位也，知乎此，則大本可立矣！

　　然則人主何以立此「皇極」、大中之道耶？其術多端，一言而舉其要，則亦曰：克己復禮耳。蓋心之全德莫非天理，一有人欲之私，則天理泯矣！而非禮處即是私欲，人唯克去私欲，以復於禮，則事皆天理，而本心之德可復全於我，天理之至善可得，而至極之標準可立也。故聖明之君，宜立志務學，以古聖先王爲師，而不以漢唐自安，於孔門克復之功，當勉焉以盡其力，必至於天理全，而人欲泯，仁之功至，大中之道得，則履至尊之位，爲億兆之父母，天下歸仁有日矣！孔子之言：「一日克己復禮，天下歸仁焉。」〔註433〕者良有以也。

　　曾子有言：夫子之道，忠恕而已矣！蓋忠謂盡己，恕謂推己。己之性純乎天理，能以至誠盡之，則萬善俱全；推之以及於人，則人之善可復。故程頤之言：忠者天道、恕者人道；忠者爲體，恕者爲用；忠者一本，恕者萬殊〔註434〕者以此也。

　　迄乎《中庸》，則言：「天命之謂性」，「喜怒哀樂之未發，謂之中，發而皆中節，謂之和。中者天下之大本也，和者天下之達道也。致中和，天地位焉，萬物育焉。」〔註435〕蓋以喜怒哀樂者，情也，其未發，則性也，以無所

〔註432〕見眞德秀，《大學衍義》，卷十一，頁85下。
〔註433〕《論語‧顏淵》，《四書章句集註》，鵝湖，頁131。
〔註434〕參見眞德秀，《大學衍義》，卷十一，頁91引程頤語。
〔註435〕見《中庸》首章，《四書章句集註》，鵝湖，頁18。

偏倚，故謂之中。發而中節，情之正也；以無所乖戾，故謂之和。大本者，天命之性，即〈洪範〉所謂「皇極」，天下之理皆由此出，道之體也；達道者，循性之謂，此古今之所共由，道之用也。朱熹之闡發，已無遺蘊矣！

　　人主欲致中和，而天地位、萬物育者，此參天地、贊化育之大業，聖王之極功也，可謂難矣！然求其用功之要亦非無端，在於敬耳。敬者戒懼、致謹之謂，蓋不睹不聞時而戒懼之；人所未知，己所獨知，而致謹之，皆敬也。靜時無不敬，即所以致中；動時無不敬，即所以致和。爲人主者，但當恪守一敬，靜時以此涵養，動時以此省察，以此存天理，以此遏人欲，工夫至於極處，自然天地位、萬物育矣！上文所云克己者，乃就私欲處說，此所云敬者，乃就心處說，就工夫而言，實無別也。人主亦唯深體而力行乎此而已。

　　《中庸》又言：「誠者天之道也。」蓋誠者實也，眞實無妄之謂。以理言之，唯天理至實無妄，故天理得誠之名；以德言之，唯聖人之心爲至實而無妄，故聖人亦得誠之名。此即堯、舜數聖相傳之「中」，純然至善，無所偏倚虛妄也。《中庸》之言：「誠者，物之終始，不誠無物，是故君子誠之爲貴。」以理言之，天地之理至實，而無一息之妄，故自古至今，無一物之不實，而一物之中，自始至終，皆實理之所爲也。以心言之，唯聖人之心至實，而無一息之妄，故從生至，死無一事之不實，而一事之中，自始至終皆實心之所爲，此所謂物之終始也。苟未至於聖人，其本心之實不能無間，則所云爲，亦無實之可言，雖有其事不異於無矣，故言不誠無物，朱熹之闡發已詳明矣！〔註436〕若夫天下之達德智、仁、勇者，以其爲人所同得，人皆有之，踐履之際，若不能眞實無妄，則知者出於數術，仁者流於姑息，勇者過於彊暴，皆非德之所宜，言其「無物」，不亦宜乎！《中庸》所以言「行之者一」，一即誠也。孟子之倡仁義，蓋欲使人知所以用力之地也。仁者，本心之實德；義者，吾之節制。至若又言智、禮、樂者，智爲眞知仁義也，禮爲實節文飾，樂爲行之而得實樂，無所矯飾也。人主於本心之實德，須知而充之，使天理明而人欲滅，仁德俱全，而無私欲之蔽。否則，亡國敗家，亦將無所不至，孟子之言：「三代之得天下也，以仁；其失天下也，以不仁。」又言：「不仁者可與言哉？安其危而利其菑，樂其所以亡者，不仁而可與言，則何亡國敗家之有？」〔註437〕其意蓋在於此，人主思欲國治，於此不可不深明之也。

〔註436〕參見眞德秀，《大學衍義》，卷十二，頁98。
〔註437〕參見眞德秀，《大學衍義》，卷十二，頁103。

丁、異端學術之差

人主於堯、舜、禹、湯、文、武、周公、孔、孟之學，當盡心焉，捨此而專治乎異端，則其爲害也必大。如楊朱爲我，無仁民愛物之意，昧於理一；墨翟兼愛，所施無別，昧於分殊；刑名之說，慘覈少恩；縱橫之辯，傾亂人國，此漢儒董仲舒倡言排之，獨尊儒術之故。而老莊之失，眞公德秀言之詳矣，茲摘錄於后：

> 百家之學，惟老氏所該者眾。今撫其易知者言之。曰慈、曰儉、曰不敢爲天下先，曰無爲民自化、好靜民自正，無事民自富，無欲民自樸，無情民自清，此近理之言也。……曰玄牝之門，爲天地根，綿綿若存，用之不勤，此養生之言也。……曰將欲翕之，必固張之，將欲奪之，必固與之，此陰謀家之言也。曰大道廢，有仁義，曰失道而後德，失德而後仁，失仁而後義，失義而後禮，禮者忠信之薄而亂之首，此矯弊之言，而放蕩者宗之。至其以事物爲粗迹，以空虛爲妙用，蒙莊氏因之，……而清談者倣之。自其近理者言之，固在所可取，然皆吾聖人之所有也，下乎此，則一偏一曲之學，其弊有不勝言者。養生之說，則神仙方藥之所自出也；陰謀之術，則申、商、韓非之所本也；放蕩之害，至劉伶、阮籍而甚；清談之禍，至王弼、何晏而極。皆以惑亂世主，斲喪生民，雖老莊之學，初未至此，然本源一差，其流必有甚焉。以是言之，曷若由堯、舜、周、孔之道爲無弊哉！〔註438〕

至若釋氏，以虛無爲宗，以人倫爲假合，至於臣不君其君，子不父其父，風俗淪胥，綱常掃地。人主亦唯立心以實意爲主，修身以實踐爲貴，講學以實見爲是，行事以實用爲功，此堯、舜、周、孔相傳之正法也，〔註439〕必本仁義，必尙禮法；不專老氏、方外之教，異端邪說之行；則所謂夷夏之分，若霄壤之相隔也。眞公德秀嘗言純任儒者之教，不雜百家邪詖之說，其言曰：

> 某讀某書，彌月始盡卷，則喟然曰：美哉書乎？（世統按：指陳均所輯《皇朝編年舉要與備要》。）聖祖神孫之功德，元臣故老之事業，赫赫乎！煌煌乎！備於此乎！然綜其要而求之，則自藝祖以來，凡所以祈天永命，垂萬世無疆之休者，大抵弗越數端：蓋其以仁立國，

〔註438〕見眞德秀，《大學衍義》，卷十三，頁106～107。
〔註439〕眞德秀語，見《大學衍義》，卷十三，頁111。

而不雜五霸權利之謀；以儒立教，而不淄百家邪詖之說；求治寧悠緩，而不爲一朝迫切之計；用人寧樸鈍，而不取小夫輕銳之才。嘉祐治平以前，廊廟之討薈，縉紳之論建，相與葆衛扶植，如恐失之，此其所以大治也。

自熙寧輔臣，出新意，改舊法，高談古始，陰祖管商，而國脈病矣！名爲尊經，實尚空寂，而學術乖矣！謂參苓著朮，不急於起疾，而一切雜進者，皆決腸破胃之藥，根本安得而弗傷？謂鼎鼐琮璧不足以便用，而錯然前程者，皆奇詭謠靡之具，風俗安得而弗壞。章呂鼓其波，三蔡熾其燄，更倡遞述，至于齮齕極矣，此其所以致亂也。

凡百有六十七年之行事，可喜可慕可愕者，一檻而盡得之，眞我宋千萬年之龜鑑也。〔註440〕

眞公言宋世自太祖以來，所以能垂萬世無疆之休者，乃以太祖以仁立國，不雜五霸之謀；純用儒家之教，不淄百家邪詖之說。自神宗熙寧以後，輔臣陰祖管商，而國脈始病，至於哲宗、徽宗，章惇、蔡京等人更相遞述，至於童貫而其弊始至於極處，此可爲後世人主千萬年之龜鑑也。

戊、王道霸術之異

王、霸之辨，亦人主所宜知。王者躬行仁義，無意於服人，而人不能不服；霸者必以力，乃能成其大，以力服人，人不敢不服。此仁德、霸力之分，天理、人欲之別，人主唯「正其誼，不謀其利，明其道，不計其功。」依乎天理之正，盡人性之至善，事必本乎人情，行必出乎禮義，則堯、舜之道可致也。

（2）辨人才

人主設官分職，選臣擇將，任之以事，以理天下之務。觀其所任諸臣之賢與不肖，則事之成敗可知矣！故明主處其君位，必愼其所任之諸臣也。諸臣之優劣良窳，人主如何釐析分辨之耶？是觀人之法，知人之術，人主不可不講明之也。

甲、聖賢觀人之法

聖賢欲求知人善任，必自觀人始。觀人之法，約而言之，可分兩方面敘述。

〔註440〕見眞德秀，《西山先生眞文忠公文集》，卷二十七，〈皇朝編年舉要備要序〉，頁417。

真德秀《大學衍義》之研究

　　首言人主方面：人主選用賢能，取決乎一心。若其本心實主於仁德，則所選任，類皆仁德之人，若實主於功利，其所選任，必爭功趨利之徒矣！故選任之際，人主之心，實宜深慎，以明趨勢也。孔子有言：「視其所以，觀其所由，察其所安，人焉廋哉！人焉廋哉！」〔註441〕此聖門觀人之法也，自視其所做所爲，觀其所從來，明察其所安適，則人之眞善與否，從可得之矣，焉能有所逃隱耶？雖然，彼之善惡無所逃，而視之、觀之、察之者我也，影響吾之取決者，心也，而吾心若「未能至公而無私，至明而不惑，其於人之情僞，焉能有見乎？以人君言之，一身而照臨百官，正、邪、忠、佞，雜然吾前，豈易辨哉？必也清其天君，如鑑之明，如水之止，以爲臨下燭物之本，然後於人之所由、所安，庶乎其得之矣！」〔註442〕此眞公德秀之語也，人主之心，至公而無私，至明而不惑，此選任賢能之本也。人君欲期其心至於是，則須自格物致知始，期能於選人之理無所疑惑，熟知觀人之法，重其德，徵其實；繼之而誠意正心，使之天理明而人欲泯，此所以明其明德也。唯明其明德，始克選賢任能。此知人之首要工作也。

　　次言人臣：人主選賢之要，首在人臣之德。有德則爲君子，無德則爲小人，辨別君子、小人之異，進君子而退小人，此人主之責也。而輔相之職，尤貴於德，此堯之不用囂訟之朱及靜言庸違之共工之故也，古之論人者，必貴於有德，後世人主，或以才能取人，而不稽諸德行，故有才無德之人得以自售，其不敗事者幾希！〔註443〕德者爲行事之本，事者則爲德之施行，若徒有德，而不見之於事，則德爲虛文矣！故明主拔取人才，必試之以事，此「明試以功」〔註444〕者，乃堯、舜以來，甄選人才不易之大法也。故言：「惟明主之觀人也，不以文華而以德行，不以虛譽而以功實。」〔註445〕良有以也。

　　由人之處富貴貧賤，其人之良否，往往可以得知，李克之答魏文侯以擇相五法，曰：「居，視其所親；富，視其所與；達，視其所舉；窮，視其所不爲；貧，視其所不取。」〔註446〕蓋閒居而不妄親所親，其人必賢；既富矣，而不妄與所與，其人必智；既達矣，而不妄舉所舉，其人必善；處窮困而不

〔註441〕見《論語・爲政》，《四書章句集註》，鵝湖，頁56。
〔註442〕眞德秀語，見《大學衍義》，卷十五，〈視其所以〉條按語，頁125。
〔註443〕參見眞德秀，《大學衍義》，卷十五，頁125上。
〔註444〕見《虞書・舜典》，《十三經注疏》本，卷三，藝文，頁38。
〔註445〕眞德秀語，見《大學衍義》，卷十八，〈梁武帝〉條按語，頁151。
〔註446〕眞德秀輯錄，見《大學衍義》，卷十五，頁129。

妄為，其人必義；處貧賤而不妄取，其人必廉。兼此五者，非君子不能，故可以當大臣宰相之任矣！此可云得觀人之要也。而子游以行不由徑，非公事不至其室，知澹臺滅明之賢者，蓋以其行且不由徑，豈肯枉道欲速乎？非公事不至其室，事上豈肯阿意求悅乎？此可為觀人之助也。

〈周書・秦誓〉有言：「人之有技，冒疾以惡之，人之彥聖，而違之，俾不達，是不能容，以不能保我子孫黎民，亦曰：殆哉！」〔註447〕小人殘害忠良，無所不用其極，由其容與否，可識其賢與否矣！真公德秀有云：「太宗相元齡，而唐以興；元宗相林甫，而唐以壞。欲知大臣之賢否，惟觀其能容與否而已矣！」〔註448〕真公之言，蓋亦觀人之一法也。

至若由其類以求之，亦可知其賢否。如孔子之言：「人之過也，各於其黨；觀過，斯知仁矣！」蓋君子常失於太厚，小人常失於太薄，觀於其類以求之，則為君子、小人可知，此聖門觀人之一法也。而以言觀人者，蓋吉人之辭寡而要，躁人之辭多而無所歸；以眸子觀人者，以其胸中不正，則眸子眊焉，故孟子曰：「聽其言也，觀其眸子，人焉廋哉！」〔註449〕蓋言為心術之所形，目為精神之所發，審其言之正邪，驗其目之明昧，其人之賢否有不可掩者。

總上，人主選賢，首重德行，而選人之際或驗諸其事，或考諸其行，或觀其能容與否，或觀其類，或審其言，或察其目者，皆人主觀人之法，其目的在求選賢取能，授之以職，以佐人主，造福黎民，共登郅治之域。思欲平治天下之主，必重人才之選拔，欲擢引賢能，則自知人始，欲求知人，宜於此留意焉。

乙、人主知人之事

人主苟能躬覽萬機，以究事情之利弊；日接群臣，以察人才之長短，則於事務之得失，百官之短長，必有所知。如堯之退朱、共工，而登用舜；漢高祖之論曹參、王陵、陳平、周勃諸人，考其始終，無一或差，彷如料事如神者也，其於知人善任，可云至矣！而究其本，則亦君德之明，其心純乎天理，而無私欲之泯，不為諂惑，不為利誘，由是可以知人才短長，明忠奸之

〔註447〕見《尚書・周書・秦誓》，《十三經注疏》卷第二十，藝文，頁315。

〔註448〕見真德秀，《西山先生真文忠公文集》，卷十八，〈講筵卷子大學秦誓章〉，頁293。

〔註449〕見《孟子・離婁》上，《四書章句集註》頁283。

分，辨邪正之別也。

人主能正其心，去其私欲，不以拂己爲忤，不以適己爲悅，則賢佞可分。如漢文帝以周亞夫爲將軍，次細柳以拒匈奴，上自勞軍，不得入，文帝不以爲忤；景帝時以亞夫爲太尉，平七國之亂（西元前 154）。後上廢栗太子，丞相亞夫爭之，上由此疏之；其後因事數諫，忤上心，景帝因是疑之，以爲鞅鞅非少主臣，遂致以事下獄而卒（西元前 143）。以亞夫之賢，不免於下獄而卒者，景帝以逆己爲忤，適己爲悅，故不能容，安得知賢而用耶？人主欲知人，應去私意可知。而漢昭帝時，左將軍上官桀、御史大夫桑弘羊等通謀，交相譖毀大司馬霍光，賴昭帝之明，終不入罪；此人君之心至明，以之照姦，百邪不能蔽也。

人君之識人才，辨忠奸，別善惡，知邪正，雖在其心，然而遇合之際，孰爲善、孰爲非善？孰爲忠、孰爲非忠，孰爲君子、孰爲小人？其法亦有要也。《論語》中言及君子、小人之分者多矣，如：

△子曰：君子喻於義，小人喻於利。

△子曰：君子懷德，小人懷土；君子懷刑，小人懷惠。

△子曰：君子周而不比，小人比而不周。

△子曰：君子成人之美，不成人之惡，小人反是。

△子曰：君子和而不同，小人同而不和。

△子曰：君子泰而不驕，小人驕而不泰。

△子曰：君子上達，小人下達。

△子曰：君子求諸己，小人求諸人。〔註450〕

孔子言及君子、小人之分處甚多，其主要之區別在義、利之分。表現於行爲上則各自以其義、利相結合。故君子所喻者義，所好者德，故念茲在茲；小人所喻者利，所好者惠，亦念茲在茲也。君子大公無私，樂道人之美，以可否與人相處而不同流合污，行爲循理而安舒，日以窮理爲事，而日進於高明，遇事責諸己而不求諸人，小人所做所爲，則與此相反。此君子、小人之分之大較也。人主宜於《論》、《孟》中窮研參索而深究焉，庶幾於君子、小人之辨，能深造有得也。至如：

君子、小人以類而聚，未有無徒者。君子之徒同德，小人之徒同惡，

〔註450〕第一、二則見於〈里仁〉，第三則〈爲政〉篇，第四則〈顏淵〉篇，第五、六則並見於〈子路〉篇，第七則〈憲問〉篇，末則見於〈衛靈公〉篇。

外甚類，中實遠。〔註451〕

此以同德、同惡別君子、小人，唐裴度之言於憲宗者也。而唐李德裕之言於武宗曰：

> 臣以為正人如松柏，特立不倚；邪人如藤蘿，非附它物，不能自起。
>
> 故正人一心事君，而邪人競為朋黨。〔註452〕

李氏以松柏、藤蘿取譬，蓋有助於人主之別忠、奸，正、邪也。真公德秀錄宋世張浚之言，以別君子、小人，其言曰：

> 不私其身，慨然以天下百姓為心，此君子也；謀身之計甚密，而天下百姓之利害我不顧焉，此小人也。
>
> 志在於為道，不求名而名自歸之，此君子也；志在於為利，掠虛美，邀浮譽，此小人也。
>
> 其言上剛正不撓，無所阿徇，此君子也；辭氣柔佞，切切然伺候人主之意於眉目顏色之間，此小人也。
>
> 樂道人之善，惡稱人之惡，此君子也；人之有善，必攻其所未至而掩之，人之有過，則欣喜自得，如獲至寶，旁引曲借，必欲開陳於人主之前，此小人也。
>
> 難進易退，此君子也；叨冒爵祿，蔑無廉恥，此小人也。〔註453〕

張氏於君子、小人之分，深見有得，人主欲知君子而用之，於此不可不深究而明辨之也。

人主之心，純乎天理，而泯私欲，以辨君子、小人之分，以別正、邪之異，於姦雄竊國之術、憸邪罔上之情等亦宜知悉，茲分別敘述如後。

首言姦雄竊國之術：如寒浞挾宮闈之助，合內外之交以亡后羿；田氏擅權施惠，人主失其權柄，遂專齊政；呂不韋以一女子而奪秦國嬴姓之政；王莽以外戚而收贍名士、交結將相，平帝時賜號安漢公，旋加九錫之命，遂以居攝而即真天子位矣！人主思欲國祚久安，宜知其術而戒之，勿使宮闈以干朝政，勿使威權下移，杜絕私欲，明察忠姦，親忠賢而去姦佞，則將大有助於國治也。

〔註451〕真德秀輯錄，見《大學衍義》，卷十六，頁134下。

〔註452〕真德秀輯錄，見《大學衍義》，卷十六，頁135上。

〔註453〕見真德秀，《大學衍義》，卷十六，頁135「正」字依董鈔本、《四庫全書薈要》本、《文淵閣四庫全書》本、文友書店影本改。

　　次言姦臣罔上之謀：人臣有以非道以順適君心，導人主於自專，以誅戮忠賢，而固己權者，如趙高之於二世是也。夫忠臣欲其君賢明，必勸之以日臨群臣，躬攬萬機，則明主之恩澤將如太陽之輝光，無所不被而後己得輸其忠誠，以共戮力於國事；而姦臣則欲其君愚闇，必勸之以深居宮省，託耳目於便嬖，則下情隱伏，政令之得失一無所知，然後彼得肆其姦慝，盜取威權，以速天下之亡。而三國時張布之諫吳主孫休，勿近儒生，蓋忠臣之心，欲其君之務學，以長德智；而姦臣之意，則唯恐其君好學，使己不得專權也。唐玄宗時，李林甫有曰：天子家事，外人何與邪？又言：天子用人，何不可者？〔註454〕皆導人主以自專也。夫天子以四海為家，凡中外孰非家事者，而大臣乃天子之家老，凡中外事亦無不當與焉！且用人得失，治亂之所關，不幸有失，大臣所當救，小人承順人主之意，杜絕諫者之口，蓋皆伐國之戈矛，而迷主之酖毒也。於是宦官宮妾始得專擅其權而外廷不得與之爭矣！李林甫蓋萬世之罪人歟？尤有進者，李林甫說唐玄宗以用番將領節度使，帝納其言，遂至遺禍兩百餘年，推原其用心，不過欲杜節度使入相之階，以久己權而已，然中國板蕩，生民塗炭，遂自茲始，姦臣之遺禍天下，何有逾於此者？

　　唐武宗時，仇士良以左衛上將軍內侍監致仕，士良教其黨徒固權寵之術，曰：天子不可令閑常，宜以奢靡娛其耳目，使日新月盛，無暇更及它事，然後可以得志。慎勿使之讀書，親近儒臣，彼見前代興亡，心知憂懼，則吾輩踈斥矣！〔註455〕小人之導引君心使入奢靡，或縱耳目聲色之欲，或溺酒食之間，或競狗馬之玩，或殖珠寶貨利，或治宮室殿堂，或窮兵以開邊拓宇，凡其君之所好，必趨赴之，以徇君欲，而竊其權榮也。人主睹此，宜寫之以置座右，必親儒，必閱經史，則奢靡不能惑，而姦佞不能蔽矣！

　　其次言讒臣欺上之情：言所以抒情達意也，唯姦臣用之，則以之鑿空造端，締怨結禍，屏王之耳目，蔽王之聰明，使不得聞天下之利害，不得覯天下之是非，使之塊然孤立，若聾瞽然。如驪姬之讒殺晉太子申生，晉獻公一無所覺，惑於驪姬之讒，遂致殘殺骨肉，豈不哀哉！唐德宗時，陸贄奏曰：凡是譖愬之輩，多非信實之言，利於中傷，懼於公辯。或云歲月已久，不可究尋；或云事體有妨，須為隱忍；或云惡跡未露，宜假他事為行；或云但棄

<hr>

〔註454〕參見眞德秀，《大學衍義》，卷二十九，頁158。
〔註455〕參見眞德秀，《大學衍義》，卷二十，頁173。

其人，何必明言責辱。詞皆近理，意實矯訐，傷善售姦，莫斯為甚！〔註456〕陸氏之言，可謂深得讒人之情矣！蓋讒愬之言，多非事實，苟人主顯行而辨白之，則事之是非曲直，自不可掩。然近習小人，工於覘知人主之意，其薦人也，未嘗直薦，游揚之而已；其毀人也，未嘗直毀，陰中而已矣。此陰肆中傷，使人主自加譴怒，則為讒者無罪，而被讒者不得免，自古忠良喑嗚受禍者，率由此也。如北齊尚書右僕射祖珽之讒殺咸陽王斛律光，讒邪之臣計殺忠良，以資敵國，齊君昏瞶，全不之察，可歎也矣！

又其次言佞臣詒君之狀：人臣以諛悅順從之姿，百端諂媚，以取人主之歡心，以爭人君之寵愛而導人主沈溺燕安，終不之悟者，亦有之矣！如北齊侍中和士開諂侍齊主百端，言辭容止，極盡鄙褻，夜以繼日，無復君臣之禮，嘗謂帝曰：自古帝王盡為灰土，堯、舜、桀、紂，竟復何異？陛下宜及少壯，極意為樂，一日取快，可敵千軍，國事盡付大臣，何慮不辦？無為自勤約也。帝大悅。〔註457〕和士開之佞侍齊主，以速齊亡，人主宜知所鑑戒也。宋世范祖禹言佞幸之臣之弊詳矣，其言曰：

> 大禹曰：何畏乎巧言、令色、孔壬。孔子曰：佞人。殆佞人者止於
> 諛悅順從而已，近之，必至於殆，何也？彼佞人者不知義之所在，
> 而惟利之從故也。利在君父，則從君父；利在權臣，則附權臣；利
> 在敵國，則交敵國；利在戎狄，則親戎狄；利之所在則從之，利之
> 所去則違之，於君父何有哉？忠臣則不然，從義而不從君，從道而
> 不從心，使君不陷於非義，父不入於非道，故雖有不從其命，將以
> 處君父於安也。君有不義不從也，而況於它人乎？古之佞者，其始
> 莫不巧言、令色，未必有悖逆之心。及其患失，則無所不至，終於
> 弑君亡國者，皆始之諛悅順從者也。〔註458〕

佞幸之人，唯利是徇，既得之也，保全之無所不用其極，及將失之，雖危國亡君亦無所不至，人主宜知所警惕也。

末言斂臣枉君之過：人臣有以斂財以順適君心，取媚人主者。如漢武帝之世，桑弘羊為治粟都尉，領大農，盡筦天下鹽鐵，後以物價騰踴，因行平準之制，使大農諸官盡籠天下之貨物，貴即賣之，賤即買之，如此富商無所

〔註456〕參見真德秀，《大學衍義》，卷二十三，頁200。
〔註457〕參見真德秀，《大學衍義》，卷二十四，頁204。
〔註458〕真德秀，《大學衍義》，卷二十四，頁205，〈唐太宗〉條按語引。

牟利，萬物不得騰踴。是歲旱，上令官求雨，卜式曰：縣官當食租衣稅而已，今弘羊令吏坐市，列肆販物，尤利，烹弘羊，天乃雨。〔註 459〕弘羊平準之法乃陰奪商賈之利而已，爲天子歛怨於士，非能上下兼足也。唐玄宗時戶部郎中王鉷見上在位久，用度日侈，後宮賞賜無節，因歲貢額外錢帛百億萬，貯於內庫，以供宮中宴賜，謂此皆不出租庸調，無預經費。〔註 460〕而度支郎中楊釗善窺上意，所愛惡則迎之，因變租稅爲布帛，輸京師，屢奏帑藏充羨，古今罕儔。玄宗以國用豐衍，故視金帛如糞土，賞賜貴寵之家，無有限極。〔註 461〕夫「有田則有租，有身則有庸，有戶則有調。天下之田有常數，則租亦有常數；天下之人有常數，則庸亦有常數；戶調亦然。安得常賦之外，又有百億萬之入以供上之橫費乎？姦臣敢於欺罔，而帝不之察，徒見府庫充羨，而侈欲日滋，賜後宮、賜外戚者無復限極。不思一錢寸縷，皆百姓之脂膏血肉也，何忍以糞土視之乎？異時邊將騁兵，府庫之藏，悉爲賊有，而王鉷、楊釗之徒亦皆身被極刑，家無噍類，然後知貨悖而入者，必悖而出，聚歛之臣其罪甚於盜臣也。」〔註 462〕此眞公德秀之言也，人主之視錢帛絲縷，宜思皆百姓之脂膏，何忍視爲糞土耶？此宜爲天下後世君臣之戒。

總上，人主欲求知人而善任之，宜自觀人始。觀人之先，人主宜格物致知，以知觀人之法；誠意正心，以明其明德，使其心純乎天理，而無私欲之蔽。觀人之要，首重在德，進而驗之於事，「明試以功」；考之於行，觀其成效；或就其類而觀之，或審其言、察其目以明之。而德者，事之本也，有德則爲君子，無德則爲小人，故於君子、小人之情狀，尤須辨明而知所取擇也。既知君子、小人之分，人臣正、邪之別矣，人主於姦雄竊國之術、憸邪罔上之謀亦宜究明。憸邪罔上之謀中，或以無道順適君心，或以讒言事主，或以柔順而進，或以斂財取媚。凡此憸邪之人承順君意，以固己權，誅殺賢能，無所不至者，人主宜知所警戒，而任賢能以去不肖也。

（3）審治體

人主於國之治體可得而究者，約有兩端，一曰德刑先後之分，一曰義利重輕之別。茲分別敘述如后：

〔註 459〕參見眞德秀，《大學衍義》，卷二十四，頁 206，〈漢武帝〉條所錄。
〔註 460〕參見眞德秀，《大學衍義》，卷二十四，頁 207 上，〈所錄戶部郎中王鉷〉條。
〔註 461〕參見眞德秀，《大學衍義》，卷二十四，頁 207 上，〈所錄度支郎中楊釗〉條。
〔註 462〕見眞德秀，《大學衍義》，卷二十四，〈唐玄宗〉條按語，頁 207。

甲、德刑先後之分

治國之目的，期其至於平天下，此其遠程目標也，而近程目標則在於養民、教民。由帝舜之命官，先命棄爲后稷，以播百穀；次命契作司徒，以敷五教；再命皋陶爲士官，以理刑罰。〔註463〕可知舜先有以養其民，其次則教之，而刑罰乃所以輔所不及也。眞公德秀於皋陶條按語曰：

> 舜之制刑也，特以輔教化之所不及。而其用刑也，本期至於無刑。
> 皋陶爲士師之官，能體舜此心，明其刑以示人，使爲臣庶者無復干
> 上之政，而民亦遷善遠罪，以協于中，刑之設，至是眞無所用矣！
> 〔註464〕

刑罰之設，既在輔教化之所不及，而刑罰之施，其心則惟欽惟恤，其法則在於「明允」，眞公德秀曰：

> 春生秋殺，一出無心，而欽哉欽哉，未嘗不惟刑之恤也。曰欽、曰
> 恤之二言，百聖相傳，此其心法。

又曰：

> 欽、恤者，聖人用刑之心。明允者，聖人用刑之法。〔註465〕

蓋聖人之心，惟恐刑及無辜，故既敬謹、體恤之矣，復須致其明察，期能得其實情，而使民心信服。此聖王忠厚之至，而好生之德也。

孔子之言：「道之以政，齊之以刑，民免而無恥。道之以德，齊之以禮，有恥且格。」〔註466〕孔子之欲人君純任德政，於斯可見，孔子回答季康子之問政曰：「子爲政，焉用殺？子欲善而民善矣！君子之德風，小人之德草，草上之風必偃。」〔註467〕爲政須導人以善，未有上好善而民不好善者，何以殺爲？眞公德秀曰：

> 民性本善。爲善者以善迪之，未有不趨於善者，何以殺爲？君子、
> 小人以位而言。君子之德，如風之動物，小人之德，如草之從風，
> 未有風行而草不偃者，未有上好善而民不善者。〔註468〕

〔註463〕見《尚書・虞書・舜典》，《十三經注疏》卷三，藝文，頁44。
〔註464〕見眞德秀，《大學衍義》，卷二十五，頁211。遠罪之「遠」字，原作還，今
　　　　依董鈔本、《四庫全書薈要》本、《文淵閣四庫全書》本、文友書店影本改。
〔註465〕上引兩則並見眞德秀，《大學衍義》，卷二十五，頁210。
〔註466〕見《論語・爲政》，《四書章句集註》，鵝湖，頁54。
〔註467〕見《論語・顏淵》，《四書章句集註》，鵝湖，頁138。
〔註468〕見眞德秀，《大學衍義》，卷二十五，〈季康子問政〉條按語，頁212。

孔聖之教，既重德治，不欲刑殺，然則，德治之與刑殺有何區別？漢儒賈誼
論德治與刑罰之差異詳矣！其言曰：

> 爲人主者，莫如先審取舍。取舍之極定於內，而安危之萌應於外矣！
> 安者非一日而安也，危者非一日而危也，皆以積漸，然不可不察也。
> 人主之所積，在於取舍。以禮義治之者積禮義，以刑罰治之者積刑
> 罰。刑罰積而民怨背，禮義積而民和親。故世主欲民之善同，而所
> 以使民善者或異，或道之以德教，或毆之以法令。道之以德教者，
> 德教洽而民氣樂；毆之以法令者，法令極而民風哀。哀、樂之感，
> 禍、福之應也。……夫天下大器也，今人之置器，置諸安處則安，
> 置諸危處則危，天下之情與器亡以異，在天子之所置之。湯、武置
> 天下於仁、義、禮、樂，而德澤洽，禽獸草木廣裕，德被蠻貊四夷，
> 累子孫數十世，此天下所共聞也。秦王置天下於法令刑罰，德澤亡
> 一有，而怨毒盈於世，下憎惡之如仇讎，既幾及身，子孫誅絕，此
> 天下之所共見也。〔註469〕

賈氏之意蓋謂人主治國宜先定取舍，若定之以禮義治國，主德教，則民積禮
義而和善可親，故湯、武以仁、義、禮、樂治天下，德澤深洽，被及四夷，
長治久安，累子孫數十世。若定之以刑罰治國，主法令，則民怨背，其國也
哀，故秦王置天下於法令刑罰，則民怨聲載道，盈乎四野，黎民憎惡之有如
仇讎，子孫誅絕，乃天下所共見也。眞公德秀曰：

> 秦自孝公用商鞅，行新法，步過六尺者有罰，棄灰於道者有刑，臨
> 渭論囚，水爲之赤。始皇既并滅六國，自以水德之治，剛毅戾深，
> 事皆決於法，刻削毋仁恩和義，於是急法，久者不赦。又用李斯之
> 言，敢偶語詩書棄市，以古非今者族，專任獄吏，得親幸用事，凡
> 誦法孔子者，皆重法繩之。至二世用趙高謀，行誅大臣及諸宗室，
> 以罪過連逮，近官宿衛，無得免者，而六公子戮死於社，又用李斯
> 謀，行督責之術，凡殺人多者爲良吏，此所謂置天下於刑法者也，
> 而周之享國八百餘年，秦之亡也纔及二世。〔註470〕

秦國之用法，步過六尺者有罰，棄灰於道者有刑，可謂苛矣！宜其享國纔及
二世則身戮人手，天下叛之。後世用刑嚴苛者有隋文帝，帝以盜賊繁多，命

〔註469〕錄自眞德秀，《大學衍義》，卷二十五，頁212。
〔註470〕見眞德秀，《大學衍義》，卷二十五，〈漢文帝時賈誼上疏〉條按語，頁213。

盜一錢以上皆棄市，或三人共盜一瓜，事發即死。眞公德秀云：

> 隋文制刑以戢盜，非不嚴也，而盜卒不能戢，法終不可行，至唐太
> 宗輕徭薄賦，開斯民衣食之門，數年之間，外戶不閉，道不拾遺，
> 其失其得，可以鑑矣！〔註471〕

隋文帝之嚴刑以戢盜，盜終不能止，而法亦不可行，不二世，而國祚烏虖，
豈偶然哉！漢儒董仲舒論王者任德教，而不任刑罰，其言曰：

> 王者承天意以從事，故任德教，而不任刑。刑者不可任以治世，猶
> 陰之不可任以成歲也。爲政而任刑，不順於天，故先王莫之肯爲也。
> 今廢先王德教之官，而獨任執法之吏治民，毋乃任刑之意與？孔子
> 曰：不教而殺謂之虐。虐政用於下，而欲德教之被四海，故難成也。
> 〔註472〕

董氏之言，王者法天，純任德教，而不任刑，其意善矣！人主之欲德澤被於
天下者，其亦任德教而已。

乙、義利重輕之別

　　義、利之分，實亦君子、小人主要區別之所在，除上文人主知人之事中
略言及者外，眞公德秀曰：

> 性之所有，惟義而已，自其物我角立，然後利心生焉。……夫桀、
> 紂不能去民之義心者，以其秉彝之善，雖暴君不能奪也。〔註473〕

又曰：

> 仁者心之德，心存於仁則安，反是則危；義者心之制，身由於義則正，
> 反是則邪，二者皆吾所自有，而甘心於自棄焉，是虛至安之宅，而託
> 曠蕩之野，背至正之路，而趨荊棘之塗，此聖賢之所深哀也。〔註474〕

蓋仁、義爲人性所自有者，若夫利心，則自物我角立後始生，非人性所固有，
人主唯倡仁、義可也。以其爲人性所固有，故人主導之，則易行；若由利行，
則天下滔滔，唯利是爭，社會何得而安耶？孟子之答梁惠王問利，曰：

> 王何必曰：利，亦有仁義而已矣！王曰：何以利吾國？大夫曰：何
> 以利吾家？士庶人曰：何以利吾身？上下交征利，而國危矣！萬乘

〔註471〕見眞德秀，《大學衍義》，卷二十五，〈隋文帝〉條按語，頁216。
〔註472〕錄自眞德秀，《大學衍義》，卷二十五，頁214。
〔註473〕見眞德秀，《大學衍義》，卷二十六，〈荀子義與利者〉條按語，頁220。
〔註474〕見眞德秀，《大學衍義》，卷十二，〈孟子曰仁人之安宅也〉條按語，頁100。

之國弒其君者必千乘之家，千乘之國弒其君者必百乘之家，萬取千
焉，千取百焉，不爲不多矣！苟爲後義而先利，不奪不饜。未有仁
而遺其親者也，未有義而後其君者也，王亦曰：仁義而已矣！何必
曰：利。〔註475〕

人主以利爲天下倡，則天下交爭利，其禍國殃民可以見也，唯行仁義，人人
親其親，長其長，而天下平。故孟子特別強調仁義也。真公德秀曰：

仁者本心之全德，義者當然之正理。爲國者當躬行仁義於上，而不
可以利爲心，若王欲自利其國，則大夫亦欲利其家，士庶人亦欲利
其身，上下爭相求利，國安得不危？蓋以仁義爲本，是導民於理也，
以利爲尚，是導民於欲也。理明，則尊卑上下之分定；不然，則凡
有血氣者皆思自足其欲，非盡攘上之所有不已也。於是篡弒之事興，
其害有不勝計者。吁，可畏哉！

夫仁不遺親，義不後君，非強之使然也。仁主於愛，愛莫大於愛親，
義者宜也，宜莫先於尊君，舉世之人皆由仁義，則無不愛其親，尊
其君，三代盛時，所以長治久安，而無後患也。爲國者舍是其將焉
求？〔註476〕

人主唯躬行仁義於上，而不重利，則舉世愛其親、尊其君，三代盛時之長治
久安，可以致也，《大學》末章有言：「未有上好仁而下不好義者也。未有好
義，其事不終者也；未有府庫財非其財者也。孟獻子曰：『畜馬乘不察於雞豚，
伐冰之家不畜牛羊，百乘之家不畜聚斂之臣，與其有聚斂之臣，寧有盜臣。』
此謂國不以利爲利，以義爲利也。長國家而務財用者，必自小人矣。彼爲善
之小人之使爲國家，菑害並至。雖有善者，亦無如之何矣！此謂國不以利爲
利，以義爲利也。」人主於此，當知重義而輕利矣！

（4）察民情

　　人主治國養民，蓋乃爲民服務也，由是於民心向背之由，民情實際之所
需，田里戚休之實，農民役夫之疾苦，實須三致意焉。

甲、民心向背之由

　　欲知民心向背之由，人主應知人心民情，欲滿足人民實際之所需，人君
宜從天下百姓之心；而施政之際，則宜撫民、愛民也。

〔註475〕見《孟子・梁惠王》上，《四書章句集註》，鵝湖，頁201～202。
〔註476〕見真德秀，《大學衍義》，卷二十六，頁218～219。

首言人情：（漢）晁錯之〈賢良對策〉有言：

> 臣聞三王臣主俱賢，故合謀相輔，計安天下，莫不本於人情。人情
> 莫不欲壽，三王生而不傷也；人情莫不欲富，三王厚而不困也；人
> 情莫不欲安，三王扶而不危也；人情莫不欲逸，三王節其力而不盡
> 也。〔註477〕

人情欲壽，君王則勿傷之；人情欲富，君王則厚予而不困之；人情欲安，君
不使之危；人情欲逸，君王則節其力，不使之盡也。凡民之所欲，人主勿奪
之，則可云得其要矣！

次言從天下人之心：（唐）陸贄上疏德宗曰：

> 當今急務，在於審察群情。群情之所甚欲者，陛下先行之，群情之
> 所深惡者，陛下先去之，欲、惡與天下同，而天下不歸者未之有也。
>
> 〔註478〕

言人主當順民心，眾人之所甚欲者先行之，眾人之所深惡者，先去之，人主
之好、惡與天下人眾同，天下必歸之也。陸贄又言：

> 立國之要，在乎得眾，得眾之要，在乎見情。故仲尼謂：人情聖王
> 之田。言理道所由生也。時之否泰，事之損益，萬化所繫，必因人
> 情。上下交而泰，不交而否，自損者人益，自益者人損，情之得失，
> 豈容易哉！故喻君爲舟，喻人爲水。水能載舟，亦能覆舟。舟即君
> 道，水即人情，舟順水之道乃浮，違則沒，君得人之情乃固，失則
> 危。是以聖人之居人上也，必以其心從天下之心，而不敢以天下人
> 從其欲。〔註479〕

謂水能載舟，亦能覆舟，舟水君人喻最妙，舟順水之道乃浮，否則沒矣！人
主唯以其心從天下人之心，斯爲得也。

末言撫民、愛民：人主欲撫民、愛民，宜如何推行其爲政措施耶？「其
爲法令也，合於人情，而後行之；其動眾使民也，本於人事，然後爲之。取
人以己，內恕及人；情之所惡，不以彊人；情之所欲，不以禁民。是以天下
樂其政，歸其德；望之若父母，從之如流水。」〔註480〕晁錯之言是也，人主

〔註477〕見《漢書》卷四十九，〈晁錯本傳〉，鼎文，頁 2293～2294；眞德秀，《大學
　　　　衍義》，卷二十七，頁 225～226 引。

〔註478〕錄自眞德秀，《大學衍義》，卷二十七，頁 226。

〔註479〕錄自眞德秀，《大學衍義》，卷二十七，頁 226～227。

〔註480〕見《漢書》卷四十九，〈晁錯本傳〉，鼎文，頁 2294；亦見眞德秀，《大學衍

立法，必本於人情；動眾使民，必使依乎人事；民之所惡，不予；民之所欲，不以禁之。眞公德秀議之曰：

> 漢初去古未遠，先秦舊聞，猶有存者，斯言者非錯之言，先民之遺言也。夫人情之所欲，順之則安，擾之則危，故虞廷君臣相戒，必曰：罔咈百姓，以從己之欲。錯之論大抵本此，而其敷陳尤詳且盡焉！然總其要歸，不過數端：曰不窮兵黷武，所以全其生也；不急征、不橫歛，所以厚其財也；不爲苛擾之政，所以安其居；不興長久之役，所以養其力也。本之以仁，行之以恕，三王之所謂本人情者，如是而已。〔註481〕

撫民之要，在於本之以仁，行之以恕。不窮兵黷武，不急征、橫歛，不爲苛擾，不興久役，則民命可全，家國可安也。另就積極一面言之，則在愛民。樂民之樂，而憂民之憂。君知有宮室之樂，則亦因己之樂而推之，以謀百姓居處之安；君知有佳肴之享，則亦因己之享而推之，使萬民皆有以口食之養，是爲與民同樂。君之憂樂與民同，而民不與君同憂樂者無之，是以人主不以己之憂樂爲憂樂，而以萬民之憂樂爲憂樂也。能若是，天下之思歸之，沛然如水之就下也，孰能禦之？

乙、田里戚休之實

我國以農立國，蓋以農爲衣、食之本，若一日無農，則天、地之所以養民者幾乎熄矣！以其關乎生民之大命，服天下之大勞，故人主須特加詳察、垂閔焉。眞公德秀言農夫稼穡之艱難詳矣！其言曰：

> 田事既起，丁夫之糧餉與牛之芻稾無所從給，豫指收歛之入以爲稱貸之資，糲飯蔬羹，猶不克飽，敢望有鹽酪之味乎？曉霜未釋，忍飢扶犁，凍皴不可忍，則燎草火以自溫，此始耕之苦也。燠氣將炎，晨興以出，傴僂如啄，至夕乃休，泥塗被體，熱爍濕蒸，百畝告青，而形容變化不可復識矣！此立苗之苦也。暑日如金，田水若沸，耘籽是力，稂莠是除，爬沙而指爲之戾，傴僂而腰爲之折，此耘苗之苦也。迨垂穎而堅，慄懼人畜之傷殘，縛草田中，以爲守舍，數尺容膝，僅足蔽雨，寒夜無眠，風霜砭骨，此守禾之苦也。刈穫而歸，婦子咸喜，舂揄簸蹂，競敏其事，若可樂矣！而一飽之慳，曾無旬

　義》，卷二十七，頁226。
〔註481〕見眞德秀，《大學衍義》，卷二十六，〈漢文時晁錯〉條按語，頁226。

月，穀入主家之廩，利歸質貸之人，則室又垂罄矣！自此之外，惟
采薪于茅，販鬻易粟，以苟活而已。若夫桑麻種藝，蠶績織紝，勞
苦稱是，而敝衣故絮，曾不得以卒歲，豈不重可哀憐也哉？〔註482〕

農夫由始耕、立苗、耘苗、守禾洎乎刈穫而歸，其苦也若是，而全國人民一
皆仰賴農夫耕耘之穫而有以維生，然則，人主於農夫之辛勞，豈可不特加垂
詢而有實惠以予之耶？尤有甚者，貧苦農夫之告貸以維生，預借以耕耘，終
至母金、子息展轉累增，有至累世不得還者，其情尤可悲，其處境尤為人主
之堪憫也。真公德秀曰：

新絲出以五月，而貸以二月：新穀之登以八月，而貸以五月，此猶當
時（按：指後唐明宗時）之俗也。若今則往往貸於半歲之前矣！千錢
之物僅得數百，或不及其半焉。富家鉅室，乘時射利，田夫蠶婦，低
首仰給，否則亡以為耕桑之本。迨繭浴於湯，禾登於場，而責逋者狎
至，解絲量穀，亟以授之，回顧其家，索無所有矣！償或未足，則又
轉息為本，因本生息，昔之千錢，俄而兼倍，昔之數百，俄而千錢，
於是一歲所貸，至累載不能償，己之所貸，子孫不能償。牒訟一投，
追吏奄至，伐桑撤屋，賣妻鬻子，有不容惜者矣！且情所望者，一稔
而歲稔，則督逋尤峻，竭其廬之入，不容錙銖龠合留，故昔人謂豐年
不如凶年。其言似於過激，然實農家之真利病也。嗚呼！民生之艱一
至於此，上之人奈何眠為當然，而弗之恤哉？〔註483〕

貧農舉債度日，朝不保夕，一家數口，三餐無以為繼之情狀，人主睹此，猶
忍安享華屋美食耶？此後周世宗所以刻木為農夫蠶婦，以寘於殿庭，蓋誌毋
忘細民之艱也。

農民除四季稼穡之苦、以債度日外，賦稅之繳納、徵輸，亦為民命之所
不堪者也。唐趙光奇之答於德宗曰：「和糴而實強取之，曾不識一錢。始曰所
糴粟麥納於道次，今則遣致京西，行營動數百里，車摧牛斃，破產不能支，
愁苦如此，何樂之有？每有詔令，優恤徒空文耳。恐聖主深居九重，皆未知
之也。」真公德秀曰：

趙光奇之言雖唐世之弊政，求之今日，殆有甚焉！常賦之誅，求粟
則展轉增入，有輸一石而其費至三石者，帛則沮却換易，輸一縑而

〔註482〕見真德秀，《大學衍義》，卷二十七，〈七月陳王業也〉條按語，頁232。
〔註483〕見真德秀，《大學衍義》，卷二十七，〈後唐明宗〉條按語，頁235。

其費逾三縑者。和糴之強取，有僅償其半直者，有不給一錢者，其
它橫斂苛征，色目如蝟，又不與焉。是以民雖遭值豐穰，曾無伸眉
之樂，況艱儉乎？貪官黠胥，交爲蒙蔽，監司牧守，不獲盡聞，況
朝廷乎？民日以瘠，吏日以肥，而國家元氣日以朘剝，長此不已，
將有瓦解土傾之憂。〔註484〕

農民繳納輸送賦稅，其費至於三倍，而貪官黠胥，舞弊其間，遂使瘠民不堪
保命，國家元氣蕩然，其距土崩瓦解有日矣！眞公言之，無限沈痛也！稅輸
之弊甚深，於斯可見矣！

捨農耕之艱、舉債之難、稅輸之苦而外，征役之勞，亦爲民病之巨者。
蓋征戍之士，離鄉背井，露餐野宿，靡有歸期。征途既不得安其居，思念家
園父老，又不得問其情狀。飢渴之害，靡有止期，鬱結之情，無以自愬，此
采薇詩之所由作也。眞公德秀曰：

此商之末造，紂爲無道，夷狄交侵，文王時爲西伯，以天子之命，遣
戍役以衛中國，非可已而弗已也，而遣行之詩，丁寧惻怛。……文王
乃先其未發，歌詠以勞苦之，如其身之疾疢焉！故范祖禹謂：於采薇
見先王以人道使人，至於後世，則牛羊而已矣！豈不然哉！〔註485〕

無端而窮兵黷武，故爲仁者之所不可爲，若逢夷狄交侵，敵國入寇，此不得
不須遣戍役以衛我國民者也，然人主宜體念征役之勞，勉之以王業，恤之以
人道，不宜視之爲牛、羊以驅遣之，否則積怨所至，其患有不可測者。言及
晚宋戍邊之勞苦，眞公德秀曰：

今之世，兵農雖分，而並邊之民，往往或從征役，或任轉輸，饑渴
疲勞之殃，戚嗟愁苦之愁，往往有甚於古者，自將帥守牧，未聞有
過而問之者，況得上徹於九重之邃乎？臣今列之是編者，欲仁聖之
君軫文王周公之念，處宮庭之奧，如親臨邊鄙之間，恤民之憂，如
己之憂，則民亦將以上之憂爲憂矣！說以使民，民忘其死，其庶幾
乎！〔註486〕

眞公言當時戍邊之愁苦情態，饑渴疲憊之殃，甚於往昔，人主思欲長治久安，
何忍忽之耶？

〔註484〕見眞德秀，《大學衍義》，卷二十七，〈唐德宗〉條按語，頁234～235。
〔註485〕見眞德秀，《大學衍義》，卷二十七，〈詩采薇〉條按語，頁227～228。
〔註486〕見眞德秀，《大學衍義》，卷二十七，〈東山詩〉條按語，頁230。

　　人主既知農夫四季耕耘之苦，舉債度日之艱，稅輸之困弊百姓，征役之勞怨兆民，宜思有以憫其苦楚，而使實惠施及其身，此漢文帝即位之十二年（西元前168）詔示賜農民是年減租稅之半者也。眞公德秀曰：

> 三代而後，知農民之苦，未有漢文若者。詔令之下，勤勤懇懇，然使無實惠以將之，則詔令爲空文矣！惟其方春而豫賜今年之租，寬細民之力，此其所以爲誠於憫農也。〔註487〕

詔示減租稅之半，爲實惠及民之一法，而寬緩細民之納租，亦實惠及於農民者也，人主唯關心民生勞苦情狀，深入訪求，時思有以澤被黎民，惠及群庶，此百姓之所願，而兆民之所仰賴以生者，思治之者，於此當特加用心，則惠政之深洽民心有日矣！

　　總上，眞公德秀於格物、致知中分別依明道術、辨人才、審治體、察民情等四方面介紹人主於認知方面所應熟知之事物。

　　明道術方面，天所賦予人者，純然至善，無有或異，此即堯、舜、禹、湯聖聖相傳之「中」（衷），亦即中庸天命之謂性之「性」，蓋天人本自合一，天理無不善，人秉之亦自無不善也。堯、舜所秉與人無殊，人人皆可爲堯、舜也。人主既知人性之至善，堯、舜可學而至，然後以其明德爲天下倡，使三綱正於上，則五倫可得而正也，五倫爲父子有親、長幼有序、夫婦有別、君臣有義、朋友有信。人主亦唯以此堯、舜數聖相傳之「中」以立「皇極」，以履至尊之位，以爲萬民之典範，導引百姓，使之止於至善耳，則欲平天下也不亦宜乎！若夫異端學術，皆不免有失，若專治乎異端，其爲害必大，人主唯純任儒家德治之教，不任百家邪詖之說，不雜霸者尙力之術，則庶幾可矣！

　　辨人才方面，人主以其至公、至明之心，由格物、致知始，究明觀人之法，明辨君子、小人之分，拔擢賢能之才以爲天下用，而於姦雄竊國之術，邪臣罔上之謀，讒臣欺上之情，佞臣誑君之狀，斂臣枉君之過等等亦應知所警戒，以免重蹈前人覆轍，而有以任賢能，去不肖也。

　　審治體方面，人主期於平天下，而其入手處則在養民教民也。教民以德爲主，而以刑輔佐之，使群黎天賦善性得以充分發揮，而止於至善也。德治教化，重德不重刑，重義而輕刑，此人主所宜明知者也。

　　察民情方面，人主宜知民情之所欲，明察民心之所惡，所欲者予之而勿奪取，所惡者去之而勿施行，務使撫民、愛民之施行，皆得有實惠以被於百

〔註487〕見眞德秀，《大學衍義》，卷二十七，〈漢文帝〉條按語，頁234。

姓也。而人主於耕養萬民之農大，其耘籽之艱，舉債度日之難，稅輸之苦，以及士人征役之勞，皆宜知所警戒，時思有以惠及群庶也。

人主於明道術、辨人才、審治體、察民情數端，皆宜窮究而深明之，舉凡有益於庶民者無所不知，知而能盡，則於施行之際，凡有益於斯民者無不為，凡有害於斯民者無不去，其法在格物、致知，而其要則在知、行之一致，易言之，即「誠」也，凡事求「實」、即人主實知天性人心之善，實明天理人倫之正，以「實」心，行「實」德，施「實」政，觀人、用人無所不實，教民、惠民皆得其實，此群黎之福，而國祚綿延萬世之基也。眞公德秀奏於理宗曰：

> 夫天道貴華賤夷，而本朝者中原正統之所在也，天之示戒所以仁愛陛下，豈為區區胡羯計哉？況時方用兵，而占亦主兵，厥類甚明，可不深懼，漢王嘉有言，應天以實，不以文，然則陛下所以仰答天戒者亦曰實而已矣！
>
> 何謂實？本之於心，則為實意；修之於身，則為實德，推之於事，則為實政。有是三者，應天之道得矣！大學曰：所謂誠其意者，毋自欺也。夫為善而無實，是謂自欺，以之欺人，肺肝且不可隱，況天道神明而可欺乎？……夫毋不敬、思無邪，陛下所嘗筆之宥坐者也，動靜起居，眞若神明之在上，然後為敬之實；聲色玩好，眞若寇讎之必遠，然後為無邪之實。若敬焉而有以害之，正焉而有以汩之，則雖玉音之鏗鏘時發於口，金書之焜煌日接於目，皆虛文而非實也。用人聽言，陛下所嘗詔之百辟者也，登進賢能，不徒寵其身，必有以盡其材，然後為用人之實；開納忠讜，不徒容其直，必有以行其策，然後為聽言之實。若賢者固見禮，而所蘊未獲究；諫者固見容，而所陳不盡施，則雖夔龍之武相接於廷，鳳凰之鳴日聞于耳，皆美觀而非實也。況名曰：卹民，而凋瘵如故，未聞實惠之有加；名曰：察吏，而汙濁如故，鮮以實廉而自勵；至於財匱而弗贍，弊輕而不行，師徒喪於犇潰，舟楫壞於轉輸，凡若是者，皆未聞經理之實。戎狄豺狼，日伺吾隙，設有不幸，如占書所云，其將何以應之乎？天佑皇家，豫形警告，至惓惓也。
>
> 伏惟陛下深體上天仁愛之意，凡其本之心、修之身，推之於事者，必使無一非實，而去其所謂文具美觀者。上帝監臨，必垂眷佑，所

以延洪國命，銷弭兵菑，當有潛格於冥冥之中者矣！臣埃罪禁林，

蒙恩最厚，因人事以推天意，常切隱憂，故不敢避犯顏之誅，借陳

苦口之戒，仰祈叡察。〔註488〕

眞公之意蓋勸理宗以「實」仰答天戒也。所謂實，需具實心，行實德，施實政。
若爲善而無實，是爲自欺，非實心也。動靜起居，若神明之在上；聲色玩好，
若寇讎之必去，是爲行德之實。登進賢能，開納忠讜，卹民有惠，察吏懲奸，
擇將整軍，修緝舟檝，此施政之實也。凡本之於心，修之於身，推之於事者，
必使無一非實，則欲求延洪國命，銷弭兵災，當能漸收其效也。眞公此奏，實
已含蓋格物、致知內容之諸要項矣！思治之君，於此當三致意焉！

（二）誠意、正心之要

1. 誠意、正心說

（1）誠意、正心之意義

　　眞公德秀解誠意，誠謂「眞實而無妄」，〔註489〕意謂心之發也，〔註490〕
「誠意」意謂：使心之發動處能眞實而無妄，則邪念自然泯除而不生。眞公
解正心，心言其統體，〔註491〕正謂恰好則止，更無過當。正心謂此心湛然虛
靜，如鏡之明，如衡之平，毋使邪惡之念勃勃然而興，以動其心，則應物之
際無私意之蒙蔽，無外物之拘累，心自然得以恰如其分之反應，更無過當，
亦無不及。眞公德秀曰：

喜怒憂懼，乃心之用，非惟不能無，亦不可無。但平居無事之時，
不要先有此四者在胸中。如平居先有四者，即是私意，人若有些私
意塞在胸中，便是不得其正。須是涵養此心，未應物時湛然虛靜，
如鏡之明，如衡之平，到得應物之時，方不差錯，當喜而喜，當怒
而怒，當憂而憂，當懼而懼，恰好則止，更無過當。如此，方是本
心之正。〔註492〕

眞公蓋謂吾人之心不得先有喜怒憂懼存乎其中，平居之時，先涵養此心，使之

〔註488〕見眞德秀，《西山先生眞文忠公文集》，卷十四，乙未（理宗端平二年，1235）
　　　　正月丙辰，經筵奏已見荀子一，頁244～245。
〔註489〕見眞德秀，《大學衍義》，卷十二，〈天下之達道〉條按語，頁99。
〔註490〕見眞德秀，《大學集編》，頁21059下。
〔註491〕見同註2。
〔註492〕見眞德秀，《西山先生眞文忠公文集》，卷三十，〈問正心修身章〉，頁468。

湛然虛靜，了無私意，應物之際，當喜、怒而喜、怒，當憂、懼而憂、懼，能合如其分，無過，亦無不及，是之謂心之正也。真公於其《大學集編》有曰：

> 心之本體，何嘗不正？所以不得其正者，蓋由邪惡之念，勃勃而興，有以動其心也。譬之水焉，本自瑩淨寧息，蓋因波濤洶湧，水遂爲其所激而動也。

又曰：

> 心無形影，教人如何撐拄，須是從心之所發處下手，先須去了許多惡根。如人家裏有賊，先去了賊，方得家中寧，如人種田，不先去了草，如何下種。〔註493〕

心之本體，本無不正，然以邪惡之念之影響，有以動其心，使之不正也，由是須於心之發動處涵養，使邪惡去盡，真實無妄，而本心瑩澈純潔，即無私意之蒙蔽紛擾矣。

真公德秀以鑑、衡譬諭心體，其言曰：

> 鑑空衡平之體，鑑空衡平之用。此二句切須玩味，蓋未曾應物之時，此心只要清明虛靜，不可先有一物，如鑑未照物，只是一箇空衡，未稱物，只有一箇平，此乃心之本體。（此即《中庸》所謂喜、怒、哀、樂之未發，謂之中。蓋喜、怒、哀、樂未曾發動，渾然一理，不偏不倚，故謂之中。）此所謂鑑空衡平之體也。及至事物之來，隨感而應，因其可喜而喜，因其可怒而怒，因其當憂而憂，因其當懼而懼，在我本未嘗先有此心，但隨物所感而應之耳，故其喜、怒、憂、懼，無不中節，此所謂鑑空衡平之用。（此即《中庸》所謂發而皆中節，謂之和。蓋喜、怒、憂俱應物而動，恰好便止，不可少過其分，事過即已，更不留在胸中，如此即是中節，即謂之和。）〔註494〕

真公蓋謂人心須如鑑、衡，此其本體也。未發時清明虛靜，若鑑、衡之了無一物；及其應物，則隨所感而應之，無不中節，此其用也。未應物時不偏不倚，是之謂中；既應物能各得其當，是之謂和。

誠意之目的乃在於正心，於意念之發動處求其真實無虛妄，使心能復其本然之大中至正，而無私邪之弊也。

〔註493〕兩則見於真德秀，《大學集編》，頁21059下～21060上。
〔註494〕見真德秀，《西山先生真文忠公文集》，卷三十，〈問正心修身章〉，頁468～469。

　　誠意、正心與格物、致知最大之區別在於：誠意、正心之所求，乃在於德性領域方面之行爲，而格物、致知之所求，則爲認知領域、能力領域方面之事項。德性領域講求德性方面善、惡之辨，義、利之別，以切於自我之踐履。認知領域、能力領域則偏於知識之探求，各種能力、技巧之學習與熟練。故格物、致知以夢覺關譬諭，謂窮理未盡，其知未明，則如夢之未覺也；誠意、正心以善惡關譬諭，謂意念之所動，不能眞實無虛妄，則惡念以興，欺心一萌，則無往而非惡矣。眞公德秀於《大學集編》論及誠意曰：

> 過此一關方是人，不是賊，過得此關，道理方牢固。

又曰：

> △誠意乃惡與善之關，……透得誠意之關，則善，不然則惡。
>
> △意誠後，推盪得查滓怜利心，盡是義理。〔註495〕

以人與賊，善與惡，義理與怜利爲誠意關工夫之兩大分野，唯過得此關，使其意念盡復本然之善，而無虛僞、不實之弊，始得爲善、爲人，不然則爲惡，爲賊矣，此義與利在意念精微處之分野所在。眞公德秀嘗進講於理宗矣，其〈講筵卷子〉有曰：

> 嘗聞朱熹之說，以爲：致知、誠意乃學者兩關，致知者夢與覺之關，透得此關方是覺，不然則夢。誠意者惡與善之關，透得此關方是善，不然則惡。大學之道，惟此兩節爲最難，故熹以關譬之，過此兩節則根基已立，有用力之地矣！若知有未至，則見理不明，雖彷彿一、二，未免如夢寐之恍忽，非眞見也，意有未誠，則爲善不實，雖假竊一、二，猶以文錦蒙敝絮，又豈眞無惡者乎？然爲善所以不實者，自見理不明始，故曰：欲誠其意者，先致其知。〔註496〕

意若未誠，猶文錦之蒙敝絮，又豈眞善耶？而爲善所以不實者，則自見理之不明始。於眞公進一步以論及格物、致知與誠意、正心間之關係矣！

　　誠意、正心爲德性領域之工夫，格物、致知乃認知領域之工夫，聖賢之學，唯此兩門工夫也。眞公德秀曰：

> 理宗又讀至切磋琢磨處，奏云：仁敬慈信，是言當知所止，至此方是說下工夫處。大抵聖賢之學，只有兩端：窮理、脩身而已。如此篇所謂格物、致知，是窮理也；誠意、正心，是脩身也。顏淵曰：博我以

〔註495〕並見眞德秀，《大學集編》，頁21059下。
〔註496〕見眞德秀，《西山先生眞文忠公文集》，卷十八，〈大學致知誠意二章〉，頁288。

文，約我以禮。修身也。聖門只是此兩項功夫。〔註497〕

誠意、正心與格物、致知既分屬德性領域與認知領域之兩項工夫，所學之領域既屬有別，而工夫又有不同，是豈兩者之間毫無關係乎？曰非然，兩者雖屬兩不同領域之學習工夫，然亦有其關連者在焉！真公德秀曰：

上（指理宗）曰：大學齊家、治國、平天下乃用處，須至誠意、正心、修身方得。某奏：上面更有格物、致知工夫，人君於天下之理、天下之事須是都講究，令透徹，方能誠意、正心。〔註498〕

誠意、正心雖是德性領域之工夫，然人主於天下之事物有關於修己、治人者若皆能一一講究透徹，則欲求意誠、心正，其為效也將更顯著。換言之，格物、致知工夫之所得大有助益於誠意、正心之施行也，此即大學：「物格而后知至，知至而后意誠，意誠而后心正。」之意。真公德秀又言：

夫務學然後能明道、見理，明道、見理然後能誠意、正心。〔註499〕

是格物、致知之明道見理大有助於誠意、正心也。然此兩者可以交相用功，並非截然分為前後之兩段。真公德秀曰：

湯之學於伊尹，武王之問洪範、問丹書，即格物致知之事。湯之不邇聲色，不殖貨利，以義制事，以禮制心，銘盤以自警，武王於戶、牖、楹、席、觴、豆、弓、矛亦各有銘，此皆誠意、正心之事也。又再拈起物格而后知至，知至而后意誠二句。奏云：雖是知至而后意誠，然亦非是待知至了，方去誠其意，且如陛下日對儒臣講明經史，此格物、致知之事也。日對輔臣議論朝廷政事，人材賢否，此亦格物、致知之事也。退御宮庭，省閱天下章奏，講求四方利病，此亦格物、致知之事也。臨朝必敬，退居深宮亦必敬，對群臣必敬，對嬪御近習亦必敬，聲色玩好，無所或溺，喜怒哀樂，不敢妄發，此即誠意正心之事也。一日之間，二者未嘗不可交用其功，不但一日，只此俄頃間，便都做得。但大學必以知為首者，須是見得天下之理了然，明白此為善，此為惡，此為正，此為邪，則私意邪念自不敢發，所以格物、致知最為切要也。〔註500〕

〔註497〕見真德秀，《西山先生真文忠公文集》，卷十八，〈講筵手記〉，頁298。

〔註498〕見真德秀，《西山先生真文忠公文集》，卷十三，〈得聖語申省狀〉，頁237。

〔註499〕見真德秀，《西山先生真文忠公文集》，卷十八，〈大學致知誠意章〉，頁289。

〔註500〕見同前註11，〈講筵進讀大學章句手記〉，頁296。

眞公於此，既闡明格物、致知與誠意、正心兩方面工夫所對之領域有別，而此兩不同領域之工夫於俄頃之間，即可交相用功，並非務必有先、後之分方可做得，（參見本節前文所述之格物、致知說）於此，亦可知眞公德秀於格物、致知與誠意、正心兩方面功夫之所對之學習領域——認知領域與德性領域分別釐清，判然若黑、白之不可相混矣。唯時人則有混而致疑者矣，由眞公《大學集編》之言可知，其言曰：

> 問知至到意誠之間，意似不聯屬，須是別識得天理、人欲，分明盡去人欲，全是天理方誠。曰：固是。這事不易言，須是格物精熟方到，居此常無事，天理實然，有纖豪私欲，便能識破他。自來點檢慣了，譬有賊來，便識得，便捉得他，不曾用工底與賊同眠、同食也不知。〔註501〕

（2）誠意之要領在敬

誠意之目的在求復其心體之本然純正，使天賦之明德得以充分之闡發而無遺蘊，則於思慮之際，無有虛妄不實者矣。欲使意念之眞誠無妄，宋儒更進而提出「敬」字，伊川之言「涵養須用敬，進學在致知。」者，即是德性領域行爲以「敬」涵養，而認知領域欲求致知，則在進學。眞公德秀於「敬」之一法則更加以重視與強調。以爲「敬」乃一心之主宰，萬善之本源，聖人之所以爲聖者，蓋以此也。眞公德秀曰：

> 堯、舜、禹、湯、文、武皆天經之聖，而詩書之敘其德，必以敬爲首稱，蓋敬者一心之主宰，萬善之本源，學者之所以學，聖人之所以聖，未有外乎此者。聖人之敬，純亦不已，即天也；君子之敬，自強不息，由人而天也。〔註502〕

堯、舜等聖君，皆不外於「敬」，人主學之，亦唯學此而已！蓋以人主能持心以「敬」，則志可立而日彊於一日；若不敬，則安肆而志惰，日薄於一日，欲求其德成、業立，不亦緣木而求魚乎？孔子之答子路問君子，曰：「脩己以敬。」眞公德秀曰：

> 孔子答子路之問，其言雖甚約，其理則極至而無餘。蓋自堯、舜以來，世相傳授，惟此一敬。……夫堯、舜、禹、湯、文王，天下之大聖也。苗扈、商辛，天下之大惡也，而其所以爲大聖、大惡之分

〔註501〕見眞德秀，《大學集編》，頁 21059 下。
〔註502〕見眞德秀，《大學衍義》，卷二十八，〈堯典〉條按語，頁 236。

者，敬與弗敬而已。君子之爲君子，其能外是乎？……異時子思作
中庸，亦曰：君子篤恭而天下平。程頤推明之，曰：上下一於恭敬，
則天地自位，萬物自育，氣無不和，而四靈畢至，聰明叡知，皆由
此出。〔註503〕

眞公之意，聖之所以爲聖，惡之所以爲惡，皆在「敬」與「不敬」耳，人能
持心以「敬」，則聖人可致也。

然吾人於「敬」如何踐履之耶？人主欲持心以敬，亦有要領乎？眞公德
秀曰：

自漢以來，世之諸儒未有深知敬之爲義者，惟程頤有曰：主一之謂
敬，無適之謂一。又曰：整齊嚴肅則心自一。而朱熹又爲之箴，曰：
正其衣冠，尊其瞻視。潛心以居，對越上帝。足容必重，手容必恭。
擇地而蹈，折旋蟻封。出門如賓，承事如祭。戰戰兢兢，罔敢或易。
守口如瓶，防意如城。洞洞屬屬，罔敢或輕。……惟心惟一，萬變
是監。從事於斯，是曰持敬。動靜弗違，表裏交正。須臾有間，私
欲萬端。不火而熱，不冰而寒。毫釐有差，天壤異處。三綱既淪，
九灋亦斁。……敬之爲義，至是無復餘蘊，有志於聖學者，宜熟復
之。〔註504〕

是「敬」字之踐履，由閑居之潛心對越上帝，以至於日常之言行瞻視，出門
之接賓客，應諸侯，無一不在「敬」之踐履中，如是則靜亦敬，而動亦敬矣，
動、靜無不敬，表、裏皆敬，此敬之至也。（參閱上文人主爲學之內容中「持
心以敬」之部分。）

然則，何以持心以「敬」即可使人「意」誠而「心」正耶？眞公德秀曰：

……然思之名一，而義有二焉。蓋洪範之曰睿，中庸之弗措，誠其
思也；易之憧憧往來，邪其思也。誠其思者，壹於道者也；邪其思
者，汨於欲者也。故聖人於咸之九四深致其戒者，非惡夫思也，惡
夫思之不以正也。

若夫天地之純全，聖賢之蘊奧，非竭吾心思，其庸有得乎？故學必
原於思，而思必本於誠，此理之不可易者也。

然則，思誠之學何所自入耶？蓋嘗聞之，誠即天也，敬者人之所以

〔註503〕見眞德秀，《大學衍義》，卷二十，〈八子路問君子〉條按語，頁237～238。
〔註504〕見同前註15，頁238。

天也，學而求至於誠，其必由敬乎？昔之君子對妻子如君師之臨，

處幽室如十目之視，凡以立吾敬也，敬立而誠存矣。〔註505〕

人之「心」本無不正，然受外欲汨動，遂有失其正者。欲使心之所思、所念，無一非正，則須誠其意，於心之起動處求得眞實無妄，則自無邪念矣！欲使意之眞誠無妄，則必由敬也。由心之戒懼寅畏，私欲不得而生，意念無有邪妄，則誠可得而心可正也。故言：敬立而誠存矣！

2. 誠意、正心之內容

眞公德秀誠意、正心之意義及誠意之要領已如上述，而眞公於《大學衍義》中誠意、正心之內容則包含兩部分，其一爲崇敬畏，其二爲戒逸欲。蓋誠意、正心既爲德性領域之工夫，透過此誠意、正心之工夫，其目標在求人主之「心」能於事天、臨民之際，毋乎不敬，處事、遇災之時，亦無有不敬，其心能誠愼、謹獨，常存敬畏，持守之間，能無時、無地而純亦不已。此就積極方面而言，若夫就消極方面言之，則人主於生活日常之間，須有以戒其沈湎、荒淫之欲，盤遊、奢侈之求，期使道心充擴，人心隱伏；道心常爲一心之主，物欲退聽；天理可全而萬善俱立，欲臻郅治之域，其必由此乎！茲分別敘述如後。

（1）崇敬畏

人主於德性領域方面之行爲踐履，可分兩方面言之，積極方面爲崇敬畏，消極方面爲戒逸欲。崇敬畏復可分爲兩項敘述，其一爲治人之敬，其一爲修己之敬。

甲、治人之敬

治人之敬可得而言者凡有四端，曰事天之敬、遇災之敬、臨民之敬、治事之敬。

首言事天之敬：人之與天，未嘗不一。天之所以警示於人者，期在人主能警戒之也；人主之事天，當如人子之事親，必候伺其顏色，唯恐一毫有拂於親心；人主於天之所示亦然。迅雷烈風，此天之怒也；日食星變，此天之渝也。天之變異，有所失常，人主當深自戒懼，引咎自責，豈敢輕忽怠慢乎？而天道無親，唯敬是親；民無常懷，唯仁是懷；鬼神無常享，唯誠是享；天位維艱，唯德乃治。人主欲法天道、常保其天位、得萬民之擁護、鬼神之降福，亦唯敬德而已。故眞公德秀曰：「蓋敬則仁，不敬則私欲賊之，而不仁矣！

〔註505〕見眞德秀，《西山先生眞文忠公文集》，卷二十六，〈居思堂記〉，頁406～407。

敬則誠，不敬則私欲雜之而不誠矣！曰誠，曰仁，何所用力？惟敬而已！夫有德則必治，與治同道則必興，成湯之敬，德至與天合；太甲其可不與之同道邪？能與湯合，則亦與天合矣！斯言也豈獨爲太甲謀，萬世人主皆當取法。」〔註506〕此人主事天之敬也。

次言遇災之敬：人主之遇災異也，當反躬自省：「政不節與？使人疾與？何以不雨至此極也？宮室營與？女謁盛與？何以不雨至此極也？苞苴行與？讒夫昌與？何以不雨至此極也？」〔註507〕蓋人主所爲，其美、惡之亟，與天地相流通而往來相應，由是人主言行有所失，德行有所缺，天必示災異以警戒之；人主於反躬自省之餘，當克己復禮，以求天意，謀於賢哲，以舒民困。若以災異爲可以禳而去之，人主不復知有畏天之心，此爲害之大者也。故漢儒董仲舒言於武帝曰：「天人相與之際，甚可畏也。國家將有失道之敗，天迺先出災害以譴告之，不知自省，又出怪異以警懼之，尚不知變，而傷敗迺至。以此見天心之仁愛人君，而欲止其亂也。」〔註508〕人主畏天之戒，側身修行，深思己德之失，就教於賢哲，以求敬德愛民，此應天戒之道也，若不如是，傷敗乃至，亡身滅國，悔之莫及也。

其次言臨民之敬：君之與民，若人心與體之相資，可親愛而近之，不可卑視而遠之。國之有民，猶木之有根，根搖則木動，民去則國亡。《尚書‧泰誓》有言：「天視自我民視，天聽自我民聽。」人主法天，亦唯視於民，聽於民而已。「故大禹自謂，天下之愚夫愚婦有能勝我者。蓋眾多之智慮，雖聖人有不能加焉！敢以己之聖爲可恃，而民之愚爲可忽乎？」〔註509〕小民雖微，實爲可畏！水能載舟，亦能覆舟，人主之畏天，必自畏民始，孟子曰：「民爲貴，社稷次之，君爲輕。」蓋所以警戒視民如草芥、不知國家廢興存亡之理之人君也。人主豈可不以敬而臨其民乎？

末言治事之敬：人主敬以臨民，必使民實受其惠，使民實受其惠，自敬以治事始，此堯、舜之「敬授人時」、「敬敷五教」所以得萬民感佩而歌頌不已者也。蓋「天下萬事，莫不本之一心，敬則立，嫚則隳，雖至細微，亦不可忽。故堯、舜之敬，不獨修身爲然，至於應事，亦莫不然。後世人主，既

〔註506〕見真德秀，《大學衍義》，卷二十八，〈伊尹申誥于王〉條按語，頁240。
〔註507〕見真德秀，《大學衍義》，卷二十九，〈帝曰來禹〉條按語，頁245。
〔註508〕見真德秀，《大學衍義》，卷二十九，〈漢董仲舒〉條，頁250。
〔註509〕見真德秀，《大學衍義》，卷二十九，〈五子之歌〉條按語，頁252。

鮮知以敬治身，而臨事尤多輕忽，此禍敗所由基也。」〔註510〕人主於此，當敬以治事，所以永享國祚也。

乙、修己之敬

人主治人之敬，已如上述，至若修己之敬，則依敬之時間、敬之處所、敬之內容、及敬之施行等數方面分別敘述。

首言敬之時間：人主以敬持養其心，不可斯須捨也。蓋「良心者本然之善心，即所謂仁義之心也。……，人之良心雖已放失，然其日、夜之間，亦必有所生長，故平旦未與物接，其氣清明之際，良心必猶有發見者，但其發見甚微，而且晝所為之不善，又已隨而梏亡，如山木既伐，猶有萌櫱，而牛羊又牧之也。晝之所為，既有以害其夜之所息；夜之所息，又不能勝其晝之所為，是以展轉相害，至於夜氣之生，日以寖薄，而不足以存其仁義之良心，則平旦之氣，亦不能清，而好惡遂與人遠矣！」〔註511〕故孟子言：「苟得其養，無物不長，苟失其養，無物不消。」謂養之有要，苟能無時而不用力，不可頃刻失之，則旦也、晝也、夜也，皆能兢兢業業，致其謹戒之工夫，則其功自益精密矣！

次就敬之處所言：君子之心，需常存敬畏，雖他人不睹、不聞之處，己獨居之地，亦不敢忽，所以存天理之本然，而不使其心之離乎此，所以遏人欲而存天理，以求中和之功，〔註512〕此《中庸》「君子戒慎乎其所不睹，恐懼乎其所不聞，莫見乎隱，莫顯乎微，故君子慎其獨也。」之意，真公德秀曰：「故其（指文王）所處，雖非顯明之地，常若天地神明之在其上也，父母師保之在其前也，雖未嘗有厭倦之心，而嚴於自保，常恐燕安怠惰之私萌於中，邪僻嫚易之氣設於體也，斯其所以為純亦不已。」〔註513〕人主欲法先聖，宜熟玩而深體之也。

其次言敬之內容：人心之受眾攻，上自天子，下至庶人，其道皆然，求之無它，唯以敬自持，使一念之不敢或肆。蓋心存仁，則仁存，孟子曰：「仁，人心也；義，人路也。……學問之道無它，求其放心而已矣！」〔註514〕有此心，則有此仁；心即仁，仁即心；存而勿失，則動無非理，斯即所謂由義路

〔註510〕真德秀語，《大學衍義》，卷二十九，〈堯典乃命羲和〉條按語，頁253。
〔註511〕見真德秀，《大學衍義》，卷二十九，〈孟子曰牛山之木〉條引朱子語，頁257。
〔註512〕參見真德秀，《大學衍義》，卷二十九，〈中庸道也者〉條引朱熹之說，頁254。
〔註513〕見真德秀，《大學衍義》，卷二十九，〈詩思齊之三章〉條按語，頁253。
〔註514〕見《孟子・告子》上，《四書章句集註》，鵝湖，頁333～334。

也。人主之心，存養之以仁義，則明；蔽陷之以物欲，則昏。聖學之要，莫先辨乎此也。程頤爲講官時，嘗言於上曰：人主一日之間，接賢士大夫之時多，親宦官宮妾之時少，則可以涵養氣質，薰陶德性。〔註515〕人主欲以仁義養其心，必如程頤之言而後可也。

末言敬之施行：君子敬以持心，當內外交致其功，動靜無不致謹乎是。使惰嫚之氣無由自內出，邪辟之氣無由自外入；淫樂慝禮，不接心術，姦聲亂色，不留聰明。動時如是，靜時亦復如是，進退俯仰之間，出入言行之際，莫不致力於克己復禮之功，所以防邪僻而就中正也。能內外交養，動靜弗違，而意不誠，心不正者，未之有也

（2）戒逸欲

夫治安之世，易縱者逸樂，易失者法度。蓋治亂之源在人主一心。其心能敬，則道心存，由仁義行；闢美德，尚儉樸；能守法度，不縱逸樂，是君心正也。君心正，然後施於用，則於人才之賢否，能知所用舍；國事之是非，能知所決擇；其心洞然而無惑，於逆理、逞欲之事，自不肯爲。又必能持之以恆，常憂勤兢畏，無所怠忽荒惰；以之臨萬民，以之立人極；然後可以中國尊而四夷服，其效有不可揜者。〈虞書・大禹謨〉，益曰：「吁！戒哉！儆戒無虞，罔失法度，罔遊于逸，罔淫于樂，任賢勿貳，去邪勿疑，疑謀勿成，百志惟熙。罔違道以干百姓之譽，罔咈百姓，以從己之欲，無怠無荒，四夷來王。」〔註516〕眞公德秀曰：

> 益之進戒，始於君心，而終於君心，此自古聖賢傳授之要法也。晉
> 武帝混一天下，唐元宗身致太平，皆以逸樂怠荒召戎狄之釁，其流
> 禍至於數百年，然後知聖賢之言，爲萬世之著策，其可忽諸？〔註517〕

蓋人主心正，以之齊家、治國，無有不可者；其流於逸樂怠荒，若晉武帝之極意聲色，遂致身亡國亂；唐玄宗之嬖幸楊貴妃，終有奔蜀之行，流禍無窮；益之以「罔遊于逸，罔淫于樂。」、「無怠無荒」以告戒於舜者，實萬世人主之所應警惕也；而其端，則自人主之心不敬始也。蓋不敬則流於逸樂，驕怠爲眾慝之源；流於逸樂，則敗德傷身，無所不至。周公之戒成王有無逸之篇，

〔註515〕見眞德秀，《大學衍義》，卷二十九，〈孟子曰無或乎王之不智也〉條按語引，頁259。

〔註516〕見〈虞書・大禹謨〉，《十三經注疏》本，卷四，藝文，頁53。

〔註517〕見眞德秀，《大學衍義》，卷三十一，〈書益曰〉條按語，頁266。

實欲子孫共守其訓；唐太宗時張蘊古之上大寶箴，言樂不可極，樂極生哀；欲不可縱，縱欲成災。〔註518〕人主宜思憂勤之必享國，宜戒逸欲之必戕生，此人君逸欲之戒也。

次言沈湎之戒：人主心惽，為眾惡之所從出；而沈湎於酒者，未有其心不惽者也，〈周書・酒誥〉，成王之戒康叔曰：「惟荒腆于酒，不惟自息，乃逸，厥心疾很，不克畏死，……故天降喪于殷，罔愛于殷，惟逸。天非虐，惟民自速辜。」〔註519〕真公德秀曰：「紂方且荒腆于酒，逸欲不息，其心疾狠，雖殺身而不畏也。……天之喪商，無復眷愛之意者，以受自放于逸故也。天豈虐商者哉？以商自速其辜耳。」〔註520〕沈湎於酒，其禍至於殺身而不畏，殷紂之亡國，良有以也，此萬世人主皆當視為龜鑑者也。

其次言荒淫之戒：夫心者一身之主也，敬以持之，則萬善因之俱立；逸以縱之，則姦慝無所不至。蔽於美色，心為之惑，其能不生疾乎？故真公德秀以宮闈之寇譬之，其言曰：

> 人知有邊境之寇，而不知有宮闈之寇。堅甲利兵，獸奔豕突者，邊境之寇也；冶容妖色，狐媚蠱惑者，宮闈之寇也。邊境之寇擾吾於外，膚革之疾也；宮闈之寇擾吾於內，腹心之災也。理膚革之疾易，而去腹心之災難。〔註521〕

人主往往明於邊境之寇，而疏於宮闈之戒；宮闈之寇賊於內而不知戒，此傷身敗家亡國之源，人主宜懼而戒之也。

又其次言盤游之戒：夫逸豫之行，所以滅其德也；盤游之樂，太康之失其國也，〔註522〕真公德秀曰：「太康者大禹之孫，而禹之功與天地並，甫及再世，太康以盤游之樂，遽至失國。天命之靡常，而前人之功不可恃，蓋如此。」〔註523〕蓋人主盤游無度，必妨農工，黎民無以為生，則天命必歸之於他人。且物欲之樂有限，而理義之悅無窮。縱禽雖可喜，然觸風日，犯霧露，車馳馬驟，顛跌頓撼，四體俱疲，凜乎有性命之憂，孰若與聖賢為徒，從容帷幄

〔註518〕參見真德秀，《大學衍義》，卷三十一，〈周公作無逸〉條、〈唐太宗時張蘊古上大寶箴〉條，頁270～276。
〔註519〕見《尚書・周書・酒誥》，《十三經注疏》本，卷十四，藝文，頁209～210。
〔註520〕見真德秀，《大學衍義》，卷三十二，〈酒誥〉條按語，頁279。
〔註521〕見真德秀，《大學衍義》，卷三十三，〈晉獻公卜伐驪戎〉條按語，頁286。
〔註522〕見《尚書・夏書・孟子之歌》，卷七，頁99～100。
〔註523〕見真德秀，《大學衍義》，卷三十四，〈太康尸位以逸豫〉條按語，頁291。

之內，講論道義，涵泳經術，以開智慧，以廣聰明之爲樂哉！此不僅爲進德之助，亦養生之要法也。

末言奢侈之戒：夫儉者，德之共也；侈者，惡之大也。奢侈之念萌，則德義隱退；德義不施，則眾叛親離，無所不至其極矣！真公德秀曰：「夫飲食、衣服、宮室，此人心也；致孝、致敬、勤民者，道心也。二者常相消長。」〔註524〕人主宜以道心爲主，則人心退聽；以仁義爲天下倡，則黎民望風而成俗，天下翕然而從之。明主於此，當知所取法也。

（三）修身之要

人主由格物、致知以學習修己、治人所需之各方面知識，由誠意、正心以使人於意念起動之際，皆能得其誠實而無私妄，心得其正，心術無所不正，〔註525〕由是而修其身，務求知、行之一致，深體力行。使所知、所聞，能踐履於言行舉止之間，應對、理事之際。如知王道、霸術之異矣，必能行王道而去霸術；知選賢任能矣，必有以盡其才；知察納雅言矣，必有以行其策；知民心向背之由矣，必有以順其情；知稼穡之苦、稅賦之繁矣，必有以實惠及民。知逸欲成災、沈湎傷身矣，必有操存敬戒之實；知荒淫、盤游、奢侈，皆亂亡之階矣，必有踐履仁義、崇尚德之實。凡格物、致知之所得，皆能於言行之間得其履行之實，意念起動之際，德行施行之時，莫不合乎中正之道，如是始能美其身軀，而有以切合實際也。由是真公德秀言修身之基在於其心澄靜，湛如太虛，未嘗先有喜怒以待物之至也。譬之如鑑之於物，鑑唯無物，故物至而其美、惡畢露，妍蚩可見而無遺；譬之如衡之於物，衡唯無物，故物至而輕重畢呈，無所差失。其解修身在正其心章曰：

> 此章要切，全在有之一字，蓋聖人之喜，以物之當喜，聖人之怒，以物之當怒，聖人未嘗先有喜怒以待物之至也。故朱熹嘗言：忿懥、好樂、恐懼、憂患，只要自無中發出，不可先有在心下。……臣願陛下於平居未應物之時澄靜，此心湛如太虛，不使有喜怒哀樂之私，先入乎胸中，隨物而應，當喜則喜，當怒則怒，當哀樂則哀樂，而有我之私一不與焉！則此以（心）常正而不偏，其於脩身之道有餘

〔註524〕見真德秀，《大學衍義》，卷三十四，頁296下。
〔註525〕真公德秀曰：「淫樂慝禮，不接心術者，所以養其內也。」（見所著《大學衍義》，卷二十九，頁256上）是「正心」之「心」，可以「心術」解之，正心即謂：端正心術也，此就用而言，若就體言，則曰端正其心也。

裕矣！〔註526〕

人主唯其心澄靜無物，故能泛應曲當；隨物而應，而無纖毫人欲之私，故《大學》言：「身（心）有所忿懥，則不得其正；有所恐懼，則不得其正；有所好樂，則不得其正；有所憂患，則不得其正。」蓋以其心湛然，不以外界認知事物以移其心，不因德性（情意）領域事項而使心有所偏。此心湛然純正，由是進而修身，始能將其純正之理念，展露於言、行之間，施之於儀表之上，而各得其宜也。眞公德秀於修身之要中列舉兩端，曰謹言行，曰正威儀，茲敘述其要義如后：

1. 謹言行

人主之言行，不可以不謹。蓋人君處於宮庭之中，一言之出，則爲號令，百姓被之於千里之外；一行之著，則爲儀表，黎民見之於四方之表。言行之善、否，兆民之從違，如影之於形，如響之於聲，人主豈可不謹其言、行乎？《易經・繫辭》有言：

> 子曰：君子居其室，出其言，善，則千里之外應之，況其邇者乎？居其室，出其言，不善，則千里之外違之，況其邇者乎？言出乎身，加乎民；行發乎邇，見乎遠。言、行，君子之樞機。樞機之發，榮辱之主也。言、行，君子之所以動天地也；可不慎乎？〔註527〕

孔子之意，蓋謂言、行之善、否，其應、違及於千里之外，況其近者乎！言、行之於君子，猶戶之有樞，弩之有機，樞機之啓閉張弛，一切皆由此出。而人之言、行，亦榮辱之所由出者也，君子所以舉動回天地，呼吸變霜露者，其在此乎？眞公德秀曰：

> ……蓋鶴鳴、子和，由氣之相感；上倡下應，亦理之自然。……蓋天地之大，不可測識，然一言一行之善，感格之效，捷於影響，其可不謹乎？〔註528〕

謂人主之言、行，上昌之，則下必應之，若鶴鳴之於子和，其感應之情形，捷於影響也。言、行，人主「所以動天地也」，豈可不謹乎！

然則，人主之言、行宜如何而後可耶？《論語》有言：

> △子曰：君子欲訥於言，而敏於行。

〔註526〕見眞德秀，《西山先生眞文忠公文集》，卷十八，〈修身在正其心章〉，頁289。
〔註527〕見《周易・繫辭》上，《十三經注疏》本，卷七，藝文，頁151。
〔註528〕見眞德秀，《大學衍義》，卷三十五，〈易大傳〉條按語，頁303。

△子曰：古者言之不出，恥躬之不逮也。

△子貢問君子，子曰：先行其言，而後從之。〔註529〕

孔子之意蓋謂言、行必求其一致，而踐履之實，尤在言語之前。人主於此，亦當思有以敏其行而訥於言矣！《論語》又載云：

> 子張問行，子曰：言忠信，行篤敬，雖蠻貊之邦行矣！言不忠信，行不篤敬，雖州里行乎哉？立則見其參於前也，在輿則見其倚於衡也，夫然後行。〔註530〕

眞公德秀曰：

> 子張問行者，欲行其道於天下也。孔子則曰：言苟忠信，行苟篤敬，雖蠻貊可以行；如言不忠信，行不篤敬，雖州里亦不可行。
>
> 忠信，合而言之即誠也。篤敬者，誠於敬也。蓋地無遠近，同此一理；人無華夏，同此一心。未有：誠敬，而人不心服者也。未有：不誠不敬，而能使人心服者也。故言之與行，必誠必敬，無一念之舍，無一息之違，立則見其參列於前，在車則見其依倚於衡，涵養操存之熟，心與理一，故其形見如此。若是，將何往而不行？子張欲行之天下，而孔子教以反之一身，是雖爲學者言，然人君之道，亦不外乎此。
>
> 古昔帝王，能使四夷咸賓者，其誠敬有以感之也；後世人君，道不行於妻子者，以其不誠不敬故也。聖人之言，上下俱通，大抵若此。豈獨學者所宜書紳佩服之哉！〔註531〕

眞公之意，蓋謂人無古今，地無南北，皆同此心，並無殊理，其言、行必誠必敬也。未有人主言行誠敬而人不心服者，亦未有言行不誠不敬而可使人心服者也。古之聖王能如是，無一念之舍，無一息之違，故能使四夷咸服，乃其誠敬有以感之也。

人主言、行能一於誠敬，則必內外吻合，行如其言，所言必合乎實際。如是，而後責之於人，人之從之也易。《禮記‧緇衣》載有：

> 子曰：君子道人以言，而禁人以行。故言必慮其所終，而行必稽其所敝，則民謹於言，而愼於行。〔註532〕

〔註529〕前兩則並見《論語‧里仁》，《四書章句集注》，鵝湖，頁74；末則見《論語‧爲政》，《四書章句集注》，頁57。

〔註530〕見《論語‧衛靈公》，《四書章句集注》，鵝湖，頁162。

〔註531〕見眞德秀，《大學衍義》，卷三十五，〈子張問行〉條按語，頁304～305。

〔註532〕見《禮記‧緇衣》，《十三經注疏》本，卷五十五，藝文，頁929。

眞公德秀曰：

> 道人以言者，謂以言辭命令開導而誘掖之也，然言可以導人之善，
> 而不能禁人之不善，禁人之不善，其必以行乎？
>
> 蓋天下之理，有諸己而後可責諸人，無諸己而後可以非諸人。己無
> 不善之行，雖不禁人，人自從之；己有不善之行，雖欲禁人，人必
> 違之，故空言不可以禁人，惟實行乃足以禁人也。
>
> 夫言出於口，至易也，然不慮其所終，則一言之過，貽患將不勝捄；
> 行出於身，亦至易也，然不稽其所敝，則一行之差，流禍或至於無
> 窮。不善者固不足言善矣，而慮之不深，稽之不遠，未有不反而爲
> 不善者也。老莊非善言乎？其終爲浮虛之害，夷吾非善行乎？其弊
> 有隘不恭之失，況尊居人上，言行所關，安危自出，故必謹之、審
> 之，而不敢苟，則民亦從其化而不苟於言行矣。〔註533〕

眞公之意蓋謂在上位者欲使人民謹言、愼行，則必言能慮其深而無過，行能
稽諸遠而無敝，則民能謹言、愼行矣！然欲言能慮其深而無過，行能稽諸遠
而無敝，則必上位者能以身作則也。以上位者有諸己而後責諸人，無諸己而
後非諸人，則民之從之也易，否則，雖令而民不從也。由是觀之，人主欲求
兆民之謹言、愼行，則必自我之踐履始，使自我之言、行能一於誠敬，則言
必合乎行，行必恰如所言，言、行能一致，謹其言，愼其行，此人主修身之
要也。

2. 正威儀

　　修身之另一要項即爲正威儀。夫天生烝民，有物有則。人受天地之中以
生，是以有動作威儀之則。皆天命一定，而不可違者也。人能循其則者，順
天地之命者也；不能循其則者，逆天地之命者也。順天地之命，則能得福；
逆天地之命，則必取禍。得福、取禍，能與不能，豈有它哉？在於敬與不敬
而已！人主欲長保其國，豈能逆天地之命，而無動作、威儀之則哉！

　　所謂威儀，乃人內心之表也。內心正，則威儀之形於外者亦正；內心不
正，則威儀之形於外者亦不正。所謂威，人有威而可畏之謂威，非僅徒事於
嚴猛也，必正其衣冠，尊其瞻視，儼然人望而畏之，夫是之謂威也。所謂儀，

〔註533〕見眞德秀，《大學衍義》，卷三十五，〈「緇衣」子曰〉條按語（「緇衣」兩字原
　　　　作「表記」，然所引「子曰」一段文字則爲緇衣篇中文字，今依《禮記》原文
　　　　正之。）頁305。

容態足爲準則，非僅徒事容飾而已，必也動容周旋，莫不中禮，足爲世人典範，夫是之謂儀也。君有君之威儀，臣有臣之威儀，若梁襄王，望之不似人君，就之不見所畏，此非君之威儀也。爲人主者，豈可若是乎？

漢之匡衡上書成帝曰：「聖王之自爲，動靜周旋，奉天承親，臨朝享臣，物有節文，以章人倫。蓋欽翼祗栗，事天之容也；溫恭敬遜，承親之禮也；正躬嚴恪，臨眾之儀也；嘉惠和說，饗下之顏也。舉錯動作，物遵其儀，故形爲仁義，動爲法則。……傳曰：君子愼始。願陛下留神動靜之節，使群下得望盛德休光，以立基楨，天下幸甚。」〔註534〕謂人主之動靜周旋，必本乎仁義，其事天之容、承親之禮、臨眾之儀、饗下之顏，皆得其正，而足爲天下之法則。眞公德秀曰：

> 匡衡之所以告成帝者善矣，帝亦臨朝淵默，尊嚴若神，史氏稱其有穆穆天子之容，然湛于酒色，不知主敬以立其本，則所謂威儀者，亦徒矯飾於外而已，非所謂：動容周旋中禮，盛德之至也。然衡之言，實天下之名言也。〔註535〕

人主之言行，必主敬以立其本；其動容周旋，足爲兆民典範，此盛德之至也。人君至此，可謂得人主威儀之正矣！

（四）齊家之要

君子之心，一於誠敬，謹其言行，正其威儀，身既修矣，進而齊家。人主於其所親愛，無所辟焉；於其所敬畏，無所辟焉；於其所哀矜，無所辟焉；於其所賤惡，無所辟焉；於其所敖惰，無所辟焉。待人能如是，則可謂得待人之正矣；接物、處事能如是，則可云得接物、處事之正矣！由之而齊其家、治其國，則家可齊、國可治也。若不能如是，如《大學》之所言：「人之其所親愛而辟焉，之其所賤惡而辟焉，之其所敬畏而辟焉，之其所哀矜而辟焉，之其所敖惰而辟焉。」則待人、接物、處事，皆莫得其正。愛、憎既偏，則善、惡易位，如何能得待人、接物、處事之正耶？不能得待人、接物、處事之正，欲求齊家、治國、平天下，豈非緣木而求魚，望南而朝北乎？木根既腐，欲求其木茂葉蔭，花繁果碩，不可得也。故眞公德秀解〈齊家在修其身〉章，曰：

〔註534〕見《漢書》，卷八十一，鼎文，頁3343～3344；亦見於眞德秀，《大學衍義》，卷三十五，唯文字略有出入，頁309。
〔註535〕見眞德秀，《大學衍義》，卷三十五，〈漢成帝即位〉條按語，頁309。

> 親愛而下，五者皆指處家而言。父子、兄弟、夫婦之間，一洎於私
> 情，則於所親愛而偏焉，於所哀矜而偏焉，則慈憫之意勝，而不知
> 其惡矣！於所賤惡而偏焉，於所敖惰而偏焉，則憎疾之意勝，而不
> 知其善矣！若子弟之畏敬父兄，固所當然，若但知畏敬，而不能諭
> 於道，而爭其過，是亦偏也。閨門之內，五者之失，往往有之，而
> 父母之於子，夫之於婦，爲尤甚。有子如舜，所當愛也，瞽瞍不之
> 愛，而愛傲象；有子如鄭莊公，亦所宜愛也，姜氏不之愛，而愛不
> 弟之叔段，非偏乎？有夫人如莊姜，宜愛也，衛莊公不之愛，而惟
> 嬖人之愛，卒召州吁之變；有后如王氏，宜愛也，唐元宗不之愛，
> 而惟惠妃之愛，旋致開元之禍，非偏乎？愛、惡一偏，善、惡易位，
> 其患有不可勝言者，故曰：身不修，不可以齊其家。〔註536〕

人之心慈憫之意勝，則待人也不知其惡矣！而憎疾之意勝，則待人之際，亦
將泯其善矣！於所敬畏，不能諭之於道，而爭其過，是亦偏也。愛、惡之意
既偏，則待人、處事之際，善、惡易位而不得其宜矣！如是而欲求家齊、國
治、天下平，豈可得乎？故人主欲求齊家、治國、平天下，必於此待人、接
物、處事皆得其宜，而無所偏也。

　　眞公德秀於〈齊家之要〉中列舉「重妃匹」、「嚴內治」、「定國本」、「教
戚屬」四端，以爲人主齊家之要法。由於其中所述，有與今日善良民風、正
當人倫關係相左者，故僅略述，一則以呈現其實情，一則以供後人之取捨焉。

　　眞公於「重妃匹」中，謂帝后當重德：能忘己私，而不妬忌；能乘間開
陳，以輔人主；生活儉樸，而不私外家。故人主有謹選立之必要。而古人之
夙興，莫不以雞鳴爲節，人主起居或有早臥而晏起者，此有賴帝后規警之益
者也。古之人主，亦須明嫡媵之辨，懲廢奪皇后之失，此其大較也。

　　次言「嚴內治」：女正位乎內，男正位乎外。嚴內、外之分，此杜請謁之
法也，士大夫家猶須若是，況人主乎？此宮闈須有內外之分者也。女既主乎
內，男則主乎外，故不以中壼而預國政，不以外家而擅朝權，魏文帝之詔有
曰：婦人與政，亂之本也。自今以來，群臣無得奏事太后。「后族之家，不得
輔政。」〔註537〕其言可爲宮闈預政者之戒。除君之惡，唯力是視，此不僅內
侍所當法，亦人臣所當知也。故人主有過，則諫諍之；人主有難，則扞禦之；

〔註536〕見眞德秀，《西山先生眞文忠公文集》，卷十八，頁289。
〔註537〕眞德秀，《大學衍義》，卷三十八所錄，頁335。

明君臣大義，知去就之節，此內臣之忠謹，必得其福也。而內臣宦者，蓋供勞役耳，除侍奉外，不任以事。人主不當與之謀議政事，進退士大夫；毋使侍宦得遂良機以預朝政，則朝廷穆然，臣各盡其職守，何患國不治、天下不平乎？否則，人主權柄既失，政由旁出，欲求國之不亂，不可得也。內臣之預政，其禍實多，此人主不可不戒者也。

其次言「定國本」：古者人主之教世子也，入有保，出有師，以身教則有太傅，以言教則有少傅。保者安護世子之身，而輔翼之，使歸諸道；師者教之以事，而喻諸德，謂教以事親、事長之事也。蓋天下無事外之德，所授亦唯尊君、親親、敬長之道而已，當以儒家義理誘導之，而不授申、韓之術、文士浮華之學也，此先訂論教之法之緣故也。至若嫡庶之分宜有所辨，世子廢奪之失宜有所監，此亦古之人主定國本之要也。

末言「教戚屬」：古者人主宜知人而善任之，若徒知其善，而不能用；徒知其惡，而不能去，此人主所宜深戒也。蓋妻族之家，不宜輔政，前既已言之矣，其有眞賢能者，依人臣任用之方式而任用之，有功則賞，有過則罰。人主毋得以親倖之故，而授之以權柄；毋使房闈而干朝政。外家能如是，此固外家謙謹之福也，外家違此，驕恣之意既萌，亡身、亂國之禍隨之，人主欲長保家國，於此焉可不愼乎！人主亦唯獎勵節誼，以成一代風俗；祖尚仁義，以導元元；君臣同舟，戮力國是，以期能惠及群黎，澤被兆民，使天下庶民同享太平盛世之樂耳。

總上，人主由〈格物、致知之要〉之中以學習身爲人君應有之各方面知識。人主由〈明道術〉中以知人性之本善，堯、舜可學而致也；儒家堯、舜、三王之道，六經、孔、孟之言之必由，異端學術之不可蹈。由〈辨人才〉中以知君子、小人之分，進而勇於拔擢賢能，斥退小人；而於憸邪罔上之謀亦能有以知而戒之也。由〈審治體〉中以知德治之必從，刑罰唯用以輔佐而已；以仁、義爲天下倡，而不導民於利也。由〈察民情〉中以知民心向背之由，庶民徭役之苦、稼穡之難、稅賦之重，而有以實惠及於群黎也。凡此，皆認知方面人主之所當熟悉者也。人君由〈誠意、正心之要〉之中，以涵養、踐履德性領域方面之諸項美德。由持心以敬，以至於動、靜無所不敬，或修己、或治人，皆能一於誠敬，而於生活中之逸欲、沈湎、荒淫、盤游、奢侈等諸項私欲之誘，人主皆能無所動乎其心，而一於正，是其心正矣！由是以修其身，能謹言、愼行，泛應曲當，呈現於動容周旋者，莫不中禮，其威儀足爲

天下之典範，蓋盛德之形於外也。修身爲齊家之體，齊家爲修身之用。人主之身既修之矣，由是而齊家、治國、平天下。人君於待人、接物、處事之際，各得其宜而無所偏，於帝后能重其德、納其保身之規警而無所嬖，嚴內、外之分，詢百官以國政，勿使內壺預國事；擇儒師教世子以父子、君臣大倫；教戚屬，去姦慝，獎節誼，尚風俗。凡所以待人者無不得其當，凡所以接物、處事者莫不各得其宜，則齊家、治國、平天下在其中矣！

第二節　眞德秀之論道體、心性及工夫

　　眞德秀《大學衍義》二綱四目中所呈現之內聖、外王思想，已敘述如上，以下試就眞德秀之論道體、論心性、論工夫以見其學術思想之梗概。

一、論道體

　　眞德秀論道體方面，茲依「太極、理、氣」，「道、器」，「中、和」，「人天合一」，「理一分殊」，「體用一源」等數方面申論之。

（一）太極、理、氣

　　眞公德秀之論太極，以爲太極乃理之至也。其言曰：

　　夫所謂無極而太極者，豈太極之上別有所謂無極哉？特不過謂無形、無象，而至理存焉耳。

　　蓋極者，至極之理也。窮天下之物，可尊可貴，孰有加於此者？故曰：太極也。世之人以北辰爲天極，以屋脊爲屋極，此皆有形而可見者。周子恐人亦以太極爲一物，故以無極二字加於其上，猶言本無一物，只有此理也。自陰陽以下，則麗乎形氣矣！陰陽未動之前，只是此理，豈有物之可名耶？即吾一心而觀之，方喜怒哀樂之未發也，渾然一性而已，無形無象之中，萬理畢具，豈非所謂無極而太極乎？以是而言，則思過半矣！〔註538〕

蓋謂太極非爲一物，恐人誤之，此周子於太極之上加以無極之意，而太極則爲理之至也，於陰、陽未動之前，僅是此理，而喜怒哀樂之未發時，渾然一性，莫非此理也。此蓋承朱子之說，故於其《讀書記》中引朱子之言曰：「語

〔註538〕見眞德秀，《西山先生眞文忠公文集》，卷三十一，〈問太極中庸之義〉，頁492。

道體之至極，則謂之太極，語太極之流行，則謂之道，雖有二名，初無兩體。周子所以謂之無極，正以其無方所，無形狀，此爲在無物之前，而未嘗不立於有物之後，以爲在陰陽之外，而未嘗不行乎陰陽之中，以爲道貫全體，無乎不在，則又初無聲臭影響之可言也。」又曰：「原極之所以得名，蓋取樞極之義，聖人謂之太極者，所以指夫天地萬物之根也。周子因之而又謂之無極者，所以著夫無聲無臭之妙也。」「太極，只是天地萬物之理。」〔註539〕太極既爲天地萬物之至理，此至理乃天地萬物之所從出，而萬物又各具一理，是萬物亦一太極也，眞公之言曰：

> 萬物各具一理，萬物同出一原，所謂萬物一原者太極也。太極者，乃
> 萬物總會之名。有理即有氣，分而二，則爲陰陽，分而五，則爲五行。
> 萬事萬物皆原於此。人與物得之則爲性，性者即太極也。仁義即陰陽
> 也。仁義禮智信，即五行也。萬物各具一理，是物物一太極也。太極
> 非有形、有器之物，只是理之至者而已，故曰無極而太極。〔註540〕

太極既是理之至者，爲萬事萬物之所從出，有理即有氣，理、氣皆包含於其中。太極乃萬物總會之名，此即所謂「理一」，而萬物各具一理，物物一太極，此太極乃就其分者而言，是即所謂「分殊」。由此「理一分殊」，亦可見眞公實受程顥之影響者矣！

萬物既同出於一原，故一原即可以貫萬事，眞公曰：「一理可以貫萬事」〔註541〕者蓋在此也。

眞公之言「有理即有氣」，蓋理之與氣，未嘗相離，其言曰：

> 程顥曰：陰陽，氣也；所以陰陽者道也。朱熹亦曰：陰陽迭運者氣也，
> 而其理，則所謂道。蓋陰陽二氣流行於天地之間，來往循環，終古不
> 息，是孰使之然哉？理也。理之與氣，未嘗相離，繼繼而出，莫非至
> 善，成之在人，則曰性焉。理無不善，性豈有不善者哉？〔註542〕

陰陽二氣流行於天地之間，以化生萬物，此形而下者也，若其理，則形而上也。眞公曰：

> 自吾儒言之，形而上者理也，形而下者物也。有是理，故有是物；

〔註539〕以上並見眞德秀，《西山讀書記》，商務，《四庫全書》珍本文集，（以下所引，
　　　　並用此書，不另註明），頁42～43。
〔註540〕見眞德秀，《西山先生眞文忠公文集》，卷三十，頁464上。
〔註541〕見眞德秀，《大學衍義》，卷一，頁17。
〔註542〕見眞德秀，《大學衍義》，卷五，〈易曰〉條按語，頁38。

> 有是物，則具是理，二者未嘗相離也，方其未有物也，若可謂無矣！
> 而理已具焉，其得謂之無邪？〔註543〕

理之與物，理乃形而上者，物則爲形而下者也。有理，故有是物；有物，則具是理。未有物之先，若似無矣；然理已具焉。觀乎此，亦可知理之無所不在矣！眞公有言：

> 陰陽、鬼神、五行，皆指氣而言，流行天地之間，而人之所得以爲形者也。然氣之流行，理實寓焉，非氣之外有所謂理也。但理無不善，氣則有清濁昏明之不同耳！〔註544〕

理雖無所不在，然亦需氣於流行之際，理因寓之，非氣之外有所謂理也。蓋理乃就其形而上者言之，氣，乃就其形而下者言。就形而上言，理無不善；就形而下言，氣有清濁之異，昏明之別，因之有善、有不善矣！

既言及陰陽與氣矣，眞公對鬼神之看法，亦附帶於此申明之。蓋鬼、神者，乃氣之屈、伸；陰陽二氣流行於天地之間，其伸者即爲神，其屈者即爲鬼，眞公德秀曰：

> 鬼、神之理，雖非學者所易窮，然亦須識其名義。若以神示鬼三字言之，則天之神曰神，地之神曰示，人之神曰鬼。若以鬼神二字言之，則神者，氣之伸，鬼者氣之屈；氣之方伸者屬陽，故爲神，氣之屈者屬陰，故爲鬼，神者伸也，鬼者歸也。且以人之身論之，生則曰人，死則曰鬼，此生死之大分也。然自其生而言，則自幼而壯，此氣之伸也；自壯而老，自老而死，此又伸而屈也。自其死而言之，則魂遊魄降，寂無形兆，此氣之屈也，及子孫享祀，以誠感之，則又能來格，此又屈而伸也。姑舉人鬼一端如此。至若造化之鬼神，則山澤水火雷風是也，日與電皆火也，月與雨，亦水也，此收者合而言之，又只是陰陽二氣而已。
> 陰陽二氣流行於天地之間，萬物賴之以生，賴之以成，此即所謂鬼神也。（氣之伸爲神，如春夏生長是也，氣之屈爲鬼，如秋冬歛藏是也。）今人只以塑像、畫像爲鬼神，及以幽暗不可見者爲鬼神，殊

〔註543〕見眞德秀，《大學衍義》，卷十三，頁111下。又《西山讀書記》曰：「太極，形而上之道；陰陽，形而下之器也。」（見卷一，頁45）。

〔註544〕見眞德秀，《西山讀書記》，卷一，頁18。又《西山讀書記》曰：「太極，理也；動靜，氣也。氣行則理亦行，二者常相依而未嘗相離也。」（見卷一，頁47）。

不知山峙川流，日照雨潤，雷動風散，乃分明有迹之鬼神。(日出爲
神，入爲鬼；雨潤爲神，止爲鬼；雷動爲神，息爲鬼；風散爲神，
收爲鬼。) 伊川曰：鬼神者造化之迹。又曰：鬼神，天地之功用。
橫渠曰：鬼神，二氣之良能。凡此，皆指陰陽而言，天地之氣即人
身之氣，人身之氣即天地之氣。〔註545〕

眞公蓋謂宇宙間萬事萬物皆陰、陽二氣之流行以生者也。方其生也，爲氣之伸；
及其死也，爲氣之屈。氣之伸爲陽，氣之屈爲陰。山川日月，風雷雨水，其動
靜變化，莫非鬼神。知乎此，時人以不見者爲鬼神者非是，而山峙川流，日照
雨潤皆有迹之鬼神，則鬼神何其親切而可愛也，眞公於此，對迷信之破除，可
見一斑矣！眞公又曰：

鬼神者何？陰陽造化之謂也。……然鬼神之事，至難言也。在孔門
惟季路問事鬼，宰我問鬼神，其他門人高弟，大抵問仁、問孝、問
政而已。蓋幽、明二致，而其理一原，知仁義則知陰陽，能盡性則
能至命。〔註546〕

孔門弟子，大抵問仁、問孝、問政而已，唯知仁義，能盡性，則陰陽造化之
理，鬼神之事在其中矣！就其事，雖不易言；就其理，則實無有或殊，此所
以人主唯須知仁義、能盡性，則能達乎天命，故於「天命」可毋須致力焉！

（二）道、器

其次言道。道乃就太極之流行處言，若語道體之至極，則謂之太極，雖
有二名，初無兩體也。〔註547〕眞公德秀曰：

古書言太極，自易之外，如老氏曰：有物混成，先天地生，寂兮寥
兮，獨立而不改，周行而不殆，可以爲天下母，吾不知其名，字之
曰：道，強名之，曰太。佛氏因之，亦曰：有物，先天地，無形，
本寂寥，能爲萬象主，不逐四時凋。夫太極理而已矣！二氏乃以物
言，可乎？……朱子嘗答學者曰：太極之義，正謂理之極致耳，有
是理即有是物，有先後次序之可言，故曰：易有太極。則是太極乃
在陰陽之中，而非在陰陽之外也。……形而上者謂之道，形而下者
謂之器。今論太極，而以天地未分，元氣合而爲一者言之，亦恐未

〔註545〕見眞德秀，《西山先生眞文忠公文集》，卷三十，〈問非鬼而祭章〉，頁475。
〔註546〕見眞德秀，《大學衍義》，卷三，頁27~28。
〔註547〕參見眞德秀，《西山讀書記》，卷一，頁42。

安也。有是理，即有是氣。理一而已，氣則無不兩者，故易曰：太
極生兩儀。……大抵自周子以前，凡論太極，皆以氣言，莊子以爲
道在太極之先，所謂太極，乃是指作天地人三者氣形已具而渾淪未
判者之名，而道又別是一懸空底物，在太極之先，則道與太極爲二
矣！不知：「道即太極」，「太極即道」。以其道行而言，則曰道，以
其極至而言，則曰極，又何嘗有二耶？〔註548〕

眞公之意，即謂太極即道，道即太極。太極爲理之至者，非太極之先，別有
所謂道，亦非太極爲物也；其義，正謂理之極致耳！眞公又曰：

道爲太極，言道即太極，無二理也。〔註549〕

由是觀之，言道，言太極，雖是二名，實無別也，就理之通行而言，則曰道，
就理之極至而言，則曰太極。太極、道爲形而上者，非是物也。

「道，即理也。」〔註550〕形而上者謂之道，形而下者則謂之器。眞公曰：

易曰：形而上者謂之道，形而下者謂之器。道者，理也；器者，物
也。精粗之辨，固不同矣！然理未嘗離乎物之中，知此，則知有物
有則之說矣！蓋盈乎天地之間者，莫非物，而人亦物也，事亦物也，
有上物，則具此理，是所謂則也。〔註551〕

道即理，器者爲物；道之於物，蓋一爲形而上者，一爲形而下者，兩者判然
有殊，其精粗之別，於斯可見。而有此物，則具此理，是道未嘗離乎器也。

道有體用，眞公德秀引朱子之言，曰：

蓋至誠無息者，道之體也，萬殊之所以一本也；萬物各得其所者，
道之用也，一本之所以萬殊也。〔註552〕

又曰：

朱子之說：道者，日用事物當然之理，皆性之德，而具於心，無物
不有，無時不然。是以不可須臾離也，若其可離，則爲外物，而非
道矣！〔註553〕

由是就其體而觀之，道乃至誠無息者也；就其用而觀之，萬物之各得其所，

〔註548〕見眞德秀，《西山讀書記》，卷十七，頁8～10。
〔註549〕見眞德秀，《西山讀書記》，卷十七，頁11。
〔註550〕見眞德秀，《大學衍義》，卷一，頁17下。
〔註551〕見眞德秀，《大學衍義》，卷五，頁37下。
〔註552〕見眞德秀，《大學衍義》，卷十一，頁91上。
〔註553〕見眞德秀，《大學衍義》，卷二九，頁254。

是爲道之用也。道爲日用事物當然之理，無物不有，無時不然。

　　眞公德秀於解中庸：「天命之謂性，率性之謂道，修道之謂教。」中有云：「性與道相對，則性是體，道是用。道便是在裏面做出底道理。」〔註554〕此即是就道之發用處說也。眞公曰：

　　　　道之大原出于天，其用在天下，其傳在聖賢。此子思子之中庸所以有性、道、教之別也。蓋性者智愚所同得，道者今古之共由，而明道闡教以覺斯人，則非聖賢莫能與？……道，不離乎日用事物，而虛無非道也。〔註555〕

道分體用，就其體而言，乃所謂理也，理之至，則謂太極；就其用而言，即所謂人道，不離乎日用事物之間，而爲人所共由者也，老、莊氏之言虛無者，非道也。眞公德秀曰：

　　　　太極，指天道而言，皇極，指人道而言。然太極未嘗不行乎道之中，皇極未嘗不以天道爲本，蓋一而二，二而一者也。〔註556〕

天道，乃就其體而言，人道，乃就其用而言。非別有所謂天道、人道之分，太極、皇極之殊異，蓋乃體用之別耳，天道未嘗不行乎人道之中，人道亦未嘗不以天道爲本。

（三）中、和

　　所謂中，乃天地自然之理，人得之以生者也。左傳成公十三年，劉康公曰：「民受天地之中以生，所謂命也。」〔註557〕眞公德秀曰：

　　　　劉子之所謂中，即成湯之所謂衷。蓋天地自然之理，而人得之以生者，是所謂天命之性也。〔註558〕

劉子所謂之中，即成湯所謂之「衷」。〈商書・湯誥〉有曰：「惟皇上帝，降衷于下民。」〔註559〕眞公曰：

　　　　漢儒以衷爲善，臣謂衷即中也。天之生民，莫不各賦之以仁義禮智之德，渾然於中，無所偏倚，是所謂衷也。自天所降而言，則謂之

〔註554〕見眞德秀，《西山讀書記》，卷一，頁16。
〔註555〕見眞德秀，《西山先生眞文忠公文集》，卷二十六，〈南雄州學四先生祠堂記〉，頁404。
〔註556〕見眞德秀，《西山讀書記》，卷十七，頁19。
〔註557〕見《春秋左氏傳》，卷二十七，藝文，頁460。
〔註558〕見眞德秀，《大學衍義》，卷五，頁38上。
〔註559〕見《尚書・商書・湯誥》，《十三經注疏》本，卷八，藝文，頁112。

衷，自人所受而言，則謂之性，非有二也。〔註560〕

天之生民，莫不賦之以仁義禮智之德、無所偏倚，就天所降而言，謂之中；
爲自然之理，民得之以生者。其理散見於事事物物之間，莫不有一定之則，
不可過，不可不及，是謂之「中」，堯以之傳舜，舜以之傳禹，曰：「允執厥
中」，而湯則「建中于民」〔註561〕眞公德秀曰：

> 堯、舜、禹、湯，數聖相傳，惟一「中」道。中者何？其命出於天
> 地，民受之以生者也。……聖人迭興，以此爲制治之準的，……其
> 體則極天理之正，是名大中，其用則酌時措之宜，是名時中。〔註562〕

中，就其體言，極天理之正，故謂之大中；就其用言，則可酌時措之宜，不偏
不倚，無過無不及，以爲人主揆事、範民之準的，〈虞書‧大禹謨〉之「允執厥
中」，堯之告舜「允執其中」〔註563〕者，此「中」即謂時中，乃理之在事者也。

〈周書‧洪範〉：「皇建其有極」，眞公德秀引朱子之說，以爲皇者君之稱，
極者至極之義，標準之名。人君以一身履至尊之位，四方輻湊，面內而環觀
之，此天下之至中，既居天下之至中，則必有天下之至德而後可以立至極之
標準，以爲兆民之典範。〔註564〕人主履至中之位，修天下之至德以建至極之
標準，此時中之意也。

《中庸》有言：「喜怒哀樂之未發，謂之中；發而皆中節，謂之和。中也
者天下之大本也，和也者天下之達道也。致中和，天地位焉，萬物育焉。」〔註
565〕眞公於此，承朱子之說，謂中爲道之體，和爲道之用。朱子之言曰：

> 喜怒哀樂，情也，其未發則性也。無所偏倚，故謂之中；發而中節，
> 情之正也，無所乖戾，故謂之和。大本者，天命之性，天下之理皆
> 由此出，道之體也；達道者，循性之謂，天下古今之所共由，道之
> 用也。〔註566〕

中，就道之體言，天下之理皆由此出，爲天下之大本，是爲大中，此與道之
至極，與太極之意無別矣！就其用而言，則爲天下古今之所共由，故曰天下

〔註560〕見眞德秀，《大學衍義》，卷五，〈湯誥〉條按語，頁37上。

〔註561〕前句見〈虞書‧大禹謨〉，《十三經注疏》本，卷四，藝文，頁55；後句見〈商
書‧仲虺之誥〉，《十三經注疏》本，卷八，頁112。

〔註562〕見眞德秀，《大學衍義》，卷十一，〈堯曰〉條按語，頁85上。

〔註563〕見《論語‧堯曰》，《四書章句集註》，鵝湖，頁193。

〔註564〕參見眞德秀，《大學衍義》，卷十一，〈洪範〉條，頁85～88。

〔註565〕見《中庸》第一章，《四書章句集註》，鵝湖，頁18。

〔註566〕見同前註28，朱熹註；《大學衍義》，卷十一，頁92引此語。

之達道。而稱之謂和，蓋以發而皆中節，當正直而正直，無所乖違，得情之正，乃道之用，是即時中之義也。

（四）人天合一

眞公德秀以爲人之與天未嘗不合一。《易經・乾卦・文言》曰：「元者，善之長也；亨者，嘉之會也；利者，義之和也；貞者，事之幹也。君子體仁，足以長人，嘉會足以合禮，利物足以和義，貞固足以幹事，君子行此四德者。故曰：乾，元、亨、利、貞。」〔註567〕朱子以爲元者生物之始，於時爲春，於人爲仁；亨者生物之通，於時爲夏，於人爲禮；利者生物之遂，於時爲秋，於人爲義；貞者生物之成，於時爲多，於人爲智。〔註568〕眞公承朱子之說，曰：

> 四德（指乾卦文言之亨利貞）之說，朱熹盡之。世之昧於理者，皆言天與人二，今以此條觀之，則人之與天未嘗不一也。蓋在天則爲元亨利貞，而在人，則爲仁義禮智。元亨利貞，理也，生長收藏，氣也，有是理則有是氣。仁義禮智，性也，惻隱、羞惡、辭遜、是非，情也。有是性，則有是情，天人之道，脗合如此，又曷嘗有二邪？然天無心，而人有欲，天惟其無心也，故元而亨，亨而利，利而貞，貞而又元，通復循環，未嘗間斷，於穆之命，終古常新。……學者當知：天有此德，吾亦有此德，屏除私欲，保養正性，則吾之一身通體皆仁，隨觸而應，無非惻怛。即天之春，生意盎然，而物物欣悦也，吾之動容周旋，莫不中禮，三千三百，燦然明備。即天之夏，生意暢達，而物物喜美也，吾之所以利物者，皆合於義。即天之秋，生意凝實，而萬寶得遂其性也。吾之所以貞固有守者，足以根本萬事。即天之冬，生意潛藏，而造化所由以出也，人之與天，其果二乎哉！而況人君有天之德，又居天之位，則善端萌動者元也，善端發達者亨也，推而澤物，俾各獲所者利也，心既溥物，還復寂然者貞也。雖一日之頃，一念之微，四者無乎不在，然德雖固有，非剛建則不能行，夫惟自強不息，與天同運，人欲不得以間之，然後始終萬物，與天同功矣，義理之源，莫大於此。〔註569〕

〔註567〕見《周易・乾卦・文言》，《十三經注疏》本，卷一，藝文，頁12。
〔註568〕見眞德秀，《大學衍義》，卷五，頁38，〈乾文言〉條引朱子語；參見《朱子語類》，卷六十八，易四乾上，釋元亨利貞。
〔註569〕見眞德秀，《大學衍義》，卷五，頁38～39。

眞公之意，以爲天有四時，其理爲元、亨、利、貞，其氣爲生長收藏，蓋有是理則有是氣。在人則有仁、義、禮、智，乃性也；而惻隱、羞惡、辭遜、是非，爲情也。有是性則有是情。天人之道全然吻合，未嘗有二也。人唯法天，自強不息，與天同運，則可與萬物相終始，而與天同功矣！

　　人之與天，未嘗不一，故人之所爲，天必應之。人事正，則正氣應之，此貞祥之所由生也；人事不正，則邪氣應之，此災異之所以至也。人主欲求貞祥而去災禍，亦唯法天而已。眞公德秀曰：

　　　　夫天之與人，本同一氣，人事正則正氣應之，此善祥之所由集也，

　　　　人事不正則邪氣應之，此災異之所由臻也，其本在人君之一心而已。

　　　　〔註570〕

天人一氣，若天有災異以示，人主於此當思有以修其德，懲其邪心，以應天也。若有匹夫匹婦之無辜，遂或赤地千里者，皆人事、天理之相互感應而然。故眞公曰：

　　　　夫天之與人，本同一氣，故有匹婦非辜，而赤地千里者。凡民生瞀

　　　　瞀如此，豈不爲之動乎？〔註571〕

人主觀乎赤地千里，當思反身以修其德，使恩澤足以下達，被及百姓也。

　　人天合一，人天本同一氣而相互感應，其說於《孝經》中，已明言之，《孝經》有言：昔者明王事父孝，故事天明；事母孝，故事地察。長幼順，故上下治；天地明，神明彰矣！故雖天子必有尊也，言有父也；必有先也，言有兄也。宗廟致敬，不忘親也；修身愼行，恐辱先也。宗廟致敬，鬼神著矣！孝弟之至，通於神明，光于四海，無所不通。」〔註572〕昔之明王，事天地如事父母，推其極，則可通於神明，光于四海，而無所不致其功。究其理，蓋亦人、天合一，人之所爲，與天相感應而有以至之也。眞公曰：

　　　　父母者，子之天地；天地者，人之父母，其實一也。故事父孝，則事

　　　　天之理明，事母孝，則事地之理察。明、察云者，謂昭然顯著，洞悟

　　　　於心也。夫父分生我，母分育我，此所謂子之天地也。大哉乾元，萬

　　　　物資始，至哉坤元，萬物資生，此所謂人之父母也。事父母之道無他，

　　　　全其所以與我者而已。故樂正子春曰：天之所生，地之所養，惟人爲

大，父母全而生之，子全而歸之，可謂孝矣。不虧其體，不辱其先，可謂全矣。故一舉止而不敢忘父母，一出言不敢忘父母，人子之孝，未有大於此者。……夫人有此身，則有此心，有上心則有此性，此天地之所與我者也。五常萬善，本來全真，一毫有虧，是嫚其所與矣，故孟子曰：存其心，養其性，所以事天也。……蓋孝弟一心，孝既至，則弟亦至矣，天人一理，通乎神明，則亦光乎四海矣！〔註573〕

此雖推言孝之極功，實亦明天、人一理，人之與天，本自合一，其氣相感應有以致之也。

真公德秀之言：人未嘗不合於天，其天人合一之觀念，蓋有所自，此思想來源甚早，〈商書・湯誥〉之言：「惟皇上帝，降衷于下民。」《詩經・烝民》有：「天生烝民，有物有則。」蓋皆有此天人合一之觀念，唯天與人合一，天始克降「衷」於下民；民源於天，故能法天而則之。左傳成公十三年，劉康公之言：「民受天地之中以生」者，亦人天合一之證。真公秉此人、天合一之觀念，而運用於人倫事物中，其言曰：

夫維天之命，於穆不已。品物流形，而理賦焉。仁義禮智之性，惻隱、辭遜、羞惡、是非之情，耳目鼻口四支百骸之爲用，君臣、父子、兄弟、夫婦、朋友之爲倫，何莫而非天也？人知人之人，而不知人之天，物欲肆行，義理汨喪，於禽獸奚擇焉？知人之天，然後知性善；知性善，然後能窮理；能窮理，然後能誠意以修其身，推之於治國、平天下，無非順帝之則也。〔註574〕

人須知人之所以爲人，復須知人之所以源自於天。天命不已，自強不息，庶物流行，而理亦賦焉。仁義禮智之性，惻隱、辭讓、羞惡、是非之情，莫非天也；人唯知天，天無不善，然後知人性之善，由此而窮理、正心以修其身，推而至於治國、平天下，無一非順天之則也。

（五）理一分殊

由於人、天之合一，由是而衍生理、一分殊之觀念。蓋人生於天地之間，莫非天地之子民；而人亦物也，凡生於天地間者，皆天地之子也。真公德秀曰：

天下之理一，而分則殊。凡生於天壤之間者，莫非天地之子，而吾之同氣者也。是之謂理一。然親者吾之同體，民者吾之同類，而物

〔註573〕見真德秀，《大學衍義》，卷六，頁50～51。
〔註574〕見真德秀，《西山先生真文忠公文集》，卷二十四，〈明道先生書堂記〉，頁371。

> 則異類矣，是之謂分殊。
>
> 以其理一，故仁愛之心無不徧；以其分殊，故仁愛之施則有差。以親親之道施於民，則親疏無以異矣，是乃薄其親；以仁民之道施於物，則貴賤無以異矣，是乃薄其民。故於親則親之，於民則仁之，而於物則愛之。合而言之，則皆仁；分而言之，則有序。此二帝三王之道，所以異於楊墨也。〔註575〕

天下之理一，而其分則殊。以其理一，故仁愛之心無所不徧，以其分殊，故仁愛之施則有差等。孟子有言：「君子之於物也，愛之而弗仁；於民也，仁之而弗親。親親而仁民，仁民而愛物。」〔註576〕孟子之意，乃謂君子仁愛之施有差等，真公則進而推衍之，以成理一分殊之說，謂生於天地之間者，莫非天地之子，與吾同氣者也，是為理一；而親吾同胞，仁吾人民，愛及物類，仁愛之施有差，是為分殊。真公於此仁愛之施有等差，進而由仁愛之無別以申明理一分殊之理，其言曰：

> 夫為我之疑於義，何也？義者任理而無情，楊朱自一身之外，截然弗卹，故其迹似乎義。兼愛之疑於仁，何也？仁者尚恩而主愛、墨翟於親疏之間，無乎不愛，故其迹似乎仁。殊不知：天下之理本一，而分則殊。故君子親親而仁民，仁民而愛物。心無不溥而其施有序。心無不溥，則非為我矣；其施有序，則非兼愛矣。楊朱專於為我，則昧乎理之一；墨翟一於兼愛，則昧乎分之殊，若是而曰仁義，乃所以賊乎仁義也。〔註577〕

楊朱為我，是無君也；墨翟兼愛，是無父也。為我，是不明理之一；兼愛，是昧於分之殊，由其所施，將至於無君、無父，如之何其可也？此非儒者之正道也。

真公理一之觀念承自朱子，朱子注《論語·里仁》「吾道一以貫之」曰：「夫子之一理渾然而泛應曲當，譬則天地之至誠無息，至萬物各得其所也。⋯⋯蓋至誠無息者，道之體也，萬殊之所以一本也；萬物各得其所者，道之用也，一本之所以萬殊也。以此觀之，一以貫之之實可見矣！」〔註578〕

〔註575〕見真德秀，《大學衍義》，卷十二，頁102上。
〔註576〕見《孟子·盡心》上，《四書章句集註》，鵝湖，頁363。
〔註577〕見真德秀，《大學衍義》，卷十三，頁105。
〔註578〕見《論語·里仁》，《四書章句集註》，鵝湖，頁72。

眞公德秀曰：

> 一貫之指，朱熹盡之矣！是豈惟學者所當知哉？夫天之於眾形，匪
> 物物刻而彫之也，維天之命，於穆不已，而洪纖小大，各正性命焉。
> 人君以一身應天下之務，苟不知道之大原，而欲隨事隨物以應之，
> 各當其理難矣！……聖明在上，誠能即先儒之說，深窮其指而力行
> 之，則一心可以宰萬物，一理可以貫萬事，而聖明之功用在我矣！
> 〔註 579〕

於此，既知眞公理一分殊之承自朱子，復知人主唯明理一分殊之理，而後始
可以一理貫萬事，一心宰萬物也。朱子於中庸首章之義有曰：「蓋在天在人，
雖有性命之分，而其理則未嘗不一；在人在物，雖有氣稟之異，而其理則未
嘗不同。」〔註 580〕在人，在物，各有氣稟之異，是爲分殊；其理未嘗不同，
是爲理一。眞公引之以解中庸首章，見於《大學衍義》卷五明道術中，足見
眞公之受朱子影響矣。

（六）體用一源

眞公德秀於其《大學衍義》書前〈尚書省箚子〉中，首先即揭示體、用
一源之思想，其言曰：

> 臣聞聖人之道，有體有用。本之一身者體也，達之天下者用也。堯、
> 舜、三王之爲治，六經、語、孟之爲教，不出乎此。而《大學》一
> 書，由體而用，本末先後尤明且備，故先儒謂：於今得見古人爲學
> 次第者，獨賴此篇之存，而論、孟次之。蓋其所謂格物、致知、誠
> 意、正心、脩身者體也：其所謂齊家、治國、平天下者用也。人主
> 之學，必以此爲據依，然後體用之全可以默識矣！〔註 581〕

眞公以爲：本之一身者體也，達之天下者用也。聖人之道，不外修己、治人
兩端。修己期其至於聖人，乃所謂體也；治人期其臻於平天下，乃所謂用也。
大學格物、致知、誠意、正心、脩身者，體也；齊家、治國、平天下者，用
也。不僅《大學》一書如是，堯、舜、禹、湯、文、武、周公古先聖王之爲
治，六經、孔、孟之爲教，皆不離乎此也。眞公德秀於其昌黎濂溪二先生祠
記中云：

〔註 579〕見眞德秀，《大學衍義》，卷十一，頁 91～92。
〔註 580〕見朱熹，《中庸或問》，中文出版社，頁 5。
〔註 581〕見《大學衍義》，〈尚書省箚子〉，頁 1。

蓋昔者聖人言道必及器，言器必及道，盡性至命；而非虛也；洒掃
應對，而非末也。自清淨寂滅之教行，乃始以日用爲粃糠，天倫爲
疣贅，韓子憂之，於是原道諸篇相繼而作。其語道德也，必本於仁
義而其分不離父子、君臣之間；其法不過禮、樂、刑、政之際，飲
食、裘葛即正理所存，斗斛、權衡亦至教所寓，道之大用粲然復明
者，韓子之功也。

自湯誥論降衷，詩人賦物，則人知性之出於天，而未知其爲善也。
繼善成性，見於繫易；性無不善，述於七篇，人知性之善，而未知
所以善也。周子因群聖之已言，而推其所未言者，於圖發無極二五
之妙，於書闡誠源誠立之指。昔也太極自爲太極，今知吾身有太極
矣！昔也乾元自爲乾元，今知吾身即乾元矣！有一性則有五常，有
五常則有百善，循源而流，不假人力，道之全體，煥然益明者，周
子之功也。二子之學，唯所造不同，而其扶持天常，植立人極，要
皆有功於百世者。……

知道之大用常流行乎天下，而其全體具於吾心，則知所以用力之地
矣！蓋韓子言其用，而體未嘗不存；周子言其體，而用亦不外是也。

察體、用之一源，合知、行於一致，學者其思所以用其力哉！〔註582〕

眞公於此，於道之體、用闡發詳矣！蓋聖人言道必及器，道者乃其體，器者
乃其用，言其體必及其用也；言器必及道，既言其用，必有其體。明其理，
乃所以達之於用之基；施之於用，乃正理之所存。體用兼顧、知行合一，理
論與實際原不相離。韓愈明道之用，周敦頤明道之體；體、用一源，兩人皆
大有功於聖門也。

　　聖門之學，既不外乎體、用。由是言及所學，皆不在體用關係之外。言「道
即性也」，性乃就其體言，道乃就其用言，兩者名雖有殊，其實則一而已矣！〔註
583〕言「性、情」，則喜怒哀樂之未發，爲性，乃其體也；發而皆中節，乃其情
也，是爲用。〔註584〕言「仁、愛」，則仁者愛之體，愛者仁之用。眞公德秀曰：

愛者，仁之用；仁者，愛之體。仁雖不止於愛，然見之於用，則莫
切於愛。……因用則可以知其體。（天地生物之心，便是仁之體；其

〔註582〕見眞德秀，《西山先生眞文忠公文集》，卷二十五，頁386～387。
〔註583〕見眞德秀，《大學衍義》，卷五，頁37上。
〔註584〕參見眞德秀，《大學衍義》，卷十一，頁92下～93。

> 發出來生物便是仁之用，體用元不相離。）〔註585〕

謂仁爲愛之體，愛爲仁之用；就天地生物而言，其生物之心爲體，而心之發
用以生物，則爲用。體、用兩者原不相離也。即以「中」而言，大中爲體，
時中爲用，眞公德秀曰：

> 堯、舜、禹、湯，數聖相傳，惟一中道。中者何？其命出於天地，民
> 受之以生者也。其理散於事事物物之間，莫不有當然一定之則，不可
> 過，不可不及，是所謂中也。聖人迭興，以此爲制治之準的，……其
> 體則極天理之正，是名大中；其用則酌時措之宜，是名時中。〔註586〕

堯、舜先聖之所傳，唯一中道，就其理言，極天理之正，名爲大中；就其理
之施於事物言，則酌時措之宜，名爲時中。大中乃其體，時中則爲其用。眞
公德秀於《講筵進讀手記》中云：

> 中庸謂：喜怒哀樂之未發，謂之中；發而皆中節，謂之和。四者只要
> 發得中節，如何無得？且如大舜見象喜，亦喜，是聖人不能無喜也。
> 文王一怒安天下之民，武王亦一怒安天下之民，是聖人不能無怒也。
> 德之不修，學之不講，是吾憂也，是聖人不能無憂也。飯蔬食，飲水
> 曲肱而枕之，樂亦在其中矣，聖人不能無樂。
>
> 只要因物而發，不可先有此橫在胸中，如陛下今則未應物之時，其心
> 湛然，少間與物相接，事之當喜者須喜，事之當怒者須怒，但當喜怒
> 之時，便須自省：此盡是發於義理邪？發於私欲邪？若發於義理，儘
> 不妨；發於私欲，則不可。人之情易發難制者，惟怒爲甚，惟能遽忘
> 其怒，而觀理之是非，則知外物之不足厭矣，此言最善。
>
> 若都要無此四者，如槁木死灰，然則此心遂爲無用之物，此乃釋氏之
> 學。若吾道則有體有用，寂然不動者體也，感而遂通天下之故者用也，
> 體用兼全，所以無弊，釋、老欲委其心於無用，所以應世不得。〔註587〕

眞公言：人心之有喜怒哀樂，乃其理也。方其未發，混然於中，是爲體；及其
既發，而能中節，乃其用。方吾人之心未應物之時，若明鑑，如止水；及其應
物，當喜則喜，當怒則怒，所謂當，乃求其合乎義理否也。未發時，是體，應
物時，則其用，若明鑑止水之爲體，而其用，則可以鑑物也。「人之有心，所以

〔註585〕見眞德秀，《西山先生眞文忠公文集》，卷三十一，問仁字，頁480。
〔註586〕見眞德秀，《大學衍義》，卷十一，頁85。
〔註587〕見眞德秀，《西山先生眞文忠公文集》，卷十八，頁300。

具眾理而應萬事者也。」〔註588〕具眾理，乃心之體，應萬事，乃心之用。聖人之學，無一不在體用之中也。天地萬物，無非體用。即以「天地萬物」言，天地乃其體，萬物乃其用。〔註589〕以仁而言，克己復禮，爲仁之體，愛人利物，爲仁之用。〔註590〕以善而言，性爲其體，而才爲其用。眞公德秀曰：

> 夫善者，性也，而能爲善者，才也，性以體言，才以用言。〔註591〕

由是觀之，聖人之道，無一不在體、用之內也。

　　天地萬事、萬物莫非在體、用之關係中。然則，體之與用，有其體，則有其用；有其用，必有其體。體、用之先後關係爲何？眞公德秀嘗言：

> 學者姑即盡己之義而求之，則體立用行，所謂大本達道者，從可識矣！〔註592〕

眞公之意，蓋謂體先立，而後用以行，兩者微有先後之關係，體在先，而用則稍後。眞公有曰：

> 大凡有體而後有用。如天地造化發生於春夏，而歛藏於秋冬。發生是用，歛藏是體。自十月純坤，陽氣既盡，不知者謂生意已熄，不知歛藏者乃所以爲發生之根。自此霜雪凝冱，草木凋落，蟲蛇伏藏，微陽雖生於下，隱而未露，一年造化，實基於此。惟冬間歛藏凝固，然後春來發生有力，所以冬暖無霜雪，則來歲五穀不登，正以陽氣發泄之故也。人之一心亦是如此。須是平居湛然虛靜，如秋冬之閉藏，皆不發露，渾然一理，無所偏倚，然後應事之時，方不差錯。如春夏之發生，物之得所，若靜時先已紛擾，則動時豈能中節？故周子以主靜爲本，程子以主敬爲本，皆此理也。（動靜皆道，而周子乃以主靜爲本者，蓋靜時養得虛明，然後動而不失其時，故中庸於喜怒哀樂未發之時，須要戒謹恐懼，以養本然之中，然後發而爲中庸之和。程子主敬之說，即中庸之意也。）〔註593〕

若欲別體用之先後，大凡而言，有體而後有用也。如四季之歛藏與發生，秋冬歛藏，乃其體，春夏發生乃其用。人心亦復如是，平居虛靜，渾然一理，

〔註588〕眞德秀語，見《西山先生眞文忠公文集》，卷十八，頁290上。
〔註589〕見眞德秀，《大學衍義》，卷十三，頁109上。
〔註590〕見眞德秀，《大學衍義》，卷六，頁48上。
〔註591〕見同前註53，卷五，頁45下。
〔註592〕見眞德秀，《西山先生眞文忠公文集》，卷二十六，〈龍山書院記〉，頁403。
〔註593〕見同前註55，卷三十，〈問體用〉，頁469。

乃其體也；然後發用，莫不得所，無有差錯，是其用。若靜時已是紛擾，則欲求其動時之中節，不可得也。此程子於喜怒哀樂之未發時，須戒謹恐懼以養本然之中之故。觀之於真公舉四季斂藏、發生以譬喻人心，以明體、用之理，是人、天未嘗不合一，天理、人事相吻合，於斯可見。

二、論心性

真公德秀之論心、性，可謂體會精微，深入有得者也，茲分別說明如后。

（一）心

言及人「心」，真公德秀承襲孟子「人皆有不忍人之心」之說，並進而以為：人之「心」，就其體而言，指圓外竅中，主於身者是也。就其用言，能「虛靈知覺」，以創發萬理，是為心之功能；人之「心」創發萬理矣，而萬理總會於人「心」，此「心之理」也。人「心」純乎天理，是為「道心」；人「心」受染而有人欲之私，是為「人心」。故真公德秀曰：

> 心者，指知覺而言也。仁者，指心所具之理而言也。蓋圓外竅中者是心之體；（謂形質也，此乃血肉之心。）虛靈知覺者，是心之靈；（靈謂精爽也，言其妙，則謂神明不測。）仁、義、禮、智、信，是心之理。（理即性也）知覺屬氣，凡能識痛癢、識利害，識義理者，皆是也。（此所謂人心）若仁、義、禮、智、信，則純是義理。（此所謂道心）〔註594〕

於此，一「心」字，或指形體，或指妙用，或指理義。形體與妙用之研究，乃今日生理學家、心理學家從事腦部研究、開發之重點所在；宋儒所講之「心」，多就義理處言；而真公德秀之論心，茲就「人心、道心」，「心統性、情」等說明之。

1. 人心、道心

人之「心」就其所體認之義理而言，有人心、道心之別。〈虞書・大禹謨〉舜授禹曰：「人心惟危，道心惟微，惟精惟一，允執厥中。」真公德秀於《大學衍義》中引朱子之言，曰：

> 朱熹曰：上古聖神，繼天立極，而道統之傳，有自來矣。；其見於

〔註594〕見真德秀，《西山先生真文忠公文集》，卷三十一，〈問不違仁〉，頁484。按：括弧中字為真公自註之語。

經，則允執厥中者，堯之所以授舜也。人心惟危，道心惟微，惟精
惟一，允執厥中者，舜之所以授禹也。堯之一言，至矣盡矣，而舜
復益之以三言者，則所以明夫堯之一言，必如是而后可庶幾也。夫
心之虛靈知覺，一而已矣，而以爲有人心、道心之異者，以其或生
於形氣之私，或原於性命之正，而所以爲知覺者不同。是以或危殆
而不安，或微妙而難見爾。然人莫不有是形，故雖上智，不能無人
心；亦莫不有是性，故雖下愚，不能無道心。二者雜於方寸之間，
而不知所以治之，則危者愈危，微者愈微，而天理之公，卒無以勝
人欲之私矣。精則察夫二者之間而不雜也，一則守其本心之正而不
離也，從事於斯，無少間斷，則道心常爲一身之主，而人心每聽命
焉，則危者安，微者著，而動靜云爲自無過不及之差矣。夫堯、舜、
禹，天下之大聖也，以天下相傳，天下之大事也。以天下之大聖，
行天下之大事，而授受之際，丁寧告戒，不過如此，則天下之理豈
有以加於此哉！
臣按：人心惟危以下十六字，乃堯、舜、禹傳授心法，萬世聖學之淵
源，人主欲學堯、舜，亦學此而已矣。先儒訓釋雖眾，獨朱熹之說最
爲精確。夫所謂形氣之私者，指聲色臭味之欲而言也；性命之正者，
指仁、義、禮、智之理而言也。聲、色、臭、味之欲，皆發於氣，所
謂人心也。仁、義、禮、智之理，皆根於性，所謂道心也。〔註595〕
眞公承朱子之說，以爲：人皆有是形，故雖上智也不能無人心，然亦莫不有
天賦之性，故雖下愚，亦不能無道心。而此兩者夾雜於方寸之中，若不知所
以治之，則危者愈危，微者愈微矣，精者則能明辨於此二者，而有以守其本
心之正，使道心常爲一身之主，則身之動靜云爲自無過與不及也。堯、舜數
聖傳授心法，蓋在此也；人欲學堯、舜，亦學此而已。眞公曰：「夫人有此身，
則有此心，有此心，則有此性。此天地之所與我者也。五常萬善，本來全具，
一毫有虧，是嫚其所與矣！」〔註596〕人有此心，亦有此性，堯、舜與我，本
無殊異，此堯、舜所以可學而至也。然人心之發，有未易駕馭者，道心之發，
有未易充廣者，欲學堯、舜者，亦唯平居有以涵養操持之，使道心充廣，而
物欲退聽也。故眞公曰：

〔註595〕見眞德秀，《大學衍義》，卷二，頁18～19。
〔註596〕見同前註58，卷六，頁50～51。

> 然人心之發，如銛鋒、如悍馬，有未易制馭者，故曰危。道心之發，
> 如火始然，如泉始達，有未易充廣者，故曰微。惟平居莊敬自持，
> 察一念之所從起，知其爲聲色臭味而發，則用力克治，不使之滋長；
> 知其爲仁義禮智而發，則一意持守，不使之變遷，夫如是，則禮義
> 常存，而物欲退聽，以之酬酢萬變，無往而非中矣。蓋主於中，則
> 曰道心，形諸用，則曰中道，本非二事也，欲學堯舜者，其惟用力
> 於此乎。〔註597〕

人「心」之有人心、道心之殊，就兩者彼此之關係言，蓋道心者乃其體也，
純乎天理，無有不善；人心者乃其用也，或以物欲之染，遂不能全其天理也。
眞公於其《西山讀書記》曰：

> 心，一也。有指體而言者，寂然不動是也；有指用而言者，感而遂
> 通天下之故也。〔註598〕

所謂寂然不動者，乃就其體言；所謂感而遂通天下之故者，乃就其用言。此
就道心之體、用而言者也；若夫人心，則有感而不通者矣，以其雜有形氣之
私，故須加以精察之功，眞公承陸九淵之說，曰：

> 陸子靜（九淵字子靜）云：舜若以人心爲全不好，則須使人去之。
> 今只說危者，不可據以爲安爾，言精者欲其精察，而不爲所雜也。
> 此言亦是。〔註599〕

精者唯察人欲之私之有害者而去之，不使之雜於「心」也。以心能克去私欲，
而存天理，「養之，亡以害」，「存之，使勿失」，則「天理渾然」，〔註600〕故謂
心爲「人之太極」，〔註601〕以其萬善俱全，無有一毫之虧，是其善與所謂之道
心無以異矣。

2. 心統性情

人之「心」既能體認萬理，而爲「萬理之總會」，〔註602〕故眞公曰：

> 人之一心，兼統性情。性，體也；情，用也；具眾理者體也，應萬

〔註597〕見同前註58，頁19。
〔註598〕見《西山讀書記》，卷二，頁40。
〔註599〕見同前註61，卷三，頁4。
〔註600〕眞公德秀語，見《西山先生眞文忠公文集》，卷二十八，〈送陳端父宰武義序〉，
　　　　頁433。
〔註601〕見眞德秀，《西山讀書記》，卷一，〈引張載之語〉，頁19。
〔註602〕見同前註64，卷三，頁45。

事者用也。〔註603〕

人「心」既為萬理之總會，故能含有萬理，而性者理也，情者為性之用，皆不在萬理之外，故言：心「兼統性情」。真公於《西山讀書記》曰：

> 性、情皆出於心，故心能統之。統如統兵之統，言有以主之也。
>
> 〔註604〕

又曰：

> 朱子曰：寂然不動，是性，感而遂通，是情。橫渠所謂心包性情者
> 也。此說最為穩當。〔註605〕

真公承朱子之說，以為：性、情皆出於心，心能包含性情，妙具眾理，而統會眾理。由是真公言及心與理之關係，曰：

> 墨莊葉清父以存名齋，而屬予發其義，予謂：存一也，而易以性言，
> 曰成性存存是也；孟子以心言，曰操則存，存其心是也。二者同乎？
> 否乎？曰：性即理也。而主是理者心也，其心存則其理存，易與孟
> 子之言，一而二，二而一者也。〔註606〕

真公以為性即理也，而萬理之主為心，換言之，亦即心能包含萬理、主宰萬理，進而運用萬理也。真公又曰：

> 十九日進讀大學章句，至明德章，天之所以與我，而我之所以為德
> 者也。因思前次說明德是兼心與性說，尚未分曉，遂引程易傳云：
> 天所賦為命，物所受為性。此明德正是說性，不曰性而曰明德者，
> 蓋明處是心，明底是性，心是虛靈底物，著得許多道理在其中，光
> 明照徹，故曰明德。〔註607〕

心為「虛靈底物」，可「著得許多道理在其中」，故而心能包含性情，而統會萬理也。

3. 心為身之主

以萬理總會於吾心，吾心包含性情，兼統萬理，進而至於用，則心為身之主。真公德秀曰：

〔註603〕見真德秀，《西山先生真文忠公文集》，卷十八，〈講筵進讀大學章句手記〉，
　　　　　頁295。
〔註604〕見《西山讀書記》，卷二，頁75。
〔註605〕見同前註67，卷三，頁37。
〔註606〕見真德秀，《西山先生真文忠公文集》，卷二十五，〈存齋記〉，頁396～397。
〔註607〕見同前註69，卷十八，頁297。

　　蓋視聽言動,身之用也,而主之者心也。心有所主,然後四者之發
　　惟吾之爲聽,不然,則耳目口體紛然用事,其能合乎禮者幾希!然
　　則,勿云者正即心而言也。心之官而物聽命,則非禮弗得而干之,
　　斯其爲求仁之樞要歟! 〔註608〕

眞公之意蓋謂:人身有視、聽、言、動諸項功能,而主其事,運用諸項功能
者,則在乎一「心」。唯「心」能爲身之主,則身之諸項功能皆在吾之運用中,
而聽命於「心」。由是人之格物、致知、研究所得之知識,皆會歸於「心」,
而誠意、正心者,所正亦在此也。眞公曰:

　　喜怒憂懼,乃心之用,非惟不能無,亦不可無,但平居無事之時,
　　不要先有此四者在胸中,如平居先有四者,即是私意,人若有此私
　　意塞在胸中,便是不得其正。須是涵養此心,未應物時湛然虛靜,
　　如鏡之明,如衡之平,到得應物之時,方不差錯。當喜而喜,當怒
　　而怒,當憂而憂,當懼而懼,恰好則止,更無過當,如此方是本心
　　之正。 〔註609〕

人惟其心正,則心所主之身發而爲用,始克各得其正。當喜而喜,當怒而怒,
當憂、懼而憂、懼、無過,無不及,欲求身之用各無不當,則須使主乎其身
之心能得其正。此正心之工夫必在修身之前之故也。眞公又言:

　　圜外竅中者,心之形體,可以物言。備具眾理,神明不測,此心之
　　理,不可以物言。然有此形體方包得此理。 〔註610〕

「心」就物言,有其形體;就其理言,則神明不測,包含萬理。然有此形體,
始包得萬理。唯包得萬理,虛靈神妙,以主其身,則身之視聽言動始能各得
所止,而不致茫然昏亂,無所適從,不知所措也。

　　人之視聽活動,欲得其正,使之舉止得宜,動容周旋,無不得其當,其
要在乎正其心,此眞公德秀於理宗端平元年入對時,進以正心之說之故也。
唯君心正,而後措施始能盡得其宜。

　　人之心爲萬理之總會,而爲身之主。人欲使身之視、聽、言、動之用各
得其宜,是必使其心得含萬理,欲使其心總含萬理,則舉凡修己、治人之道,
待人處事之方,與夫百家眾技之流,統兵征戰之術,莫不有賴於學而後心知

〔註608〕見同前註69,卷二十六,頁409~410。
〔註609〕見同前註69,卷三十,〈問正心修身章〉,頁468。
〔註610〕見同前註72,問心之物,〈實主於身〉。頁464。

之，習而後兼熟之，故眞公曰：「蓋生而可知者，義理之源爾。若夫治己、治人之法，固不能無待於學也。」〔註611〕故欲致身修，則必勵學，以使主乎其身之心，能總會萬理，而妙運萬理也。

（二）性

眞公論心，已如上述。其次就下列諸項以明眞公對性之見解。

1. 性本至善

《商書・湯誥》有言：「惟皇上帝，降衷于下民，若有恆性，克綏厥猷，惟后。」〔註612〕眞公德秀曰：

> 蓋天能與人以至善之性，而不能使之全其性。能使之全其性者，君師之任也。……然天之降於人，初無智愚之間，而人之受於天者，清濁純駁，隨其所稟有不同焉！必賴君師之作，順其有常之性而開迪之。……性本至善，因而教焉，是之謂順。若其本惡，而強教以善，則是逆之，而非順之也。觀若之一言，則人性之善可知矣！猷者道也，道即性也。以體而言則曰性，以用而言則曰道，其實一也。順其性，使安其道，非君不能。何謂安？父安於慈，子安於孝，知其自然而不可易，與其當然而不容已，然後爲安。……開萬世性學之源，則自成湯始。嗚呼！聖哉！〔註613〕

眞公之意，蓋謂天之降生萬民，初無賢愚之殊；人之受於天者，或以氣之清濁純駁，所稟遂有差異，唯賴君師以啓迪之。性本至善，故順而教之，以啓發其天賦之善，始有所成。眞公曰：

> 仁義忠孝，所謂美德也，人無賢愚，莫不好之，不仁不義，不忠不孝，所謂惡德也，人無賢愚，莫不惡之。觀乎此，則知性之善矣！〔註614〕

又曰：

> 易曰：一陰一陽之謂道，繼之者善也，成之者性也。……蓋陰陽二氣流行於天地之間，來往循環，終古不息。是孰使之然哉？理也。理之與氣，未嘗相離，繼繼而出，莫非至善。成之在人，則曰性焉。理無不善，性豈有不善者哉？性善之理，雖至孟子而益明，然其源

〔註611〕見眞德秀，《西山先生眞文忠公文集》，卷二，頁24上。
〔註612〕見《尚書・商書・湯誥》，《十三經注疏》本，卷八，藝文，頁112。
〔註613〕見眞德秀，《大學衍義》，卷五，頁37。
〔註614〕見同前註76，頁38上。

實出乎此！〔註615〕

由人之好善惡惡，則可知人性之善矣！而人秉一陰一陽之道以成其性，其理無不善，則人性之本善亦無可疑也。

孟子有言：「人之所不學而能者，其良能也。所不慮而知者，其良知也。孩提之童無不知愛其親者，及其長也，無不知敬其兄者，親親，仁也；敬長，義也；無他，達之天下也。」〔註616〕真公曰：

良謂本然之善也。善出於性，故有本然之能，不待學而能；本然之知，不待慮而知。觀人之幼而愛親，長而敬兄，則可知矣！〔註617〕

由天下人之同好仁義而觀之，則人性之本善可知也。然則，性固善矣！而求之天下，能為善者蓋無幾何也，其故焉在？真公德秀曰：

此氣質之異，而非性之罪也。先儒張載嘗言之矣！曰：形而後有氣質之性，善反之，則天地之性存焉！蓋天之所以與人者，莫非純粹至善之理，此所謂天地之性也；人之受之，則所值之氣不同，或清而純，或濁而雜，故其性亦隨而異，此所謂氣質之性也。天地之性則無不善，氣質之性，則有善、有不善焉。〔註618〕

天所賦予人者，純粹至善，是即天地之性也，人之所受，以氣之清濁純駁有別，遂有善，有不善焉。然則苟有以反之，則可復而善也。

2. 性即理（附喜怒哀樂之發）

真公論性，承程頤、朱熹之說，以為「性即理也」為萬世言性之標準。真公於《大學衍義》中錄程頤、朱子論性之言，曰：

程頤曰：性，即理也。天下之理，原其所自，未有不善，喜怒哀樂未發，何嘗不善，發而中節，即無往而不善，發不中節，然後為不善。

朱熹曰：性者人所稟於天以生之理也，渾然至善，未嘗有惡。人與堯、舜，初無少異，但眾人汩於私欲而失之，堯、舜則無私欲之蔽，而能充其性爾，故孟子與世子言，每道性善而必稱堯、舜以實之，欲其知仁義不假外求，聖人可學而至，而不懈於用力也。

臣按：性善之說，程、朱盡之。其曰：「性即理也」，乃自昔聖賢之

〔註615〕見同前註77。
〔註616〕見《孟子・盡心》上，《四書章句集註》，鵝湖，頁353。
〔註617〕見真德秀，《大學衍義》，卷五，頁46下。
〔註618〕見同前註76，頁47上。

所未言，萬世言性之標準也。〔註619〕

蓋謂性者，乃人稟於天以生之理也，純粹至善，未嘗有惡，故曰：「性，即理也」。天下之理，推究其原，未有不善。即以喜怒哀樂而言，方其未發也，無有不善，發而中節，亦無往而不善；唯發而不中節，然後方有不善耳。或謂喜怒哀樂爲情，其所當然之則爲性，然有以喜怒哀樂屬氣，爲人心、人欲者。同爲喜怒哀樂也，歸屬於道心、人心雖有不同，然其要，則在發而中節與否也，眞公德秀曰：

> 蓋嘗思之：喜怒哀樂，發於氣者也，而其理則根於性。中庸所謂未發之中，中節之和，以理言者也。〔註620〕

又曰：

> 要之，人心特發於形氣之私，聖愚賢不肖皆不能無，不可便謂之人欲。〔註621〕

眞公以爲喜怒哀樂發於氣，而人心亦發於氣，然不得即據之以定其爲惡也。蓋欲爲人所不可無，有善、有不善，不可不別；即以「私」字而言，亦不可逕謂之爲惡，眞公德秀曰：

> 蓋欲字單言之，則未發善惡，七情皆未分善惡。如欲善、欲仁，固皆善也，若耳目口鼻之欲，亦只是形氣之私，未可以惡言。若以天理，人欲對言之，則如陰陽、晝夜之相反，善、惡於是判然矣！〔註622〕

又曰：

> 或謂私者，公之反。安得不爲惡？此則未然，蓋所謂形氣之私者，如饑食、渴飲之類，皆吾形體血氣所欲，豈得不謂之私。然皆人所不能無者，謂之私，則可；謂之惡，則未也。但以私滅公，然後爲惡耳。〔註623〕

眞公之意，蓋以耳目口鼻之欲，雖爲形氣之私，方其未發，固不可以惡言之，及其既發，若耳目口鼻之欲，有中節，有不中節，然後始有惡耳。即以形氣

〔註619〕見所著《大學衍義》，卷五，頁41，《西山讀書記》卷一頁59亦錄：程子：「性即理也。」朱子曰：「伊川此語，自孔、孟後無人見得到，此便是千萬世說性之根基，眞有功於聖門。」。
〔註620〕見眞德秀，《西山讀書記》，卷三，頁9。
〔註621〕見同前註83，頁8。
〔註622〕見同前註83，頁9～10。
〔註623〕見同前註83，頁10。

之私而言，亦不可逐謂之爲惡，如饑之欲食，渴之欲飲，皆吾形體之私也，然人所不能無，稱之爲私則可矣，然不可以之爲惡也。若有以私滅公者，然後始稱之爲惡也。經典中有不以私爲惡者乎？《毛詩・小雅・大田》：「雨我公田，遂及我私。」又〈小雅・楚茨〉：「諸父兄弟，備言燕私。」民心祈雨，先公田而後及其私田；祭祀畢，則留同姓與之燕，以親骨肉。〔註 624〕凡此，可謂之爲「惡」乎？

《中庸》首章有言：「天命之謂性，率性之謂道，修道之謂教。」朱熹注曰：「性，即理也。」，〔註 625〕又曰：

> 蓋天命之性，仁義禮智而已。……蓋所謂性者，無一理之不具，故所謂道者，不待外求，而無所不備，所謂性者無一物之不得，故所謂道者不假人爲，而無所不周。……惟聖人之心，清明純粹，天理渾然，無所虧闕，故能因其道之所在而爲之品節防範，以立教於天下，使夫過、不及者有以取中焉。〔註 626〕

眞公德秀曰：

> 子思言天命之性，即湯之所謂降衷，其言率性之道，脩道之教，即湯之所謂克綏厥猷，惟后。前聖後賢，更相發明，如出一口，而朱熹之論性曰：仁義禮智。其論道與教，亦必曰：仁義禮智。其視佛老之學，以空寂爲性，以虛無爲道，管商之徒，以刑名功利爲教者，孰眞孰妄，孰是孰非，可不辨而明矣。〔註 627〕

眞公之意，謂天命之性，仁義禮智也，其性無一理之不備，無一物之不得，萬善俱全，人唯踐履之而已，與佛老空寂、虛無者大不相同。以天命之性，純粹至善，人之稟之，萬理具焉，得體用之全，備道之體，故言：性即理也。

3. 天地之性、氣質之性

人之性，本爲至善，然所以有不善之行者，乃氣質之異，非性之罪也，故張載有天地之性與氣質之性之分。前於性本至善中，已略及之。性之有天地之性與氣質之性，程頤、朱子亦同此說，眞公德秀於其《西山讀書記》中曰：

〔註 624〕 參見《毛詩・大田》，鄭玄箋；〈楚茨〉，孔穎達疏。前者見《毛詩》，《十三經注疏》卷十四，藝文，頁 473，後者見同書，卷十三，頁 459。

〔註 625〕 見《中庸》章句，《四書章句集註》，鵝湖，頁 17。

〔註 626〕 見朱熹，《中庸或問》，中文出版社，頁 6～7；亦見於《大學衍義》，卷五，頁 40。

〔註 627〕 見眞德秀，《大學衍義》，卷五，頁 40。

程先生說性，有本然之性，有氣質之性。人具此形體，便是氣質之
性，纔說性，此性字是雜氣質。〔註628〕

而朱子亦曰：

人之所以有善，有不善，只緣氣質之稟各有清濁。

又曰：

人之性皆善。然而有生下來善底，有生下來便惡底，此是氣稟不同。

〔註629〕

程子以爲有本然之性、氣質之性之別。朱子承之，以爲人之所以有惡，乃氣
稟之不同，或稟氣之濁，或稟氣之清，蓋性爲氣所汩之緣故也，猶如水爲泥
沙所混，此即氣質之性。眞公德秀進而闡明之，其言曰：

蓋人之氣稟，有至善而不可戕奪者，有善少惡多，而易於移奪者，
有善多惡少而難於移奪者，凡皆指氣稟而言，不必兼習說也。〔註630〕

眞公之意，蓋謂天地之性固純然至善矣，而氣質之性則有善、有不善焉。以
人之氣稟，有至善者，有善多惡少者，有善少惡多者。而此種種，皆是氣稟
也，人之所秉不同，或得其至善，或得其善少者，然亦皆有其善，不可謂氣
質之性即全然不善也。眞公又曰：

性之不能離乎氣，猶水之不能離乎土也。性之善，本不雜乎氣，亦猶
水之清本不雜乎土也。雖不雜乎氣，而氣之汩之，則不能不惡矣！雖
不雜乎土，而土汩之，則不能不濁矣！然清者其先，而濁者其後也，
善者其先，而惡者其後也。先善者，本然之性也；後惡者，形而後有
者也。故所謂善者，超然於降衷之初，而所謂惡者，雜出於有形之後，
其非相對而並出也昭昭矣！〔註631〕

眞公蓋謂：人之性受氣所汩，遂不能不惡，然性之善在先，其有惡者，乃在
後，非其本性；易言之，乃性本至善，其有不善者，乃性雜出於有形之後，
受氣所汩而然也。善惡非相對，善乃本所自有，惡爲雜乎氣中以生者也。

4. 性與心

人之「心」包含性情，「性即理也」，人心統會萬理。由是，就「心」之

〔註628〕見眞德秀，《西山讀書記》，卷二，頁9。
〔註629〕上兩則並見《朱子語類》，卷四，文津，前則見頁68，後則見頁69。
〔註630〕見同前註91，頁11。
〔註631〕見同前註91，頁11。

爲物而言，性必有賴於「心」，而後有所寄托處，眞公德秀言：

> 康節先生曰：性者，道之形體。心者，性之郛郭。言道不可得而見，
> 因性而後可見。蓋性之所具，皆實理也，故曰：道之形體。（舍性而
> 言道，則流入空虛矣！）〔註632〕

邵雍以爲：道之形體爲性，以道不可見，言道則易流入空虛。心爲性之郛郭，
以性爲實理，理不離乎氣，必有實體而後有所托。眞公承其說，以心爲性之
郛郭。唯有明此兩者之關係、性方有掛搭處，而不致空無所托。朱子亦如是
言：「蓋道無形體，只性便是道之形體。然若無箇心，却將性在甚處，須是有
箇心，便收拾得這性，發用出來。」〔註633〕惟有個心，性方有寄托處，否則，
將無所發用也。眞公德秀之言：「性之不能離乎氣，猶水之不能離乎土也。」
〔註634〕其意即謂水須有土，否則水無所承，性須有氣，就人身而言，即是指
心，唯有此心以承之，性方有箇安頓處也。

5. 性、命

　　性之於命，眞公德秀以爲，人唯盡性，便是至於命，故其言曰：「盡性
謂一性之中，萬善備具。如性中有仁，我則盡其仁之至；性中有義，我則盡
其義之至。禮也，智也，亦然。如此方是盡性。若十分之中，有一毫一厘欠
闕，亦未可謂之盡性。至於命，言理既無所窮，性既無所不盡，便自然至
於命，此即孟子知性則知天之意。窮理主知而言，盡性主行而言，知得盡，
行得盡，便是至於命。」〔註635〕由是知眞公乃以理無不窮，性無不盡，則
至於命矣！此亦即孟子知性則知天之意。窮理就知處言，盡性就行處言，至
於命是就理處說。〔註636〕

6. 性、情、才

　　情爲性之動。人之情乃就其用而言，若其體，則爲性。性無不善，情亦
本無不善，唯發而不中節，始爲不善耳。眞公德秀曰：

> 蓋所謂性者，仁義禮智而已。然未發之前，無兆朕之可見，惟感物

〔註632〕見眞德秀，《西山先生眞文忠公文集》，卷三十，〈問邵子所謂道之形體〉，頁
　　　　465。
〔註633〕見《朱子語類》，卷四，文津，頁64。
〔註634〕見眞德秀，《西山讀書記》，卷二，頁11。
〔註635〕見眞德秀，《西山先生眞文忠公文集》，卷三十，〈問理性命〉，頁474。
〔註636〕參見眞德秀，《西山讀書記》，卷二，頁23。

而動，爲惻隱、爲羞惡、爲恭敬、爲是非，然後性之本可識。蓋四
者情也，而其本則性也。由其性之善，故發而爲情亦善。因情之善，
而性之善可知矣！〔註637〕

人感於物而動，而後有惻隱、羞惡、恭敬、是非，四者即情也，而其本，則
性也。故眞公又曰：「情者，性之動也。人之情，本但可以爲善，而不可以爲
惡，則性之本善可知也。」〔註638〕由是言之，性之與情，性乃體也，所謂本；
情，則爲性之用，所謂性之動也。至若才，眞公曰：

夫善者，性也，而能爲善者才也。性以體言，才以用言，才本可以
爲善，而不可以爲惡，今乃至於爲不善者，是豈才之罪哉？陷溺使
然也。〔註639〕

性之與才，性爲才之體，才爲性之用。性者仁義禮智也，才者，即是盡其仁
義禮智之用，此人皆有之，本無限量，人惟求盡其才而已，善、惡相去所以
遠者，蓋在才之盡與否耳！故眞公德秀曰：「性則我所固有，非自外來，獨患
夫人之弗思弗求爾。夫物有求而弗得者，在外故也。性則求其在我者，何不
得之有？本然之才，初無限量，極天下之善，無不可爲者，今乃善惡相去之
遠，由不能盡其才也。」〔註640〕人惟盡其在我，則才可得而具也。

7. 誠

誠者，乃眞實無妄之謂。事各依其大小，皆求得眞實無妄，是乃所謂誠
也。朱子《中庸或問》曰：「蓋以自然之理言之，則天地之間，惟天理爲至
實而無妄，故天理得誠之名，若所謂天之道，鬼神之德是也；以德言之，則
有生之類，惟聖人之心爲至實而無妄，故聖人得誠之名，若所謂不勉而中，
不思而得是也；至於隨事而言，則一念之實，亦誠也，一言之實亦誠也，一
行之實亦誠也。是其大小雖有不同，然其義之所歸，則未始不在於實也。」
〔註641〕誠本眞實無妄之謂，可分三方面言之，就理而言，唯天理得誠之名；
就德而言，唯聖人之心得誠之名；就事而言，諸事亦可各得其誠之名。中庸
之言至誠之極功，可至於參天地、贊化育。而其本，則在於盡己之性。惟人

〔註637〕見眞德秀，《大學衍義》，卷五，頁45。
〔註638〕見《西山讀書記》，卷一，頁35。
〔註639〕見同前註100。
〔註640〕見同前註100。
〔註641〕見《中庸或問》，中文出版社，頁 78～79；亦見於《大學衍義》，卷十二，頁
96。

盡己之性，以至乎事事物物各得眞實如是，則可得誠之極功。此所謂「誠」，乃就理而言，與「性即理」之性無以異矣！

8. 仁、義、禮、智

「所謂性者，仁、義、禮、智而已。」〔註642〕人之欲求盡其性，亦唯踐履仁、義、禮、智也。孟子曰：

> 仁之實，事親是也；義之實，從兄是也；智之實，知斯二者弗去是也；禮之實，節文斯二者是也；樂之實，樂斯二者。〔註643〕

孟子蓋謂仁義禮智樂之實，從事親、從兄以行之也。然於此，智者在知斯二者；禮者，在節文斯二者，是仁、義、禮、智四者復以仁、義爲主也。眞公德秀曰：

> 仁者心之德，心存於仁則安，反是則危；義者心之制，身由於義則正，反是則邪！二者皆吾所自有，而甘心於自棄焉，是虛至安之宅，而託曠蕩之野，背至正之路，而趨荊棘之塗，此聖賢之所深哀也。〔註644〕

仁爲心之德，義爲心之制，仁爲人至安之宅，義爲人至正之路，此皆人所共有，人唯踐履之，身由仁義行，則「身即理，理即身，渾然無間。」〔註645〕矣，至於是，則與堯舜無以異，未至於此，正吾人所當加勉也，人唯識此本心之正，加推廣之功而已。

9. 孝、弟、忠、信

孟子有言：舜「使契爲司徒，教以人倫。父子有親，君臣有義，夫婦有別，長幼有序，朋友有信。」〔註646〕五倫之內容孝、弟、忠、信也。孟子又曰：

> 堯、舜之道，孝、弟而已矣！子服堯之服，誦堯之言，行堯之行，是堯而已矣！〔註647〕

是四者之目又以孝、弟爲之本也。眞公德秀曰：「孟子直以一言斷之，曰孝弟而已矣！謂其止於是也。夫幼而愛親，長而敬兄，人性所同，爲堯、舜者，能盡此性而已。」〔註648〕人欲法堯舜，亦唯盡此「性」，此「性」即指孝、

〔註642〕眞德秀語，見同前註100。
〔註643〕見《孟子·離婁》上，《四書章句集註》，鵝湖，頁287。
〔註644〕見眞德秀，《大學衍義》，卷十二，頁100。
〔註645〕眞德秀語，見同前註107。
〔註646〕見《孟子·滕文公》上，《四書章句集註》，鵝湖，頁259。
〔註647〕見《孟子·告子》下，《四書章句集註》，鵝湖，頁339。
〔註648〕見眞德秀，《大學衍義》，卷五，頁46下。

弟也。能盡此性，則孝者必能忠，弟者必能信，孝、弟、忠、信之道備矣！
真公德秀曰：

> 夫事親如天，孝子事也。而孔子以爲仁人，蓋孝之至，則仁矣！〔註
> 649〕

又曰：

> 仁、孝同源。故孝者必仁，而仁者必孝。木不妄伐，獸不妄殺，此
> 仁也，亦孝也。若斷之殺之，不以其時，則是無仁心矣！安有不仁
> 而能孝者邪？〔註650〕

夫人事親如天，孔子以爲仁人，而仁、孝同源，其源乃性也，是孝、弟、忠、
信，皆性中所有。人唯盡其性，踐履夫仁、義，克盡夫孝道，則堯、舜之志
業在其中矣！

三、論工夫

夫萬物一源，源自太極，太極非有一物，乃理之至者，理至善而無惡，
人秉天地之中（理之至者）以生，人天未嘗不合一，故人性亦未嘗不至善。
聖人立教，所以引導生民之善，使之充分發揮也。或謂人心包含萬理，萬理
總會於人心，人已自知之矣，何須學爲？此誤解人心包含萬理之意。蓋人心
至靈，可創發萬理（虛靈知覺），萬理統會於吾心（是爲心之理）。欲求創發
萬理，仰賴人心之思索研究，欲求萬理統會於吾心，則有賴於學。此真公德
秀所以言「生而可知者，義理之源爾，若夫治己、治人之法，固不能無待於
學」〔註651〕之故也。欲學有成，是必有方，而義理之源雖人所共有，亦必有
以擴充之，使達於道即吾身，吾身即道之境，是其工夫不能不加以講求，冀
收事半功倍之效也。茲分別就德性領域之主敬、認知領域之窮理、及能力領
域之學以致用以試探真公德秀爲學之工夫。

（一）主　敬

1. 養心以敬

人之爲學，不外修己、治人二端。修己方面肇基於德性之涵養，欲涵養

〔註649〕見同前註111，卷六，頁53下。
〔註650〕見同前註112，頁57下。
〔註651〕見真德秀，《大學衍義》，卷二，頁24。

其心，使之成爲進德、爲學之地者，亦曰「敬」而已矣。眞公德秀曰：

> 沈潛乎訓義，反覆乎句讀，以身體之，以心驗之，循序而漸進，熟
> 讀而精思，此其法也。然所以維持此心，而爲讀者之地者，豈無要
> 乎？亦曰：敬而已矣！〔註652〕

眞公之意，蓋以「敬」爲持心之要法。唯有敬，其心始克成爲涵養、進學之地。若不能以敬持心，則其心思慮紛擾，如何能定、靜、安、慮耶？眞公曰：

> 堯、舜、禹、湯、文、武，皆天縱之聖，而詩、書之敍其德，必以
> 敬爲首稱，蓋「敬」者一心之主宰，萬善之本源，學者之所以學，
> 聖人之所以聖，未有外乎此者。〔註653〕

眞公之意，蓋謂：「敬」乃萬善之本源，爲一心之主宰，堯、舜、禹、湯、文、武之所以爲聖，其德之所以極乎人德之至，純粹至善而無不善者，唯在此「敬」耳，學者學古先聖人，唯學此「敬」也。由是，眞公以爲「敬」則爲堯、舜、爲禹、湯，爲文、武，不敬則爲有苗、爲有扈，爲獨夫受。聖、狂之所以分，治、亂之所由判，未有不出乎此者。〔註654〕堯之所以爲堯，紂之所以爲紂，皆在「敬」與「不敬」耳。百聖相傳，唯在「敬」耳。故眞公曰：「緬觀往昔，百聖相傳，敬之一言，實其心法。」〔註655〕

然則，即「敬」之一法，即可以成爲堯、舜乎？眞公以爲：養心唯敬之一字，即可以成爲堯、舜，蓋「敬」該養心之一切法。眞公德秀曰：

> 然曰戒謹，曰恐懼，曰謹獨，曰篤恭，則皆示人以用力之方。……
> 太極圖說亦然，首言無極、太極，次言陰陽、五行，亦可謂高且遠
> 矣！要其歸宿，只在中正仁義而主靜之一語。其與中庸戒懼謹獨之
> 云，若合符節。總而言之，惟「敬」之一字可以該也。蓋戒懼謹獨
> 者敬也，主靜亦敬也，學者儻能居敬以立其本，而又窮理以致其知，
> 則學問之道無餘蘊矣！〔註656〕

《中庸》首章之言：「道也者，不可須臾離也，可離非道也。是故君子戒愼乎

〔註652〕見眞德秀，《西山先生眞文忠公文集》，卷二十七，〈送周天驥序〉，頁 423～424。

〔註653〕見眞德秀，《大學衍義》，卷二十八，頁 236。

〔註654〕見眞德秀，《西山讀書記》，卷十八，頁 6。

〔註655〕見眞德秀，《西山先生眞文忠公文集》，卷二十六，〈南雄州學四先生祠堂記〉，頁 405。

〔註656〕見眞德秀，《西山先生眞文忠公文集》，卷三十一，問太極中庸之義，頁 493。

其所不睹，恐懼乎其所不聞。」所言之戒慎、恐懼，太極圖說之主靜，皆含蓋於「敬」字中。

2. 敬之作用

人能持心以「敬」，則堯、舜可學而致。蓋以「敬」之一法，能使心有所主，而物聽命焉。眞公德秀曰：

> ……雖然，（心）定之難能也久矣！自窮居獨善之士，捐百事、息萬慮以求之，有終其身而弗獲者，況於履功名之塗，踐富貴之境，凡爲吾耳目之膣，心志之蝕者，坌至錯立于前，菀枯榮醜，可喜可駭者，日百千變，其巫疾苦破山之霆，其震蕩若發屋之風，其眩亂反覆又若一葉之艇，而舞翻空之濤，甚矣哉定之難能也。若是者，其患焉在？曰心無主而已。竊嘗聞之，「敬」則心有主，而物聽命，不敬，則物爲主。而我從之。古之君子，對妻子猶君師之臨，處幽室甚十目之睹，所以養吾心而爲萬物之主也。心有定主，然後有定見，有定見然後有定立，酬酢萬變，無不可者。〔註657〕

人心之所以思慮萬端，眩亂反覆者，其患在於心之無主，欲求心有所主，則「敬」乃其要法也。人心能敬，則百物聽於我，人心不敬，則我從物矣！眞公德秀曰：

> 蓋窮理以此心爲主，必須以敬自持，使心有主宰，無私意邪念之紛擾。〔註658〕

又曰：

> 蓋敬則萬善俱立，怠則萬善俱廢。……蓋敬則此心無私邪之累，內之所以直也。〔註659〕

人之「心」唯能以「敬」自持，方能無私意邪念之紛擾，無私意邪念之擾，萬善始得從之以出，否則心有私邪之累，天理泯而人欲生，萬善何從而立耶？眞公又曰：

> 蓋敬者，所以浚天理之源，而窒人欲之竇者也。子之得於天者，清明而沖粹，故其氣象也，藹然而溫，肅然而毅，此仁義之質也。誠能敬以存之，俾亡須臾之離，則靜焉而仁義之體具，動焉而仁義之

〔註657〕見同前註118，卷二十五，頁389～390。
〔註658〕見同前註118，卷三十，頁466上。
〔註659〕見眞德秀，《大學衍義》，卷二，頁24上。

用行。〔註660〕

人心唯能敬而勿失，俾亡須臾之舍，則仁義之體具，此浚天理之源，泯人欲之要法也。故眞公言「敬」之效益曰：「夫百善之源，起於競惕，眾慝之本，萌於怠肆。君以是心而臨其民，吾知其有哀恫而無忿疾也必矣！敬者仁之所以存，未有敬而不仁，亦未有仁而不本於敬者。」〔註661〕人未有其心敬而不仁者，亦未有仁而不本於敬者，「敬」爲百善之源，人之欲學堯、舜，所以由此可致也。故眞公又曰：「天下萬事，莫不本之一心，敬則立，嫚則墮，雖至細微，亦不可忽。故堯、舜之敬，不獨修身爲然，至於應事，亦莫不然。後世人主，既鮮知以敬治身，而臨事尤多輕忽，此禍敗所由基也。」〔註662〕堯、舜不僅修身主於敬，其心之應萬事，亦莫不如是，則「敬」之一法蓋貫乎內、外，通乎動、靜也。眞公德秀曰：

> 然敬一也，而貫乎動、靜，故有思、不思之異焉。……無思，所以立本，有思，所以致用。動、靜相須，其功一也。……曰毋不敬者，兼動、靜而言也。……動、靜循環，無往非敬，則其有思者，寂之感，其無思者，感之寂，涵養功深，久將自熟。〔註663〕

又曰：

> 致中和而天地位，萬物育。此參天地，贊化育之事也，可謂難矣！然求其所以用功者不過曰敬而已。蓋不睹不聞之時，而戒懼者，敬也。己所獨知，人所未知之時，而致謹者，亦敬也。靜時無不敬，即所以致中；動時無不敬，即所以致和。爲人君者，但當恪守一敬，靜時以此涵養，動時以此省察，以此存天理，以此遏人欲，工夫到極致處即是致中和。〔註664〕

由是觀之，人唯一主於「敬」，貫乎動、靜，未思之前，所以立其本，既發之後，所以致其用，使動、靜無一非「敬」，以此遏人欲，以此存天理，使之「身即理，理即身，渾然無間。」，〔註665〕故堯、舜可學而至之，人主若是，則可以臻於參天地、贊化育之功之境也。

〔註660〕見同前註118，卷二十八，〈送陳端父宰武義序〉，頁434上。
〔註661〕見同前註118，卷二十八，〈送劉伯諄宰江寧序〉，頁435下。
〔註662〕見眞德秀，《大學衍義》，卷二十九，頁253上。
〔註663〕見同前註118，卷二十五，〈敬思齋記〉，頁385。
〔註664〕見眞德秀，《大學衍義》，卷十一，頁93下。
〔註665〕眞德秀語，見同前註127，卷十二，頁100下。

3. 敬之要領

人持心以「敬」之作用已知之矣！然則「敬」之義為何？持「敬」亦有要乎？

所謂敬，即是《中庸》首章所言之：戒慎、恐懼之意。「君子之心，常存敬畏，雖不見聞，亦不敢忽。所以存天理之本然，而不使離於須臾之頃也。」〔註666〕人之持心以敬，非僅人前如是，其於不為人所知之地，亦莫不如是，無時無地而不如是，不使「敬」之斯須去身，真公曰：

> 戒謹、恐懼，無時不然，不待言動而後敬信，則其為己之功益加密矣！〔註667〕

人之持心，能無地不如是，無時不如是，動時如是，靜時亦莫不如是，則萬善由是而生，為善之功可云至矣！

上就人心持敬之時間、空間而言也，次就人心持敬之方法以說明之。真公德秀曰：

> 伊川先生言：主一之謂敬。又恐人未曉一字之義，又曰：無適之謂一。適，往也。主於此事，則不移於他事，是之謂無適也。主者存主之義。伊川又云：主一之謂敬。一者之謂誠。主則有意，在學者用功，須當主於一。主者念念守此而不離之意也。及其涵養既熟，此心湛然，自然無二、無雜，則不待主，而自一矣。……所謂主一者，靜時要一，動時亦要一，平居暇日，未有作為，此心亦要主於一，此是靜時；應事接物，有所作為，此心亦要主於一，此時動時敬。靜時能敬，則無思慮紛紜之患，動時能敬，則無舉措煩擾之患。如此，則本心常存而不失。為學之要，莫先於此。〔註668〕

真公主一之說，蓋承自伊川。〔註669〕主者心念念在此而不離也。一則專一而不雜也。不僅平居未有作為之時，其心專默精誠，而無思慮之紛雜，應事接物之時，此心也要常在於一。亦即是靜時固要其心主一，動時亦莫不如是，進而無時不如是，不可有絲毫之間斷，如此，本心常存矣！真公德秀曰：

> 且如敬之一字，孰不知為正心、脩身之本，然一有欲心，則不能敬，

〔註666〕朱子之言，見於真德秀，《西山讀書記》，卷十八，頁23～24。
〔註667〕見真德秀，《西山讀書記》，卷十八，頁31。
〔註668〕見《西山先生真文忠公文集》，卷三十一，〈問敬字〉，頁482。
〔註669〕參見程顥、程頤《二程集》，里仁書局，民21年3月，頁149。

一有怠心，則不能敬。二者苟有一焉，則所謂敬者，有間斷而無接續矣！又焉能至於高明光大之域邪？惟聖人之心與天同運，純亦不已！故詩人形容曰：穆穆文王，於緝熙敬止。纔兩言爾，而文王盛德之氣象，儼乎其在目也。〔註670〕

聖人之所以爲聖，蓋其心能持敬，不使之有絲毫之間斷，若有間斷，即無接續矣！人法聖賢，即所以學此也，而真公之言：「閑邪存誠，克己復禮」〔註671〕者，即在於此也。蓋心不能專默精誠而主於一，則思慮紛雜，萬念以生，誠之不存，諸念紛至沓來，百邪所以至也。孟子曰：「養心莫善於寡欲。」唯克去私欲、邪念，誠敬不欺，心有所主，發而爲用，始能動容周旋，皆合於禮也。故孔子曰：言忠信，行篤敬。立，則見其參於前也；在輿，則見其倚於衡也。〔註672〕人惟其心念念不忘於戒慎恐懼，不使有絲毫間斷，或立之時，或在輿之際，莫不如是，則天所賦予之明德自昭著，故萬善能由是而出也。

4. 敬與心同終始

德性領域之工夫，持心以敬，已如上述。然則，德性領域之主敬工夫與認知領域之窮理工夫兩者有無先後乎？若有，則何者在先？何者居後？或不分先後耶？

真公德秀有言：

> 七情未發，天理渾然，此心之存，惟有持養。〔註673〕

人於喜怒哀樂愛惡欲未發之前，天理渾然，此時無所用於思，然於「心」之存，則有持養矣，足見持養之工夫，就時間之先後言，與「心」同在也。真公又言：

> 毋不敬，以操存於未發之先；思無邪，以戒謹於將發之際。涵養、
> 省察，動、靜交飭；知天、事天，二者兼盡。及其至也，中一外融，
> 顯微無間，則雖人也，而實浩浩其天矣！〔註674〕

是「心」之主敬，在未發之先已有之矣；而於將發之際，則以「思無邪」以省察之。涵養、察識之先後，於是亦可見也。持心以敬之工夫，與「心」同其終始可知也。真公德秀有言：

〔註670〕見《西山先生真文忠公文集》，卷十八，頁285下。
〔註671〕見真德秀，《大學衍義》，卷五，頁47下。
〔註672〕節引孔子之語，見衛靈公，《四書章句集註》，鵝湖，頁162。
〔註673〕見《西山先生真文忠公文集》，頁25，〈敬思齋記〉，頁385。
〔註674〕見同前註136，卷二十四，〈明道先生書堂記〉，頁372。

> 蓋嘗思之，未發之前，但當敬以存養，而不可有心求。然思慮未形，
> 而知覺不昧，性之體段，自有不可揜者。〔註675〕

眞公蓋謂，敬以存養，在未發之前已自有之，其法蓋在其他法未用之先。則
德性領域主敬之法先於格物致知（窮理）也，於斯可見！於此，亦可知眞公
德秀對德性領域行爲之重視矣。

養心以敬，其法與心同終始，由眞公之另言可知，其言曰：

> 蓋未發之時，則當戒謹恐懼，其將發之時，則當謹其獨。逐時逐節，
> 皆有用功之地，惟其未發也，戒懼而不敢忘，將發也謹獨而不敢肆，
> 則其發自然中節矣！〔註676〕

由此言可知戒謹恐懼之施行於未發之前、將發之際，復可知敬之一法施行於
他法之先，蓋與心同終始也。

（二）窮　理

夫天下之物，必有其理，即物而理在焉，此大學所以言「格物、致知」
也。人除義理之源爲生而可知者外，其餘不能無待於學也。眞公德秀曰：

> 傳稱堯、舜、禹、湯莫不有師，考之論語，則信而好古者，孔子之
> 所自許也。學之不講者，孔子之所嘗憂也。又曰：我非生而知之者，
> 好古敏以求之也。又曰：十室之邑，必有忠信，不如丘之好學也。
> 則雖生知之聖，未有不從事於學者。然自商以前，未有學之名，觀
> 書所載數聖人之心傳面命與君臣之間，骨訓脣告者，無非學也。願
> 治之主誠，即其全書而熟復之，則千載聖學之源流，將瞭然於胸中，
> 彊勉力行，二帝三王之盛，可以企及也。〔註677〕

堯、舜、禹、湯，雖天縱之資，猶有其師而諄諄告誨之，生知之聖，尚不能
無待於學，況其他乎？

有關窮理之方法，已見前文「爲學之方法」中，茲不贅述。

持心以敬，其法固可施於未發之先，而窮理亦不可捨棄，兩者須交相爲
用。《中庸》有言：「故君子尊德性而道問學，致廣大而盡精微，極高明而道
中庸。溫故而知新，敦厚以崇禮。」〔註678〕朱子註之曰：

〔註675〕見《西山讀書記》，卷二，頁54。
〔註676〕見《西山先生眞文忠公文集》，卷三十一，〈問太極中庸之義〉，頁492。
〔註677〕見《大學衍義》，卷二，頁24。
〔註678〕見《中庸》二十七章，《四書章句集註》，鵝湖，頁35。

尊德性，所以存心而極乎道體之大也。道問學，所以致知而盡乎道
體之細也。二者修德凝道之大端也。不以一毫私意自蔽，不以一毫
私欲自累，涵泳乎其所已知，敦篤乎其所已能，此皆存心之屬也。
析理則不使有毫釐之差，處事則不使有過不及之謬，理義則日知其
所未知，節文則日謹其所未謹，此皆致知之屬也。蓋非存心無以致
知，而存心者又不可以不致知。故此五句，大小相資，首尾相應，
聖賢所示入德之方，莫詳於此，學者宜盡心焉。〔註679〕

由朱子此言，認知領域與德性領域兩類之區分極為明顯：德性領域行為，須
涵養其心，以擴充其明德，以止乎至善；認知領域行為，須窮理以致其知，
使知無不至其極。此兩者乃成德、聚道之大端。若僅涵養其心，則無由以致
其知；而既存養其心矣，又不可以不致知。兩者須交相為用，不可或缺。真
公德秀曰：

故主敬、窮理，交相為用，東魯、西洛之正傳，有不可誣者。〔註680〕

主敬為存心養性之工夫，窮理為致知格物之能事，唯兩者同致其功，始能收
其全效。真公德秀曰：

蓋窮理以此心為主，必須以敬自持，使心有主宰，無私意邪念之紛
擾，然後有以為窮理之基本。心既有所主宰矣，又須事事物物各窮
其理，然後能致盡心之功，欲窮理而不知持敬以養心，則思慮紛紜，
精神昏亂，於義理必無所得；知以養心矣，而不知窮理，則此心雖
清明虛靜，又只是箇空蕩蕩底物事，而無許多義理以為之主，其於
應事接物，必不能皆當，釋氏禪學正是如此。故必以敬涵養，而又
講學、審問、謹思、明辨，以致其知，則於清明虛靜之中，而眾理
悉備，其靜則湛然、寂然，而有未發之中，其動則泛應曲當，而為
中節之和。〔註681〕

真公蓋謂：唯持敬以養其心，而不知窮理，則此心空蕩，了無一物，與釋氏
禪學何以異？若只窮理，而無以養其心，則其心私意紛擾，將無以為窮理之
基。故必以敬涵養其心，繼之以博學、審問、慎思、明辨，以致其知，兩者
交致其功，則動時方能收泛應曲當之效，行時始能致其中節之和之果。主敬、

〔註679〕見同前註141，頁35～36。
〔註680〕見《西山先生真文忠公文集》，卷二十五，〈定軒記〉，頁390。
〔註681〕見同前註143，卷三十，頁466。

窮理，一日之間，「二者未嘗不可交用其功，不但一日，只此俄頃間，便都做得。」〔註682〕主敬、窮理，如鳥之雙翼，彼此相須以竟全功，於斯可見。

或謂眞公德秀於德性領域之工夫主敬，其法施行於未發之前，而認知領域之工夫窮理（格物）則肇基於心之定、靜、安之上。如此是否表示屬德性領域之誠意、正心工夫在認知領域格物、致知之前？而意誠、心正亦在物格、知致之前乎？如是，則與《大學》「物格而后知至，知至而后意誠，意誠而后心正。」之次序相左矣？如是豈可乎？

眞公德秀於涵養心之方法，主張持心以敬之說，涵養於未發之前，戒謹恐懼於將發之際，此皆就「心」而言。人於德性、認知方面之知與行，皆必總會於一「心」，而所有言行皆由心所統御。故德行之發，固肇始於心；而認知之所得，亦必會歸於心也。心爲德性、認知兩方面之所共有，而其方法於此之前，非僅德性方面所獨具者也。將知分德性之知、聞見之知，程頤已知之，朱熹於註《中庸》「尊德性、道問學」章更申明之。此兩領域之區分，前人已知之矣！唯德性領域中亦有須窮理以致其知而後始可發而中節者，如朝廷君臣相處之方，爲官臨民進退之際，豈能皆由主敬之法而得之耶？是故，就德性、認知兩領域大體之區分言，壁壘分明，而其方法固可並行不悖，如前所述者矣；就德性領域中其須格物以致其知，而後始可發而皆中節者言之，固與大學格、致、誠、正之序吻若合符也。由是觀之，主敬在涵養其心，而心則包含德性、認知兩領域，並未摒斥認知領域於心之外；就兩領域之區分，其方法格物、致知；誠意、正心之施行，兩者交相爲用，雖「只此俄頃間，便都做得。」，就其德性領域涉及認知者言，固不悖於大學之次序也。大學立法以垂萬世，當可放諸四海而皆準，於此格、致；誠、正之目，前後次序之安排，固須盡合諸項事理。就認知、德性之分者而言之，其法可行，而不相牴觸，就德性關連於認知者而言之，又能全相吻合；此大學所以傳諸千載，其理燦然若日、月，可光照百代而不可泯之者也。

（三）學以致用

就能力領域而言，所學須能訴之於篤行。就修己言之，爲知、行一致；就治人而言，則爲學以致用。「知、行一致」已於「帝王爲學之本」中「爲學之方法」項下言之矣，茲不贅述。

〔註682〕眞德秀語，見同前註143，卷十八，〈講筵進讀大學章句手記〉，頁296上。

　　儒家之教，唯修己、治人兩大端。修己，所以立其體；治人，所以致其用。真公德秀曰：「王人所以求多聞者，是惟立事而已！學必施於事，然後為有用之學，不然，則所聞雖多，果何為哉？」〔註683〕人之為學，必求能施於事，而後方為「有用之學」。達則兼善天下，窮則獨善其身，要之，所學皆必有其用，如此方能得體、用之全也。真公德秀曰：

　　　　嘗熟讀乎記之辭，有曰：古者以德行道藝教其民，學者於日用起居、食飲之間，既無事而非學，其於群居藏脩、游息之地，亦無學而非事。於摩！斯言至矣！試相與闡繹其義，可乎！蓋古者學與事一，故精義所以致用，而利用所以崇德。後世學與事二，故求道者以形器為粗迹，而圖事者以理義為空言，此今、古之學所以不同也。自聖門言之，則灑掃應對，即性命道德之微；致知、格物，即治國、平天下之本，體、用未嘗相離也。自諸子言之，則老、莊言理而不及事，是天下有無用之體也。筦、商言事而不及理，是天下有無體之用也。異端之術，所以得罪於聖人者，其不以此歟！世降益末，為士者壹以辭藝為宗，內無窮理盡性之功，外無開物成務之益，此子朱子所為深憂而屢歎也。

　　　　今之學者，誠知學不外乎事，事必原於學，講論、省察，於二者交致其力，則其業為有用之業，及其至也，其材皆有用之材，其仁足以成己，其智足以成物，然後為無負於鉅人、碩師之教，而亦賢大夫所靳於士也。

　　　　若夫群居終日，惟琱鏤琢刻是工，於本心之理不暇求，當世之務不暇究，窮居無以獨善，得志不能澤民，平生所習歸於無用而已。是豈朱子立言開教之指？〔註684〕

真公蓋言，古者學與事合一，精義所至，必也致乎用。格物、致知，即為治國、平天下之本；灑掃應對，則性命道德在其中。學者誠知學不外乎事，事必本於學，講論、省察，必於此致力焉，其學為有用之學，其材為有用之材，其業則為有用之業。由是，窮居可以獨善其身，得志，可以澤加於民，此儒者立言、開教之旨；人之為學，不離乎此也。否則，所學唯彫章琢句是工，於本心之理既不暇求，於當世之務亦不及究，所學歸諸無用，則果何為哉？

〔註683〕見《大學衍義》，卷三，頁25下。
〔註684〕見真德秀，《西山先生真文忠公文集》，卷二十五，〈鉛山縣修學記〉，頁385。

眞公德秀又言：

> 嗚呼！蓋亦觀諸聖門乎！有五經以明其理，有春秋以著其用。……
> 故其言天命之性者，理也。言王季、文王之述作，以及於武王、周
> 公之達孝者用也。其言仁義者，理也，而言井田、學校之政，與夫
> 三王、五霸之功、皋者用也。然則，言理而不及用，言用而弗及理，
> 其得爲道之大全乎？故善學者，本之以經，參之以史，所以明理而
> 達諸用也。〔註685〕

眞公以爲經、史之書，或言其理，或述其用，學者學之，必得其體、用之全。
學其理，而後達諸用；得之於身，而後施之於行；既有以修諸己，復能致之
於用。兩者不可或偏，如是方得體、用之全也。若夫所學唯筆舌談說是工，
而無踐履之實，可資爲用，此儒者之辱也。故眞公德秀於《大學衍義》中，
諄諄勸戒於人主者數矣：

> △惟聖明優柔玩索而力行之，則天下幸甚！
> △……以人之性爲不善，而不以聖人之道治其民，是暴天下者也。
> 　故繫其說如此，惟聖明詳玩之。
> △惟聖主深體力行之，毋憚其難而不爲，則天下之幸也。
> △然未至於舜，則所以行仁義者，正所當勉也。……此湯武反之之
> 　事，有志於學聖人者，不可以不勉。
> △格物、致知，於天下之理無所疑，勝私窒欲，於天下之物無所蔽，
> 　此所以明其德也。明其德者，知人之本也。有天下者，可不勉諸！
> 　〔註686〕

眞公勸勉於人主將所學身體而力行之，優柔而玩焉處甚多。蓋人之於所學，
必求施於實用，如是方爲有用之學，否則雖多，果何爲哉！士人固須如此，
人主尤不可例外，以其身負天下安危之重責故也。

〔註685〕見同前註147，卷二十八，〈周敬甫魯評序〉，頁438。
〔註686〕所引並見於《大學衍義》，第一則見於卷五，頁43下；第二則見於卷五，頁
　　　　47下；第三則見於卷十一，頁94上。第四則見於卷十二，頁100下；末則
　　　　見於卷十五，頁123下。

參、餘　論

第六章 《大學衍義》對後代之影響

　　眞公德秀之《大學衍義》對後代之影響，茲舉其犖犖大著者數端，分別敘述如后：

一、爲後世領導者應讀之書籍

　　其一，爲後世人主修己、治人之教材，領導者應讀之書籍。自眞公德秀於宋理宗端平元年（1234）九月奏上《大學衍義》以後，理宗隨即於經筵中進講《大學衍義》。自是以降，元、明、清帝王多以《大學衍義》爲修己、治人之教材。元朝雖以異族入主中國，然於《大學衍義》乙書則極爲重視，儲君、王公子孫受學時，即授以是書，《元史》泰定帝本紀有云：

> 浙江行省左丞趙簡請開經筵，及擇師傅，令太子及諸王、大臣子孫
> 受學，遂命平章政事張珪、翰林學士承旨忽都魯克兒迷失、學士吳
> 澄、集賢直學士鄧文原，以《帝範》、《資治通鑑》、《大學衍義》、《貞
> 觀政要》等書進講，復敕右丞相也先鐵木兒領之。〔註1〕

趙簡奏請元泰定帝開經筵，擇師傅，令太子及諸王、大臣之子孫受學，而《大學衍義》則爲其必授之教材。其後翰林學士李好文勸元順帝研讀、並踐行《大學衍義》之所載，其言曰：

〔註 1〕 見《元史》宋濂等修，卷二十九，泰定帝，藝文，頁 353～354；（清）畢沅，
　　　　《續資治通鑑》也載其事，見卷二百二，泰定帝泰定元年，冊九，文光出版
　　　　社，頁 5495。

殿下以臣所進諸書，參之貞觀政要、《大學衍義》等篇，果能一一推
而行之，則太平之治不難致矣！〔註2〕

朝廷中大臣之所言，對《大學衍義》乙書之重視也若是，而期望於人君也，
冀其「推而行之」，以達於「太平之治」，則《大學衍義》乙書受君、臣重視
之情形可以略見；而上行下效，其書對吾國影響之深遠可知矣！此異族入主
中國之情形也。

至若明、清兩代，由其板本刊行之繁富，《大學衍義》乙書流行之廣，可
以概見，（清）雷鋐序重刻眞西山先生《讀書記》云：「先生《大學衍義》一
書，歷代奉爲拱璧，深山窮谷，亦多流布。」〔註3〕深山窮谷亦多有之，其影
響範圍之廣可以想見。以其書乃「聖學之淵源，治道之根柢。」人主欲清出
治之源，人臣欲盡正君之法，皆以此書爲據依也。

明弘治年間中憲大夫邵寶有言：

寶嘗觀衍義之爲書，實爲治國平天下而作，其條分目疏，顧若未及，
然其稽證古今，極于世變，通于天下之故者，則皆指事切理，原諸
性命而議其所安，鑑懸表植，由此以應乎彼，有餘地焉。所謂治平
之道，蓋悉具於是矣！是誠足以羽翼經傳，爲萬世君臣之監。欲知
大學者，其可外是而他求哉？惟我皇祖，覽而說之，特揭廡壁，以
資聖學，列聖相承，用於經筵，益加崇重，清源之治，蓋有助焉。

凡今之臣，欲求自盡於上，亦執是以往而已！〔註4〕

邵氏之言，謂明太祖覽《大學衍義》而說之，揭之於廡壁，以便日夜觀覽而
知所警戒惕厲；而歷代君王相承，復於經筵中研讀講求，而人臣欲求效忠於
人主，亦悉具於是。則非僅人主欲求治國、平天下必以此爲據依，人臣之欲
盡正君之法，亦必有賴乎此；則《大學衍義》者，明世君臣有志於治國、平
天下者之所必讀者也。邵氏稱之爲：「是誠足以羽翼經傳，爲萬世君臣之監。」
者，可謂至矣！明世宗特於嘉靖六年（1527）命司禮監重刊，以遺來世，並
賜序文、其言有云：

〔註2〕見（清）畢沅，《續資治通鑑》，卷二百九，順帝至正九年（1349），冊九，文
　　　光，頁5710。
〔註3〕見清乾隆八年中秋重刻眞西山先生《讀書記》，雷鋐序，《眞文忠公全集》，文
　　　友書店影印該書，見冊十五頁8429。
〔註4〕見《大學衍義》明弘治十五年（孝宗，1502）江西刊本，邵寶西山眞氏《大
　　　學衍義》重刻序。

朕惟古之君天下者，興道致治，必有其要，然後能使家齊國治，而
天下平焉。惟《大學》一書，乃古人修身治天下之要道，宋儒眞德
秀推衍其義，綱舉目張，本末具備，眞可爲後世人君之鑑戒也。恭
惟我太祖高皇帝首定家邦，落成宮殿，即命儒臣取《大學衍義》書
于墻壁，以代繪畫。暨我太宗文皇帝，遷都北京，朕以宗人，自顧
沖昧，荷天地祖家垂祐，以皇兄武宗之命，入嗣大統，雖不得目觀
宮墻所書，而訓章具存，載諸寶冊，深思皇祖垂訓，惓惓之意，罔
敢怠忘，比居藩邸，面承皇考之教，稍長即命出閣讀書，且命就講
官講解《大學衍義》，曰：此書於人，深有裨益，汝遵予言，力爲
進學，學不負人，在用功專與不專耳。朕拜稽受教。……近日內閣
輔臣請以是書進講，特於五月十三日始命經筵日講官輪直講讀，以
資朕學。夫眞氏之撰是書也，首書帝王爲治之序，蓋統言之，次則
論堯、舜以下諸君之學。夫學則心志通明，事至物來，無所不達，
故務學爲君人之首事。……如不學，則慾盛理微，凡百有害于身、
于家、于國、于天下者，罔知戒止，危亡之勢，未有能逃之者矣！
噫！是道也，乃堯、舜、禹、湯、文、武之道，非孔子之私言，亦
非德秀之臆說也。朕覽是書見刻寫未精，特命司禮監重刊，以遺來
世，書刻可觀，庶使讀之者不至於厭斁焉。刊成，用序諸首，以申
朕勉強自學之意云。嘉靖六年六月朔旦序。〔註5〕

明世宗此序載於《大學衍義》明嘉靖六年司禮監刊本之首，由此可知明代太
祖命儒臣書《大學衍義》於藩墻，以收朝夕惕厲之效，非邵寶一人言也，而
有明歷代君王命宗室子孫講解《大學衍義》之情形，亦將於焉可知也。人主
於經筵中命儒臣進講《大學衍義》，蓋淵源有自矣！是時吏部尚書楊一清亦
撰後序，其言有云：「惟聖祖之建極，嘗大書於殿壁之間，歷累朝皆率是道，
而成化（憲宗年號）、弘治（孝宗年號）乃以日備講讀。」〔註6〕由是觀之，
人主以此爲研讀之資，人臣進講亦必以此爲據，君臣研治堯、舜、三王之道，
以期臻於太平之域，此眞公德秀《大學衍義》乙書之澤及萬民，惠延百世者，
於斯可見也。

〔註 5〕見《大學衍義》明嘉靖六年（1527）司禮監刊本，御製重刊〈大學衍義序〉。
〔註 6〕見《大學衍義》明嘉靖六年司禮監刊本，卷四十三之末，重刊《大學衍義》
　　　　後序。

降及清世，《大學衍義》有譯爲滿文者，聖祖爲撰〈大學衍義序〉。〔註7〕
高宗時，於乾隆二年有讀《大學衍義》詩及跋，其跋有云：

> 有宋氏興，五星聚奎，實主文治，鍾靈毓秀，而篤生周子，以接歷聖
> 之心傳，深探本原，闡發微奧，二程子見而知之，子朱子聞而知之，
> 一脈相傳，聖道燦然，門弟子相與講明而衍繹之，其學遂益顯於天下。
> 其接五子之傳，而超諸儒者，則又推西山先生。蓋西山之學，私淑朱
> 子者也，其學雖不能盡用，而立朝丰采、事業，表著於一時，其平生
> 所著書，悉心力而爲之者，莫若《大學衍義》。蓋自堯、舜、禹、湯，
> 以至漢唐以後之君，自臯、夔、稷、契，以至漢唐以後之臣，表裏精
> 粗，本末巨細，與夫忠奸賢佞，因革得失，莫不悉陳，而詳辨之，所
> 謂集群君之大成，而標入道之程式也。近自修身，遠及治國，引古證
> 今，彰善癉惡，欲使人君由謹幾慎動，以措之於涖官理眾，明刑敷
> 教，……讀是書者，由其書以求其事之當否，由其事以觀乎道之離合，
> 然後本之身，而驗之行事，則所以脩己、化民者不難矣！〔註8〕

乾隆帝跋中，以真公接五子之傳，而超諸儒，其推崇可謂備至，而由此蓋可
想見清世皇帝經筵進讀《大學衍義》之一斑。

由於《大學衍義》乙書，自南宋以後，成爲君、臣治國理民之重要研讀
教材，人主讀之，既有以修乎內，復驗之於實事，以求體用兼顧，化民成俗。
則黎民之實被其澤惠，蒙受其霑漑，有不可得而言者矣！故清世孫奇逢有云：

> 至《大學衍義》一書，本聖賢之學，明帝王之治，真是有體有用。
> 吳郡李氏稱其衣被萬世，與朱子見道同，利澤同，當非謬也。〔註9〕

孫氏蓋謂《大學衍義》本之於古聖先賢之學，闡明人主涖官臨民之治，實爲
有體有用之書，可謂衣被萬世，澤及百代者也。

泊乎今世，雖無人主之目，實有領導之實，學者欲求濟世報國，經世理
民，其可不究心於領導之術乎？言及領導之方法，中國之領導方式——以德
感人——於世界各國中尤具特色，〔註10〕而此則爲真公德秀《大學衍義》

〔註7〕見《大學衍義》滿文本，清福達禮等奉敕譯，康熙十一年刊，御製〈大學衍
義序〉。
〔註8〕見《真文忠公全集》，乾隆二年御製跋，文友，頁3～10。
〔註9〕見（清）孫奇逢，《理學宗傳》，卷十八，藝文，頁8。
〔註10〕參見羅虞村，《領導理論研究》，文景出版社，民國76年7月二版，頁398～
399。

中所言及之「建用皇極」也。人主修德成聖，以爲萬民之典範；推以及人，以臻於天下平。處今之世，欲求踐履修身之實，以成聖成賢；闡發儒家學說，以福國利民，眞公德秀之《大學衍義》實爲極佳之典籍也。儒道不衰，必有賴於體、用之兼顧；而體用之合一，則眞公於《大學衍義》中所諄諄告示者也。若云儒家德治教化施及今世，則眞公德秀之《大學衍義》亦必與其功焉，其誰曰不然？

二、開創研究大學之衍義一派

其二，開創研究大學之衍義一派，闡發有體有用之學。由於《大學》乙書，兼備體用，「人主之學必以此爲據依，然後體用之全，可以默識矣！」〔註11〕「爲人君而不知大學，無以淸出治之源，爲人臣而不知大學，無以盡正君之法。」蓋此書所陳，實「百聖傳心之要典，而非孔聖之私言也。」因而肯定《大學》乙書之價値，以爲乃「君天下者之律令格例也。」〔註12〕由是推衍其義，以成《大學衍義》，而獻之於時君焉。自是以後，續衍其義，而補之者，明世丘濬有《大學衍義補》。明神宗特賜以序，其言曰：

> 朕惟帝王之學，有體有用，自仲尼作大學一經，曾子分釋其義，……
> 宋儒眞德秀因爲《大學衍義》，摭取經傳子史之言以實之，顧所衍者，
> 止於格、致、誠、正、修、齊，而治、平猶闕；逮我孝宗敬皇帝時，
> 大學士丘濬乃繼續引伸，廣取未備，爲《大學衍義補》，揭治國、平
> 天下、新民之要，以收明德之功。……朕踐祚以來，稽古正學，經
> 史諸書，博涉殆徧，因念眞氏衍義，我聖祖大書於廡壁，累朝列聖
> 置之經筵，肅宗聽講之餘，賦翊學詩以紀之，朕爰命儒臣，日以進
> 講，更數寒暑，至於終篇。然欲因體究用，而此書尤補衍義之闕，
> 朕將紬繹玩味，見諸施行，上遡祖宗聖學之淵源，且欲俾天下家喻
> 戶曉，用臻治平，昭示朕明德新民圖治之意。〔註13〕

由明神宗之序觀之，《大學衍義》乙書爲明朝歷代君王經筵之所必讀，而丘氏之書亦有以補眞公一時之所未備，使夫治國、平天下之目，更形完備。丘濬

〔註11〕見《大學衍義》頁1。
〔註12〕所引三則，並見〈大學衍義序〈，《大學衍義》頁5。
〔註13〕見丘濬，《大學衍義補·明神宗原序》，《四庫全書》珍本二集，商務，頁1～2。
丘濬之姓，《大學衍義補》提要作「邱」，其書內卷首題作「丘」，今依《明史》
卷一八一作「丘」，鼎文本。

自序有言：

> 臣惟《大學》一書，儒者全體大用之學也，原於一人之心，該夫萬
> 事之理，而關係乎億兆人民之生，其本在乎身也，其則在乎家也，
> 其功用極於天下之大也；聖人立之以爲教，人君本之以爲治，士子
> 業之以爲學，而用以輔君，是蓋六經之總要，萬世之大典；二帝、
> 三王以來，傳心經世之遺法也。孔子承帝王之傳，以開百世儒教之
> 宗，其所以立教、垂世之道，爲文二百有五言，凡夫上下古今百千
> 萬年，所以爲學，爲教，爲治之道，皆不外乎是。……竊倣眞氏所
> 衍之義，而於齊家之下，又補以治國、平天下之要也。其爲目凡十
> 有二，曰正朝廷，曰正百官，曰固邦本，曰制國用，曰明禮樂，曰
> 秩祭祀，曰崇教化，曰備規制，曰愼刑意，曰嚴武備，曰取夷狄，
> 曰成功化，先其本而後末，繇乎內以及外，而終歸於聖神功化之極，
> 所以兼本末，合內外，以成夫全體大用之極功也。〔註14〕

丘氏之言，謂大學乃儒者全體大用之學，聖人以之爲教，人君以之爲治，士
子以之爲學，而用之以輔君，乃六經之總要，古聖先王傳心之大典，百世千
載儒學之所宗，因而於眞公《大學衍義》齊家之下，補之以治國、平天下，
以求歸於聖神功化之極也。其後，或續《大學衍義》之義，或節取《大學衍
義》之文者多矣。

明世王啓有「大學稽古衍義」，〔註15〕其學久佚；楊廉有「大學衍義節
略」。楊氏任南京禮部尚書時，上奏於明世宗曰：

> 臣自入仕以來，輒謂程頤有言，君德成就在經筵。當孝宗皇帝時，
> 待罪言官，前後肆本，皆以經筵爲言；於內式本，皆乞講讀眞德秀
> 《大學衍義》。蓋帝王之學，不出乎大學，而衍義所以塡實乎大學者
> 也。此書諸經子史具在，非德秀之書，實群聖賢之書，講讀《大學
> 衍義》，即與講讀諸經子史初無以異。……邇來臣又思得原本篇帙尚
> 多，萬幾之繁，恐難周徧，於是過不自料，減參之式，名曰：《大學
> 衍義》節略，庶幾用功不爲甚勞，而得效當更甚速。〔註16〕

楊氏於明孝宗時，即以進講眞公德秀《大學衍義》爲言，稱其書爲「實群聖

〔註14〕見同前註13，頁2～4。
〔註15〕見（清）朱彝尊，《經義考》，卷一五八，頁6。
〔註16〕見《大學衍義》明崇禎五年（思宗，1632）〈長洲陳氏刊本楊廉奏表〉。

賢之書」，又恐篇帙尙多，又減其參分之式，而成《大學衍義》節略二十卷，於嘉靖元年（1522）伍月具表奏於明世宗。楊氏於其「進《大學衍義》節略表辭」中亦謂：「經筵不必汎及夫他卷，而勸講惟當專用夫是編。」〔註17〕由此可見明代君、臣對《大學衍義》乙書之重視，惜其書今未之見也。

明世宗嘉靖三十八年（1559）有江文武者，撰《大學衍義輯要》四卷，彼於〈序〉中曰：「《大學衍義》一書，西山眞先生衍大學之義，……余不敏，嘗讀是書，因以己意，撮其精要者，日爲抄內，既終篇，犁爲四卷，參讎他書，審訂訛謬，蓋以便繙閱，備遺忘，非敢有所去取於其間也。」〔註18〕其友詹潢爲之撰寫跋文云：「《大學衍義輯要》者何？吾友江子允卿輯是書之要也。其輯之何？刪其繁以爲舉業者設也。夫書若衍義，其誼精矣！其論博矣！綱目具陳，鑑懸表植，訓戒備矣！曷爲乎輯哉？西山氏著其詳，允卿舉其要，一以對君，一以著斅，其致一也。」〔註19〕是江氏之輯要，蓋爲舉業教學之用。並世另有王錚撰《大學衍義略》，〔註20〕惜其書久佚，不得而詳也。

明武宗時有黃訓者撰《大學衍義膚見》，〔註21〕對眞公《大學衍義》乙書提出意見。〔註22〕明思宗時，劉洪謨撰有《續大學衍義》，〔註23〕其後吳瑞登亦有《續大學衍義》三十四卷〔註24〕是皆有以續成眞公之書也，此數書久佚，今不得而詳。

至若丘氏之《大學衍義補》，明孝宗時有胡世寧者撰《大學衍義補膚見》，〔註25〕對丘氏之書提出意見。〔註26〕以丘氏之書，卷數浩繁，因有徐栻撰《大學衍義補纂要》〈六卷〉，〔註27〕顧起經撰《大學衍義補要》，〔註28〕楊文澤撰

〔註17〕見同前註16，楊廉〈進《大學衍義》節略表〉。
〔註18〕見（明）江文武，《大學衍義輯要》，明嘉靖三十八年（1559）刊本，書前〈大學衍義輯要序〉，中央圖書館藏。
〔註19〕見同前註18，卷四之末，《大學衍義輯要·跋》。
〔註20〕見（清）朱彝尊·《經義考》，卷一六〇，頁2。
〔註21〕見同前註20，卷一五九，頁6。黃訓爲明武宗正德甲戌年（1514）進士。
〔註22〕見高明老師，〈學庸研究之回顧與前瞻〉，《高明文輯》，上冊，黎明文化事業公司印行，民國67年3月初版，頁332。
〔註23〕見同註20，卷一六一，頁2。是書於明思宗崇禎二年（1629）進呈，蓋黃虞稷所云。
〔註24〕見同前註20，卷一六一，頁5。
〔註25〕見同前註20，卷一五九，頁1。
〔註26〕見同註22，頁332～333。
〔註27〕見同前註20，卷一六〇，頁2。

《大學衍義會補節略》〈四十卷〉〔註29〕以摘述其要。然亦有以丘氏之書猶有未足，而續成其書者，如明神宗時之鄒觀光，撰有續《大學衍義補》。〔註30〕

明世宗時王諍另撰有《大學衍義通略》〈三十一卷〉，《四庫提要》稱其書「取楊廉《大學衍義節略》，邱濬《大學衍義補》，合爲一篇。凡節略十卷，補略二十一卷，間亦釋字證義，取便檢閱。」〔註31〕是匯聚眞公《大學衍義》與丘氏之書於一爐也。清世雍正年間有陳宏謀者，撰有《大學衍義輯要》〈六卷〉、《大學衍義補輯要》〈十二卷〉，《四庫提要》稱其「蓋爲邊方之士艱購全書者設也。」〔註32〕

總上，皆眞公德秀《大學衍義》乙書所啓發，而開創出研究大學、兼顧體、用之另一嶄新領域，高明老師云：「這是朱子以後，篤信朱子的眞德秀研究大學所開的一派，可以稱爲『衍義派』」〔註33〕眞公是書成爲衍義派之鼻祖，對開拓大學之研究領域，其功厥偉。

三、啓發後人研治經典之新途徑

其三，會聚經史，以衍大學之義，啓發後人研治經典之新途徑。推衍大學之義者，已如上述，然亦有推衍其他經典之義，以開拓經學之新領域者。如明武宗時，有夏良勝者，撰有《中庸衍義》〈十七卷〉，《四庫提要》云：

> 自宋以來，取古經之義，括舉條目而推衍其說者，始葉時禮經會元，嗣則眞德秀《大學衍義》，良勝又因德秀之例以闡發中庸，其書成於嘉靖間。……自性、道、教、達道、達德、九經、三重之屬，一一援據古今，推廣演繹，至於崇神仙、好符瑞、改祖制、抑善類數端，尤究極流弊，惓惓言之，蓋皆爲世家時事而發，然務抒獻納之忱，而無一毫怨懟譏訕之意，斯所以爲純臣之言也。〔註34〕

葉時於宋孝宗淳熙十一年（1184）進士及第，《四庫提要》言其禮經會元云：「其說與鄭伯謙太平經國之書體例略同，議論亦多相出入，……或伯謙取時書而

〔註28〕 見同前註20，卷一六一，頁5。
〔註29〕 見同前註20，卷一六一，頁6。
〔註30〕 見同前註20，卷一六○，頁7。
〔註31〕 見《四庫全書總目提要》，卷九十五，《子部‧儒家類‧存目一》，藝文，頁1887。
〔註32〕 見同前註31。
〔註33〕 見同前註22，頁333。
〔註34〕 見《四庫全書總目提要》，《子部‧儒家類三》，〈中庸衍義〉條，藝文，頁1858。

約之，或時因伯謙書而廣之，均未可定。」〔註35〕是其書之內容與鄭氏之書尚有疑似之嫌；而會聚儒家經、史，以衍大學之義，純然儒學，確乎不疑者，當推真公之《大學衍義》。夏良勝即仿真公之書，以闡發中庸之義，以獻於時君，冀收獻忠納悃之效，期能有益於時政之革新也。此推廣演繹中庸經義者，乃真公《大學衍義》之所啓發也。

有（明）湛若水撰《格物通》〈一百卷〉，其體例即仿自真公德秀之《大學衍義》。《四庫全書總目提要》云：「是編乃嘉靖七年（明世宗，1528）若水任南京禮部侍郎時所進，體例仿《大學衍義》，以致知併於格物，而以格物統貫誠意、正心、修身、齊家、治國、平天下六條。凡誠意格十七卷，……正心格三卷，……修身格九卷，……齊家格十三卷，……治國格十四卷，……平天下格四十四卷，……皆襍引諸儒之言，參以明之祖訓，而各以己意發明之，大致與邱濬《大學衍義補》相似，而濬書多徵舊事，以為法戒之資，此書多引前言，以為講習之助，二書相輔而行，均於治道有裨者也。」〔註36〕湛氏之書，以格物統貫誠、正、修、齊、治、平六條，徵引諸儒之言，參以明代祖訓，並以己意發明之，其體例即仿自真公德秀之《大學衍義》也。

清世有「御定《孝經衍義》一百卷」，《四庫全書總目提要》云：「是書為順治十三年（1659）奉敕所修，至康熙二十一年（1682）告成。聖祖仁皇帝親為鑒定、製序、頒行，體例全仿真德秀《大學衍義》，首冠以衍經之序，述經之旨，二篇不入卷數。次衍至德之義，以五常分五子目，次衍要道之義，以五倫分五子目，次衍教所由生之義，以禮樂政刑分四子目，次天子之孝，以愛親、敬親為綱，愛親分子目十二，敬親分子目十四，……大旨以一心一理推而廣之，貫通乎萬事萬物，自上以及下，篤近而舉遠，源流本末，無所不賅，而於天子之孝，推演尤詳。凡例謂：經稱先生以發端，明是為君天下之天子陳孝道也，誠得孔曾授受之本旨矣！」〔註37〕由是觀之，《孝經衍義》〈百卷〉，觀其謀篇分目，條分縷述，以推衍至德、要道之義，以明上至天子，下至士、庶人之孝。究其所始，則肇自真公德秀之《大學衍義》也。

他如元之翰林學士李好文，取《孝經》、《大學》、《論語》、《孟子》、《中

〔註35〕見《四庫全書總目提要》，《經部・禮類一》，〈禮經會元〉條，藝文，頁402～403。

〔註36〕見（明）湛若水，《格物通》，商務，《四庫全書》珍本五集，〈提要〉，頁1～2。

〔註37〕見同前註34，《子部・儒家類四》，頁1866。

庸》之書，摘其要略，復取史傳及先儒論說有關治體而協經旨者，加以己見，倣眞公德秀《大學衍義》之例，成《端本堂經訓要義》〈十一卷〉，奉表以進於元順帝，〔註38〕其事蓋亦取法眞公《大學衍義》之一例也。

由是觀之，眞公匯聚經史之言，以推衍大學之義，啓發後人匯聚羣書之言，以明一家之說，用申某書之旨者，其影響可謂深遠矣！明世丁辛序《大學衍義》有云：「夫大學固人所童而習焉者也，其所衍猶是詩書易禮也。尼山以大學衍六經，先生還以六經衍大學，博洽前典，參集載籍，以求無詭于先聖之訓。……總統乎千聖之精微，羅絡乎百氏之同異，蒐揚剪截，蔚爲大編，蓋上下數千百年，成敗利鈍，是非得失之跡，無所不備，而凡於國家枯莞之原，民生休戚之故，爛然目睫，知其所之。」〔註39〕眞公之書備具古聖先哲修己治人之要，是非成敗得失之理，丁氏稱之爲「以六經衍大學」，「博洽前典，參集載籍」。推崇可謂至矣，而其編纂之法啓發後人之處，又豈小哉？

四、下開元、明會通朱、陸之端

其四，眞公學主程朱，亦兼及陸，下開元、明會通朱、陸之端。宋代理學之發展，至於朱子，可云集其大成矣！眞公生乎其後，亦以朱子步趨是從，眞公多承朱子之說，自無可疑，〈重編宋元學案導言〉稱其：「人望之重，直繼晦翁，其學集關、濂、洛之長，而尤以辭命爲著。」〔註40〕推崇可云備至；然自其「人心惟危，道心惟微，惟精惟一，允執厥中。」之釋「心」兼採陸子靜之語；且集聖賢論「心」格言，以成《心經》乙書，於心之涵養，極重持心以敬之說，其尊德性之情形，眞公蒙受陸子靜之影響，未必全同於朱子也，由是而開會通朱、陸之端矣。

《宋史》眞公本傳有云：「然自侂胄立僞學之名以錮善類，凡近世大儒之書，皆顯禁以絕之。德秀晚出，獨慨然以斯文自任，講習而服行之。黨禁既開，而正學遂明于天下後世，多其力也。」〔註41〕寧宗慶元之初，韓侂胄用事，立僞學之名，申嚴道學之禁，一時善類去除殆盡，眞公晚出，講習而服行之，理學所以復明於天下後世者，多眞公之功也。眞公之門生，如王埜、

〔註38〕見（清）畢沅，《續資治通鑑》，卷二百九，順帝至正九年（1349），文光，頁5707。
〔註39〕見〈大學衍義序〉，《眞文忠公全集》本，文友，頁57～62。
〔註40〕見陳叔諒、李心莊《重編宋元學案》，正中，民國59年7月臺四版，頁17。
〔註41〕見《宋史》，卷四三七，鼎文，頁12964。

馬光祖、金文光、徐元杰、劉克莊、王邁、徐幾、湯千〔註42〕等等，固親炙
真公之德澤矣！而其再傳王應麟，〔註43〕史蒙卿〔註44〕暨元代以後兼學朱、
陸之學者，如吳澄、鄭玉〔註45〕等稱之為受真公德秀之影響，不亦可乎！

〔註42〕參見《宋元學案》，卷八十一，〈西小真氏學案〉，冊二十，鼎文。
〔註43〕參見《宋元學案》，卷八十，〈五深寧學案〉，冊二十二，鼎文。
〔註44〕參見《宋元學案》，卷八十，〈七靜清學案〉，冊二十二，鼎文。
〔註45〕參見《宋元學案》，卷九十二，〈草廬學案〉，卷九十四，〈師山學案〉，鼎文。

附錄一：《大學衍義》諸板本書影

1. 宋開慶元年〔理宗 1259〕湯漢等福州刊本〔中央、微卷五五一〇號〕

2. 宋開慶元年（1259）湯漢等福州刊元明遞修本、存九卷。（北平）（據中研院傅斯年圖書館微卷影印）

3. 南宋後期刊本（據商務印書館《四部叢刊》三編《大學衍義》影印）

真西山讀書記乙集上大學衍義卷第一

［印：帝王為治之原］

曰若稽古帝堯

考此之帝堯也，其序云也。曰放勳，放至也，而兼六合之意如放勳功也。欽明文

思安安，欽敬也。允恭克讓，克能也，允信也。光被四表格于上

下，被又也，四表四外也，天下地也。克明俊德以親九族，俊德大

也，以閒也，九族高祖至元孫之親。九族既睦，睦和也，平均也。平章百姓，章

明也，一曰姓昭明，協和萬邦黎民於變時雍，亦昭

明也，協合也，於羑也，雍和也。百姓昭明協和萬邦黎民於變時雍

化也，此協合也，於羑也，雍和也。

臣按此章紀堯之功德而其為治之次序也。自濬

—271—

4. 南宋後期刊元明初遞修九行十七字本殘存十一卷（北平，據中央微卷影印）

真西山讀書記乙集上大學衍義卷第三十三

誠意正心之要（戒逸）

牧誓（武王誓師之辭）王曰古人有言曰牝雞無晨，牝雞之晨惟家之索（蔡氏）今商王受惟婦言是用，昏棄厥肆祀弗答，昏棄厥遺王父母弟不迪，乃惟四方之多罪逋逃是崇是長，是信是使，是以為大夫卿士，俾暴虐于百姓，以姦宄于商邑。

臣按列女傳受好酒淫樂不離妲己所譽

5. 元刊十一行二十一字本殘存卷十八～二十六（北平、據中研院微卷影印）

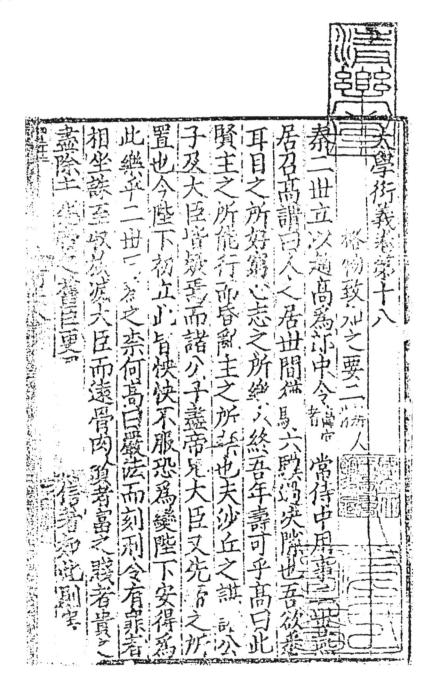

6. 元刊明修補本存卷一～二十（故宮）

大學衍義卷第一

帝王爲治之序

堯典虞書篇名也曰若稽古帝堯曰若稽發語辭曰字通用古字通用稽考也言考古帝堯

曰放勳欽欽敬也越之意如欽明文思安安思安思之安也明亦廣大之意勳功也

欽明文思安安允恭克讓允信也恭恭也讓克能也

光被四表格于上下彼及四表格至也至上天下地也

克明俊德以親九族明明之也俊大也九族高祖至玄孫

九族既睦平章百姓既睦睦親也平均也章昭也百姓畿內民也

百姓昭明協和萬邦黎民於變時雍昭亦明也協合也和是也黎民萬民也變化也時是也雍和也

臣按此章紀堯之功德與其爲治之次序也自鴻荒以來羲農黃帝數聖人作皆有功於生民而堯

7. 明弘治十五年（孝宗、1502）刊小字本（中央、微卷、五五一四號）

大學衍義卷第一

帝王為治之序

堯典虞書篇名也

勲者常也曰若稽古帝堯曰若發語辭猶言考古

之帝堯也越通曰放勲言其功之意如欽明文思安安

敬云堯其敬也欽敬也明通乎四海之廣放勲之功也欽明文思安

安思去聲也允信也恭克能也光被四表格于上下被及四

表思去聲也曰放勲放至也欽明文思安安其德之盛

也允恭克讓克能也光被四表格于上下被及四表格至

表玄孫也天下也格至也克明俊德以親九族以明

之至親玄孫九族既睦平章百姓百姓昭明協和萬邦黎

民於變時雍

百姓昭明協和萬邦黎民於變時雍

硏也雍和也

臣按此章紀堯之功德與其為治之次序也自羲農黃帝數聖人作皆有功於生民而堯以來羲農黃帝數聖人作皆有功於生民而堯

8. 明翻宋刊十行本（中央、編號五五一九）

眞西山讀書記乙集上大學衍義卷第一

帝王爲治之序

書堯典曰：若稽古帝堯，曰放勳，欽明文思安安，允恭克讓，光被四表，格于上下。克明俊德，以親九族。九族既睦，平章百姓。百姓昭明，協和萬邦，黎民於變時雍。

9. 明翻宋刊十行本（中央、微卷、編號五五一七）

大學衍義卷第一

帝王為治之序

堯典廣書篇名也　典者常也　曰若稽古帝堯　粵越通用稽考也言

考古之帝堯也　其事云云也　曰放勳　放至也亦廣大之放勳功也　欽明文

思安安　思去聲　欽敬也　允恭克讓　允信也　克能也　光被四表格于上

下格至也　被及也　克明俊德以親九族　明明之

也以用也　祖至玄孫之親　九族既睦平章百姓　既已也　平均也

章明也　幾因之民也　百姓昭明協和萬邦黎民於變時雍

明也協合也　化也時是也

臣按此章紀堯之功德與其為治之次序也自鴻

10. 明刊黑口十行本（中央、微卷、編號五五一六）

帝王為治之序

堯典　典者常也曰若稽古帝堯　曰若發語辭曰字與粵越通用發語辭也言考古之帝堯其事曰放勳　放至也亦廣大之意欽功也　欽明文思安安　敬欽明文思安安微欽明文思安安

允恭克讓　恭信也讓能也　光被四表格于上下　被及也四表四外也格至以用也格至四外也格至

克明俊德以親九族　明明之也俊大也以用也九族高祖至玄孫之親

族既曦平章百姓　既已也睦和輯也平均也章明也百姓畿內之民也　百姓昭明協

和萬邦黎民於變時雍　昭亦明也協合也於美也雍和也時是也變化也時是也雍和也

臣按此章紀堯之功德與其為治之次序也自鴻荒
以來義農黃帝數聖人作皆有功於生民而堯之功

11. 明嘉靖六年（世宗、1527）司禮監刊本（中央、微卷、編號五五二〇）

大學衍義卷第一

宋儒真氏德秀撰

帝王為治之序

堯典　虞書。篇名。典者。常也。曰若稽古帝堯　發語

辭。曰字。與粵越通用。考古也。言考古之帝堯其事云云也。曰放勳

故。至也。亦廣大之意。如放乎四海之放。勳。功也。欽明文思安

欽。敬也。安思去聲允恭克讓　克。信也。光被四

表。格于上下　格。至也。上。天。下。地也。克　被。及也。四表。四外也。

12. 明嘉靖三十八年（世宗，1559）吉澄校刊本（故宮）

大學衍義卷第一

帝王爲治之序

堯典〔虞書篇名者常也〕〔考古之帝堯曰云云也〕〔其事云云也〕曰若稽古帝堯〔粵越通用稽考也曰若發語辭曰字〕

放勳〔放至也亦廣大之意如放乎四海之放勳功也〕欽明文思安安〔欽敬也思去聲安安思安安也〕允恭克讓〔名也允信也克能也〕光被四表格于上下〔被及也表四外也克明也格至也上天下地也〕

克明俊德〔俊大之德也明俊德以親九族〕以親九族〔九族高祖至玄孫之親也〕九族既睦〔既已也睦和也〕平章百姓〔平均也章明也百姓昭明〕百姓昭明〔百姓畿內之民也〕協和萬邦〔協合也萬邦黎民於變時雍〕黎民於變時雍〔變化也雍和也〕

臣按此章紀堯之功德與其爲治之次序也自鴻

13. 明陳仁錫評崇禎五年（思宗，1632）長洲陳氏刊本（中央、微卷、五
   五二五號）

大學衍義卷之一

　宋　學士　真德秀　彙輯

　明　史官　陳仁錫　評閱

帝王爲治之序

堯典虞書篇名也○目若稽古帝堯○粵越通用稽考也○言

考古之帝堯也○亦廣大之意如○放勳功也○欽明文

思安安○思去聲○欽敬也○放勳放○目放勳欽明文

欽克恭克讓○克能也○允信也○光被四表格于上

克明俊德以親九族○明之俊大○光被四表格于上

九族既睦平章百姓○既已也○睦和也○平均也○昭

百姓昭明協和萬邦黎民於變時雍○所昭

14. 清康熙十一年（聖祖，1672）刊滿文本（故宮、原板縮影）

15. 清康熙丙子（聖祖，1696）董漢儒手鈔本（中央、微卷、五五二四號）

大學衍義卷之一

宋 西山真德秀 著

○帝王為治之序

克典典虞書篇名曰若稽古帝堯用稽考也言考古之帝堯其道

粤云事業曰故勳欽技乎而海之故勳業如欽明文思安安思敬去辭也

克恭克讓克他山光被四表格于上下放及也上天下地也外也

克明俊德以親九族明明之業高祖至玄俊大也以親用也九族既睦平

章百姓百姓既明己業百姓戚科内業之平民業百姓昭明諧和萬邦黎民

於燮時雍燮化業時是也雍於美業和業

16. 清乾隆二年（高宗、1737）刊本（據中研院傅斯年圖書館藏影印）

大學衍義卷之一

賜進士第知浦城縣事武陵楊　鶚　重刊

賜進士第知浦城縣事蘭陵丁　辛　重較

儒學署教諭事學人朱朝熙

訓導　林懋材

邑後學鄒人張喬松

裔孫彥生　文望　督梓

帝王爲治之序

堯典、虞書篇名　曰若稽古帝堯曰字與粵

之帝堯其　目放勳放至也亦廣大之意如欽明文思安

事云云也　曰放勳放乎四海之故勳勳也

17. **清，《四庫全書薈要》本**（據世界書局、《四庫全書薈要·經部》六五冊
《大學衍義》影印）

18. **清、《文淵閣四庫全書》本**（據商務印書館《子部·儒家類》七〇四冊
《大學衍義》影印）

附錄二：西山眞文忠公（德秀）像

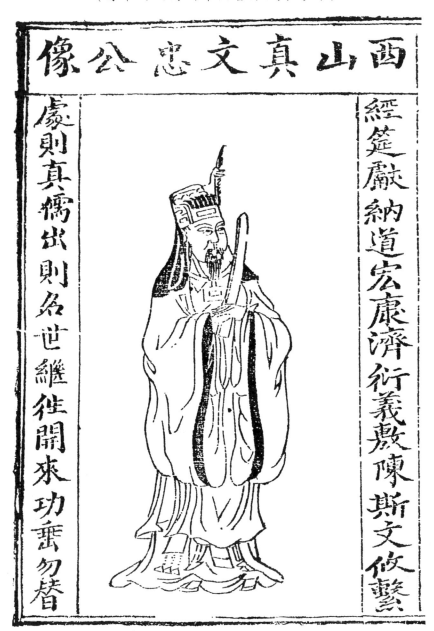

西山真文忠公像

經筵獻納道宏康濟衍義敷陳斯文攸繫

處則真儒出則名世繼往開來功亞勿替

主要參考書目

一、專書部分

（一）

1. 《毛詩》，漢毛傳、鄭玄箋、（唐）孔穎達等正義，藝文印書館《十三經注疏》本。

2. 《尚書》，（漢）孔安國傳、（唐）孔穎達等正義，藝文印書館《十三經注疏》本。

3. 《周易》，（魏）王弼、韓屬伯注（唐）孔穎達等正義，藝文印書館《十三經注疏》本。

4. 《禮記》，（漢）鄭玄注、（唐）孔穎達等正義，藝文印書館《十三經注疏》本。

5. 《大戴禮記》，（漢）戴德，永庸出版社，民國58年6月《十五經古注易讀之二》。

6. 《周禮》，（漢）鄭玄注、（唐）賈公彥疏，藝文印書館《十三經注疏》本。

7. 《春秋左傳》，（周）左丘明傳、（晉）杜預注、（唐）孔穎達疏，藝文印書館《十三經注疏》本。

8. 《孝經》，唐玄宗注、（宋）邢昺疏，藝文印書館《十三經注疏》本。

9. 《四書章句集註》，（宋）朱熹集註，鵝湖出版社。

10. 《周子通書》，（宋）周敦頤，中華書局《四部備要》本。

11. 《張載集》，（宋）張載，里仁書局。

12. 《二程集》，（宋）程顥（程頤），里仁書局。

13. 《司馬文正集》，（宋）司馬光，中華書局《四部備要》本。

14. 《五峰集》，（宋）胡宏，商務印書館《四庫全書》珍本初集。

15. 《知言》，（宋）胡宏，商務印書館《四庫全書》珍本別輯。

16. 《斐然集》，（宋）胡寅，商務印書館《四庫全書》珍本初集。

17. 《近思錄》，（宋）朱熹呂祖謙編，中國子學名著集成編印基金會印，影清呂留良刊本。

18. 《近思錄集解》，（宋）朱熹編清張伯行集解，世界書局。

19. 《大學或問》，（宋）朱熹，中文出版社。

20. 《中庸或問》，（宋）朱熹，中文出版社。

21. 《孟子或問》，（宋）朱熹，中文出版社。

22. 《朱子文集》，（宋）朱熹，商務印書館叢書集成箇編。

23. 《朱子語類》，（宋）黎靖德編，文津出版社。

24. 《東萊集》，（宋）呂祖謙，商務印書館《四庫全書》珍本十一集。

25. 《呂東萊文集》，（宋）呂祖謙，商務印書館國學基本叢書。

26. 《陸九淵集》，（宋）陸九淵，里仁書局。

27. 《大學衍義》，（宋）眞德秀

（1）宋開慶元年（理宗，1259）湯漢等福州刊本，中央圖書館藏。

（2）宋開慶元年湯漢等福州刊元明遞修本，存首九卷原北平圖書館藏今存故宮博物院圖書館。

（3）南宋末期刊本（商務印書館《四部叢刊廣編》之《大學衍義》所據以影印者，本論文即以此爲底本，參校其他諸宋、元善本。）

（4）南宋後期刊元明初遞修九行十七字本，存十一卷，原北圖書館藏今存故宮博物院圖書館。

（5）元刊十一行二十一字本，存卷十八～二十六，原北平圖書館藏今存故宮博物院圖書館。

（6）元刊明修補本，存卷一～二十，故宮博物院圖書館藏。

（7）明弘治十五年（孝宗，1502）刊小字本，中央圖書館藏。

（8）明翻宋刊十行本，中央圖書館藏，編號五五一九。

（9）明翻宋刊十行本，中央圖書館藏，編號五五一七。

（10）明刊黑口十行本，中央圖書館藏。

（11）明嘉靖六年（世宗，1527）司禮監刊本，中央圖書館藏。

（12）明嘉靖三十八年（世宗，1559）福建監察御史吉澄校刊本，故宮博物院圖書館藏。

（13）明陳仁錫評崇禎五年（思宗，1632）長洲陳氏刊本，中央圖書館藏。

（14）清康熙十一年（聖祖，1672）刊滿文本，故宮博物院圖書館藏。

（15）清康熙丙子（聖祖，1696）董漢儒手鈔本，中央圖書館藏，《中國子學名著集成之大學衍義》據此印行。

（16）清乾隆二年（高宗，1737）刊本，師大總圖書館、臺大文圖、中研院傅斯年圖書館、中央臺灣分館各有一部。

（17）清《四庫全書薈要》本，故宮博物院圖書館藏，世界書局《四庫全書薈要・大學衍義》據此影印。

（18）清《文淵閣四庫全書》本，故宮博物院圖書館藏，商務印書館《文淵閣四庫全書・大學衍義》據此影印。

28. 《西山讀書記》，（宋）眞德秀，商務印書館《四庫全書》珍本六集。

29. 《西山先生眞文忠公文集》，商務印書館《四部叢刊正編》影明正德刊本（五十一卷）又中央圖書館藏，明神宗萬曆二十六年（1598）全學曾重刊本（五十五卷），又文友書店影印《清康熙間續補全集》本。

30. 《心經》，（宋）眞德秀，廣文書局影江蘇書局校刊本（與《政經》合編）

31. 《心經附註》，（宋）眞德秀撰、（明）程敏政注、（日）荒木見悟解題，中文出版社影慶安二年（1649）刊本。

32. 《政經》，（宋）眞德秀，廣文書局影江蘇書局校刊本（與《心經》合編），又藝文印書館百部叢書寶顏堂祕笈本，題作「眞西山政訓」。

33. 《論俗文》，（宋）眞德秀，藝文印書館《百部叢書學海類編》本。

34. 《大學集編》，（宋）眞德秀，漢京文化事業有限公司《影通志堂經解》本（冊三十七）。

35. 《文章正宗》，（宋）眞德秀，商務印書館《四部叢刊廣編》本。

36. 《論語集編》，（宋）眞德秀，藝文印書館《無求備齋論語集成》本。

37. 《續文章正宗》，（宋）眞德秀，文友書店《眞文忠公全集》本。

38. 《禮記集說》，宋魏湜，漢京文化事業有限公司《影通志堂經解》本（冊三十二，卷一四九～一五〇大學篇。）

39. 《黃氏日抄》，（宋）黃震，商務印書館《四庫全書》珍本二集。

40. 《魯齋集》，（宋）王柏，藝文印書館《百部叢書集成金華叢書》本。

41. 《腳氣集》，（宋）車若水，商務印書館《四庫全書》珍本十二集。

42. 《鶴山先生大全文集》，（宋）魏了翁，商務印書館《四部叢刊正編》。

43. 《後村先生大全集》，（宋）劉克莊，商務印書館《四部叢刊正編》。

44. 《大學發微》，（宋）黎立武，藝文印書館《百部叢書集成學海類編》本。

45. 《大學疏義》，（宋）金履祥，藝文印書館《百部叢書集成金華叢書》本。

46. 《困知記》，（明）羅欽順，商務印書館《叢書集成簡編》。

47. 《大學衍義補》，（明）丘濬，商務印書館《四庫全書》珍本二集。

48. 《大學衍義輯要》，（明）江文武，嘉靖三十八年刊本中央圖書館藏。

49. 《格物通》，（明）湛若水，商務印書館《四庫全書》珍本五集。

50. 《太極圖說述解》，（明）曹端，商務印書館《四庫全書》珍本六集。

51. 《傳習錄》，（明）王守仁，中國子學名著集成編印基金會印（收於「王陽明選集」內）

52. 《大學問》，（明）王守仁，中國子學名著集成編印基金會印（收於「王陽明選集」內）

53. 《大學古今本通考》，（明）劉斯原，中國子學名著集戶編印基金會印。

54. 《理學類編》，（明）張九韶，商務印書館《四庫全書》珍本六集。

55. 《宋元學案》，（明）黃宗羲撰、（清）全祖望《續修王梓材校補》，河洛圖書出版社。

56. 《鮚埼亭集》，（清）金祖望，華世出版社。

57. 《理學宗傳》，（清）孫奇逢，藝文印書館據清康熙五年孫氏兼山堂原刊本影印。

58. 《經義考》，（清）朱彝尊，中華書局《四部備要》本。

59. 《大學翼眞》，（清）胡渭，商務印書館《四庫全書》珍本三集。

60. 《大學證文》，清毛奇齡，藝文印書館《百部叢書集成龍威祕書》本。

61. 〈西山眞文忠公年譜〉，（清）眞鼎元，文友書店《眞文忠公全集》本。

62. 《宋元學案補遺》，（清）王梓材、馮雲濠輯、張壽鏞校補，世界書局。

63. 《東西文化及其哲學》，梁漱溟，上海商務，民國十一年10月。

64. 《大學與中國民族文化》，向紹軒，正中，民國32年12月初版。

65. 《清代學術概論》，梁啟超，商務，民國56年8月臺二版。

66. 《中國文化史〈上下〉》，柳詒徵，正中，民國57年4月臺八版。

67. 《中國學術思想大綱》，林尹先生，學生，民國57年10月九版。

68. 《清學案小識》，唐鑑，商務，民國58年12月臺一版。

69. 《重編宋元學案》，陳叔諒、李心莊編，正中，民國59年7月臺四版。

70. 《大學新論》，賴強，商務，民國59年10月初版。

71. 《宋明清理學體系論史》，黃公偉，幼獅，民國60年9月出版。

72. 《大學研究》，趙澤厚，中華，民國61年3月初版。

73. 《中國近三百年哲學史》，蔣維喬，中華，民國61年10月二版。

74. 《心體與性體（二）》，正中，民國64年4月臺修二版。

75. 《王柏之生平與學術〈上下〉》，程元敏，民國64年12月，學海。

76. 《哲學論集》，中華學術與現代文化叢書第一冊，張其昀等，中華學術院，

民國 65 年 7 月出版。

77. 《中國古代哲學史》，胡適，商務，民國 66 年 6 月臺八版。

78. 《宋明理學》，吳康，華國出版社，民國 66 年 10 月增訂四版。

79. 《高明文輯〈上中下〉》，高明先生，黎明文化事業公司，民國 67 年 3 月初版。

80. 《孟子研究》，張學波，漢文書店，民國 67 年 3 月初版。

81. 《中國哲學原論原性篇》，唐君毅，學生，民國 67 年 3 月三版。

82. 《中國哲學原論導論篇》，唐君毅，學生，民國 67 年 3 月三版。

83. 《邵庸節學述》，陳郁夫，天華出版事業公司，民國 67 年 4 月。

84. 《胡五峯的心學》，王開府，學生，民國 67 年 4 月初版。

85. 《周敦頤》，董俊彥，見《中國歷代思想家》冊五，民國 67 年 5 月。

86. 《張載》，陳弘治，見《中國歷代思想家》冊五。

87. 《程顥》，王開府，見《中國歷代思想家》冊五。

88. 《程頤》，王開府，見《中國歷代思想家》冊五。

89. 《朱熹》，陸寶千，見《中國歷代思想家》冊五。

90. 《呂祖謙》，姚榮松，見《中國歷代思想家》冊五。

91. 《陸九淵》，陳郁夫，見《中國歷代思想家》冊五。

92. 《眞德秀》，甲凱，見《中國歷代思想家》冊六，民國 67 年 5 月。

93. 《王守仁》，王熙元先生，見《中國歷代思想家》冊六。

94. 《中國學術思想史論叢（五）、（六）》，錢穆，東大圖書公司，民國 67 年 7、11 月初版。

95. 《中國哲學原論原道篇卷〈一、二、三〉》，唐君毅，學生，民國 67 年 10 月初版。

96. 《秦漢思想研究》，黃錦鋐先生，學海，民國 68 年 1 月初版。

97. 《大學闡微》，柳嶽生，學生，民國 68 年 3 月三版。

98. 《新儒家論業》，羅光，學生，民國 68 年 11 月再版。

99. 《政道與治道》，牟宗三，學生，民國 69 年 4 月初版。

100. 《中國哲學史〈卷一、二、三〉》，勞思夫，香港中文大學崇基學院，民國 69 年 6～11 月。

101. 《中華人文與當今世界〈上下〉》，唐君毅，學生，民國 69 年 4 月三版。

102. 《文化意識與道德理性〈上下〉》、唐君毅，學生，民國 69 年 4 月四版。

103. 《思想的方法》，黃展驥，蝸牛叢書出版，民國 69 年 7 月。

104. 《科學的學庸》之研究，任藝華，黎明，民國 69 年 11 月初版。

105. 《人理學》，陳立夫先生，中華，民國 70 年 9 月修訂一版。

106. 《道德的理想主義》，牟宗三，學生，民國 71 年 1 月修訂五版。

107. 《宋明理學〈北宋篇、南宋篇〉》，蔡仁厚，學生，民國 71、72 年 1（9）月。

108. 《學庸麤談》，陳滿銘，文津，民國 71 年 6 月出版。

109. 《中國哲學的特質》，牟宗三，學生，民國 71 年 8 月六版。

110. 《中國文化要義》，梁漱溟，里仁，民國 71 年 9 月。

111. 《儒家思想與中華文化研究論集》，高明先生等著，黎明，民國 72 年 5 月初版。

112. 《儒家思想研究論集（一）》，程發軔等著，黎明，民國 72 年 5 月初版。

113. 《儒家思想研究論集（二）》，華仲麔等著，黎明，民國 72 年 7 月。

114. 《中國思想史》，錢穆，學生，民國 72 年 9 月四版。

115. 《孟子義理疏解》，王邦雄等著，鵝湖，民國 72 年 10 月再版。

116. 《中國哲學十九講》，牟宗三，學生，民國 72 年 10 月初版。

117. 《中國哲學思想史〈宋代篇〉》，羅光，學生，民國 73 年 1 月增訂重版。

118. 《明心篇》，熊十力，學生，民國 73 年 3 月影四版。

119. 《新儒家的精神方向》，蔡仁厚，學生，民國 73 年 9 月再版。

120. 《科學的學庸》，蔣中正，中央文物供應社，民國 73 年 12 月。

121. 《宋明理學概述》，錢穆，學生，民國 73 年 2 月再版。

122. 《中庸誠的哲學》，吳怡，東大圖書公司，民國 73 年 3 月再版。

123. 《中國人性論史先秦篇》，徐復觀，商務，民國 73 年 4 月七版。

124. 《中國哲學的生命和方法》，吳怡，東大，民國 73 年 9 月再版。

125. 《新儒家哲學十八講》，方東美，黎明，民國 74 年 4 月再版。

126. 《圓善論》，牟宗三，學生，民國 74 年 11 月初版。

127. 《新儒家思想史》，張君勱，弘文館出版社，民國 75 年 2 月初版。

128. 《陳白沙與湛甘泉學記》，陳郁夫，石渠學術叢刊，民國 75 年 8 月初版。

129. 《大學章句補釋》，王孺松，教育文物出版社，民國 75 年 9 月。

130. 《四書釋義》，錢穆，學生，民國 75 年 10 月第三次印刷。

131. 《四書導讀》，黃錦鋐先生等，文津，民國 76 年 2 月出版。

（二）

1. 《史記》，漢司馬遷，藝文。

2. 《漢書》，漢班固，藝文。

3. 《後漢書》，南朝宋范曄，藝文。

4. 《三國志》，晉陳壽，世界書局。

5. 《新唐書》，宋歐陽修主編，藝文。

6. 《新校資治通鑑注》，（宋）司馬光撰、（元）胡三省注，世界書局。

7. 《四朝聞見錄》，宋葉紹翁，商務《據知不足齋叢書》本排印。

8. 《兩朝綱目備要》，宋（不著撰人），商務《四庫全書》珍本初集。

9. 《古今紀要逸編》，（宋）黃震，藝文印書館《百部業書之知不足齋叢書》本。

10. 《老學庵筆記》，（宋）陸游，商務印書館影津逮。

11. 《齊東野語》，（宋）周密，藝文《百部叢書學津討原》本。

12. 《癸辛雜識》，（宋）周密，藝文《百部叢書學津討原》本。

13. 《建炎以來朝野雜記》，（宋）李心傳，文海。

14. 《宋史》，（元）脫脫等，鼎文。

15. 《宋史紀事本末》，（明）馮琦等，鼎文。

16. 《元史》，（明）宋濂壽，藝文。

17. 《新元史》，柯劭忞，藝文。

18. 《明史》，（清）張廷玉等，藝文。

19. 《續資治通鑑》，（清）畢沅，文光出版社。

20. 《宋人軼事彙編》，丁傳靖輯，商務，民國 24 年 7 月初版，民國 71 年 9 月臺二版。

21. 《宋代興亡史》，張孟倫，商務，民國 58 年 2 月臺一版。

22. 《宋史研究論集〈第二輯〉》，王德毅著，鼎文，民國 61 年 5 月。

23. 《史學論集》，中華學術院，《中華學術與現代文化業書》冊三，錢穆等，民國 66 年 4 月出版。

24. 《國史大綱》，錢穆，商務，民國 72 年 11 月修訂十版。

25. 《宋史試析》，林天蔚，商務，民國 74 年 3 月二版。

（三）

1. 《教學原理》，方炳林，教育文物出版社，民國 68 年 3 月。

2. 《當代教育思潮》，徐南號，三民書局，民國 72 年 1 月。

3. 《認知發展理論與教育》，王文科，五南圖書出版公司，民國 72 年 3 月。

4. 《現代教育思潮》，楊國賜，黎明，民國 72 年 11 月。

5. 《人文主義的教育信念》，郭爲藩，五南，民國 73 年 3 月。

6. 《教育的理念》，郭爲藩，文景，民國 74 年 7 月。

7. 《教育與文化》，田培林，五南，民國 74 年 8 月。

8. 《教育目標的分類方法》，黃光雄等譯，復文圖書出版社，民國 74 年 12 月。

9. 《孔子教育思想與儒家教育》，楊碩夫，黎明，民國 75 年 8 月。

10. 《科技時代的人文教育》，郭爲藩，幼獅文化事業公司，民國 75 年 9 月。

11. 《當代美國人文主義教育思想》，陳照雄，五南，民國 75 年 9 月。

12. 《心理學》，路君約等著，中國行爲科學社，民國 76 年 1 月。

13. 《教學目標與詳鑑》，黃光雄編譯，復文，民國 76 年 5 月。

14. 《人文教育十二講》，教育部人文及社會學科教育指導委員會主編，陳立夫先生等，三民書局，民國 76 年 7 月。

15. 《領導與組織》，蘇伯顯，國家出版社，民國 76 年 9 月。

16. 《特殊教育的理念與做法》，吳武典，心理出版社，民國 76 年 9 月。

二、期刊、論文部分

（一）

1. 〈朱子與陸象山的交誼及辯學的經過〉，戴靜山先生，《大陸雜誌》，八卷一期，民國 43 年。

2. 〈大學格物致知之義與中庸明善相通〉，戴靜山先生，《大陸雜誌》，八卷三期，民國 43 年。

3. 〈孟子精察識〉，靜山先生，《大陸雜誌》，八卷四期，民國 43 年 2 月。

4. 〈孟子知言養氣章〉，戴君仁先生，《大陸雜誌》，八卷五期，民國 43 年。

5. 〈道學〉，童壽，《大陸雜誌》，八卷八期，民國 43 年 4 月。

6. 〈心與道德體系〉，施友忠，《幼獅學誌》，一卷二期，民國 48 年 4 月。

7. 〈大學之「親民」與「格物致知」的見解〉，（韓）金忠烈，《大陸雜誌》，十八卷九期，民國 48 年 5 月。

8. 〈大學今釋別記〉，陳槃，《大陸雜誌》，二十一卷一、二期合刊，民國 49 年 7 月。

9. 〈陸象山的治學讀書與施教上、下〉，高廣孚，《大陸雜誌》，二十一卷四、五期，民國 49 年 8 月。

10. 〈孟子曰所欲與之聚之所惡勿施爾也解〉，趙海金，《大陸雜誌》二十三卷四期，民國 50 年。

11. 〈論語君子之於天下章解〉，趙海金，《大陸雜誌》，二十三卷五期，民國 50 年。

12. 〈從論語研討孔子所說的「學」〉，楊亮功，《孔孟學報》，二期，民國 50 年 9 月。

13. 《四書道貫緒言》，陳立夫，世界書局，民國 50 年 10 月初版。

14. 〈人應該超越或是完成自己〉，趙雅博譯，《大陸雜誌》，二十四卷四期，民國 51 年 3 月。

15. 〈大學所謂齊其家在修其身解〉，趙海金，《大陸雜誌》，二十七卷一期，民國 52 年 7 月。

16. 〈孔門學說（一）（二）—— 大學〉，吳康，《孔孟學報》七、八期，民國 53 年四、九月。

17. 〈論語吾道一以貫之章解〉，趙海金，《大陸雜誌》，二十九卷一期，民國 53 年 7 月。

18. 〈宋儒的思想方法〉，賀麟，《宋史研究集》，二輯，國立編譯館中華叢書編審委員會，民國 53 年 10 月。

19. 〈《鵝湖》之會朱陸異同略說〉，黃彰健，《宋史研究集》，二輯，國立編譯館中華叢書編審委員會，民國 53 年 10 月。

20. 〈我國思想史上的心物論戰〉，張鐵君，《學宗》，五卷四期，三民主義研究所出版，民國 53 年 12 月。

21. 〈孔子之「中」字思想探原〈上、中、下〉〉，胡止歸，《大陸雜誌》，三十卷六、七、八三期，民國 54 年 3、4 月。

22. 〈涵養與察識〉，戴君仁，《孔孟學報》，十期，民國 54 年 9 月。

23. 〈中國學術史上漢宋兩派之長短得失〉，張君勱，《宋史研究集》，三輯，中華叢書編審委員會，民國 55 年 4 月。

24. 〈宋代四明之學風〉，張其昀，《宋史研究集》，三輯，中華叢書編審委員會，民國 55 年 4 月。

25. 〈中國知行學說之思想體系研究〉，楊承彬，《政大學報》，十三期，民國 55 年 5 月。

26. 〈哲學與常識的關係〉，趙雅博，《大陸雜誌》，三十二卷十一期，民國 55 年 6 月。

27. 〈孔子底四句教〉，楊一峯，《孔子學報》，十二期，民國 55 年 9 月。

28. 〈記朱子論當時學弊〉，錢穆，《政大學報》，十五期，民國 56 年 5 月。

29. 〈顧亭林的經學〉，何佑森先生，《文史哲學報》，十六期，民國 56 年 10 月。

30. 〈王船山之論「理與氣」「心與理」的探究〉，黃繼持，《大陸雜誌》，三十五卷十二期，民國 56 年 12 月。

31. 〈四書整理之過去與現在〉，盧元駿，《中華文化復興月刊》，一卷二期，民國 57 年 4 月。

32. 〈論孔子的德治主義〉，王壽南，《中華文化復興月刊》，一卷三期，民國 57 年 5 月。

33. 〈三綱八目的要義〉，杜肅吟，《中華文化復興月刊》，一卷四期，民國 57 年 6 月。

34. 〈程朱及其門人之理學〉，程發軔先生，《孔孟學報》，十六期，民國 57 年 9 月。

35. 〈道儒法三家之君主無爲思想〉，周道濟，《大陸雜誌》，三十七卷七期，民國 57 年 10 月。

36. 〈孔子的政治思想〉，毛子水，《中華文化復興月刊》，一卷八期，民國 57 年 11 月。

37. 〈中國哲學與中國文化〉，成中英，《中華文化復興月刊》，一卷九期，民國 57 年 11 月。

38. 〈孔子有關於道之思想〉，詹棟樑，《中華文化復興月刊》，二卷二期，民國 58 年 1 月。

39. 〈修身與齊家〉，朱岑樓，《中華文化復興月刊》，二卷四期，民國 58 年 4 月。

40. 〈四書義理之展演〉，錢穆先生，《孔孟學報》，十七期，民國 58 年 4 月。

41. 〈顏習齋和李恕谷的學術異同〉，何佑森先生，《文史哲學報》，十八期，民國 58 年 5 月。

42. 〈眞德秀的政治思想〉，王雲五，《宋元政治思想》，商務，民國 58 年 6 月。

43. 〈朱熹的政治思想〉，王雲五，《宋元政治思想》，商務，民國 58 年 6 月。

44. 〈朱子學提綱〉，錢穆先生，《中華文化復興月刊》二卷八～十一期，民國 58 年 8～11 月。

45. 〈全祖望行誼考〉，費海璣，《中華文化復興月刊》，二卷十二期，民國 58 年 12 月。

46. 〈朱子泛論心地工夫〉，錢穆先生，《中華文化復興月刊》，二卷十二期，民國 58 年 12 月。

47. 〈孟子之形上思想〉，吳康，《幼獅學誌》，八卷四期，民國 58 年 12 月。

48. 〈論語克己復禮章探義〉，萬先法，《中華文化復興月刊》，三卷四期，民國 59 年 4 月。

49. 〈孔孟思想中心──仁〉，丘式如，《中華文化復興月刊》，三卷四期，民國 59 年 4 月。

50. 〈孔孟思想何以成爲人類之眞理〉，陳立夫先生，《中華文化復興月刊》，三卷五期，民國 59 年 5 月。

51. 〈兩宋學術風氣之分析〉，程運，《政大學報》，二十一期，民國 59 年 5 月。

52. 〈「人心之危道心之微」申義〉，戴君仁先生，《大陸雜誌》，四十一卷三期，民國 59 年 8 月。

53. 〈涵養與察識〉，戴君仁先生，《宋史研究集》五輯，中華叢書編審委員會，民國 59 年 10 月。

54. 〈韓愈「原道」文中的道統論〉，任卓宣，《中華文化復興月刊》三卷十一期，民國 59 年 11 月。

55. 〈克己復禮淺論〉，劉程遠，《中華文化復興月刊》，三卷十一期，民國 59 年 11 月。

56. 〈從中國哲學論中國五千年文化獨特之價值〉，成中英，《中華文化復興月刊》，四卷八期，民國 60 年 8 月。

57. 〈孔孟的學說與行誼（一）——（四）〉，張柳雲，《中華文化復興月刊》，四卷十期至五卷一期，民國 60 年 10 月至六十一年 1 月。

58. 〈荀學與宋代道學之儒〉，戴君仁先生，《孔孟學報》，二十三期，民國 61 年 4 月。

59. 〈體無與一極〉，戴君仁先生，《大陸雜誌》，四十四卷四期，民國 61 年 4 月。

60. 〈心學家論意〉，戴君仁先生，《大陸雜誌》，四十四卷四期，民國 61 年 4 月。

61. 〈大學八條目淺釋〉，楊一峯，《孔孟學報》，二十三期，民國 61 年 4 月。

62. 〈孟子的條養論〉，蔡仁厚，《孔孟學報》，二十四期，民國 61 年 9 月。

63. 〈孔門言學淺測〉，楊一峯，《孔孟學報》，二十四期，民國 61 年 9 月。

64. 〈格物致知的探討〉，鄧澂濤，《孔孟學報》，二十四期，民國 61 年 9 月。

65. 〈道德與勇氣〉，孔德成，《中華文化復興月刊》，五卷十一期，民國 61 年 11 月。

66. 〈從大學中庸兩篇看孔門道統〉，曾約農，《中華文化復興月刊》，五卷十一期，民國 61 年 11 月。

67. 〈一字見宗旨〉，戴君仁先生，《孔孟學報》，二十五期，民國 62 年 4 月。

68. 〈論陽明學形成及其開拓之人生境界〉，林繼平，《中華文化復興月刊》，六卷九期，民國 62 年 9 月。

69. 〈孔子之仁教與性命天道〉，周羣振，《孔孟學報》，二十六期，民國 62 年 9 月。

70. 〈宋明理學的主流〉，馮炳奎，《孔孟學報》，二十七期，民國 63 年 4 月。

71. 〈原學〉，周德偉，《孔孟學報》，二十七期，民國 63 年 4 月。

72. 〈二程「敬」的思想之意義〉，李日章，《大陸雜誌》，四十八卷四期，民國 63 年 4 月。

73. 〈大學思想價值之重估〉，林繼平，《中華文化復興月刊》，七卷九期，民國 63 年 9 月。

74. 〈理學與藝術〉，錢穆先生，《宋史研究集》，七輯，中華文化叢書編審委員會，民國 63 年 9 月。

75. 〈朱熹集新儒學之大成〉，陳榮捷著，萬先法譯，《中華文化復興月刊》，七卷十二期，民國 63 年 12 月。

76. 〈理學的定義、範圍及其理論結構〉，黃彰健，《大陸雜誌》，五十卷一期，民國 64 年 1 月。

77. 〈陸象山「心」的思想之解析〉，李日章，《大陸雜誌》，五十卷四期，民國 64 年 4 月。

78. 〈陸王心學辨微〉，吳爽熹，輔大哲學研究所博士論文，民國 64 年 6 月。

79. 〈張子西銘開示的理境〉，蔡仁厚，《鵝湖月刊》，一卷三期，民國 64 年 9 月。

80. 〈上窮六經下開九流的孔子〉，鄒紀萬，《中華文化復興月刊》，八卷九期，民國 64 年 9 月。

81. 〈宋代理學與禪宗之關係〉，杜松柏，《孔孟學報》，三十期，民國 64 年 9 月。

82. 〈大學章句及其義理途向之探究〉，周羣振，《鵝湖月刊》，一卷四期，民國 64 年 10 月。

83. 〈黃東發學述〉，錢穆先生，《宋史研究集》，八輯，中華叢書編審委員會，民國 65 年 1 月。

84. 〈「性即理」的兩個層次與朱木學之歧異〉，蔡仁厚，《鵝湖月刊》，一卷八期，民國 65 年 2 月。

85. 〈從孔孟學說看時政措施〉，鍾競生，《中華文化復興月刊》，九卷四期，民國 65 年 4 月。

86. 〈孔子的忠怒之道〉，屈萬里，《中華文化復興月刊》，九卷七期，民國 65 年 7 月。

87. 〈中國文學中表現的正氣〉，張秀亞，《中華文化復興月刊》，九卷七期，民國 65 年 7 月。

88. 〈孔子政治思想綜論〉，高明先生，《孔孟學報》，三十二期，民國 65 年 9 月。

89. 〈我國固有倫理道德的現代意義與永恒價值〉，吳怡，《中華文化復興月刊》，九卷十二期，民國 65 年 12 月。

90. 〈蔣總統講中庸的要旨〉，陳立夫先生，《中華文化復興月刊》，十卷一期，民國 66 年 2 月。

91. 〈論哲學思考〉，孫志文，《中華文化復興月刊》，十卷七期，民國66年7月。

92. 〈朱陸工夫異同論〉，葉偉平，《鵝湖月刊》，三卷四期，民國66年10月。

93. 〈王陽明的一體觀〉，楊祖漢，《鵝湖月刊》，三卷四期，民國66年10月。

94. 〈從哲學的觀點看中國的現代化〉，劉述先，《中國論壇》，五卷四期，民國66年11月。

95. 〈如何以科學方法研讀四書〉，陳立夫先生，《中華文化復興月刊》，十一卷八期，民國67年8月。

96. 〈陸九淵思想及其與朱熹之異同〉，陳郁夫，《中華文化復興月刊》，十一卷十期，民國67年10月。

97. 〈儒學的超越意識〉，楊祖漢，《鵝湖月刊》，四卷五期，民國67年11月。

98. 〈性理精義與十七世紀之程朱學派〉，陳榮捷著，萬先法譯，《中華文化復興月刊》，十一卷十二期，民國67年12月。

99. 〈清代漢宋之爭平議〉，何佑森先生，《文史哲學報》，二十七期，民國67年12月。

100. 〈新儒家範型：論程朱之異〉，陳榮捷著，萬先法譯，《中華文化復興月刊》，十二卷五期，民國68年5月。

101. 〈論氣〉，羅光，《輔仁學誌》，八期，民國68年6月。

102. 〈張載的政治思想及其影響〉，黃錦鋐先生，《幼獅學誌》，十五卷三期，民國68年6月。

103. 〈戴君仁靜山先生年譜〉，阮延瑜，《大陸雜誌》，五十九卷五期，民國68年11月。

104. 〈朱子、陽明與船山之格物義〉，曾昭旭，《鵝湖月刊》，五卷六期，民國68年12月。

105. 〈儒家精神與道德宗教〉，蔡仁厚，《鵝湖月刊》，五卷八期，民國69年2月。

106. 〈中國的哲學在那裏〉，王邦雄，《鵝湖月刊》，五卷八期，民國69年2月。

107. 〈朱陸門人及其後學〉，蔡仁厚，《孔孟學報》，三十九期，民國69年4月。

108. 〈黃東發與朱子〉，林政華，《孔孟學報》，三十九期，民國69年4月。

109. 〈從四書集註章句論朱子為學的態度〉，大槻信良著，黃俊傑譯，《大陸雜誌》，六十卷六期，民國69年6月。

110. 〈中國禪宗與儒道兩家思想的關係〉，吳怡，《幼獅學誌》，十六卷一期，民國69年6月。

111. 〈眞德秀及其對時政的認識〉，朱鴻，《食貨月刊》，九卷五、六期，民國 68 年 9 月。

112. 〈中庸思想體系新探〉，王開府，《孔孟學報》，四十期，民國 69 年 9 月。

113. 〈朱子學的綱脈與朝鮮前期之朱子學〉，蔡仁厚，《鵝湖月刊》，六卷五期，民國 69 年 11 月。

114. 〈從王學的三變看儒者成德問題〉，林聰舜，《中華文化復興月刊》，十三卷十二期，民國 69 年 12 月。

115. 〈從格物窮理與志道強禮之分野看朱子與船山在若干修爲見解上之異同〉，陳忠成，《孔子學報》，四十一期，民國 70 年 4 月。

116. 〈元代之朱子學〉，陳榮捷著，萬先法譯，《中華文化復興月刊》十四卷四期，民國 70 年 4 月。

117. 〈新儒家的批判性與戰鬥性〉，蔡仁厚，《鵝湖月刊》，六卷十一期，民國 70 年 5 月。

118. 〈宋元學案導讀〉，楊祖漢，《鵝湖月刊》，六卷十二期，民國 70 年 6 月。

119. 〈中國哲學史的分期〉，蔡仁厚，《鵝湖月刊》，七卷六期，民國 70 年 9 月。

120. 〈近三百年朱子學的反對學派〉，何佑森先生，《幼獅學誌》，十六卷四期，民國 70 年 12 月。

121. 〈程朱異同初稿〉，徐復觀，《大陸雜誌》，六十四卷二期，民國 71 年 2 月。

122. 〈陸象山心學之研究〉，吳盛林，師大國研所碩士論文，民國 71 年 6 月。

123. 〈性之說統新探〉，曾昭旭，《鵝湖月刊》，八卷七期，民國 72 年 1 月。

124. 〈漢宋知識分子之規格與現時代知識分子立身處世之道〉，牟宗三講，《鵝湖月刊》，八卷八期，民國 72 年 2 月。

125. 〈心的性質及其實現〉，蔡仁厚，《鵝湖月刊》，八卷十期，民國 72 年 4 月。

126. 〈朱子易學的宇宙論〉，曾春海，《輔仁學誌》（文學院之部），十二期，民國 72 年 6 月。

127. 〈「易」何以爲內聖外王之學？〉謝扶雅，《中華文化復興月刊》，十六卷六期，民國 72 年 6 月。

128. 〈生命的提升與流通〉，蔡仁厚，《鵝湖月刊》，九卷一期，民國 72 年 7 月。

129. 〈洙泗之旅——談論語的閱讀〉，戴璉璋先生，《鵝湖月刊》，九卷二期，民國 72 年 8 月。

130. 〈憂患意識與道德勇氣〉，李鍌先生，《中華文化復興月刊》，十六卷十期，

民國 72 年 10 月。

131. 〈大學之單行及改本問題評議〈上、下〉〉，岑溢成，《鵝湖月刊》，九卷五、六期，民國 72 年 11 月。

132. 〈略述元代朱學之盛〉，王明蓀，《中華文化復興月刊》，十六卷十二期，民國 72 年 12 月。

133. 〈新儒家之闢佛〉，錢新祖著，林聰舜譯，《鵝湖月刊》，九卷八期，民國 73 年 2 月。

134. 〈中庸在中國思想史上的地位〉，王邦雄，《鵝湖月刊》，九卷九期，民國 73 年 3 月。

135. 〈中庸的思想體系〉，王邦雄，《鵝湖月刊》，九卷十期，民國 73 年 4 月。

136. 〈中庸的作者問題、成書年代、及其思想之衡定〉，楊祖漢，《鵝湖月刊》，九卷十期，民國 73 年 4 月。

137. 〈中國哲學之再生與挑戰〉，成中英，《中國論壇》，十八卷二期，民國 73 年 4 月。

138. 〈儒學、道學、新儒學〉，汪惠敏，《輔仁學誌》〈文學院之部〉，十三期，民國 73 年 6 月。

139. 〈象山思想臨終同於朱子〉，黃彰健，《大陸雜誌》，六十九卷一期，民國 73 年 7 月。

140. 〈孟子知言養氣章章句義釋〉，周羣振，《鵝湖月刊》，十卷一期，民國 73 年 7 月。

141. 〈儒家哲學的時代意義〉，曾昭旭，《鵝湖月刊》，十卷二期，民國 73 年 8 月。

142. 〈盡心與盡性〉，楊祖漢，《鵝湖月刊》，十卷四期，民國 73 年 10 月。

143. 〈談定靜功夫〉，曹伯良，《中華文化復興月刊》，十六卷十期，民國 73 年 10 月。

144. 〈魏鶴山之生平學術及其特色〉，林繼平，《中華文化復興月刊》，十七卷十一期，民國 73 年 11 月。

145. 〈儒家心性論的現代化課題〈上、下〉〉，傅偉勳，《鵝湖月刊》，十卷五期及十卷八期，民國 73 年 11 月及民國 74 年 2 月。

146. 〈比較老子與中庸的「道」〉，譚宇權，《中華文化復興月刊》，十七卷十二期，民國 73 年 12 月。

147. 〈程顥的性情暨其詩中所表現的情懷〉，董金裕，《中華學苑》，三十期，民國 73 年 12 月。

148. 〈兩宋治經取向及其特色〉，李威熊，《中華學苑》，三十期，民國 73 年 12 月。

149. 〈「大學章句新編」自序〉，嚴靈峯，《中華文化復興月刊》，十八卷二期，民國 74 年 2 月。

150. 〈明代理學之前驅——曹月川、薛敬軒、吳康齋哲學詣境的探索〉，《中華文化復興月刊》，十八卷五期，民國 74 年 5 月。

151. 〈孟子與宋儒〉，夏長樸，《幼獅學誌》，十八卷三期，民國 74 年 5 月。

152. 〈明清之際儒家思想的變遷與發展〉，林聰舜，師大國研所博士論文，民國 74 年 5 月。

153. 〈從張載西銘體認天人合一的仁道思想〉，林安弘，《中華文化復興月刊》，十八卷六期，民國 74 年 6 月。

154. 〈「大學」中的政治思想〉，張起鈞，《中華文化復興月刊》，十八卷八期，民國 74 年 8 月。

155. 〈理論型的經世之學——眞德秀〈大學衍義〉之用意及其著作背景〉，朱鴻林，《食貨月刊》，十五卷三、四期，民國 74 年 9 月。

156. 〈朱子格物之再省察〉，曾昭旭，《鵝湖月刊》，十一卷三期，民國 74 年 9 月。

157. 〈再論道德及其特質〉，尹中嵩，《中華文化復興月刊》，二十卷九期，民國 76 年 9 月。

158. 〈王陽明心學之研究〉，宋河璟，師大國文研究所博士論文，民國 75 年 7 月。

159. 〈眞西山の思想につ〉，日眞鍋正昭，《中國哲學論集》，民國 75 年 10 月。

160. 〈禮記大學篇析義〉，王仁祿，孔孟月刊，二十六卷四期，民國 76 年 12 月。

（二）

1. 〈澶淵之盟與天書〈上、下〉〉，程光裕，《大陸雜誌》，二十二卷六、七期，民國 50 年三、四月。

2. 〈宋眞宗與澶淵之盟〉，蔣復璁，《大陸雜誌》，二十二卷八～十期，民國 50 年。

3. 〈韓侂胄與南宋中期的政局變動〉，黃俊彥，師大歷史所碩士論文，民國 65 年 7 月。

4. 〈兩宋的宰相〉，沈任遠，《中華文化復興月刊》，十一卷二十二期，民國 67 年 12 月。

5. 〈從澶淵之盟對北宋後期軍政的影響看靖庸之難發生的原因〉，廖隆盛，《食貨月刊》，十五卷十二期，民國 74 年 6 月。

（三）

1. 〈教育目標的分類〉，方丙林，《今日教育》，二十期，民國 60 年 6 月。

2. 〈教學目標的具體化與科學化〉，饒朋湘，《國教輔導》，十四卷四期，民國 64 年 1 月。

3. 〈教育心理學第一章緒論〉，錢蘋，《文風》，民國 66 年 9 月六版。

4. 〈殷周文武合一教育〉，李震，《中華文化復興月刊》，十三卷九期，民國 69 年 9 月。

5. 〈春秋時代文武合一教育〉，李震，《中華文化復興月刊》，十四卷二期，民國 70 年 2 月。

6. 〈大腦半球功能之研究與資優教育〉，林幸台，《資優教育季刊》六期，民國 71 年 6 月。

7. 〈教學目標之研究〉，白孟巧等，《今日教育》，四十二期，民國 72 年 1 月。

8. 〈大腦半球功能分化、大腦優勢、眼球輻輳行為與高創造力資優學生的鑑定〉，蔡崇建，《資優教育季刊》十期，民國 72 年 10 月。

9. 〈行為目標的研究〉，楊龍立，師大教育所碩士論文，民國 73 年 1 月。

10. 〈探討心靈空間的奧祕擴展內在思考的領域〉，陳龍安，《資優教育季刊》，十二期，民國 73 年 5 月。

11. 〈大學教育的境界〉，李煥，《大學教育論文集》（何福田主編），淡江大學教育研究中心印，民國 74 年 4 月。

12. 〈大學的目標及政府與大學的關係〉，謝文全，刊於《中國大學教育的展望——大學教育研討會論文集》中，淡江大學教育研究中心，民國 74 年 6 月。

13. 〈學庸二篇所啟示的德育原理〉，單文經，《今日教育》，四十九期，民國 76 年 1 月。

14. 〈道德理論研究的心路歷程〉，高強華，《今日教育》，五十期，民國 76 年 6 月。

15. 〈哲學及教育的理論與實務〉，劉貴傑譯，《大陸雜誌》，七十六卷一期，民國 77 年 1 月。